Karl-Heinrich Bette
Uwe Schimank
Die Dopingfalle

D1693022

Karl-Heinrich Bette ist Professor für Sportwissenschaft an der Technischen Universität Darmstadt. Seine Forschungsschwerpunkte liegen im Bereich der Sportsoziologie, der Soziologie des Körpers sowie der neueren soziologischen Systemtheorie. Von ihm erschienen bisher im transcript Verlag: »X-treme. Zur Soziologie des Abenteuer- und Risikosports« (2004) sowie »Körperspuren. Zur Semantik und Paradoxie moderner Körperlichkeit« (2005).

Uwe Schimank ist Professor für Soziologie an der FernUniversität Hagen. Seine Forschungsschwerpunkte liegen im Bereich der soziologischen System- und Akteurtheorien, der Theorien gesellschaftlicher Differenzierung sowie der Organisations-, Wissenschafts- und Sportsoziologie. Von ihm erschien zusammen mit Ute Volkmann bisher im transcript Verlag: »Gesellschaftliche Differenzierung« (1999).

KARL-HEINRICH BETTE
UWE SCHIMANK
DIE DOPINGFALLE.
SOZIOLOGISCHE BETRACHTUNGEN

[transcript] XTEXTE

Bibliografische Information der Deutschen Bibliothek
Die Deutsche Bibliothek verzeichnet diese Publikation in der Deutschen Nationalbibliografie; detaillierte bibliografische Daten sind im Internet über http://dnb.ddb.de abrufbar.

© 2006 transcript Verlag, Bielefeld

Die Verwertung der Texte und Bilder ist ohne Zustimmung des Verlages urheberrechtswidrig und strafbar. Das gilt auch für Vervielfältigungen, Übersetzungen, Mikroverfilmungen und für die Verarbeitung mit elektronischen Systemen.

Umschlaggestaltung & Innenlayout: Kordula Röckenhaus, Bielefeld
Projektmanagement: Andreas Hüllinghorst, Bielefeld
Satz: Justine Haida, Bielefeld
Druck: Majuskel Medienproduktion GmbH, Wetzlar
ISBN 3-89942-537-5

Gedruckt auf alterungsbeständigem Papier mit chlorfrei gebleichtem Zellstoff.

Besuchen Sie uns im Internet: *http://www.transcript-verlag.de*

Bitte fordern Sie unser Gesamtverzeichnis und andere Broschüren an unter: *info@transcript-verlag.de*

Inhalt

Einleitung

Es gibt Formen der Abweichung, die sich permanent neu herstellen und einer dauerhaften Lösung renitent verweigern. So kommt es immer wieder vor, daß Steuern hinterzogen, Wirtschaftskartelle abgesprochen oder Verkehrsvorschriften ignoriert werden. Auch das Manipulieren wissenschaftlicher Erkenntnisse, das Fälschen von Wahlergebnissen sowie die illegale Finanzierung politischer Parteien gehören zu den Normbrüchen, die offensichtlich nicht aus der Welt zu schaffen sind. Zuschauer, Leser und Hörer, die über die Massenmedien von derartigen Devianzen erfahren, können leicht den Eindruck gewinnen, daß Maßnahmen, die Normtreue flächendeckend durchzusetzen versprechen, offenbar nicht in Sicht sind. Der Wiederholungscharakter der Meldungen und Kommentare vermittelt vielmehr die implizite Botschaft, daß man sich auf bestimmte Devianzquoten dauerhaft einzustellen hat und mit finalen Problemlösungen nicht zu rechnen ist. Diese Einschätzung über die Möglichkeiten und Grenzen regelkonformen Handelns in abweichungsanfälligen Kontexten entspricht den frustrierenden Erfahrungen jenes Filmhelden, der gezwungen ist, ein und denselben Tag in nahezu identischer Weise immer wieder neu zu durchleben, ohne die Möglichkeit zu besitzen, aus dieser »Wiederkehr des ewig Gleichen« in einem Akt der Selbstbefreiung herausspringen zu können, um die Irreversibilität des Zeitflusses wiederherzustellen und das eigene Leben von Grund auf neu zu gestalten.

Im Spitzensport stellt Doping eine solche Form der Abweichung dar. Täglich grüßen die Massenmedien in der einen oder anderen Weise mit diesem Thema, ohne daß eine nachhaltige Wendung zum Besseren erkennbar wäre. Nicht wenige Sportler und Sportlerinnen erbringen ihre sportlichen Leistungen nicht mehr allein über virtuose Technik und Taktik sowie außergewöhnliche Willens- und Körperstärke; sie greifen vielmehr auch routinemäßig in Training und Wettkampf auf verbotene Mittel und Praktiken zurück. Überraschend ist heute nicht mehr, daß über Doping berichtet wird; es wäre eher das Ausbleiben einer derartigen Berichterstattung, das überraschte und Folgefragen hervorriefe. Die Dopingpraktiken verschwinden nicht, wenn einzelne Athleten erwischt und des Feldes verwiesen werden. Sie überdauern vielmehr die Generationen, weil offensichtlich hinter dem Rücken der Akteure ein Bedarf strukturell erzeugt wird, legitime sportliche Ziele mit illegitimen Mitteln zu erreichen. Selbst sportliche Skandale sind durch ihre Abschreckungswirkung nicht in der Lage, kurzzeitig abweichungsfreie Handlungsräume zu schaffen. Wenn die korporativen Sportakteure, die Sportverbände, ihre Athleten des Dopings überführen, ist dies eher als ein Präludium einzuschätzen, das auf zukünftige Regelverstöße vorbereitet.

War die Kommunikation über Doping lange Zeit lediglich ein Umweltrauschen, das den Spitzensport als Hauptthema nur peripher berührte, hat sich diese Situation in den letzten Jahren nachhaltig geändert. Das Rauschen ist immer stärker geworden und überlagert die Eigenfrequenz des sportlichen Konkurrenzhandelns so stark, daß sich interessierte Sportbeobachter mittlerweile fragen, ob es nicht schon den Status einer ultrastabilen und systemimmanenten Größe erreicht habe, mit der trotz verstärkter Kontroll- und Eingrenzungsbemühungen fest zu rechnen sei. Die unter dem Dopingbegriff abgehandelten Ereignisse und Vorfälle ähneln sich in der Tat in einer frappierenden Weise, auch wenn die Namen der beteiligten Akteure, Sportdisziplinen und verwendeten Praktiken variieren können.

Um nur einige Schlaglichter seit Ende der achtziger Jahre des letzten Jahrhunderts in Erinnerung zu rufen: der Fall des Leichtathleten Ben Johnson bei den Olympischen Spielen in Seoul und die anschließenden politischen Aufklärungsmaßnahmen in den Vereinigten Staaten von Amerika und Kanada; die nach dem Fall der Mauer durch hartnäckige Aufklärungsarbeit ans Tageslicht gekommenen systematischen Dopingpraktiken im Spitzensport der DDR; die dauerhafte Erbschaft der Dopingpraxis in Gestalt von Krankheiten und Todesfällen bekannter Athleten; die Tour de France 1998, die durch tägliche Polizeirazzien und immer neue Dopingenthüllungen sportlich zur reinen Farce wurde; die Aufdeckung der weitverbreiteten Dopingpraktiken im italienischen Spitzenfußball und die dubiose Rolle eines Dopingkontroll-Labors; die langwierigen Auseinandersetzungen um den deutschen Olympiasieger Dieter Baumann; die permanenten Dopingskandale im Gewichtheben; die Entlarvung finnischer Skilangläufer bei der Weltmeisterschaft 2001 in Lahti und der von einigen deutschen Spitzenschwimmern geäußerte Vorwurf, daß sich in ihrer Disziplin sehr viele auf halblegale Weise an das internationale Wettkampfniveau »herandopten«; die aufsehenerregende Flucht von zwei griechischen Sprintstars vor anberaumten Dopingkontrollen zu Beginn der Olympischen Spiele in Athen; die Lawine der Dopingenthüllungen im US-Profisport nach der Entdeckung eines kalifornischen Dopinglabors sowie die Verdächtigungen gegenüber dem US-amerikanischen Radsportler Lance Armstrong nach der Veröffentlichung positiver Befunde aus eingelagerten Urinproben.

Die Liste dieser und weiterer Verdächtigungen und Dopingfälle ließe sich beliebig erweitern und würde ganze Bücherregale füllen. Viele Vergehen sind bereits im Orkus des Vergessens gelandet, weil sie dauerhaft durch neue Vorfälle zugeschüttet und verdrängt werden oder lediglich eine regionale oder nationale Bedeutung erlangen konnten. Nur Skandale, die eruptiv aus dem alltäglichen Einerlei der Berichterstattung ausbrechen, weil entweder international bekannte Spitzenathleten oder immer schon mißtrauisch beäugte, aber bisher nicht entlarvte Sportler oder Sportdisziplinen plötzlich im Mittelpunkt handfester Dopingentlarvungen stehen, sind noch in der Lage, kurzfristig aufzuschrecken und knappe Aufmerksamkeit beim Publikum hervorzurufen. Aber auch in diesen Fällen scheint der Empörungsgehalt inzwischen reduzierter auszufallen, als es noch vor einigen Jahren der Fall war.

Nicht wenige Sportler, Trainer oder Zuschauer reagieren auf die Permanenz der berichteten Dopingfälle mit Resignation oder der expliziten Forderung, von diesem Thema nichts mehr sehen, hören oder lesen zu wollen.»Nicht schon wieder«, lautet der Spruch, den man in Diskussionen zum Dopingthema häufig zu hören bekommt. Man könne ja ohnehin nichts machen und habe sich zähneknirschend mit der Situation abzufinden. Außerdem sollte man doch endlich einmal Ruhe geben und nicht beckmesserisch den Sport kaputtreden. Die bekannte dreifache Pose des Affen, der seine Sinnessensorien und Kommunikationspforten rigoros schließt und sich bewußt von seiner Umwelt abkoppelt, scheint nach fast vier Jahrzehnten der Dopingberichterstattung weit verbreitet zu sein. So vermitteln viele Zuschauer den Eindruck, als ob sie mit all dem, was an Devianz im Spitzensport passiert, generell nichts zu tun hätten, obwohl sie mit ihrer Sportbegeisterung die eskalierende Erwartungsspirale, mit der die Sportakteure in Training und Wettkampf konfrontiert werden, maßgeblich anheizen. Auch in den Sportverbänden und im sportinteressierten Umfeld tut man bisweilen so, als ob es nichts weiter zu tun gäbe, weil man meint, daß das, was man getan hat oder vorgibt, getan zu haben, ausreichte. Man installiert neue Institutionen, erhöht die Zahl der Kontrollen, feiert ab und zu einige Punktsiege im Anti-Doping-Kampf, organisiert und evaluiert diverse Fair-play-Initiativen und verweist darauf, daß man damit das Möglichste unter den gegebenen Bedingungen unternommen hätte. Andere leiten aus der offensichtlichen Schwierigkeit, Doping mit wenigen einschneidenden Maßnahmen ein für alle Mal aus der Welt schaffen zu können, sogar die Aufforderung ab, es doch endlich freizugeben – in der irrigen und wenig reflektierten Annahme, anschließend den geliebten Sport wieder störungsfrei genießen zu können, als ob es keine medizinischen Standesregeln gäbe (»nihil nocere«) und nach einer Freigabe keine weiteren Versuche auf seiten der Athleten und Athletinnen mehr abliefen, Pioniergewinne zu eigenen Gunsten durch die Verwendung immer riskanterer Mittel zu erzielen.

Die Gründe, angesichts dieser Situation weder auf Resignation oder Fatalismus umzuschalten noch in einen hektischen und kurzatmigen

Aktionismus zu verfallen, sondern statt dessen zunächst auf die Erklärungskraft soziologischer Theorie zu setzen, liegen auf der Hand: Die Soziologie ist diejenige Wissenschaftsdisziplin, die seit dem 19. Jahrhundert darauf spezialisiert ist, soziale Tatbestände und Probleme im Kontext der gesellschaftlichen Entwicklung zu beobachten und zu beschreiben. Soziologen produzieren ein Orientierungswissen und verschaffen Transparenz dort, wo Intransparenz oft auch bewußt hergestellt wird. Sie sehen soziale Zusammenhänge, wenn andere nur Einzelphänomene erkennen, und entlarven offizielle Situationsdefinitionen als funktionale Konstrukte und Betriebsideologien. Die Soziologie legt, wenn sie mit ihren Theorien die Welt beobachtet, eine inkongruente Perspektive an, das heißt: eine Sicht, die nicht deckungsgleich ist mit dem Erleben der beobachteten Personen und Institutionen. Sie kultiviert damit auf eine eigentümliche Weise eine Perspektive der Fremdheit (Stichweh 1991). Auch im Sport hinterfragt die Soziologie scheinbare Selbstverständlichkeiten, durchleuchtet Alltagstheorien und Wirkungsannahmen und stellt dabei häufig fest, daß komplexe soziale Phänomene in diesem Handlungsfeld nicht für sich selbst sprechen, sondern vielmehr mit Hilfe angemessener Theorien erst zum Sprechen gebracht und interpretiert werden müssen.

Dies gilt in besonderer Weise auch für das Dopingphänomen, das – entgegen landläufiger Meinung – mehr ein soziologisches als etwa ein medizinisches oder juristisches Thema ist. Niemand kann bestreiten, daß diese Devianzart Voraussetzungen hat und Wirkungen hervorruft, die jenseits von biologischen und medizinischen Analysen liegen. Doping impliziert in einem doppelten Sinne eine soziale Instrumentalisierung des Athletenkörpers. Zum einen geht es als Beeinflussung von Körperfunktionen auf Entscheidungen zurückgeht, die Menschen in sozialen Kontexten treffen. Erst soziales Handeln setzt beim Doping körperrelevante Effekte in Gang. Zum anderen liegen dem Doping als sozialem Handeln sozial geprägte Zielsetzungen zu Grunde. Doping ist ein Handeln, das nicht zufällig passiert, sondern zielgerichtet Wirkungen bewirken will. Die Beeinflussung von Körperfunktionen ist keine gedankenlos befolgte Gewohnheit oder das Ergebnis eines plötzlichen Affektausbruchs. Wer sich dopt, will damit etwas Bestimmtes erreichen. Wer andere dopt, ohne daß diese etwas davon mitbekommen sollen, verfolgt ebenfalls sozial definierte Ziele. Und selbst diejenigen, die trotz besseren Wissens über die Devianz schweigen und ein effektives Gegensteuern unterlassen, haben sozial konturierte Motive im Kopf. Die angestrebten Ziele drücken kein idiosynkratisches Wollen der Betreffenden aus, denn viele andere tun in einer ähnlichen Situation offensichtlich das gleiche. Doping geschieht in Übereinstimmung mit sozial verbreiteten Situationsdefinitionen, Interessenwahrnehmungen und Gelegenheitsstrukturen.

Wenn Regelverstöße in einem bestimmten Handlungskontext nicht mehr die Ausnahme, sondern die Regel sind, ist es nicht nur legitim, sondern wichtig und unverzichtbar, danach zu fragen, welche Mechanismen diesen Reproduktionszyklus der Abweichung anheizen. Warum riskieren viele Sportler und Sportlerinnen national und international und über alle Disziplinen hinweg Kopf und Kragen, um ihre sportlichen Leistungen mit Hilfe illegaler Mittel zu steigern? Warum vertrauen sie nicht ausschließlich ihren Talenten und einem professionell durchgeführten Training oder setzen auf einen erlaubten Technik- und Taktikeinsatz? Warum sind sie nicht mit dem zufrieden, was sie mit eigenen physischen und psychischen Bordmitteln erreichen können? Der Begriff der *Dopingfalle*, der diesem Buch als Titel voransteht, gibt die verfahrene Situation wieder, in der sich der Spitzensport und seine Akteure seit geraumer Zeit befinden.

Für eine Falle ist es zunächst typisch, daß man sie nicht gleich erkennt. Fallen lauern gutversteckt darauf, daß die Ahnungslosen in sie hineintappen. Fallen weisen weder lärmend auf ihre eigene Existenz hin, noch geben sie Auskunft über die Konsequenzen, die sie induzieren wollen. Fallen können nur dann effektiv wirken, wenn sie im Vorfeld ihrer Anwendung unbemerkt bleiben. Nach außen simulieren sie deshalb Harmlosigkeit und Normalität; unter der Oberfläche dieser Inszenierung aber wartet genau das Gegenteil. Fallen sind perfide konstruierte Mechanismen, die auf Beute aus sind und die Handlungspläne ihrer Opfer rigoros übergehen und durch eigene ersetzen. Panik ist die erwartbare Reaktion derjenigen, die bemerken, daß sie in einer Falle gelandet sind und sich dabei beobachten, wie Reflexe langsam die eigene Reflexion ersetzen. Fallen erzeugen damit Zustände, die man auf der Opferseite zu vermeiden trachtet. Wer begibt sich schon sehenden Auges in eine Falle hinein und fühlt sich anschließend dort auch noch wohl? Wer in einer Falle sitzt, hat schließlich seine ursprünglichen Handlungsziele unfreiwillig aufgeben müssen und wurde dazu gezwungen, sich mit den Einengungen und Widrigkeiten eines neuen ungewollten Daseins auseinanderzusetzen. Die Opfer müssen wehmütig lernen, daß der Zustand der Freiheit in weite Ferne gerückt ist und eine Rückkehr zum Status quo ante unwahrscheinlich ist. Fallen sind immer dann besonders erfolgreich, wenn sie die Vorsichtsmaßnahmen und Vermeidungsstrategien ihrer späteren Opfer antizipieren und durch gezielte Anreize außer Kraft setzen. Wer den Verlockungen erliegt, merkt erst später, wo er gelandet ist. Fallen rufen demnach systematisch Erwartungsenttäuschungen hervor. Hierzu gehört die ernüchternde Erfahrung, daß ein Entkommen aus eigener Kraft in der Regel nicht möglich ist. Fallen schnappen irgendwann einmal zu und verhindern anschließend jede Selbstbefreiung. Ausbruchsversuche der Opfer werden durch entsprechende Gegenmaßnahmen gekontert und verbessern aus diesem Grunde häufig nicht die Situation derjenigen, die in eine Falle getappt sind, sondern verschlechtern sie vielmehr noch. Die Verstrickungen nehmen zu – bis hin zur völligen Handlungsblockade des Opfers. Häufig können nur Externe Hilfestellungen geben. Oft gehen diese dann das Risiko ein, selbst in die

Falle hineinzugeraten. Letztlich führt der Aufenthalt in einer Falle zu gravierenden Folgeproblemen, meist in Form von Verletzungen und Schäden. Blutzoll ist zu entrichten, Traumata müssen durchlitten werden. Wendet man diese allgemeinen und sicherlich nicht vollständigen Überlegungen zur Funktion und Wirkungsweise von Fallen auf die spezifische Situation des Dopings im Spitzensport an, zeigt sich folgendes Bild: Auch die Dopingfalle entzieht sich zunächst einer oberflächlichen Entdeckung. Sie wartet vielmehr gutversteckt unter einem Schleier der Normalität und simulierten Regeltreue darauf, daß die Ahnungslosen in sie hineintappen. Die Mehrzahl der Beteiligten streitet sogar heftig ab, daß es eine Dopingfalle überhaupt gäbe. Sie existiere nicht real, sondern sei eine Erfindung von Beobachtern, die dem Sport Schaden zufügen wollten. Rückendeckung erhalten die Verneinungs- und Beschwichtigungsrhetoriker von all jenen, die vom Abstreiten der Existenz der Falle und vom schönen Schein der »Sauberkeit« weiterhin zu profitieren trachten. Denn das Wissen, daß der Spitzensport inzwischen für viele den Charakter einer Falle angenommen hat, wäre geschäftsschädigend und reputationsmindernd. Wenn Doping in einer Disziplin häufig vorkommt, seien es ausschließlich die Sportler, so die argumentative Begründung, die sich in Einzelfällen schuldig gemacht hätten. Warum aber tappen so viele Athleten früher oder später in diese Falle hinein? Wie sieht das soziale Umfeld aus, in dem so etwas vorkommt?

Die detaillierten Studien, die wir zur Beantwortung dieser Frage durchgeführt haben und in den nächsten Kapiteln noch vorstellen werden, weisen in eine Richtung: Die Dopingfalle lockt, wie andere Fallen auch, durch handfeste Anreize und subtile Verheißungen. Die späteren Opfer müssen schließlich irgendwie dazu gebracht werden, Dinge zu tun, die sie im Vorfeld strikt von sich gewiesen hätten. So können sich die Sieger und Erfolgreichen auf der Grundlage des scharf unterscheidenden sportlichen Sieg/Niederlage-Codes öffentlichkeitswirksam von den weniger Erfolgreichen absetzen, sich sozial sichtbar machen und in die Geschichte ihrer Sportarten mit Namen und Leistung einschreiben. In einer abstrakten Gesellschaft dürfen die Sportler konkrete Spuren hinterlassen. Sie erhalten die attraktive Möglichkeit, eine leistungsindividualistische Identität auszuprägen, und werden in dieser von außen bei entsprechender Leistung dauerhaft bestätigt. Zudem bekommen die Sportler bei Erfolg Prämien, dürfen an den Förderkartellen ihrer Vereine und Verbände teilhaben und erlangen knappe Zutrittsrechte in außersportliche Milieus. Wer sich aus der Dopingfalle mit eigener Kraft befreien möchte, trifft hingegen auf ungeahnte Schwierigkeiten. Denn die Verstrickungen wirken nicht nur in Gestalt von Erwartungen und Verheißungen, die von einer einzelnen Quelle ausgehen. Vielmehr sind es mehrere Bezugsgruppen, die Erwartungen hegen, subtil an der Anspruchsinflationierung gegenüber den Athleten beteiligt sind und selbst in diversen Fallen stecken. Nicht nur die Sportler als individuelle Akteure müssen deshalb aussteigen wollen. Auch die Sportverbände müßten auf Distanz zu eigenen Verstrickungen gehen und auf die Verlockungen verzichten, die ihnen wiederum von anderen Bezugsgruppen gewährt werden. Fördergelder von politischen und wirtschaftlichen Sponsoren fließen, wie man weiß, nicht wegen einer flächendeckend durchgesetzten Dopingfreiheit, sondern aufgrund von Medaillen, die Athleten bei internationalen Meisterschaften erringen.

Hieraus läßt sich folgender, im weiteren Verlauf unserer Analyse noch zu vertiefender Sachverhalt ableiten: Fallen werden in der Regel intentional ausgelegt, um bestimmte Ziele zu erreichen. Fallensteller wollen Beute machen. In Sachen Doping stellt sich die Situation anders dar. Es gibt keinen einzelnen Fallensteller, der bewußt und wissentlich darauf aus wäre, Sportler und Sportlerinnen in eine Situation hineinzulocken, um etwa voyeuristisch von außen zu beobachten, wie diese sich anschließend damit arrangieren, in der Falle zu stecken. Das Perfide an der Dopingfalle ist, daß *mehrere Akteure durch ihre Interessenverschränkungen transintentional dazu beitragen, die Dopingfalle herzustellen und am Leben zu erhalten*. Zunächst sind es die Sportakteure, die durch ihr legitimes und zunächst harmloses Interesse an Leistungssteigerungen und sportlichen Erfolgen unwissentlich dabei helfen, daß eine Dopingfalle entsteht. Am Anfang einer Sportlerkarriere steht nicht der Wunsch, sich zu dopen, sich gesundheitlich zu schädigen oder die Konkurrenten zu betrügen. Es geht den Athleten vielmehr um das Ausleben einer körperlichen Funktionslust, um das Erleben von Geselligkeit und Gemeinschaft, um ein Nacheifern von Idolen und Helden, und um den Beifall sportinteressierter Eltern oder Freunde. Auch die Verbände und das sportinteressierte Umfeld tragen durch Leistungserwartungen ihren Teil dazu bei, daß eine Dopingfalle entsteht. Das Publikum erhofft sich Siege der eigenen Athleten bei internationalen Wettkämpfen. Die wirtschaftlichen und politischen Sponsoren des Spitzensports öffnen ihr Füllhorn nur für erfolgreiche und erfolgsträchtige Athleten und entziehen ihre Förderung bei Mißerfolg. Die Massenmedien berichten nahezu ausschließlich nur von den telegenen und international erfolgreichen Sportarten und Athleten, um ihre Einschaltquoten zu sichern und ihre Auflagen zu erhöhen. Den großen Rest bestrafen sie mit Nichtaufmerksamkeit. Und Politik und Wirtschaft sind ausschließlich deswegen am Sport interessiert, weil sie an den Zuschauern interessiert sind, die am Sport interessiert sind. So entsteht eine hochkomplexe Matrix unterschiedlichster Akteurinteressen am Spitzensport, deren Erwartungen ins Kraut schießen und denen die Sportler nur noch durch Abweichung entsprechen zu können glauben.

Mit Fallen verbindet man eine gewisse Plötzlichkeit, mit der sie ahnungslose Zeitgenossen zu Opfern machen. Für den Spitzensport stellt sich die Situation anders dar. Die Dopingfalle schnappt nicht etwa plötzlich zu; sie zieht ihre Beute vielmehr langsam heran. Über einen längeren Zeitraum hinweg bemerken die betreffenden Sportler überhaupt nicht, daß sie auf eine Falle zusteuern und anschließend in einer solchen gelandet sind. Der Athlet, der über anfängliche Erfolge immer mehr Spaß am Leistungssport entwickelt, einen konkurrenzorientierten Leistungsindividualismus ausprägt und seinem Erfolgsbegehren alles unterordnet und hierbei von wichtigen Bezugsgruppen nachhaltig unterstützt wird, ähnelt jenem Frosch, der in einem langsam erhitzten Wasserbecken sitzt und es sich dort gutgehen läßt, aber von der drohenden Gefahr der eigenen Überhitzung nichts mitbekommt, weil er kein Sensorium für langsame Veränderungen besitzt. Häufig werden die Sportler auch durch ihre Einbettung in ein erfolgsinteressiertes Milieu daran gehindert, ihre Lebenssituation angemessen einzuschätzen und von ihrer Devianz Abstand zu nehmen. Sie verfluchen vielmehr jene, die ihnen ihre Situation vor Augen führen, und suchen anschließend nur noch Milieus auf, die ihre Sinndeutungen unterstützen.

Die Aufgabe der Soziologie besteht angesichts dessen vor allem darin, die Handlungsbedingungen abzuklären, die zu einer solchen Situation führen, und die Konsequenzen sowohl für die betroffenen Personen als auch für den Sport als Teilsystem der modernen Gesellschaft herauszuarbeiten. Generell ist dabei festzuhalten: Phänomene, die sich aus den intentionalen und nicht-intentionalen Verstrickungen mehrerer Akteure und deren Interessen ergeben, also nicht das Ergebnis einer einzelnen individuellen Handlungswahl sind, verlangen nach einem überindividuellen und zunächst amoralischen soziologischen Zugriff. Denn wer Doping allzu schnell anhand der Differenz von Gut und Böse analysiert, verpaßt entscheidende Einsichten in die Strukturbedingtheit abweichenden Verhaltens. Die weitverbreitete Dopingpraxis zeigt in schlagender Weise, daß im Spitzensport soziale Dynamiken am Werk sind, die sich nicht linear aus den Handlungsintentionen einzelner Personen ableiten lassen. Mit einem solchen Wissen kann die Soziologie nicht nur im klassischen Sinne Aufklärung betreiben, sondern auch jenen, die innerhalb und außerhalb des Sports ein Steuerungsmandat besitzen, entsprechende Beratungsangebote unterbreiten. Ob diese Offerten dann wahrgenommen und umgesetzt werden, entzieht sich ihrem Einfluß. Wer allerdings auf dieses soziologische Wissen verzichten zu können meint, ähnelt einem Arzt, der eine therapeutische Intervention durchführt, ohne eine präzise Diagnose vorgeschaltet zu haben. Die Wahrscheinlichkeit, daß so etwas dauerhaft gut geht, ist eher gering.

Das Dopingproblem hat nicht zuletzt auch deshalb ein so erschreckendes Ausmaß annehmen können, weil Gegenmaßnahmen – sofern sie nicht ohnehin als rein symbolische Politik gemeint waren – lange Zeit bestenfalls bemüht, aber wenig kundig und durchdacht erfolgt sind. Dies hat sich bis heute – trotz der Gründung von nationalen und internationalen Anti-Doping-Agenturen – nur wenig geändert, da all diejenigen, die offiziell innerhalb des Sports gegen Doping vorgehen sollen, oft selbst in Zwickmühlen und Handlungszwängen stecken und deshalb in erwartbarer Weise auf Akteure stoßen, die ihnen wissentlich ein effektives Handeln erschweren oder sogar unmöglich machen. Es gibt zwar auch ein Nichtkönnen der Sportverbände, beispielsweise aufgrund von Mittelknappheit oder mangelnder Kooperationsbereitschaft im internationalen Sportverkehr. Wesentlich bedeutsamer ist aber das weitverbreitete klammheimliche Nichtwollen der individuellen und korporativen Sportakteure, energisch gegen Doping vorzugehen. Immer noch werden wichtige Schritte zur komplexitätsangemessenen Problemerkennung und -bekämpfung nicht unternommen. Immer noch erfolgt die Dopingdiskussion in den Sportverbänden unterkomplex und halbherzig. Immer noch gibt es eine prekäre Dominanz naturwissenschaftlich-medizinischer Zugriffsweisen und Akteure in wichtigen Gremien, wenn es um Doping geht – was angesichts der Tatsache, daß Doping vornehmlich ein soziales Phänomen ist, zu denken geben muß. Und nach wie vor läuft die Entlarvungs- und Aufdeckungsarbeit der Medien nahezu ausschließlich täter- und skandalorientiert ab. Auch die gutgemeinten normativen Äußerungen, die man bisweilen von seiten der Sportpädagogik oder Sportphilosophie zum Dopingthema zu hören bekommt, tragen zur Erhellung der strukturellen Bedingungen der Dopingdevianz wenig bei. Im Reden und Handeln der mit Anti-Doping-Maßnahmen befaßten Akteure deren heimliches Schweigen und Unterlassen herauszuarbeiten, ist deshalb eine Zusatzaufgabe, die zu einer soziologischen Problemdiagnose gehört. Ob Doping sich effektiv und dauerhaft eindämmen läßt, ist angesichts der vorfindbaren Handlungsblockaden durchaus noch nicht entschieden. Aber es ist ja auch nicht Aufgabe der Soziologie, den Sport als problemfreie Zone auszuflaggen, wenn Widersprüche, Zwickmühlen und Fallen die Akteure dieses Handlungsfeldes hartnäckig daran hindern, effektiv gegen real existierende Probleme vorzugehen.

Die Zielsetzungen dieses Buches lassen sich aus dem, was es dezidiert nicht erreichen will, näher umschreiben: Es geht im folgenden nicht um das Geißeln einzelner Personen oder Organisationen, die es durch Nennung von Namen oder die penible Aufdeckung von Regelverstößen dingfest zu machen und einer Bestrafung zuzuführen gilt. Journalisten mit personen- und skandalorientierten Suchblicken werden in diesem Buch nicht fündig werden. Auch ist es nicht Sache von Soziologen, Medikamente, Verfahrensweisen und Wirkstoffgruppen detailliert zu diskutieren, ebenso wie es nicht in ihr Metier fällt, irgendwelche Nachweisverfahren zu evaluieren. Dies ist das Ressort der Naturwissenschaften. Außerdem beabsichtigen wir nicht, pädagogisch inspirierte Fair-play-Initiativen deklamatorisch anzumahnen und trügerische Hoffnungen auf eine leichte Steuerbarkeit des Spitzensports durch Moral und Ethik zu bedienen. Vielmehr wollen wir an ausgewählten Stellen analytische Tiefenbohrungen zur strukturellen Bedingtheit des Dopings vornehmen, dabei von Einzelfällen abstrahieren und generelle Erklärungsmuster herausarbeiten.

Der vorliegende Band setzt einen Diskurs fort, den wir vor elf Jahren mit einer umfassenden und nach wie vor gültigen Analyse begonnen und seitdem mit zahlreichen Folgeveröffentlichungen vertieft haben.[1] Diese an unterschiedlichen Stellen und zu verschiedenen Anlässen publizierten Beiträge zur Dopingthematik bilden die Grundlage des vorliegenden Buches. Alle Texte wurden für die vorliegende Publikation stark überarbeitet, inhaltlich aufeinander abgestimmt, von Dopplungen und Überschneidungen befreit und durch Präzisierungen ergänzt. Vor allem wurden alle Einzelkapitel auf den Leitgedanken des Buches ausgerichtet: die Idee der »Dopingfalle«. Trotz der inneren Logik, die alle Abschnitte miteinander verbindet, wurden die verschiedenen Beiträge so konzipiert, daß sie auch einzeln gelesen und verstanden werden können. Der Leser muß sich also nicht unbedingt von vorne nach hinten durch den gesamten Text arbeiten, um Erkenntnisgewinne zu erzielen.

Unsere soziologische Betrachtung ausgewählter Aspekte des Dopingphänomens erfolgt in zwei großen Schritten: Teil I betrachtet »Doping als Konstellationseffekt«. Damit ist der Umstand gemeint, daß die Dopingdevianz von Athleten nicht als Resultat einer isolierten individuellen Entscheidung anzusehen ist, die etwa auf der Grundlage von Charakterschwäche oder fehlgeleiteten Siegesambitionen von Athleten, Trainern oder Sportfunktionären getroffen würde. Doping ist vielmehr das Ergebnis des Zusammenwirkens unterschiedlichster Interessen aus Wirtschaft, Politik, Massenmedien und Publikum am Spitzensport – mit der Konsequenz, daß alle Beteiligten sich unversehens in einer eskalierenden Anspruchsspirale wiederfinden, aus der es für die Sportakteure kein einfaches Entrinnen gibt. Offensichtlich verfolgen nicht wenige Sportler, Trainer oder Sportfunktionäre mit Hilfe einer anfälligen und devianzbereiten Subkultur das Ziel, die wachsende Kluft zwischen Können und Wollen klammheimlich zu überbrücken. Sie versuchen, eine strikte Kopplung zwischen der Sieges- und Erfolgsorientierung einerseits und den psychischen und physisch-organischen Outputleistungen der Sportler und Sportlerinnen andererseits herzustellen. Doping entspricht damit einem in der Theorie abweichenden Verhaltens rubrizierten Handlungstypus: sozial als legitim angesehene Ziele werden mit illegitimen Mitteln verfolgt. Es kommt im Spitzensport zu einer breitgestreuten Anpassung durch Abweichung. Und bekanntlich verschwindet eine strukturell erzeugte Abweichung nicht, wenn man Einzelpersonen aus dem Verkehr zieht und bestraft. Dauerhaftigkeit und Hartnäckigkeit in der Verwendung illegitimer Verfahren und Mittel weisen vielmehr darauf hin, daß Doping offensichtlich immer wieder neu angeheizt wird, ohne daß sich die Sport- und Umfeldakteure dieser Logik der Abweichung langfristig entziehen können, wenn sie erfolgreich auf dem internationalen Sportparkett mitmischen wollen.

Teil II betrachtet Doping unter dem Risikoaspekt in zweierlei Hinsicht. Doping ist nicht nur für die Athleten riskant, die ihre Gesundheit riskieren und ihre Reputation aufs Spiel setzen. Der Sport als gesellschaftliches Teilsystem selbst geht durch Doping ein großes Risiko ein, denn er wird durch die Dopingthematik in einer geschäftsschädigenden Weise dauerhaft im öffentlichen Diskurs präsent gehalten. Auch wenn aus naheliegenden Gründen niemand über verläßliche Zahlen verfügt, gehen doch alle kundigen Beobachter der Szene davon aus, daß im Laufe der vergangenen vier Jahrzehnte immer mehr Athleten in immer mehr Sportarten immer intensiver und kundiger Doping praktiziert haben und dies noch weiter um sich greifen wird, wenn keine energischen Gegenmaßnahmen getroffen werden. Mit den Skandalen wuchs auch die Kommunikation über Doping. Wir werden zeigen, daß der organisierte Sport deshalb in einer prekären Situation ist: Er soll einerseits energisch gegen Doping vorgehen; ein Übermaß an berichteter und nachgewiesener Devianz kann aber dazu führen, daß seine Ressourcenausstattung geschmälert wird, weil sich wichtige Bezugsgruppen angewidert abwenden und ihre systemischen Funktionsinteressen mit anderen Partnern abzudecken beginnen.

Der zweite Risikoaspekt, den wir in Teil II ansprechen werden, ergibt sich aus dem Umstand, daß die Sportorganisationen auf die Existenz des Dopings und die damit verbundenen Risiken mit diversen Copingstrategien reagiert haben. Dieses »Risikomanagement« reicht von sportrechtlichen Maßnahmen gegen Doping bis hin zu jenen subversiven, bigotten und heimlichen Formen der Dopingakzeptanz, die, wenn sie herauskommen, in der Öffentlichkeit immer wieder Verwunderung, Abscheu und Resignation hervorrufen. In diesem Zusammenhang gilt es, insbesondere die sozialen Zwickmühlen, Fallen und Abhängigkeiten herauszuarbeiten, die derartige Verhaltensweisen der Sportorganisationen wahrscheinlich machen. Am Ende steht unter dem Stichwort »Konstellationsmanagement« ein Problembewältigungsvorschlag von unserer Seite, der über die bisher installierten Kontroll- und Aufklärungsmaßnahmen hinausgeht und die Richtung angibt, in der zukünftig nach komplexitätsangemessenen Anti-Doping-Strategien gesucht werden sollte. Denn eine Erkenntnis ist leider als gesichert abzubuchen: Die bisherigen Maßnahmen der Pädagogisierung und Kontrollintensivierung sind weder geeignet, Doping entscheidend zu bekämpfen, noch zeigen sie gangbare Wege aus den diversen Dopingfallen auf.

I Doping als Konstellationseffekt

Doping ist, um es auf einen kurzen Nenner zu bringen, ein Konstellationseffekt, der durch eine Vielzahl von Akteuren erzeugt wird, ohne daß alle Beteiligten sich überhaupt als solche wahrnehmen. Wie Bob Dylan in einem Anfang der sechziger Jahre des letzten Jahrhunderts geschriebenen Song über den Tod eines Profiboxers im Ring fragte: »Who killed Davey Moore?/Why an' what's the reason for?« lautet der Refrain. In den einzelnen Strophen kommen die unmittelbar am Geschehen beteiligten Personen nacheinander zu Wort: der Ringrichter, der Zuschauer, der Manager, der Sportjournalist und der Gegner. Alle haben plausible Gründe, jede Schuld kategorisch von sich zu weisen, so daß die Hauptfrage des Songs am Ende genauso unbeantwortet bleibt wie am Anfang. Und wäre es möglich gewesen, den Boxer selbst noch zu befragen, warum er nicht besser auf sein Leben aufgepaßt habe, hätte wohl auch er eine entsprechend abwehrende Antwort gegeben.

Die unausgesprochene Botschaft des Songs lautet: Keiner ist allein verantwortlich, weil alle mitverantwortlich sind. Diese den einzelnen Akteur auf den ersten Blick entlastende Aussage ist allerdings nicht einfach so zu verstehen, daß die Verantwortung lediglich mengenmäßig auf viele Schultern verteilt würde. Eine derartige Zuordnung bliebe immer noch der Ebene von Personen verhaftet. Daß alle mitverantwortlich sind, heißt vielmehr: Die Verantwortung ist auf einer *überpersonellen* Ebene angesiedelt. Es ist die *Konstellation* des handelnden Zusammenwirkens der genannten und noch anderer Akteure, die den Tod des Boxers verursachte und konsequenterweise die Verantwortung dafür zu übernehmen hat. Diese Konstellation ist stärker als jeder in sie verstrickte Akteur, so daß keiner sich anders verhalten kann, als er sich verhalten hat. Das Lied transportiert damit eine eminent soziologische Deutung des Geschehens, wie sie Norbert Elias (1939: 314) als generelle Aussage über die soziale Wirklichkeit formuliert hat: »Pläne und Handlungen der einzelnen Menschen greifen beständig freundlich oder feindlich ineinander. Diese fundamentale Verflechtung der einzelnen menschlichen Pläne und Handlungen kann Wandlungen und Gestaltungen herbeiführen, die kein einzelner Mensch geplant oder geschaffen hat. Aus ihr, aus der Interdependenz der Menschen, ergibt sich eine Ordnung von ganz spezifischer Art, eine Ordnung, die zwingender und stärker ist als Wille und Vernunft der einzelnen Menschen, die sie bilden.« Was immer die Moderne über individuelle Selbstbestimmung denkt: Die Soziologie setzt die allgegenwärtige tiefe Verstrickung jedes einzelnen Subjekts in diverse Akteurkonstellationen dagegen.

Folgende Schritte sollen auf dieser Linie die Dopingproblematik im heutigen Spitzensport verdeutlichen: Kapitel 1 beschreibt den üblichen Umgang mit Doping innerhalb der Gegenwartsgesellschaft unter dem Stichwort der Personalisierung. Wir werden zeigen, daß die soziale Bedingtheit des Dopings und der Konstellationscharakter der Abweichung nach wie vor gerne übersehen und verschwiegen werden, wodurch sich gravierende Konsequenzen im Umgang mit Doping ergeben. Wer immer nur auf Personen schaut, wenn es um Abweichung geht, und darauf verzichtet, die hinter dem Rücken der Akteure wirksamen sozialen Dynamiken ins Visier zu nehmen, trägt dazu bei, daß eine Falle nicht als Falle erkannt und als solche analysiert wird. Wenn aber ein Konstellationsphänomen wie Doping permanent und kollektiv unterkomplex abgehandelt und verkürzt diskutiert wird, bleibt dies nicht ohne Konsequenzen. Denn, wie man weiß: Ein falsch diagnostiziertes Problem kann in der Regel nicht gelöst und in seinen Ursachen bekämpft werden. Wer die Dopingfalle nicht als solche erkennt und benennt, ist Teil des Problems und kann auch unwissentlich zu ihrer Perpetuierung beitragen.

Die folgenden drei Kapitel zeichnen dann den Weg nach, auf dem die Dopingneigung entsteht und viele Athleten in die Dopingfalle hineingeraten. Regelverstöße in Gestalt von Doping sind eine Antwort auf die typischen Risiken der Athleten und Athletinnen im totalisierten Spitzensport. Zur Abrundung liefert Kapitel 5 eine provokante Studie über zwei Formen abweichenden Verhaltens: Doping und Terrorismus. Dieser drastische Vergleich soll zeigen, daß Individuen sich unversehens im Kraftfeld sozialer Strukturen und Prozesse wiederfinden können, die sie auf Abweichung hindrängen, obwohl ihre Ausgangsmotive völlig anders aussahen.

I »DOPINGSÜNDER«: PERSONALISIERUNG ALS DISKURSSTRATEGIE

Das Dopingthema ist in den letzten Jahren zu einem festen Bestandteil der Kommunikation über den Sport geworden. Wurden spitzensportliche Ereignisse lange Zeit nahezu ausschließlich harmonistisch dargestellt und kommentiert,[1] gehören Meldungen über medikamentöse Normverstöße oder anderweitige Illegalitäten heute zur tagtäglichen Routine der Sportberichterstattung. Angesichts der hohen Skandalfrequenz könnte man fast schon von einer allmählichen Verflüchtigung dopingfreier Sportdiskurse reden. Selbst dort, wo nicht über Blut-, Urin- oder Zahnpastapraktiken gesprochen wird, ist Doping in Gestalt von Pauschalunterstellungen dauerhaft im öffentlichen und privaten Reden über Sport präsent – mit der Konsequenz, daß jede hochstehende Leistung es sich heute gefallen lassen muß, automatisch unter Dopingverdacht gestellt zu werden. Die Zukunft des Spitzensports wird deshalb von nicht wenigen als problematisch wahrgenommen. Eine starke Verunsicherung hat sich breit gemacht, wohin der Weg dieses gesellschaftlichen Teilsystems und seiner Akteure führen wird.

Die Ernüchterung über die gegenwärtige Situation speist sich dabei nicht nur aus der Beobachtung der alltäglich gewordenen Dopingvergehen, sondern ist das Ergebnis einer Reihe übergeordneter und untereinander zusammenhängender Desillusionierungen. Den Verbänden ist es erstens bislang nicht gelungen, Doping mit eigenen Bordmitteln entscheidend zu bekämpfen. Die Alleingänge einzelner Verbände in der Dopingbekämpfung werden national und international immer wieder unterlaufen und boykottiert.[2] Ernüchternd wirkt zweitens, daß Medizin und Pharmakologie – aus welchen Gründen auch immer – bislang keine Verfahren entwickelt haben, um jedwede Dopinganwendung treffsicher und justitiabel nachzuweisen. Clevere Athleten mit einem entsprechend motivierten und ausgerüsteten Umfeld können nach wie vor bestimmte Medikamente verwenden, ohne Entdeckung befürchten zu müssen. Deutungsangebote, die Doping als das Ergebnis einer bestimmten sozialen Konstellation ausweisen und damit auf die strukturelle Bedingtheit der Abweichung abzielen, werden drittens systematisch ausgeblendet und ignoriert. Sowohl der organisierte Sport als auch die an der Problemerzeugung mitbeteiligten Akteure aus Wirtschaft, Politik und Massenmedien waschen die eigenen Hände in Unschuld. Und auch viele Sportzuschauer meinen offensichtlich, daß sie mit den Dopingpraktiken nichts zu tun hätten. Diese systematische Verleugnung der eigenen Mitbeteiligung reizt zur Reflexion, nicht um moralisierende Vorwürfe zu erheben, sondern um strukturelle Lernblockaden und Beobachtungsdefizite auf den Begriff zu bringen.

Die Schwierigkeiten der Dopingbekämpfung haben nicht nur mit den zweifellos vorhandenen finanziellen, rechtlichen und logistischen Grenzen der Dopingbekämpfung zu tun. Sie sind vielmehr auch das Resultat einer *personalisierenden Situationsdefinition*, die den öffentlichen Dopingdiskurs hartnäckig und kontrafaktisch dominiert. Trotz flächendeckender Normverstöße wird Doping nach wie vor und nahezu ausschließlich dem Fehlverhalten einzelner Menschen zugeschrieben. Diese gefährlich vereinfachende Realitätskonstruktion existiert nicht zufällig, sondern ist als das Ergebnis einer strukturellen Kopplung anzusehen, die sich innerhalb der modernen Gesellschaft im Umgang mit der Dopingproblematik ergeben hat. Wenn nicht nur der Sport Doping auf individuelles Fehlverhalten reduziert, sondern alle relevanten Bezugsgruppen aus den unterschiedlichsten Gründen ins gleiche Horn stoßen, können sich Deutungsschemata festsetzen, die eine Problemlösung nicht nur erschweren, sondern eventuell sogar verhindern. Die vieldiskutierte Krise des Spitzensports ist auch eine Konsequenz des personalistischen Umgangs mit der Krise. Um diese Denkfigur zu entwickeln, sollen im folgenden all jene Sozialbereiche thematisiert werden, die maßgeblich an der kollektiven Personalisierung des Dopingproblems beteiligt sind. Der erste Abschnitt dieses Kapitels spricht die im Sport selbst stattfindende Betonung von Körper und Person an und stellt den subjektorientierten Umgang der Sportverbände mit Devianz vor. Der zweite Abschnitt beschäftigt sich mit den Diskursstrategien jener Umfeldakteure, die in der gegenwärtigen Dopingdebatte maßgeblich involviert sind. Zu nennen sind hier die Massenmedien, insbesondere das Fernsehen, dessen übliche Attributionspolitik in Sachen Doping sich aus der Notwendigkeit eines Mediums ableiten läßt, Neuigkeiten in aufmerksamkeitsträchtige Bilder übersetzen zu müssen und Analyse nur dann zulassen zu können, wenn diese schnell verständlich, gering abstrakt und quotenträchtig ausfällt. Ergänzt wird diese Sichtweise durch die juristische Behandlung von Dopingvergehen sowie das Autonomiekonzept der zeitgenössischen Pädagogik. Der dritte Abschnitt zählt Konsequenzen auf, die sich aus der allgemeinen Personalisierung des Dopings bereits ergeben haben. Und der letzte Abschnitt plädiert für die Umstellung der Analyse von Personalisierung auf Struktur und skizziert damit das soziologische Erkenntnisprogramm.

1.1 Personalisierung im Spitzensport

Die große Resonanz, die der Sport in den letzten 150 Jahren erzeugen konnte, hat mit seiner Fähigkeit zu tun, den problematischen Konsequenzen gesellschaftlicher Modernisierung eine Sphäre des körperlich Konkreten und sinnlich Nachvollziehbaren entgegenzusetzen. Gegen die Abstraktion der heutigen Welt bringt der Sport reale Personen ins Spiel. Wenn Leichtathleten die Bahn umrunden oder Fußballer mit hohem Körpereinsatz dem Ball nachjagen, steht der Faktor Mensch im Zentrum des Geschehens. Neben den Erlebnisofferten und Gefühlsintensitäten, die der Sport denjenigen anbietet, die ihn betreiben, macht er, und dies ist auch wichtig, Menschen in öffentlich beobachtbaren Situationen sozial sichtbar. Eine bestimmte Anzahl von Akteuren tritt in einem fixierten kurzen Zeitraum an einem überschaubaren Ort gegeneinander an, um in einem ergebnisoffenen Konflikt die Entscheidung zwischen Sieg oder Niederlage herbeizuführen. Die hierbei erbrachten Leistungen werden Personen zugeschrieben und im Rahmen von Belobigungsritualen coram publico prämiert. Dadurch wird sowohl den Athleten als auch dem Sportpublikum in einer leicht nachvollziehbaren Weise gezeigt, daß der einzelne Mensch noch in der Lage ist, im richtigen Moment den alles entscheidenden Unterschied zu machen. Der Nichtigkeitserfahrung des einzelnen in der modernen Organisationsgesellschaft setzt der Sport die Idee von der Autonomie des Subjekts durch Leistungsindividualisierung entgegen.[3] Die Konkurrenzkonstellation des Wettkampfes bietet die Gelegenheit, daß Sportler über sich hinauswachsen und Alltäglichkeit in Außeralltäglichkeit und Einzigartigkeit transformieren. Dies hat den Spitzensport in besonderer Weise heldenfähig gemacht (Bette/Schimank 1995a: 62ff). Die demonstrative Fixierung des Sports auf Personen und deren Leistung erzeugt dann allerdings auch den Eindruck, daß nur einzelne Menschen in diesem Sozialbereich bedeutsam wären, selbst wenn sie in Gruppen auftreten. Für die Bearbeitung von Dopingvergehen hat dieser sporttypische Zugriff auf Körper und Person erhebliche Konsequenzen: Eben weil die Sportorganisationen darauf spezialisiert sind, Subjektivierungsarbeit zu leisten, fällt es ihnen leicht, in analoger Weise auch Normverstöße zu *personalisieren* und damit zu *singularisieren*. Eine Singularisierung abweichenden Verhaltens findet statt, wenn komplexe Zusammenhänge aufgelöst, als Einzelfälle behandelt und nicht in einen übergeordneten Kontext eingeordnet werden. Warum sollte ein Fachverband auch darauf verzichten, Fehlverhalten zu individualisieren, wenn er gleichzeitig hochstehende sportliche Leistung durchaus künstlich auf die Fähigkeit einzelner Subjekte reduziert. Nach bekannt gewordenen Dopingfällen weisen Sportfunktionäre inzwischen schon routinemäßig darauf hin, daß der Regelverstoß ausschließlich der Motivation des abweichenden Sportlers zuzurechnen sei. Gegebenenfalls verweist man auf den schlechten Einfluß einzelner Trainer oder Betreuer. Aber auch dies ist nur eine Personalisierung anderer Art.

Wenn die Verbände abweichendes Verhalten an individuellen Akteuren festmachen, unternehmen sie eine Reihe von Markierungsmaßnahmen: Sie bezeichnen den Ursprung einer Handlung, definieren ein Subjekt oder Individuum, dem sie die Handlung zurechnen, und bewerten sowohl Handlung als auch Handlungsträger im Lichte der eigenen offiziellen Regeln. Es ist in der Tat bemerkenswert, wie die Verbände Doping in Einzelfälle kategorisieren, ohne Zusammenhänge zu sehen und Auslösefaktoren mit zu thematisieren. Der soziale Kontext individuellen Handelns wird hartnäckig unterschlagen oder höchstens im Lichte naiver Alltagstheorien gespiegelt. Die überpersönliche Ebene gerät dann nur äußerst verschwommen in den Blick. So schwadroniert man in den Verbänden routinemäßig mit Krankheits- und Tiermetaphern über die »Seuche«, das »Krebsgeschwür« oder die »Krake« des Dopings, lamentiert moralisierend über den »Orientierungsverlust in unserer Gesellschaft« und bezeichnet die Devianten zumindest in den offiziellen Fensterreden als »charakterlose Gesellen«, die man unbarmherzig aus dem Verkehr ziehen müßte – um allerdings anschließend neue Wettkampfserien zu vereinbaren und entsprechende Verträge mit Fernsehanstalten und Sponsoren zu schließen. Auch vage Redeweisen wie »Werteverfall«

oder »Kommerzialisierung« sind zu hören; und Naturmetaphern wie »Flut« oder »Lawine« werden benutzt, um zumindest atmosphärisch das überwältigende Moment des Vorgangs festzumachen, um also das auszudrücken, was stärker als der je einzelne ist. Dennoch dient gerade diese Metaphorik dazu, Durchhalteappelle zu verkünden, also jetzt erst recht die Fahne der Personalisierung kontrafaktisch hochzuhalten. Trotzig wird jeder Person abverlangt, »anständig« zu bleiben und sich der amoralischen »Flut« entgegenzustemmen. Selbst ehemalige Athleten folgen bisweilen dieser Sichtweise. Max Schmeling beispielsweise fand es in einem Interview »furchtbar, wenn Sportler zum Doping greifen. Das sind Menschen ohne Moral und Ethik, die keine Fairneß besitzen. Olympische Ideale sind denen fremd.« (KSA vom 8.4.1993) In einem Umkehrschluß werden diejenigen immer heldenhafter hochstilisiert, die – soweit man weiß – Training und Wettkampf dopingabstinent bestreiten und in diesem Sinne noch als Hoffnungsträger gelten können. Die Ertappten werden demgegenüber generell als »Dopingsünder« bezeichnet und damit einer semantischen Kategorie zugeordnet, die ursprünglich für Verstöße gegen religiöse Gebote entwickelt worden war. Der erwischte Sportler erscheint dann als gefallener Engel, der sich durch eigene Verfehlungen aus dem Paradies herauskatapultierte.

Selbst wenn Sportfunktionäre bisweilen den Einfluß von wirtschaftlichen und politischen Sponsoren oder die Bedeutung der veränderten Medienlandschaft erwähnen, kehren sie zur Personalisierung des Dopings spätestens dann zurück, wenn es um die Bestrafung der Athleten geht – so, als ob es die Nutzenverschränkungen der Verbände mit ihrem sozialen Umfeld und die hieraus resultierenden Verhaltenserwartungen an die Sportler nicht gäbe. Indem die Sportverbände Doping täterorientiert attribuieren, exekutieren sie ein Stück korporativer Macht. Denn Macht hat derjenige, der über eigene Verstrickungen schweigen darf. Dem Festmachen der Abweichung an einzelnen Personen fällt in diesem Zusammenhang offensichtlich die Funktion zu, das strukturelle Fundament der Sportorganisationen vor lästiger Kritik zu schützen. Durch die Etikettierung individueller Sündenböcke können die Fachverbände zudem von eigenen Widersprüchen und Handlungsdilemmata ablenken (vgl. Kapitel 9). Wenn ein Verband aufgrund eines gestiegenen Ressourcenbedarfs nicht nur als Prinzipal der eigenen Sportler tätig ist, sondern gleichzeitig auch als Agent übergeordneter Prinzipale spezifische Leistungen zu erbringen hat, wäre das Eingestehen einer Mitschuld auch sehr riskant. Es gefährdete den Ressourcenfluß von außen, weil es wichtige Bezugsgruppen der Gefahr aussetzte, durch das Dopingthema mit kontaminiert zu werden. Das Abschieben der Schuld auf individuelle Akteure hat dann die Aufgabe, das prekäre Verhältnis der Sportorganisationen zum gesellschaftlichen Umfeld vor möglichen Irritationen zu schützen und den Glauben an die Beherrschbarkeit des Problems aufrechtzuerhalten. Wenn die Verbände deutlich machen können, daß allein einzelne Athleten

Schuld auf sich geladen haben, erscheint die Situation als prinzipiell noch veränderbar und nicht als völlig verfahren. Man müßte nur die betreffenden Personen kontrollieren und gegebenenfalls des Feldes verweisen und könnte dadurch – so die implizite Botschaft – das Problem bereinigen oder zumindest eindämmen. Die Verbände geben damit sich selbst und ihrem Umfeld das Signal, daß sie noch handlungs- und zukunftsfähig sind.

Unter Einbeziehung naturwissenschaftlicher Kompetenz setzt die Dopingbekämpfung der Verbände so auch in erwartbarer Weise am einzelnen Subjekt an. Denn nichts personalisiert mehr als die Analyse individueller Körpersäfte. Damit wird allerdings gleichzeitig der soziale Kontext der Abweichung systematisch zum Verschwinden gebracht. Blut und Urin sagen nichts aus über die biographischen Risiken der Athletenrolle; sie erzählen nichts über die dopingstimulierenden Qualifikationsnormen der Verbände. Und auch die Verhaltenserwartungen, die Politik, Wirtschaft, Massenmedien und Publikum an die einzelnen Sportler adressieren, können durch Massenspektrometer nicht sichtbar gemacht werden. Die gegenwärtige Dopinganalytik erfaßt, wie man leicht erkennen kann, nur biochemische Parameter. Die Kooptation der Naturwissenschaften versetzt die Sportorganisationen demnach nicht nur in die Lage, ihre Kontrolle direkt am Subjekt festzumachen und in die Tiefen der Sportlerkörper hineinzuschauen, sie macht es auch leicht, Widersprüche und Handlungsdilemmata auszublenden und wissenschaftlich unbearbeitet zu lassen. Die naturwissenschaftliche Dopinganalytik eignet sich vortrefflich für die Individualisierung der Schuld und die Inszenierung korporativer Unschuld.

1.2 Personalisierung in Massenmedien, Jurisprudenz und Pädagogik

Der für den Spitzensport typische Zugriff auf Mensch und Körper ist in der modernen Gesellschaft nicht unbeobachtet geblieben. Er fasziniert all jene Sozialbereiche, die mit einer derartigen Subjektivierungs- und Sichtbarmachungsarbeit ihre eigene Funktions- und Leistungserbringung zu steigern trachten. Die mächtigste strukturelle Kopplung hat sich in dieser Hinsicht mit den modernen Massenmedien ergeben.[4] Sportliche Wettkämpfe sind an die Logik von Zeitung, Radio und Fernsehen direkt anschlußfähig. Sie sind spannend, eignen sich für Heldengeschichten und decken den unersättlichen Neuigkeitsbedarf der Medien in einer äußerst komfortablen Weise ab. Die Häufigkeit der Events, die den Wettkampfkalender in vielen Disziplinen bestimmt, und die Resultate, die tagtäglich in sportlichen Auseinandersetzungen weltweit erzielt werden, entsprechen dem medialen Bedürfnis, permanent Informationen zu prozessieren. Wenn die Medien über die sportspezifische Diskriminierungsarbeit zwischen Sieg und Niederlage berichten, dies als eigene Information mitteilen, wird ihr organisatorischer Zwang erheblich reduziert, Sendezeit oder

Seiten mit eigenen Neuigkeiten und Analysen zu füllen. Der Sport hält die Massenmedien durch seine Dramatik und Unruhe dauerhaft wach und versorgt sie mit entsprechenden Themen.[5]

Eben weil die Medien darauf spezialisiert sind, Informationen technisch zu vervielfältigen und an Nichtanwesende zu übermitteln, werden Selbstbezüglichkeit und Selbstorganisation für sie nicht nur möglich, sondern auch unverzichtbar. Die Medien gewinnen so die Freiheit der eigenen Themenwahl und -behandlung. Radio, Zeitung und Fernsehen berichten demnach nicht im Verhältnis eins zu eins über die Welt des Sports, sie müssen vielmehr eine hochselektive Aufmerksamkeit für bestimmte berichtenswerte Nachrichten und eine ausgeprägte Indifferenz für nicht paßfähige Informationen entwickeln. Als berichtenswert sehen Sportjournalisten im allgemeinen all jene Ereignisse an, die sich besonders effektiv an den Aufmerksamkeitshorizont der Rezipienten anschließen lassen.

Wie Niklas Luhmann (1996) gezeigt hat, präferieren die Medien generell Informationen, die sich vom Altbekannten deutlich unterscheiden. Ereignisse, mit denen jeder rechnet, sind schlichtweg langweilig, weshalb die Medien generell das Unerwartete bevorzugen. Eine Kategorie des Unerwarteten stellen *Verfehlungen* dar. Nicht selten sind diese kognitiv überraschend: Man vertraut auf Rechtschaffenheit und wird mit Betrug, Korruption, Pflichtvergessenheit etc. konfrontiert. Selbst wenn man insgeheim mit Verfehlungen rechnet, kann die Größenordnung immer noch bestürzen. Und normativ unerwartet sind Verfehlungen allemal. Auch diejenigen, die von der um sich greifenden Devianz wissen, können weiterhin erwarten, daß dies nicht gutgeheißen wird – und erwarten, daß andere auch so erwarten.

Wenn Verfehlungen daher berichtenswert sind, gilt dies besonders für jene Fälle, die sich *moralisieren* und *personalisieren* lassen. Damit sind zwei weitere »Nachrichtenfaktoren« involviert. Die Massenmedien berichten also gerne über Normverstöße, insbesondere wenn sich das zugrundeliegende Handeln moralisch aburteilen und an bestimmten Personen festmachen läßt. Diese sich wechselseitig verstärkende Kombination der »Nachrichtenfaktoren« stößt todsicher auf ein großes Interesse bei Zeitungslesern, Rundfunkhörern und Fernsehzuschauern. Jede Nachricht muß dann im Verhältnis zur Vorgängernachricht einen schnellen und leicht verstehbaren Neuigkeitswert signalisieren. Bei Ereignissen, die gegen die Erwartung laufen, ist genau dies der Fall. Themen, die konfliktträchtig sind, lokale oder nationale Bezüge aufweisen, die sich moralisieren, dramatisieren und personalisieren lassen, haben gute Chancen, mediale Resonanz zu erzeugen. Zeitung, Radio und Fernsehen, die auf Leser, Zuhörer und Zuschauer angewiesen sind, finden dabei in den Sportinteressierten ein Publikum, das sie selbst als Publikum inkludieren können (Blöbaum 1994: 305ff).

Für das Fernsehen ist die Ausrichtung auf Personen bzw. die Personalisierung von Neuigkeiten noch bedeutsamer als für die Printmedien. Dies läßt sich aus der Logik des Mediums selbst erklären. Das Fernsehen braucht interessante Bilder, um informativ zu sein. Neuigkeiten müssen auf dem Bildschirm vornehmlich visuell präsentiert werden können. Im Umkehrschluß erweckt das Fehlen von laufenden Bildern mit sich permanent verändernden Inhalten den Eindruck der Nichtauthentizität der Informationen und des Stagnierens. Ungeduld und Umschalten auf einen anderen Sender sind Reaktionen, mit denen Fernsehzuschauer auf das Fehlen informativer Bilder reagieren.

Indem der Sport Subjekte sichtbar macht, auf Leistungsindividualisierung setzt und dramatische Situationen erzeugt, kann das Fernsehen an der spezifischen Bilderwelt und Theatralität des modernen Sports teilhaben. Ergänzt durch eine entsprechende Klangkulisse geben bewegte Sportbilder dem Zuschauer ein Evidenzversprechen. Sie stehen gleichsam dafür, daß sich Realität tatsächlich so abgespielt habe. Bildsequenzen haben eine hohe suggestive Kraft, weil sie im Gegensatz zum Standbild Entwicklungsverläufe und Prozeßfiguren zeigen.[6] Wettkämpfe als zeitlich, sachlich, sozial und auch räumlich ausgegrenzte Interaktionsbereiche produzieren diese Bilder am laufenden Band. Kameras können die Sonderräume des Sports beobachten und mit Mikrophonen abhören. Sportler lassen sich sehen, hören, räumlich verorten und auf dem Bildschirm vorführen. Als wahrnehmbare Gestalten gelten sie deshalb in den Medien als Garanten für Authentizität.[7] Man kann sie zu Interviews einladen und ihnen Fragen stellen, und vielleicht geben sie auch informative Antworten. Sie sind eben keine fiktionalen Figuren, wie man sie in Romanen oder Filmen antrifft.

In einer Gesellschaft, in der immer mehr optische Äquivalente für vorhandene gesellschaftliche Komplexität fehlen, erbringen Sportler mit ihren Körpern realitätserzeugende Leistungen, die die Medien dankbar aufnehmen und nach eigenen Präferenzen verstärken. Der Sport dient besonders dem Fernsehen als Evidenzbeschaffer, weil in einem Medium, das selbst viel Schein produziert, Garanten für Authentizität offensichtlich knapp geworden sind. Mit Hilfe der Personen- und Körpernähe des Sports kann das Fernsehen in der eigenen Programmstruktur eine markante Trennlinie zwischen Simulation und Realität ziehen.

Daß die Medien die Personenofferte des Sports für ihre eigene Programmatik nutzen, zeigt sich in extremer Weise an ihrem Umgang mit der Prominenz dieses Sozialbereichs. Im Hofieren einzelner Sportstars treiben die Medien ihre Subjektivierungsarbeit auf die Spitze. Heldenverehrung durch die Medien ist Personalisierung pur. Im Rahmen einer »Ökonomie der Aufmerksamkeit« (Franck 1998) ermöglichen Sporthelden eine Nachfrage durch ein interessiertes Publikum, die sich in hohen Einschaltquoten und Auflagenhöhen niederschlägt. Und da die Medien

einen permanenten Neuigkeitsbedarf haben, ist verständlich, warum sie
Sporthelden aufbauen, demontieren und – falls nötig – auch revitalisie-
ren.

Das Dopingthema ist an die Selbstbezüglichkeit der Massenmedien in
besonderer Weise anschlußfähig, weil es den journalistischen Sensations-
bedarf in vielerlei Hinsichten abdeckt. Es ist erstens konfliktträchtig, weil
gedopte Sportler gegen die selbstauferlegte Sportmoral des Sports verstoßen und Erwartungsenttäuschungen hervorrufen. Wer klammheimlich
verbotene Mittel und Verfahren einsetzt, um sich einen Wettbewerbsvor-
teil zu verschaffen, betrügt seine Mitkonkurrenten und hintertreibt die
normative Ordnung des Sports in einer illegitimen Weise. Doping setzt
die Chancengleichheit im Wettkampf außer Kraft und sabotiert das wichtige Sinnprinzip des offenen Wettkampfausgangs. Kein Wunder also, daß
die Massenmedien bekannt gewordene Dopingfälle begierig aufgreifen
und skandalieren – ebenso wie Korruption im öffentlichen Dienst, Betrug
in der Wissenschaft, Parteispendenaffären oder Insidergeschäfte an der
Börse. Solche devianten Vorfälle finden stets noch mehr Aufmerksamkeit,
wenn sie nicht im Anonymen bleiben, sondern sich mit konkreten Personen verbinden lassen. Doping ist deshalb zweitens für die Medien berichtenswert, weil der täterorientierte Umgang des Sports mit Dopingsündern
direkt dem Personalisierungsbedarf der Medien entspricht. Nichts ist für
die Medien informativer als ein Ereignis, das an einzelnen Personen in
einer kompakten und leicht nachvollziehbaren Weise sichtbar gemacht
werden kann (Bette/Schimank 2000a: 92ff). Dopingsünder, die man
vorführen, zum Sprechen bringen oder in ihrem Schweigen zeigen kann,
lassen sich von Zuschauern relativ leicht wahrnehmen. Die Einzelfallbehandlung des Sports in Sachen Doping paßt in die Selbstbezüglichkeit der
Medien hinein, weil Einzelfälle sich dort besonders gut präsentieren
lassen. Ausufernde Komplexität hingegen übersteigt das Darstellungspo-
tential gerade des Fernsehens.

Und je bekannter die Namen, die genannt werden, desto größer die
Resonanz. Es scheint, daß die Öffentlichkeit ihrer Empörung erst dann
richtig Luft machen kann, wenn sie einen leibhaftigen und prominenten
Adressaten für ihre Gefühle vorgesetzt bekommt. Wir kennen mittlerweile die Standard-plots, die die Massenmedien in Sachen Doping konstruie-
ren. Da ist der alternde, verletzungsgeplagte Star, der es noch mal wissen
will und alles daran setzt, um sich bei den kommenden Olympischen
Spielen einen letzten großen Abgang von der Bühne zu verschaffen. Oder
da ist der erfolgssüchtige Athlet, der sein begrenztes Talent mit Hilfe
verbotener Praktiken und Mittel aufmöbeln möchte. Ben Johnson – der
nach seinem Sieg im 100m-Endlauf bei den Olympischen Spielen 1988 in
Seoul des Dopings überführte kanadische Sprinter – wurde als das min-
derbemittelte, stotternde Einwandererkind dargestellt, das sich mit sportlichen Erfolgen aus der Gosse herauszuarbeiten trachtete und dabei durch
ein erfolgsinteressiertes Umfeld auch mit Hilfe von Dopingpraktiken

unterstützt wurde. Ähnliche narrative Strukturen lassen sich in den Enthüllungen bei der Tour de France 1998 feststellen. Auch die Aufdeckung
des »Staatsdopings« in der ehemaligen DDR wurde in extremer Weise an
Einzelnamen festgemacht und als Entlarvungsstory inszeniert. Ebenso
sind die geheimnisumwitterten Zahnpastatuben von Dieter Baumann der
Stoff, aus dem die Medien von den Rezipienten gierig verschlungene
Geschichten gewoben haben.

Gemeinsam ist all diesen Stories, daß sie mit einer oberflächlichen
Plausibilität Dopingdevianz in extremer Weise personalisieren. Der
Schwache bzw. Böse ist – ähnlich wie in Hollywoodfilmen – als Person
bzw. Personengruppe eindeutig benennbar. Diese typische Erzählstruktur
dient dazu, am Ende ein spektakuläres Finale zu inszenieren, das die
Zuschauer in zweierlei Hinsicht befriedigt. Sie bekommen zunächst
einen Showdown zu sehen, in dem alle vorher aufgestauten Emotionen
sich Bahn brechen können. Den Zuschauern wird weiterhin klar gemacht,
daß die Sache danach – meist nach Intervention eines Helden – geregelt,
die Welt wieder in Ordnung ist. Da kämpft kein Don Quichotte gegen
Windmühlenflügel, kein Sisyphos rollt seinen Stein vergeblich den Berg
hinauf.

Nicht immer steht der Athlet in den Medien allein als Sünder im
Mittelpunkt. Das mediale Interesse an einzelnen Personen beschränkt
sich nicht allein auf die erwischten Sportler. Es gibt auch die Geschichte
der skrupellosen Trainer, Betreuer oder Sportmediziner, die ihre Schütz-
linge mit deren Zustimmung oder hinter deren Rücken dopen, um als
»Medaillenmacher« gefeiert zu werden; oder das Drama der finsteren
Spitzenfunktionäre und Politiker, die zum Ruhme des Vaterlandes ein
massenhaftes Doping der nationalen Athleten beschließen und umsetzen.
Im Radrennsport sind es häufig die assistierenden Mitglieder der Renn-
teams, die im Schulterschluß mit den Fahrern und deren Ehefrauen oder
Vätern die Devianz als Drogenkuriere ermöglichen und unterstützen.
Auch Pharmakologen, Verbandspräsidenten und Dopingkritiker haben im
Gefolge der vielen Dopingvergehen einen Unterhaltungswert eigener Art
erwerben können. Weil diese Akteure einzelne Fälle aus ihrer Sicht jeweils anders kommentieren und als Personen mit redenden Mündern
und adressierbaren Namen vorzeigbar sind, wurden sie zu wichtigen
Elementen des medialen Dopingdiskurses. Besondere Chancen, gehört,
gezeigt und zitiert zu werden, haben dabei vor allem jene Kritiker, die den
Skandalierungs- und Personalisierungsbedarf der Medien durch scharf
formulierte Kritik an real existierenden Personen abzudecken bereit sind.
Sporthistoriker, die im Rahmen des Aufarbeitens der Dopinggeschichte
konkrete Namen nennen, oder Pharmakologen und Sportpädagogen, die
Trainer, Sportmediziner und Sportfunktionäre direkt attackieren oder
anklagen, sind in dieser Hinsicht für die Medien besonders interessant.
Normverstöße qua Doping sind somit für die Medien drittens bedeutsam,
weil sie sich für eine Moralisierung eignen. Vor allem jene Journalisten,

die selbst nicht auf einen tagtäglichen Zutritt in die Vereine und Verbände angewiesen sind, weil sie etwa für überregional ausgerichtete Print- oder Hörmedien arbeiten (Beispiele: FAZ, SZ, Der Spiegel, Deutschlandfunk), können dann den Sport am Raster der Differenz von Gut und Schlecht beobachten und sich selbst öffentlich als Statthalter des Guten installieren.

Zieht man all diese Argumente zusammen, wird deutlich, daß Doping zunächst der Stoff ist, aus dem Medienträume sind. Aber dies ist nur die eine Seite der Medaille. Doping ist auch dazu angetan, das Publikum langfristig zu desillusionieren und zum Abschalten zu bringen. Aus dem Medientraum kann dann sehr schnell ein medialer Albtraum werden. Denn Betrug im Sport stört die Dramaturgie des schönen Scheins und schreckt viele Zuschauer ab. Wenn die Medien demnach zu kritisch und zu häufig über Doping berichten, stehen sie in Gefahr, einen Teil ihres Publikums zu verlieren. Und es scheint, daß die vorauseilende Angst, daß genau dies passiert, gerade das Fernsehen immer mehr dazu bringt, das Privileg der öffentlichen Kritik freiwillig aus der Hand zu geben und das Dopingthema kleinformatig abzuhandeln oder gänzlich auszublenden. Ein bekannter Sportjournalist des ZDF führte hierzu in dankenswerter Offenheit aus: »Warum soll ich den Ast absägen, auf dem ich selber sitze.«

Aussagen dieser Art sollte man als Soziologe wiederum selbst nicht personalisieren. Daß Fernsehanstalten die Dopingproblematik in ihren Nachrichten und Unterhaltungssendungen hochselektiv behandeln, sich selbst als Problemerzeuger ausblenden[8] und eine Personalisierung bevorzugen, ist nicht das Ergebnis böser oder ungebildeter Menschen, sondern muß vielmehr als das Resultat sozialer Strukturen gewertet werden, die Journalisten dazu bringen, so zu handeln, wie sie handeln. Folgende Bedingungen, die das Verhältnis von Kontext und Handeln maßgeblich beeinflussen, fallen auf: Die personalisierende und moralisierende Bewertung des Dopings durch Journalisten ist erstens als ein Maßnahme zu werten, die den Sport als eine Gegenwelt des Positiven für die Medien erhalten soll. Denn im Gegensatz zu den Nachrichten aus Wirtschaft und Politik, wo »Positives« allenfalls am Ende eines quälend langsamen und mühseligen Konfliktprozesses zustande kommt, erscheint der Sport prinzipiell noch als ein Unterhaltungsfeld, das sich unbelastet von negativen Konnotationen genießen läßt. Da Dopingtäter vor diesem Hintergrund eine Bedrohung medialer Interessen am »sauberen« Spitzensport darstellen, hat die Einzelfallbehandlung und Individualisierung des Dopings durch die Journalisten die Funktion, die strukturelle Kopplung zwischen Medien und Spitzensport abzusichern und als noch nicht gefährdet auszuweisen. Würden die Medien Doping nicht an einzelnen Sportlern festmachen, sondern als einen nicht mehr aufzuhaltenden, strukturell erzeugten Flächenbrand behandeln, könnten sie den Sport in eigener Sache nicht mehr nutzen. Ohne eine Personalisierung und Singu-

larisierung des Dopings gäbe es keinen Interessenskonsens zwischen den
Medien und dem Spitzensport.

Der opportunistische Umgang mit dem Dopingthema ist zweitens
eine Konsequenz, die sich aus der technischen Verkopplung der Medien
mit ihrem höchsten Prinzipal, dem Sportpublikum, ergeben hat. Die
Medien haben nämlich über das Messen von Einschaltquoten und Auflagenhöhen eine Art nicht unproblematischer Selbstbeobachtung eigener
Wirkungen installiert, durch die eine bemerkenswerte Ergänzung bisheriger Beobachtungsverhältnisse stattfindet: Das Sportpublikum liest nicht
nur Zeitungen, hört Radio und schaut Fernsehen. Radio, Zeitung und
Fernsehen beobachten inzwischen auch das Publikum. Die Zuschauer,
Hörer oder Leser tauchen dabei nicht als Menschen aus Fleisch und Blut
in den Medien auf, sie werden dort lediglich als Zahlen wahrgenommen.

Besonders das Fernsehen befindet sich infolge dieser technischen
Verkopplung mit seinem obersten Prinzipal, den Zuschauern, in einer
permanenten »Hochkostensituation«, vor allem dann, wenn es den finanziellen Input für das eigene Operieren nicht wie die öffentlich-rechtlichen
Anstalten mit Hilfe des Staates zugeordnet bekommt, sondern über Werbung selbst zu erwirtschaften hat. Die Logik eines an Quoten ausgerichteten Fernsehens und die scharfe Konkurrenz der Sender untereinander
drängen auf eine Berücksichtigung der Publikumsinteressen, weil Zuschauer mit der technischen Möglichkeit der Fernbedienung eine wirksame Exit-Option besitzen. Dies setzt die Programm-Macher unter einen
enormen Handlungs- und Inszenierungsdruck. Wo das Damoklesschwert
des Abschaltens und des Aufmerksamkeitsverlustes die Programmgestal-
tung diktiert, erfolgt eine strukturelle Bevorzugung jener Themen und
Präsentationsformen, die eine schnelle Aufmerksamkeit herzustellen
versprechen und das Sportpublikum nicht überfordern oder gar der Mit-
verantwortung bezichtigen. Auf Unterhaltung und Entspannung ausgerichtete Zuschauer nehmen das mit Krankheit, Betrug und Tod zusam-
menhängende Dopingthema, wenn es zu häufig angesprochen wird, als
Kränkung oder Störung wahr und nutzen dann ihre Exit-Option in Gestalt
eines Ab- oder Umschaltens, um Situationen dieser Art zu vermeiden.
Wolf-Dieter Poschmann, damaliger Sportchef des ZDF, formulierte
hierzu: »Es ist ein Fakt, daß das Interesse an Doping auf seiten der Masse
der Zuschauer nicht sehr ausgeprägt ist.« In Sportsendungen, in denen
ein Beitrag über Doping eingebaut wird, »finden sich dort Knicke.« (SZ
vom 6.10.1999) Fernsehsender haben insofern, wenn sie ihre Sendungen
an der Einschaltquote ausrichten, ein existentielles Eigeninteresse, ihr
Publikum nicht durch ein Zuviel an Dopingberichterstattung abzuschrek-
ken.

Die weitgehende Ausblendung der Dopingthematik und der entlastende Griff zur Personalisierung der Abweichung durch das Fernsehen
haben drittens mit der spezifischen Nähe zu tun, die sich in den letzten
Jahren zwischen den Fernsehsendern und dem organisierten Sport erge-

ben hat. Die Anstalten berichten heute nicht mehr nur über Sportereignisse, die auch ohne sie passiert wären, sondern betreiben, wie Kepplinger (1992) es formuliert hat, ein »Ereignismanagement«. Sie informieren immer mehr auch über Wettkämpfe, die sie aktiv mitinszenieren. Und wer kritisiert schon gerne Ereignisse, die er selbst mit großem Aufwand mitfinanziert hat. Wichtige Fragen werden dann nicht mehr gestellt, weil sich die Journalisten im Rahmen eines vorauseilenden Gehorsams an die Bedürfnisse der neuen Akteurkonstellation anzupassen haben. Die Berichterstattung der ARD über die Dopingfälle bei der Tour de France 1998 war in dieser Hinsicht ein bemerkenswertes Beispiel für die problematischen Konsequenzen eines »Ereignismanagements«. Je strikter die Kopplung zwischen Sport- und Medieninteressen ausfällt, desto größer wird offensichtlich die Gefahr, daß diese Konstellation auch in Gestalt von Schweige- oder Beschwichtigungskartellen wirksam wird.

Das Festmachen des Dopingthemas an einzelnen Personen hat viertens damit zu tun, daß soziale Strukturen weder einer wahrnehmenden Beobachtung durch Kameras und Mikrophone zugänglich sind noch dem Neuigkeitsbedarf der Medien dauerhaft entsprechen können. Strukturen sind generalisierte Verhaltenserwartungen, die symbolisch im Hintergrund wirken. Sie haben die Aufgabe, bestimmte Handlungsverknüpfungen zu ermöglichen und bestimmte andere zu demotivieren. Strukturen kann man weder riechen noch schmecken, anfassen oder sehen. Sie geben keine Interviews und lassen sich nicht einem klatschenden Studiopublikum vorführen. Nur Menschen sind als Gestalten, über die gesellschaftliche Strukturen wirken, vorzeigbar und können als Personen zum Sprechen gebracht werden. Zu dieser prinzipiellen »Unsinnlichkeit« von Strukturen kommt die Schwierigkeit hinzu, daß Strukturen – eben weil sie in zeitlicher, sachlicher und sozialer Hinsicht Erwartungssicherheit herstellen sollen – eine relative Konstanz aufweisen und sich nicht von heute auf morgen verändern. Ihre Vorhersehbarkeit und Stabilität widersprechen in eklatanter Weise dem permanenten Spannungs- und Neuigkeitsbedarf gerade des Fernsehens.

Aus diesen Überlegungen heraus läßt sich begründen, warum Journalisten soziologische Analysen zur Dopingproblematik zwar zustimmend und bestätigend zur Kenntnis nehmen, oft aber nicht als berichtenswert ansehen und personalisierende und aufdeckungsbereite Kritiker bevorzugen. Sportsoziologen werden gemieden, weil sie strukturell denken, Komplexität nicht simplifizierend personalisieren und einer vorschnellen Moralisierung eher distanziert gegenüberstehen (Bourdieu 1998). Sie finden in der Regel nur dann Gehör, wenn sie sich an die Relevanzstrukturen der Medien anpassen, d.h.: wenn sie sich als professorale Wissenschaftshelden vorführen lassen, in kurzen Sätzen sprechen, auf Distanz zu ihrer Fachsprache gehen und die strukturelle Bedingtheit von Vorgängen an Personen vorzuführen bereit sind.

Bestärkt wird der personalisierende und moralisierende Blick der

Massenmedien auf Doping durch die Perspektiven, die zwei in diesem Zusammenhang wichtige Professionen einnehmen. Da sind zum einen die Juristen, die Normverstöße stets auf einzelne oder zumindest einige wenige Akteure zurückführen müssen, um verurteilen zu können. In manchen Materien können die Rechtssubjekte zwar auch Organisationen sein, die juristisch attackiert werden; aber in der Regel erfolgt der Durchgriff des Rechts ganz selbstverständlich auf einzelne Personen, die es zu bestrafen gilt. Zum anderen ist der personalisierende und moralisierende Blick geradezu konstitutiv für das, was Pädagogen sehen und tun. Normverstöße sind für Mitglieder dieser Profession Charakterschwächen, die auf Erziehungsdefizite zurückgehen – weshalb erzieherische Maßnahmen am besten schon präventiv und ansonsten resozialisierend zu ergreifen sind. Beide Professionen haben zwar Formeln für eine gewisse Relativierung der Personalisierung entwickelt: die »mildernden Umstände« der Juristen oder die »schlechte Gesellschaft« der Pädagogen. Aber diese Denkfiguren dienen doch nur dazu, der Personalisierung genau jenen Schuß Realismus mitzugeben, der ihre Plausibilität sicherstellt. Die von pädagogischen und juristischen Perspektiven bestimmte sportpolitische Diskussion über Doping findet sich somit durch die Berichterstattung der Massenmedien bestärkt – und umgekehrt. Auch dies hat mit Gründen zu tun, die sich nicht einfach aus dem Persönlichkeitsinventar von Juristen oder Pädagogen ableiten lassen.

Das moderne Rechtssystem operiert mit der Leitdifferenz von Recht und Unrecht, und muß, wenn es zu Entscheidungen kommen möchte, mit spezifischen Annahmen über seine Rechtsobjekte arbeiten. Typischerweise operiert es im Rahmen seiner basalen Zirkularität mit einem Menschenbild, das diesem per definitionem Handlungsautonomie und Rechtsfähigkeit attestiert. Im vormodernen Rechtsverständnis ging man hingegen noch davon aus, daß der einzelne Mensch nicht vollständig für seine Taten zur Verantwortung gezogen werden könne, weil er als Spielball übergeordneter schicksalhafter Kräfte angesehen wurde. Mit der Annahme, daß der Mensch durchaus Herr im eigenen Hause sei, verweigert sich das moderne Recht dieser Einschätzung und geht von der Selbststeuerbarkeit des individuellen Schicksals aus.

Die Idee des autonomen Rechtssubjekts ist, wie man als Soziologe unschwer erkennen kann, eine Akteurfiktion, die das Rechtssystem als eine spezifische Realitätsannahme ausgeschleust hat, um Rechtsentscheidungen treffen zu können (Hutter/Teubner 1994). Subjektkonstrukte und Autonomieunterstellungen erweisen sich als nützlich, wenn es um die individuelle Zurechnung von Schuld oder Nichtschuld geht. Wie sollte ein Richter auch einen Beklagten verurteilen können, wenn er diesem nicht die prinzipielle Fähigkeit zugestehen würde, zwischen einem Ja oder Nein zur Normabweichung entscheiden zu können. Höchstens unter der bereits genannten Standardformel von »mildernden Umständen« bzw. »Schuldunfähigkeit« aufgrund von Alkoholgenuß, erzwungenem Han-

deln oder geistiger Behinderung läßt das Rechtssystem Relativierungen
zu, indem es Einflüsse anerkennt, die das Handeln der einzelnen Person
jenseits deren Verantwortungssphäre prägend beeinflußt haben.
Bei der rechtlichen Behandlung von Doping steht vornehmlich eine
auf einzelne Personen ausgerichtete Kasuistik im Vordergrund. Juristen
schließen aus vielen Einzelfällen nicht auf einen pathologischen Gesamt-
zustand, sondern belassen es bei einer personalisierenden und singulari-
sierenden Bearbeitung abweichenden Verhaltens. Ertappte Sportler werden – Fall für Fall – behandelt und gegebenenfalls freigesprochen oder
abgeurteilt. Nicht der Verband, der implizit oder explizit Doping initiierte,
steht am Pranger und wird verurteilt. Es sind die Sportler, Trainer,
Sportmediziner und die Sportfunktionäre, denen die Abweichung zugeschrieben wird. Medien, Sponsoren und Politiker, die ihren Teil dazu
beigetragen haben, daß Dopingpraktiken als Problemlösungsstrategien
expandieren konnten, tauchen im Kontext von Rechtsentscheidungen
ebenfalls nicht auf. Die überindividuellen Verstrickungen des Subjekts
sind der blinde Fleck des Rechtssystems. Mit der Strategie der Personalisierung und Singularisierung des Dopings schützen Juristen sich vor
einem Steckenbleiben in den Fallen uneindeutiger Kausalität. In einer
vernetzten Gesellschaft über Ursachen und Wirkungen treffsicher zu
urteilen, gelingt in der Tat nur durch einen juristischen Dezisionismus
und entsprechende Subjektfiktionen.
Eine weitere personenorientierte Behandlung des Dopingthemas
erfolgt durch die Pädagogik. Spätestens seit Rousseau steht die Idee von
der Autonomie des Subjekts im Mittelpunkt der pädagogischen und
erziehungswissenschaftlichen Reflexion. Die Erziehungspraxis soll mit
Hilfe entsprechend ausgewiesener Spezialisten so eingerichtet werden,
daß das mündige, selbstverantwortliche Individuum am Ende eines langen Prozesses möglich wird. Der einzelne soll befähigt werden, manipula-
torische Einflüsse abzuwehren und Zweck seiner selbst zu werden. Und
Bildung und Ethik haben die Aufgabe, dieses Ideal zur Perfektion zu
bringen und ein angemessenes Verhältnis von Ich und Welt herzustellen.
Dementsprechend zielen pädagogische Empfehlungen zur Bewältigung
der Dopingkrise vornehmlich auf Prävention, Wert- und Moralerziehung.
Normabweichler sollen durch erzieherische Einwirkungen dazu gebracht
werden, auf den Pfad der Normtreue zurückzukehren. Und diejenigen,
die sich im Vorfeld der Abweichung befinden, also in Gefahr stehen,
selbst einmal deviant zu werden, sollen durch Aufklärungs- und Überzeugungsarbeit gegen Abweichung immunisiert und von einer betrügerischen Leistungssteigerung abgehalten werden. Pädagogisierung will also
Normkonformität im Innern der individuellen Akteure fest verankern.
Entsprechend angeleitete Fair-play- und Ethik-Initiativen versuchen so
auch, die Dopingresistenz der Sportler zu stärken, und zwar gegen deren
rationale Eigeninteressen, sich angesichts des Erfolgsdrucks und der
erwartbaren Gewinnmöglichkeiten zu dopen. Auch die von verbandsna-

hen Sportpädagogen angedachte »Olympische Pädagogik« vertraut auf die Kraft guter Argumente und empfiehlt zur Veränderung der Sportpraxis, am Subjekt erzieherisch anzusetzen.

1.3 Folgen kollektiver Personalisierung

Indem die Sportverbände täterorientiert reagieren, die Medien skandal- und menschenzentriert berichten, Pädagogen personale Interventionen empfehlen und das Rechtssystem von der Handlungsautonomie der Subjekte ausgeht, um sanktionieren zu können, ist es zu einer strukturellen Kopplung gekommen, die man als soziologischer Beobachter nur als ruinös bezeichnen kann. Trotz aller Differenzen, die zwischen Sport, Recht, Pädagogik und den Medien zweifellos vorhanden sind, entstand ein intersystemischer Personalisierungskonsens, der einer komplexitätsangemessenen Bearbeitung des Dopingthemas im Wege steht.

Dadurch, daß sich die Situationsdefinitionen und Subjektivierungsstrategien verschiedener Akteure miteinander verschränken und wechselseitig verstärken, ist im gegenwärtigen Dopingdiskurs erstens eine ultrastabile Deutungsgemeinschaft hervorgebracht worden, die nicht nur gegen andere Versionen der Realitätsinterpretation weitgehend immun ist, sondern diese in der öffentlichen Aufmerksamkeit auch nachhaltig verdrängt. Beobachter, die alle in eine Richtung schauen, erzeugen offenbar eine eigene Realität, die zum Mitschauen in die gleiche Richtung verleitet. Eine personenorientierte Attribution, die auf mehreren Füßen steht und sich permanent wiederholt, erhält selbst einen stabilen, aufmerksamkeitsleitenden Strukturwert. Deutungskartelle dieser Art sind vor allem deswegen problematisch, weil sie die Fähigkeit der beteiligten Systeme reduzieren, sich durch andere Unterscheidungen irritieren zu lassen. Indem beispielsweise die Sportorganisationen Abweichung personalisieren und ihre eigenen Probleme und Konfliktherde unthematisiert lassen, nehmen sie sich die Möglichkeit, die Alarmierfunktion von Widersprüchen für ein eigenes Lernen zu nutzen. Die Personalisierung der Abweichung blockiert insofern nicht nur die Selbstbeobachtung, sondern erschwert auch das organisatorische Lernen.

Doping wird also dadurch nicht etwa eliminiert, daß viele sich hiermit intensiv beschäftigen. Vielmehr wird Doping auch durch die personalisierenden Definitionen der Vielen in einer überraschenden Weise dauerhaft am Leben erhalten. Eine »pluralistic ignorance« (Luhmann 1996: 62) entsteht eben nicht nur durch das bekannte Wegsehen und Nichthandeln der Sportverbände, auch das obsessionelle Hinsehen auf Personen kann devianzverstärkende Effekte hervorrufen.[9] Es verstellt nämlich den Blick auf die hinter dem Rücken der Akteure wirksamen systemisch-strukturellen Vorgaben und kann dadurch Interventionen an den entscheidenden Stellen blockieren. Selbst die Sportpädagogik ist inzwischen mit ihrem durchaus legitimen und wichtigen Anspruch, die Position des Subjekts im

Sport zu verteidigen, Teil des Problems geworden, das sie durch Moral, Ethik, Erziehung und eigenes Engagement im organisierten Sport zu lösen trachtet. Eben weil sie durch ihre Betonung des Subjekts auch eine gewisse Harmlosigkeit signalisiert, hat sie sich durch das Sportestablishment instrumentalisieren lassen. Denn nichts eignet sich besser für die symbolische Politik eines Verbandes als unverbindliche Moral- und Ethikkampagnen mit Hilfe verbandsmäßig inkludierter Sportpädagogen.

Der intersystemische Personalisierungskonsens hat zweitens dazu beigetragen, daß die Bearbeitung der Dopingdevianz bereits bei der Problemdefinition in eine Sackgasse hineingeraten und dort steckengeblieben ist. Wie kann eine Problemlösung auch funktionieren, wenn bereits die Diagnose unterkomplex ausfällt? Folgende Dynamik hat sich in diesem Zusammenhang ergeben: Situationsdefinitionen, die davon ausgehen, daß Doping Sache einzelner Menschen sei, lenken Planung und Strukturentwicklung in eine entsprechende Richtung. So hat sich in den letzten Jahren ein Deutungs- und Strukturbildungssyndrom herausgebildet, aus dem es praktisch kein Entrinnen gibt. Die Sportverbände werten Doping offiziell als Täuschungsakt der Athleten; und wenn sie hierauf reagieren, setzen sie auf Körperkontrolle und rechtliche Bestrafung und hoffen mit Hilfe der Pädagogik auf die immunisierende Kraft von Ethik, Erziehung und Aufklärung. Und diese Weltsicht wird durch die Definitionen relevanter Umfeldakteure bestätigt.

Die zu Lasten der Sportler gehende Täterorientierung hat drittens ein Pilatus-Syndrom hervorgerufen, das den öffentlichen Diskurs in einer fast schon penetranten Weise bestimmt. Das Abschieben der Schuld auf die Athleten entlastet nämlich nicht nur die Sportverbände, sondern versetzt auch die Umfeldakteure in die Lage, die eigene Mitbeteiligung ohne größeren Aufwand auszublenden. So ist eine Matrix der Selbstentschuldigung und Problemabwehr entstanden, die subtil dazu beiträgt, daß die Logik der Abweichung selbst dann nicht blockiert wird, wenn das Reden über Doping inflationäre Züge bekommt. Wirtschaft, Politik, Medien und Zuschauer verweisen auf den Spitzensport, sehen sich selbst als unbeteiligte Akteure und waschen infolge dieser Situationsdefinition anschließend die eigenen Hände in Unschuld. Sportjournalisten kommentieren in moralisierenden Stellungnahmen das Verhalten der Athleten, lassen ihre eigene Verstrickung in der Akteurkonstellation aber systematisch unter den Tisch fallen. Politiker ziehen über ertappte Sportler her und verschärfen anschließend die Förderkriterien gegenüber den Verbänden. Und wirtschaftliche Sponsoren verlangen den von ihnen geförderten Athleten vertraglich eine Dopingabstinenz ab, um bei Niederlagen zu den Erfolgreichen überzuwechseln.

Die kollektive Personalisierung des Dopings hat viertens dazu geführt, daß Athleten, Trainer, Sportfunktionäre und Mediziner als individuelle Akteure dadurch notorisch überfordert werden, daß man sie als Personen mit Meinungen, Absichten und Interessen ernst nimmt und an den Ausgangspunkt einer Handlungskette stellt, ihnen also Entscheidungsautonomie konzediert. Indem sich die Sportorganisationen dadurch entlasten, daß sie die eigenen Widersprüche und Handlungsdilemmata auf einzelne Personen abschieben, belasten sie diese in einer sehr problematischen Weise. Die Verbände brauchen weder ihre internen Strukturen noch ihre Umfeldbeziehungen zu ändern; es sind die Sportler, Trainer und Betreuer, die sich in einer potentiell überfordernden Situation ethisch korrekt zu verhalten haben. Individuelle Akteure werden unter diesen Bedingungen gleichsam dazu genötigt, entsprechende Copingstrategien zu entwickeln (vgl. Kapitel 4.1).

1.4 Entsubjektivierung als soziologisches Erkenntnisprogramm

Wenn Sport, Medien, Recht und Pädagogik und selbst die Mehrzahl der Kritiker in Sachen Doping vornehmlich auf Personen und deren Handeln schauen, und damit Realität schaffen, ist es Aufgabe der Soziologie, dieses weitverbreitete, aber auch riskante Beobachtungsschema zu unterlaufen und durch eine komplexere Version der Realität zu ergänzen. Denn nur so könnte diese den öffentlichen Diskurs bestimmende Deutungsgemeinschaft dazu gebracht werden, die problematischen und problemlösungsverhindernden Konsequenzen kollektiver Personalisierung zu sehen. Um eine bekannte Formel aus der neueren Politik zu paraphrasieren: Wer darauf verzichtet, die relevanten Stellgrößen in den Blick zu nehmen, die Doping strukturell erzeugen, seine Aufmerksamkeit auf die individuellen Akteure fixiert und infolgedessen Doping als personelle Verfehlung attribuiert, kommt für die Lösung des Problems nicht nur zu spät, er trägt auch dazu bei, die Dopingbekämpfung zu erschweren! Die Soziologie tut deshalb gut daran, hartnäckig auf die handlungsprägende Kraft sozialer Konstellationen zu verweisen und ihre Skepsis gegenüber der typisch modernen Idee von der Autonomie der Subjekte zum Ausdruck zu bringen.

Natürlich sehen auch Soziologen, daß Sportler als Personen und Adressaten sozialer Erwartungen handeln, sich beispielsweise dopen oder nicht dopen, aber sie weisen darauf hin, daß Sportler durch überindividuelle Strukturen und Netzwerke auch zum Dopen gebracht werden. Man denke nur an die tückischen Verstrickungen zwischen den diversen Akteuren, die sich mit Hilfe der Spieltheorie rekonstruieren lassen.[10] Das handelnde Subjekt erscheint in der Soziologie nicht, wie man nach all diesen Ausführungen meinen könnte, als eine unwichtige oder zu vernachlässigende Größe. Genau das Gegenteil ist der Fall. Indem Soziologen durch die individuellen Akteure hindurch auf jene Faktoren schauen, die das individuelle Handeln maßgeblich beeinflussen, sind sie in der Lage, auf Sachverhalte und Zusammenhänge aufmerksam zu machen, die das Subjekt notorisch überfordern. Der entsubjektivierende Blick der Soziologie könnte dadurch paradoxerweise zu einer wichtigen Bedingung der Möglichkeit einer zivilisierten Praxis werden, in diesem Fall: eines humanen Leistungssports.

Es liegt auf der Hand, daß all diejenigen die strukturalistische Ausrichtung der Soziologie als narzißtische Kränkung wahrnehmen und entsprechend abwehren, die ihr professionelles Handeln direkt am Menschen festmachen. Wenn die individuelle Autonomie des Subjekts analytisch in Frage gestellt wird, wäre schließlich eine pädagogisch angeleitete Charakterbildung ebensowenig angebracht wie eine individuelle Schuldzuweisung durch die Juristen. Die Differenzen, die in der Bearbeitung des Dopings faktisch vorhanden sind, sollten nicht harmonieorientiert unter den Teppich gekehrt oder in irgendwelchen Syntheseversuchen aufgeweicht werden. Es ginge auch nicht darum, die eine Sichtweise durch die andere zu ersetzen. Vielmehr wäre es wichtig, die Unterschiede deutlich herauszuarbeiten, trennscharf voneinander zu profilieren und gegeneinander arbeiten zu lassen.

So könnte das Verhältnis der Soziologie zu Pädagogik und Recht als »funktionaler Antagonismus« aufgefaßt und institutionalisiert werden (vgl. Kapitel 10.3). Doping würde dann bewußt mehrperspektivisch beobachtet und behandelt. Pädagogen und Juristen hätten weiterhin ihre Ausrichtung auf Personen und deren Abweichung zu kultivieren; der Soziologie fiele die Aufgabe zu, sowohl die zur Devianz führenden strukturellen Zwänge zu untersuchen als auch jene Konsequenzen zu erhellen, die sich bislang aus der Personalisierung der Dopingbekämpfung ergeben haben. Und um nicht in der Pose des sich selbst genügenden Beobachters zu verharren, könnten Soziologen auf der Grundlage ihrer Analysen zudem entsprechende Beratungsangebote unterbreiten. Wir werden dies am Ende unserer Arbeit in einem gesonderten Kapitel unternehmen. Ob die soziologischen Deutungs- und Veränderungsofferten allerdings wahrgenommen und umgesetzt werden, ist nicht Sache der Soziologie, sondern bleibt der Selbstbezüglichkeit der in der Dopingproblematik verwikkelten Akteure überlassen.

Um eine Kooperation trotz vorhandener Differenzen auf den Weg zu bringen, wäre die Soziologie gut beraten, den personenorientierten Disziplinen und Instanzen nicht zu unterstellen, diese hätten das Dopingphänomen »falsch« bearbeitet. Dies wäre ein Rückfall in die Überheblichkeit früherer Zeiten. Soziologisch präziser ist es, wenn man darauf hinweist, daß Akteure, indem sie Unterscheidungen benutzen, immer nur das sehen, was die Unterscheidungen an Erklärungskraft hergeben. Und diese Einschränkung gilt natürlich auch für den strukturellen Blick der Soziologie. Trotz dieser wichtigen Relativierung eigener Erkenntnisansprüche könnte die kategorische Empfehlung einer konstruktivistisch aufgeklärten Soziologie wie folgt lauten: »Forsche so, daß die Ergebnisse Deiner Beobachtungen die Beobachteten so irritieren, daß diese am Ende ihrer Beobachtungen mehr Optionen besitzen als vorher!« Mit dieser handlungsleitenden Prämisse im Kopf wollen wir uns im nächsten Kapi-

tel den spitzensportlichen Karrieredynamiken zuwenden und zeigen, wie
Athleten langsam in eine biographische Falle hineingeraten und Doping-
neigungen entstehen.

2 Spitzensportliche Karrieredynamiken

In einer biographietheoretischen Betrachtung ist die Karriere eines Leistungssportlers eine mehr oder weniger lange Phase des individuellen
Lebensweges. Das in diesem Zusammenhang wichtigste Merkmal von
Biographien ist ihre *Pfadabhängigkeit*.[11] Das bedeutet: Jede Biographie –
nicht nur die eines Spitzensportlers – ist ein nur begrenzt reversibler
Vorgang individueller Selbstfestlegung. Soziale Zwänge und Gelegenheiten setzen gleichsam einen differentiellen Spielraum biographischer
Selbstgestaltung. Entscheidend ist, daß alle schrittweisen Selbstfestlegungen in mehr oder weniger großer Unwissenheit darüber geschehen,
wohin ein bestimmter Pfad auf längere Sicht führen wird. Die Person
überblickt niemals auch nur annähernd den gesamten Entscheidungs-
baum, sondern an einem bestimmten Verzweigungspunkt kommen
allenfalls wenige nächste Schritte und Möglichkeiten ins Visier. Der einzelne weiß also, daß er sich mit allem, was er tut, so oder so festlegt. Aber
er weiß nicht, worauf er sich damit längerfristig einläßt. Die Pfadabhängigkeit von Biographien läßt sich in zeitlicher, sachlicher und sozialer
Hinsicht näher umschreiben.

In *zeitlicher* Hinsicht ist die Biographie einer Person kein vom Anfang
her geplanter und dann dementsprechend vollzogener Vorgang. Zwar gibt
es durchaus längerfristig orientierte Lebensentwürfe. Doch solche Pla-
nungen sind eingebettet in den alltäglichen Inkrementalismus des Le-
bensverlaufs und müssen deshalb auch oft genug revidiert werden. Entscheidend ist in zeitlicher Perspektive, daß jede Wahl Zeit bindet und die
weitere Zukunft einer Person einschränkt, gleichgültig, ob es sich um die
strategische Verfolgung eines langfristigen Identitätsentwurfs oder um
ein kurzfristig ausgerichtetes Sich-Durchwursteln handelt. Auch wenn
eine Wahl neue Handlungsmöglichkeiten für die Zukunft eröffnet,
schließt sie doch stets ungleich mehr ungewollte – aber vielleicht später
einmal vermißte – Optionen aus.

In *sachlicher* Hinsicht ist die Biographie einer Person damit ein Vorgang sukzessiver Spezifikation. Am Anfang stehen viele Wege offen; und
dies sind nicht bloß Denkmöglichkeiten, sondern real bestehende Opportunitäten. Doch der einzelne muß ständig Wahlen zwischen verschiedenen Optionen treffen. Selbst eine vielseitig ausgeprägte Persönlichkeit
kann nicht alles gleichzeitig betreiben, was eine differenzierte Gesellschaft ihr an Möglichkeiten bietet. Zwar kann der individuelle Akteur im
Sinne einer »postmodernen« Beliebigkeit zwischen diversen Sinnangebo-
ten hin und her vagabundieren, aber auch dies folgt in der Regel Moden,

die ihn festlegen und nicht alles jederzeit zulassen. Hat die Person sich dann für den einen Pfad und gegen die vielen anderen entschieden, sind fortan all die Möglichkeiten ausgeschlossen, die diese Pfade eröffnet hätten. Zwar ist kaum eine solche biographische Selbstfestlegung völlig irreversibel. Doch ihre Zurücknahme erfordert einen Aufwand, der in der Regel höher ist als die für eine Pfadtreue zu erbringenden Investitionen, also von der Person nur bei einer entsprechenden Unzufriedenheit mit dem Pfadverlauf auf sich genommen werden wird. Außerdem kostet jede Korrektur Zeit und unterliegt der Irreversibilität des Zeitflusses.

In *sozialer* Hinsicht geht diese schrittweise Festlegung der Biographie einer Person in der modernen Gesellschaft maßgeblich auf eigene Wahlakte zurück. Was jemand aus seinem Leben macht, wird zwar durch soziale Einflüsse mannigfaltigster Art in erheblichem Maße geprägt, aber niemals vollständig determiniert. Soziale Zwänge und Gelegenheiten setzen einen – manchmal freilich sehr engen – Spielraum biographischer Selbstgestaltung. Aus diesem Alternativenspektrum wählt die Person, gemäß eigenen Vorstellungen und Möglichkeiten, mehr oder weniger bewußt das heraus, was sie mit sich selbst anfangen will. Gerade die hochgradig individualisierte Gegenwartsgesellschaft erlegt dem einzelnen eine biographische Selbstgestaltung auf. Fremd- und Selbstzuschreibungen können sich dabei durchaus unterschiedlich zwischen den Polen der strukturellen Prägung einer Biographie auf der einen und der autonomen »Selbstwahl« auf der anderen Seite verorten.

Die oben genannten generellen Merkmale von Biographien zeigen sich in Sportlerkarrieren in einer spezifisch zugespitzten Weise. Man kann Grade der Pfadabhängigkeit unterscheiden – je nachdem, wie leicht oder schwer man einen einmal eingeschlagenen Pfad wieder zu verlassen vermag und wie gut und wie weit sich der zukünftige Verlauf eines Pfades, an dessen Anfang man steht, voraussehen läßt. Je irreversibler die Wahl eines bestimmten Pfades ausfällt und je ungewisser der Verlauf – einschließlich dieser Irreversibilität – zum Zeitpunkt der Wahl ist, desto höher wird das Risiko, in einer *biographischen Falle* zu landen: in einer verfahrenen Situation, in der man, um noch das Beste daraus zu machen, auf einmal womöglich auch Dinge tut, die man früher weit von sich gewiesen hätte. So können plötzlich Athleten und Athletinnen auf Dopingofferten zurückgreifen, die sie zu einem früheren Zeitpunkt rigoros ausgeschlossen hätten.

Anfängliche Verheißungen können sich durchaus als spätere Verstrickungen erweisen. Wir wollen zeigen, daß genau dieses Risiko in den Biographien von Hochleistungssportlern strukturell angelegt ist. Dabei ist festzuhalten, daß Normalbiographien ebenfalls vielfältige und teilweise auch einschneidende Risiken aufweisen. Man denke heutzutage nur an die Scheidung der Eltern oder an die weitverbreitete Jugendarbeitslosigkeit. Doch die Athletenbiographien weisen spezifische Risikopotentiale

auf, die quantitativ über das normale Maß hinausgehen und qualitativ
teilweise Ausprägungen aufweisen, die in Normalbiographien so nicht
vorkommen. Das bedeutet wohlgemerkt nicht, daß jeder Spitzenathlet zur
gescheiterten Existenz werden muß oder zwangsläufig in die Dopingfalle
hineingetrieben wird. Denn erstens kann natürlich auch alles gut gehen,
weil sich Risiken ja nicht zwangsläufig, sondern nur mit einer mehr oder
weniger großen Wahrscheinlichkeit realisieren; zweitens lassen sich
Risiken, selbst wenn sie auftreten, eventuell auch bewältigen. Hierzu
haben bekanntlich einzelne Sportverbände Problemlösungsversuche in
Gestalt von Stützpunkten, Internaten etc. institutionalisiert. Weiterhin
kann eine bewußte Dopingabstinenz drittens auch auf der Grundlage von
Angst vor Entdeckung, Krankheit sowie durch die Anerkennung der traditionellen Sportmoral zustande kommen (vgl. Kapitel 4.3). Insofern zielt
die folgende Analyse nicht darauf ab, eine deterministische Beziehung
zwischen Kontext und Handeln zu unterstellen. Was Sportlerbiographien
allerdings attestiert werden muß, ist eine im Vergleich zu »normalen«
Biographien deutlich erhöhte Wahrscheinlichkeit, in einer biographischen
Falle zu landen, was dann große Anstrengungen erfordert, ihr entgehen
zu können – und nicht alle Spitzensportler schaffen dies offensichtlich.
Eine solche biographische Falle – als Kombination von Irreversibilität und
Unvorhersagbarkeit einer unerwünschten Lage – stellt sich dabei nicht
erst plötzlich im fortgeschrittenen Stadium einer Athletenkarriere ein,
sondern bahnt sich schleichend über längere Zeit an, ist also bereits im
Nachwuchsstadium angelegt. Will man demnach Athleten dabei helfen,
nicht in eine solche Falle zu geraten, muß man mit geeigneten Maßnahmen entsprechend frühzeitig ansetzen. Je früher man die Athleten auf
einen anderen Weg umzuleiten vermag, desto erfolgversprechender und
desto unaufwendiger kann dies geschehen. Wichtig für geeignete Imple-
mentationen ist allerdings ein profundes Wissen darüber, was Sportlerbiographien im allgemeinen und im speziellen prägt.

2.I Hyperinklusion in den Spitzensport

Um die Möglichkeiten, aber auch Nöte von Spitzensportlern im zeitgenössischen Hochleistungssport auszuloten, sollen in diesem Kapitel mit
Hilfe biographietheoretischer Überlegungen und auf der Grundlage
empirischer Befunde zunächst die *typischen Gemeinsamkeiten von Athletenbiographien* herausgearbeitet werden, um so später Anfälligkeiten für
deviante Bewältigungsstrategien identifizieren zu können (vgl. Kapitel 3).
Hiermit sind nicht universelle Merkmale von Biographien gemeint, wie
wir sie bereits unter dem Aspekt der Pfadabhängigkeit angesprochen
haben. Athletenbiographien sollen vielmehr »normalen« Werdegängen
von Kindern, Jugendlichen und jungen Erwachsenen gegenübergestellt
werden. Natürlich teilen die Athleten auch bestimmte biographische Er-

eignisse und Verläufe mit Normalbiographien. Aber diese Sachverhalte – z.b. Schulpflicht als Teil des institutionalisierten biographischen Fahrplans oder Größenwachstum und sexuelle Reife als körperliche Entwicklungen – sind zumeist nicht weiter bemerkenswert. Von Interesse sind vielmehr *auffällige Abweichungen* der Athletenbiographien von Normalbiographien. Um dies abzuklären, werden wir uns in diesem Kapitel mit den biographischen Fixierungen von Athletenbiographien und der Hyperinklusion bzw. Totalisierung der Athletenrolle befassen, anschließend den Leistungsindividualismus als typische Identitätsform von Spitzensportlern sowie die Bedeutung der Umfeldakteure thematisieren, um – last but not least – die Motivtransformationen anzusprechen und das instrumentelle Verhältnis der Sportler und Sportlerinnen zum Körper zu beleuchten. Diese verschiedenen Besonderheiten gilt es zu berücksichtigen, wenn man die gegenwärtig weitverbreitete Dopingdevianz im zeitgenössischen Spitzensport soziologisch verstehen möchte.

Biographische Fixierungen
Der Weg in die biographische Falle führt über *biographische Fixierungen*. Damit sind Kanalisierungen der Biographie gemeint, die über das hinausgehen, was übliche Selbstfestlegungen an Ausschließung anderer Möglichkeiten mit sich bringen. Insbesondere ist der kumulative Charakter biographischer Fixierungen in Rechnung zu stellen. Die im Gegensatz zu Normalbiographien vollzogene Engführung von Sportlerkarrieren ist das Ergebnis eines Syndroms ineinandergreifender, einander wechselseitig verstärkender zeitlicher, sachlicher und sozialer Wirkgrößen, die sich wie folgt darstellen:

Im Spitzensport ist zunächst der *Zeitaufwand* für Wettkämpfe, Training, sportärztliche Betreuung, Regeneration und andere sportbezogene Aktivitäten der Athleten immens und immer schneller gewachsen – spätestens bei einer intensiveren und ambitionierteren Wettkampfbeteiligung. Der Spitzensport wird infolgedessen für diejenigen, die ihn betreiben, schnell zu einer Vollzeit-Beschäftigung (Bette et al. 2002). Generell wird geschätzt, daß der zeitliche Trainingsaufwand eines Leistungssportlers bereits im Jahre 1980 etwa viermal so hoch war wie 1950 (Ulrich 1977: 126-128; Bette/Neidhardt 1985: 10). Für Schwimmer z.B. wurde schon Anfang der siebziger Jahre eine zeitliche Gesamtbelastung durch den Sport von 34-42 Stunden pro Woche ermittelt (Ulrich 1977: 45). Und inzwischen reicht auch das nicht mehr, um international mithalten zu können. Man kann heute nur nostalgisch auf zwei deutsche Ruderer zurückblicken, die 1936 Olympiasieger wurden: »Waren das noch Zeiten, als sich Willy Eichhorn und Hugo Strauß auf Olympia 1936 vorbereiteten! Im Geschäft bis abends um sechs, samstags bis Mittag, erst dann ins Boot, im Winter mehr gefühlsmäßig ein paar Kilometer auf dem Rhein, einmal wöchentlich Waldlaufen. Kurz vor den Spielen dann als an Luxus grenzende Zusatzmaßnahme hin und wieder eine Massage. Das reichte –

mußte reichen! –, um in Grünau umjubelte Olympiasieger im Zweier-
ohne zu werden.« (MM vom 1.10.1984)

Wettkämpfe, Training, Regeneration, ärztliche Betreuung und nicht
zuletzt die nötigen Wege summieren sich demgegenüber heute zu einem
Zeitquantum, das den Tagesablauf der Athleten schnell dominiert. Diese
Dominanz zeigt sich in mehreren Hinsichten: Zunächst einmal ist der
Umfang der direkt oder indirekt durch den Sport beanspruchten Zeit so
groß, daß sie im gesamten täglichen Zeitbudget der Athleten, abzüglich
Schlafenszeit, den größten Einzelposten ausmacht – deutlich mehr als
Familie, Schule oder später Studium, Berufsausbildung und Beruf sowie
alle Arten von Freizeitaktivitäten. Teilweise beansprucht der Sport regelmäßig mehr als die Hälfte des Tages. Viele der sportbezogenen täglichen
Aktivitäten sind weiterhin zeitlich in dem Sinne relativ inflexibel, daß sie
weitgehend vorgegebene Termine darstellen. Das gilt insbesondere für
Trainings- und Wettkampfzeiten. Um diese Termine herum ranken sich
dann andere sportbezogene Aktivitäten wie Regeneration und Wege. Dem
so vorstrukturierten Tagesablauf müssen sich die übrigen Aktivitäten
anpassen. Allenfalls Schule, Ausbildung und Beruf formulieren ähnlich
harte Anwesenheits- und Mitmacherwartungen. Das führt dazu, daß die
Zeitvorgaben für die übrigen Aktivitäten durch die Einbeziehung zum
einen ins Sport-, zum anderen in das Erziehungs- beziehungsweise Wirtschaftssystem nur um so enger sind. Außerdem gibt es fast in jeder Athletenbiographie teils personalisierte, teils institutionalisierte Arrangements,
durch die sich der Sport auch über die vom Erziehungs- und Wirtschaftssystem gesetzten Zeitvorgaben hinwegsetzt – z.b. informelle Absprachen
mit Lehrern oder Sportinternate. Schließlich ist noch in Rechnung zu
stellen, daß die sportlichen Aktivitäten auch über ihre eigentliche Dauer
hinaus erhebliche zeitliche Auswirkungen haben. So strahlt körperliche
und geistige Erschöpfung auf andere Aktivitäten aus. Regenerationszeiten
fangen dies nicht vollständig auf. Die Athleten sind – etwa nach einem
frühmorgendlichen Training – in der Schule oder beim Beruf nicht so
aufnahmefähig und bei der Sache, wie sie dies ohne die sportlichen Aktivitäten wären. Auch Freundschaften und Partnerschaften leiden darunter,
daß das Entspannungsbedürfnis des Athleten mit andersartigen Bedürfnissen des Gegenübers kollidiert.

Eine eindeutige Prioritätensetzung zugunsten des Sports und zu
Lasten von Freizeit, Beruf, Familie, Freunden und Bekannten findet infolgedessen statt. Wer sich durch andere gesellschaftliche Teilsysteme –
wozu auch die schulische und berufliche Ausbildung gehört – zu sehr
ablenken läßt, kommt als Spitzensportler meist nicht sehr weit. Ganz auf
dieser Linie skizzierte der damalige Leitende Direktor des Bereichs Leistungssport im Deutschen Sportbund, Armin Baumert, bei seinem Amts-
antritt im Jahre 1995 seine Vision von der Zukunft der Spitzensportlerrol-
le. Er forderte einen »Abschied von der sogenannten doppelten Karriereplanung« und eine ausschließliche Konzentration auf den Sport, »weil es

die, die das Niveau bestimmen, genau so machen. Alle Versuche mit paralleler Berufsausbildung sind in trainingsintensiven Disziplinen nur halbe Wahrheiten.« (SZ vom 28./29.10.1995)

Die zunehmende zeitliche Beanspruchung der Athleten erwächst aus der Selbstüberbietungslogik des sportlichen Siegescodes, die sich mit immer mehr von der sozialen Umwelt zur Verfügung gestellten Ressourcen immer rigoroser durchsetzt. Dabei wird die Diskrepanz zu den begrenzten Möglichkeiten der Steigerung körperlicher und psychischer Leistungsfähigkeit immer eklatanter. Die trotz Verwissenschaftlichung letztlich endliche Leistungsfähigkeit des Körpers hinkt hinter der unendlichen Steigerbarkeit des Siegescodes hoffnungslos hinterher. Auf diese Kluft reagieren die Sportler und die sie betreuenden Akteure in der Regel, wenn nicht gar vorrangig, mit einer zeitlichen Extensivierung der »Körperarbeit«.

Bedenkt man, daß allein die zeitliche Belastung den Spitzensport für viele Athleten schnell zum Quasi-Beruf werden läßt, zeigt ein Vergleich mit der heutigen Berufswelt drei markante Eigentümlichkeiten der Sportlerrolle, in denen sich die darin enthaltenen zeitlichen Fixierungen manifestieren: Anders als größtenteils sonst in der Berufswelt gibt es für die Sportler erstens keinen säkularen Trend zur Arbeitszeitverkürzung. Das Gegenteil ist der Fall. Die gesteigerten Leistungsansprüche an den Körper gehen zweitens mit einer allmählichen Absenkung des Höchstleistungsalters einher, was wiederum darauf hinausläuft, daß sich der Schritt in die zeitlich stark beanspruchende Rolle des Leistungssportlers immer früher im Lebensalter vollzieht. Kinderarbeit, fast überall sonst verpönt, wird damit zur normalen Startphase der Athletenkarriere. Drittens wird auch die Dauer einer Sportlerkarriere ungewisser. Immer früher muß ein Athlet befürchten, bald – vielleicht schon bei der nächsten schwereren Verletzung – zum »alten Eisen« zu gehören. Und immer eher sieht er sich angesichts einer verschärften weltweiten Leistungskonkurrenz der Gefahr ausgesetzt, nicht mehr mit der Leistungsspitze, die vor allem auch von den nachfolgenden Athletengenerationen gebildet wird, mithalten zu können.

In *sachlicher* Hinsicht entspricht der zunehmenden und immer früher einsetzenden zeitlichen Beanspruchung durch die Sportlerrolle eine sich rasch vollziehende Prioritätensetzung für die Karrieresportart gegenüber allen anderen Aktivitäten. Andere Sportarten, Schule, später Beruf, Familie, Bekannte und Freunde sowie außersportliche Freizeitaktivitäten verlieren an Bedeutung und werden dem absoluten Vorrang des Sports unterworfen. Diese anderen Betätigungen und Bezüge werden soweit wie möglich darauf zurückgestutzt, daß sie das leistungssportliche Handeln nicht negativ tangieren. Was übermäßig – also mehr als bloß regenerativ – vom Sport ablenkt, wird auszuschalten versucht. Schon nach einigen wenigen Jahren steht der Leistungssport klar im Mittelpunkt aller Aktivitäten der Athleten. Er ist das subjektiv Wichtigste am eigenen Leben. Die Athleten konzentrieren sich nun endgültig auf die eine Sportart, in der sie fortan Karriere machen wollen. Diese Entscheidung markiert in der subjektiven Sportauffassung den Übergang vom Breiten- zum Leistungssportler. Man will nicht mehr relativ ungebunden in verschiedenen Sportarten dilettieren, sondern strebt eine systematische Leistungssteigerung durch Spezialisierung an. Für diese Prioritätensetzung wird also in Kauf genommen, daß andere sportliche Aktivitäten ebenso wie alle übrigen Aktivitäten zurückgestuft werden – teilweise bis zur völligen Bedeutungslosigkeit. Zeitliche Dominanz und sachliche Priorität beginnen, eng miteinander zu korrelieren.

Das erscheint auf den ersten Blick naheliegend; allerdings gibt es auch biographische Muster, bei denen diese Korrelation nicht gegeben ist. So stellt für die meisten Kinder und Jugendlichen die Schule nicht den Lebensmittelpunkt dar, auch wenn dies der Ort ist, wo sie mehr Zeit als anderswo verbringen. Ebenso würden viele Berufstätige vehement bestreiten, daß ihnen ihre Arbeit wichtiger als alles andere sei. Dies sind weitverbreitete Fälle der ungeliebten, nur unfreiwillig hingenommenen zeitlichen Dominanz einer bestimmten Rolle. Für die Athletenbiographie gilt hingegen, daß der Sportlerrolle durchaus freiwillig so viel Zeit geopfert wird: weil die Wichtigkeit des Sporttreibens nicht durch äußere Zwänge auferlegt worden ist, sondern der eigenen Überzeugung und Kompetenz entspricht.

Die sachliche Fixierung auf den Sport schlägt sich demnach in hiermit korrespondierenden Verlagerungen des Handelns und Erlebens nieder. Die Athleten engagieren sich immer weniger in den genannten nichtsportlichen Aktivitätsfeldern, während das sportliche Engagement zunimmt. Und dies wird begleitet davon, daß die subjektive Bedeutung des Sports wächst und die der anderen Aktivitäten abnimmt. Die sachliche Aufmerksamkeitsfokussierung auf den Sport zeigt sich ferner in einer extremen Sensibilisierung für den eigenen Körper als Instrument sportlicher Leistungsfähigkeit. Denn von der physischen Verfassung hängt der sportliche Erfolg ab. Auch diese Präokkupation mit der eigenen physisch-organischen Nahwelt, diese permanente Sorge um die eigene körperliche Befindlichkeit, relativiert die subjektive Wichtigkeit anderer Aspekte der eigenen Lebensführung.

All dies vollzieht sich größtenteils als ein biographischer Inkrementalismus, also als ein tagtägliches Sich-Durchwursteln ohne längerfristige Reflexion und Planung. In einigen Hinsichten, und bei dem einen Athleten mehr als bei dem anderen, finden sich aber auch biographische Entscheidungen, die die Priorität des Sporttreibens nicht mehr oder weniger nur passieren lassen, sondern setzen. Dies geschieht etwa, wenn Athleten eigene schulische Aspirationen im vollen Bewußtsein über die Konsequenzen für spätere Berufsaussichten herunterschrauben, weil nur so die sportlichen Ziele realisierbar erscheinen, oder sich auf einen Auszug aus dem Elternhaus einlassen, um an einem anderen Ort die Trainingsbedingungen zu verbessern.

Biographischer Inkrementalismus und biographische Steuerung vollziehen sich, ob naturwüchsig oder selbst gesteuert, in einer beständigen Wechselwirkung zwischen Handlungen und kognitiven sowie evaluativen Einschätzungen. Was ein Athlet faktisch tut, prägt seine Wahrnehmung und seine Bewertung der eigenen Situation, und umgekehrt. Und Wahrnehmungen und Bewertungen prägen einander ebenfalls gegenseitig. Ein Beispiel: Wenn ein Athlet sein zeitliches Trainingspensum erhöht, büßt er dadurch noch mehr Möglichkeiten ein, um mit Freunden gemeinsam ins Kino oder in die Disco zu gehen. Diese werden ihn, nach etlichen erfolglosen Einladungen, zunehmend weniger fragen, ob er Lust habe, mitzukommen; und er wird entsprechend weniger mitbekommen, was ihm entgeht. Um so leichter fällt es ihm, diese Aktivitäten als müßigen Zeitvertreib abzuwerten und sich selbst zu sagen, daß er Besseres zu tun habe. Das wiederum bestärkt ihn darin, weitere Gelegenheiten zu solchen Aktivitäten erst recht nicht zu nutzen und statt dessen zu gegebener Zeit sein zeitliches Involvement im Sport noch weiter zu steigern, usw. Man kann nicht von einer Eins-zu-eins-Passung zwischen Handeln, Wahrnehmungen und Bewertungen sprechen, wohl aber davon, daß die Wechselwirkungen innerhalb dieses Dreiecks Passungen begünstigen und der Athlet sich so im Laufe der Zeit in ein ziemlich konsonantes Muster der sachlichen biographischen Fixierung hineinsteigert. Hierbei spielen sich selbst erfüllende Prophezeiungen eine erhebliche Rolle.

In *sozialer* Hinsicht läuft die biographische Fixierung bei fortdauerndem Sporttreiben auf eine spezifische Schließung der Kontaktnetze des Athleten hinaus. Die Zeit, die mit Freunden und anderen Freizeitbekanntschaften verbracht wird, schrumpft mit zunehmender zeitlicher Dominanz des Sporttreibens. Auch für Schule, Ausbildung, Studium oder Beruf und die dortigen Bezugspersonen wird zeitlich nur das Nötigste getan. Selbst Eltern und gegebenenfalls Geschwister, später Lebenspartner, haben nur dann eine Chance, ihre zentrale Stellung im sozialen Umfeld des Athleten dauerhaft zu wahren, wenn sie dessen sachliche und, soweit möglich, auch zeitliche biographische Fixierung auf den Leistungssport mitmachen. Dann kann die Bedeutung, die diese Personen für den Athleten haben, sogar noch zunehmen. Wer immer mehr Zeit für seinen Sport aufbringen muß und immer weniger Interesse an anderen Aktivitäten hat, schichtet dementsprechend seine sozialen Beziehungen und deren jeweilige subjektive Wertigkeiten um. Das auf sportlichen Erfolg ausgerichtete Unterstützungsmilieu – andere Athleten, Trainer, der Verein, Verbandsfunktionäre, Sponsoren – gewinnt tendenziell ein immer größeres Gewicht und wird zu einer verschworenen Gemeinschaft. Andere soziale Bezüge werden entsprechend vernachlässigt und relativiert. Mehr noch: Die Partner für andere soziale Beziehungen, etwa

Freunde, werden zunehmend aus dem Sportmilieu rekrutiert. Nachdenkliche oder mahnende Worte z.b. von Lehrern oder Freunden prallen dann ab.»Was wissen die schon!« sagt sich der Athlet und wird darin von seinem sportlichen Umfeld bestätigt.

Damit wird klar: Die quantitative Reduktion des sozialen Umfeldes des Athleten geht mit einer qualitativen Veränderung einher. Es kommt zu einer sozialen Schließung auf solche Personen, die auf irgendeine Weise etwas mit dem Sporttreiben des Athleten zu tun haben. Die gerade angesprochene Beobachtung, daß die dem Athleten am nächsten stehenden Menschen diese Nähe nur dann aufrechterhalten können, wenn sie seinen Weg in den Leistungssport hinein mitgehen, widerlegt also die soziale Schließung nicht etwa, sondern bestätigt sie gerade. Ansonsten zeigt sich die soziale Schließung darin, daß im sozialen Umfeld des Athleten ein teilweise sehr weitgehender Personalaustausch stattfindet, dessen durchgängige Logik darin besteht, daß dem Sporttreiben relativ gleichgültig oder gar ablehnend gegenüberstehende Personen durch solche ersetzt werden, die den Athleten in seinen sportbezogenen Aktivitäten und Einstellungen unterstützen. Trainer und andere Sportler dominieren immer mehr das Freundschaftsnetzwerk. Eine Bedingung, die nicht aus dem sportlichen Umfeld kommende Personen erfüllen müssen, um Freunde werden und bleiben zu können, besteht dann darin, ein starkes Interesse am Sport des Athleten zu haben beziehungsweise sich anzueignen, ihn vielleicht auch in seinem Sporttreiben zu bewundern.

Hieran werden die Dynamiken deutlich, die hinter der sozialen Schließung stecken. Es geht darum, Verständnis und Unterstützung – insbesondere auch »moralische Unterstützung« – für den eingeschlagenen biographischen Pfad zu mobilisieren. Was generell ein Bedürfnis von Menschen ist, wird im Falle der Leistungssportler deshalb besonders virulent, weil ihr Pfad eben nicht der Normalbiographie entspricht. Zum einen ist die tagtägliche Lebensführung des Athleten unter zeitlichen und sachlichen Gesichtspunkten deutlich schwieriger zu bewältigen als eine Normalbiographie, die in vielen Situationen auf eingespielte Erwartungen, bereitgestellte Ressourcen und routinisierte Rücksichtnahmen rechnen kann. Das fordert dem sozialen Umfeld des Athleten ein Mitdenken und vielerlei Arten von Hilfsbereitschaft ab, deren es in Normalbiographien nicht bedarf. Zum anderen muß dieses Mitdenken auch von einem entsprechenden Mitfühlen begleitet sein, das dem Athleten vermittelt wird. Gerade weil er nicht den üblichen Mainstream-Pfad seiner Altersgenossen beschreitet, braucht er beständigen Zuspruch gegen allfällige Selbstzweifel und Bestärkung darin, den eingeschlagenen Weg weiterzugehen. Nur ein soziales Umfeld, das das Sporttreiben des Athleten nicht bloß neutral toleriert, sondern eine eigene Begeisterung dafür entwickelt, vermag diese Stabilisierungsfunktionen für eine gerade anfangs noch recht labile biographische Dynamik zu erbringen. Die zeitlichen und sachlichen biographischen Fixierungen von Leistungssportlern erscheinen vor dem Hintergrund von Normalbiographien oftmals als »extrem« und vielleicht sogar »verrückt« – wobei in letzterem Urteil zweifellos kein bloßes Unverständnis zum Ausdruck kommt, sondern zumeist unverkennbar jene Art von Bewunderung mitschwingt, die ein »normaler« Mensch etwa auch für Märtyrer und andere Arten von selbstaufopferungsbereiten Charakteren hegt. Aber diese Bewunderung, obwohl vom Athleten in anderer Hinsicht durchaus genossen und gesucht, verschafft ihm noch nicht jene Empathie für seine Lage, die er sowohl instrumentell als auch symbolisch benötigt.

Daß zeitliche, sachliche und soziale biographische Fixierungen nicht bloß unverbundene parallele Entwicklungen sind, sondern einander wechselseitig verstärken, ist bereits deutlich geworden und soll daher hier nur noch einmal betont werden: Je weniger Zeit für andere Dinge bleibt, desto wichtiger wird das Sporttreiben, und desto mehr orientiert sich der einzelne an den Akteuren seines sportlichen Unterstützungsumfeldes. Je bedeutsamer aber das Sporttreiben und die darüber bestehenden sozialen Kontakte werden, desto wahrscheinlicher wird es, daß die Sportler sich auch in der disponiblen Zeit nur noch mit dem Sport und den damit zusammenhängenden Personen beschäftigen. Je stärker die Athleten die eigenen sozialen Kontakte auf das sportliche Unterstützungsumfeld reduzieren, desto mehr werden sie darin bestärkt, das Sporttreiben als Mittelpunkt des eigenen Lebens zu begreifen. Und je totalisierender sie dies tun, desto mehr werden sie wiederum vorzugsweise Kontakte zu Personen suchen, die sie darin bestätigen.

Die Konsequenzen dieser vielschichtigen Verschränkungen für die biographische Dynamik sind weittragend. Daß eine zunehmende zeitliche Dominanz und sachliche Priorität des Sporttreibens sowie eine soziale Schließung des Umfeldes des Athleten auf sportaffine Personen einen integralen Zusammenhang biographischer Triebkräfte darstellen, verfestigt die biographische Dynamik rasch, führt sie sodann sehr eng und macht sie schwer reversibel.[12] In Normalbiographien sind hingegen zeitliche, sachliche und soziale Selbstfestlegungen oft nur koinzidentiell oder höchstens lose gekoppelt. Deshalb hat die Person weit mehr biographische Options- und Gestaltungsspielräume, wird also nicht auf einen so schmalen und mit diversen Hürden verstellten sowie schnell keine Abzweigungen mehr aufweisenden und zusätzlich von hohen Mauern gesäumten Pfad geschickt wie ein Spitzensportler.

»Greedy institutions« und Totalisierung der Athletenrolle

Die bisherigen Befunde lassen sich mit zwei theoretischen Konzepten noch genauer auf den Begriff bringen. Der Spitzensport stellt sich angesichts dieser mit ihm verbundenen biographischen Fixierungen als eine »greedy institution« dar (Coser 1974), also als ein Sozialzusammenhang, der die ihn tragenden Individuen mit Haut und Haaren einverleibt. Man kann auch von einer »Totalisierung« der Sportlerrolle sprechen (Heinilä 1982). Charakteristisch für »greedy institutions« ist es, daß diese sich

nicht mit einem gebremsten Engagement ihrer Protagonisten zufrieden-
geben können, sondern ihren Mitgliedern jederzeit alles abverlangen. Für
den normalen Arbeitnehmer ist irgendwann Feierabend; ein Schüler muß
nach Schulschluß zwar noch seine Hausarbeiten erledigen, doch dann
darf er sich ebenfalls ganz anderen Dingen widmen. Selbst aus der Familie oder Partnerschaft kann man sich zeitweise absentieren, etwa in die
Kneipe oder auf die Zuschauerränge eines Sportstadions. Solche »Auszei-
ten« sind wichtig, um sachlich Distanz halten zu können. Man setzt sich
dann bewußt ganz andersartigen Sozialwelten aus, um andere Maßstäbe
und Gesichtspunkte zu erfahren. Und soziale Kontaktpartner werden
gegeneinander abgewogen, um nicht zu abhängig von einer Seite zu
werden. Selbst die innigstgeliebte Lebenspartnerin wird in dem, was sie
verkörpert, relativiert. Nicht so für Akteure, die in die Fänge einer »greedy
institution« geraten sind! Sie werden zeitlich, sachlich und sozial verein-
nahmt, ihnen wird ein tendenziell totales Commitment für den betreffenden Sozialzusammenhang abverlangt. Alles andere wird nicht nur nicht
zugelassen, sondern überdies abgewertet.[13]

Dieser Sachverhalt läßt sich differenzierungstheoretisch als »*Hyperinklusion*« fassen (Goebel/Schmidt 1998: 111-113). Inklusion bezeichnet den
Modus, durch den ein Handelnder als Rollenträger in ein gesellschaftliches Teilsystem einbezogen wird und dabei bestimmte Teilhaberechte
und Teilnahmepflichten hat – z.B. als Schüler oder Lehrer ins Erzie-
hungssystem. Hyperinklusion bedeutet dann, daß eine Rolle dem einzelnen so starke Verpflichtungen gegenüber dem betreffenden Teilsystem
und dessen Handlungslogik auferlegt, daß er alle anderen Inklusionsbe-
züge entsprechend vernachlässigen muß.[14] Zwischen den verschiedenen
Rollen besteht also ein Nullsummenverhältnis. Was der einen an Aufmerksamkeit gewidmet wird, entgeht allen anderen – in zeitlicher, sachlicher und sozialer Hinsicht. In diesem Sinne muß der Leistungssportler,
sobald er diese Rolle ein- und ernstnimmt, andere Rollenzusammenhänge
in Schule, Freizeit, Familie, später in Intimbeziehungen und Beruf, immer stärker opfern. Die Hyperinklusion erstreckt sich dabei auf normative, evaluative und kognitive Handlungsorientierungen gleichermaßen.
Die Rolle des Spitzensportlers formuliert Sollenserwartungen, die denen
aller anderen Rollen übergeordnet sind. Der Siegescode des Sports stellt
die alles überhöhende und rahmende Ausrichtung des Wollens dar; und
entsprechend selektiv ist die Wahrnehmung dessen, was als Handlungsmöglichkeiten im Aufmerksamkeitshorizont auftaucht.

Außerdem tritt mit dem expliziten Körperbezug des Handelns eine
Besonderheit hinzu, die in anderen Rollen so nicht anzutreffen ist. Im
Spitzensport sind die Akteure in ihrer Körperlichkeit nicht beiläufig
gefordert, wie etwa ein Lehrer, der vor seiner Klasse physisch präsent zu
sein hat, oder ein Computerspezialist, der Programme vor dem Bildschirm zu programmieren hat, ohne seine Laktatwerte im Blut hierbei
dramatisch erhöhen zu müssen. Spitzensportler haben sich demgegen-

über, um an den hochspezialisierten Trainings- und Wettkampfmaßnahmen ihrer Verbände auf höchstem Niveau teilnehmen zu können, dauerhaft in ihrer psychophysischen Gesamtheit einzubringen und zu verausgaben. Während in den meisten Berufen kognitive Leistungen zählen, haben Sportler vornehmlich durch physische Kompetenzen zu glänzen. Selbst der Spielmacher einer Mannschaftssportart, der eine Vielzahl von Taktiken und Konterstrategien zu memorieren hat und insofern ein Virtuose der schnellen Wahrnehmung und Kognition sein muß, erwirbt erst dann einen Heldenstatus, wenn er seine psychischen Fähigkeiten in einen entsprechenden physischen Output umzusetzen vermag.

Leistungsindividualismus

Sofern der jugendliche Sportler frühzeitig lernt, seine Selbstverwirklichung primär in sportlichen Erfolgen zu finden, gründet sich seine Identität immer stärker auf einem Leistungsindividualismus. Dieser stellt sich, pointiert formuliert, so dar, daß ein einziges Merkmal die Individualität einer Person beherrscht. Im Mittelpunkt der eigenen Selbstsicht und -bewertung steht die eigene Sportlerrolle und die in Wettkämpfen bewiesene Überlegenheit gegenüber Konkurrenten. Alle anderen Identitätskomponenten der Person treten dahinter weit zurück. Die einzige Möglichkeit der Individualisierung besteht im Spitzensport darin, besser als die anderen Sportler derselben Sportart zu sein. Nur wer siegt, erringt knappe soziale Aufmerksamkeit in Abgrenzung gegenüber all jenen, die unterschiedslos voneinander durch ein reines Mitmachen auffallen. Einzigartigkeit erwächst in sportlichen Konkurrenzsituationen als Ergebnis komparativer Differenzierung.

Die mit den Publikumserwartungen wachsenden Ressourcen, die dem Spitzensport zur Kultivierung seiner Systemlogik verfügbar gemacht werden, verschaffen die Opportunitäten zur Totalisierung des Leistungsindividualismus. Die Wettkampffrequenz erhöht sich, die Anzahl der Konkurrenten wird immer größer und ihr Leistungsvermögen wird ähnlicher, so daß der Konkurrenzdruck entsprechend zunimmt und die Möglichkeiten der Leistungsindividualisierung verknappt werden. Die Folge ist: »Success in top-level sport today [...] demands from the athlete increasing stakes and more total devotion to a sports career than before. [...] Whereas during the period of true amateur sport the practicing of sport was adapted to normal life and, for instance, to the demand of studying, work, and family life, nowadays it is increasingly common that normal life is adapted to the demand made by the practicing of sport, which is often regarded as a sacrifice for the sake of sport.« (Heinilä 1982: 237f)

Mit dem Leistungsindividualismus seiner Akteure steht der Spitzensport in einem markanten Kontrast zum sich verbreitenden zeitgenössischen Individualismus des Sich-Auslebens.[15] Der Leistungsindividualismus der Athleten wirkt geradezu altmodisch, kann aber nur so die Zuschauer fesseln. Sportler, die nicht siegen, sondern den Tag genießen

I Doping als Konstellationseffekt | 51

wollen, langweilen das Publikum, weil sie höchstens mittelmäßige Leistungen vorführen. Die Zuschauer lieben an den Hochleistungssportlern gerade etwas, was sie sich selbst nicht mehr zumuten oder selbst zu leisten nicht in der Lage sind. So wie im Zoo vornehmlich jene Tiere vorgeführt werden, die auf freier Wildbahn gar nicht mehr oder zumindest selten vorkommen, lebt sich das Sportpublikum in der Beobachtung der letzten wirklichen Leistungsindividualisten aus. Es eignet sich gleichsam im visuellen Genuß an, was durch Zivilisierung und Technisierung immer knapper wird. Die komplementäre Perspektive der Leistungssportler betont die Distinktionskraft solcher außeralltäglichen Fähigkeiten. Der Sieg ist alles – alles andere ist nichts. Dieser aus dem teilsystemischen Code erwachsende Leistungsindividualismus wird durch den von Massenmedien und Publikum inszenierten Starkult verstärkt. Auf diese Nachfrage nach sportlichen Helden können wiederum die betreffenden Sportler seit der Abschaffung des Amateurstatuts auch offen durch eine kommerzielle Nutzung ihrer sportlichen Erfolge reagieren, was den Leistungsindividualismus noch weiter treibt. Schließlich erhält nur derjenige Sportler einen Sponsorenvertrag, der in der Ranghierarchie seiner Sportart mit zu den besten gehört und deshalb in besonderer Weise distinktionsfähig ist.

Der Leistungsindividualismus der Athleten kann sich in verschiedenen verbreiteten Mikro-Motiven ausdrücken. Um nur drei Beispiele herauszugreifen: Bei dem einen ist es der Trotz gegenüber dem Trainer, der einen schon »abgeschrieben« hat und dem man es nun noch einmal beweisen will. Bei der anderen ist es die Mitgliedschaft in der Nationalmannschaft, die es zu erhalten gilt. Und wieder andere verweisen auf den besonderen Wert des elitären Zugehörigkeitsgefühls, das trotz Konkurrenz in Leistungskadern immer wieder anzutreffen ist. Damit wird insgesamt deutlich: Auch in einer Normalbiographie besitzen nicht alle Rollen, die eine Person einnimmt, die gleiche Wertigkeit. Doch es gibt auch nicht die eine Rolle, die alle anderen gleichermaßen überragt und in ihre Schranken verweist. Der Rollenhaushalt des Spitzensportlers stellt hingegen in genau diesem Sinne eine »Struktur mit Dominante«[16] dar. Diesem Rollenprofil korrespondiert eine eigentümliche Identitätsform, der Leistungsindividualismus, der sich markant von der Identitätsform »normaler« Kinder, Jugendlicher und Erwachsener unterscheidet.

Die Identität einer Person, ihr auf die »wesentlichen« Charakteristika reduziertes Bild von sich selbst, besteht aus evaluativen und normativen Selbstansprüchen sowie aus darauf bezogenen kognitiven Selbsteinschätzungen (Schimank 2000: 121-143): Wie will und soll ich sein, und inwieweit bin ich so? Den Identitätskern machen zumeist bestimmte evaluative Selbstansprüche aus. In Normalbiographien können dies alle möglichen Arten von selbstgesetzten Wollensvorgaben für das eigene Leben sein. Diese stellen in der Regel eine Pluralität von biographischen Leitorientierungen dar, in denen einzelne wichtiger sein mögen als andere, ohne daß jedoch eine einzige sich weit über alle anderen erhebt. Jemand mag z.B. ein begeisterter Wissenschaftler sein, aber ebenfalls sehr an seiner Familie hängen und entsprechend ein guter Ehemann und Vater sein wollen; und weiterhin hängt sein Herz auch noch am Schachspiel und am Engagement in einer bestimmten politischen Partei, und ihm liegt schließlich noch viel daran, als ambitionierter Hobbykoch Anerkennung zu finden. Die Individualität der Normalbiographie ist daher multidimensional angelegt, was Besser/schlechter-Vergleiche zwischen verschiedenen Individuen ausschließt. Schachspielen ist weder besser noch schlechter als Drachenfliegen oder das Sammeln von Gartenzwergen. Allenfalls können zwei Personen, die beide begeisterte Schachspieler sind, sich miteinander messen; aber daraus ergeben sich eben keine die gesamte Person betreffenden Besser/schlechter-Bewertungen. Normalbiographien können im Vergleich nur als mehr oder weniger andersartig eingestuft werden.

Wenn hingegen durch sachliche, soziale und zeitliche biographische Fixierungen erstens eine bestimmte Rolle eindeutig die individuelle Lebensführung dominiert, wie dies beim Spitzensportler der Fall ist, tendiert die Identität zu einer *eindimensionalen Form*, in der die entsprechende evaluative Selbstfestlegung ins Zentrum des Selbstbilds rückt. Jemand versteht sich dann zuallererst als Sportler, und alle sonstigen Identitätsbezüge rangieren unter »Ferner liefen«. Wenn dies zweitens damit einhergeht, daß es sich bei der zentralen Identitätsdimension um eine solche handelt, die auf *Besser/schlechter-Vergleiche* hin angelegt ist, läuft die Identität der Person darauf hinaus, daß ihr Leben darauf ausgerichtet ist, sich in der betreffenden Rangordnung möglichst weit oben zu plazieren. Beim Spitzensportler trifft dies in sehr eindeutiger Weise zu. Quantitativ meß- und vergleichbare sportliche Leistungen bestimmen, wer man ist – und zwar im Vergleich zu besseren und schlechteren anderen Athleten, die dieselbe Sportart ausüben. Medaillen bei immer elitäreren Wettkämpfen, bis hin zu Weltmeisterschaften und Olympischen Spielen, symbolisieren die soziale Bestätigung dieses Leistungsindividualismus. Wer in der Konkurrenz um knappe Medaillen versagt, erlebt dies als fundamentale Nicht-Bestätigung seiner Identität und muß hierauf durch verstärkte Anstrengungen reagieren, sich beim nächsten Mal die ausgebliebenen Bestätigungen zu holen. Die periodische Wiederholung derselben Wettkämpfe mildert einerseits die Gnadenlosigkeit der sportlichen Leistungskonkurrenz ab, weil sie die Möglichkeit des eigenen Gewinnens offenhält. Wer heute verliert, kann vielleicht beim nächsten Mal unter den Siegern sein. Andererseits sorgt dies freilich auch dafür, daß man gnadenlos »bei der Stange gehalten« wird. Auch wer immer wieder verliert, darf noch hoffen, es vielleicht doch irgendwann einmal zu schaffen, wenn nicht schon morgen, dann vielleicht übermorgen. Erst wenn diese Hoffnung nicht mehr als realistisch eingeschätzt wird, bleibt dem »ewigen« Verlierer nur noch der Rückzug aus dem Sport übrig.

Charakteristisch für diesen Leistungsindividualismus ist, daß die

Sportler sich als Vergleichsgrößen ihres evaluativen Selbstanspruchs stets etwas vorhalten, was sie selbst noch nicht erreicht haben: bestimmte Leistungsmarken oder Personen, die sie zu übertrumpfen gedenken, Plazierungen und Medaillen, die sie noch erreichen wollen. Dabei gehen die Athleten schrittweise vor. Niemand nimmt sich realistisch als regionaler Jugendmeister vor, Weltmeister zu werden – auch wenn es sicherlich solche Tagträumereien gibt –, sondern man läuft einem »moving target« hinterher, das in jedem Moment in noch greifbarer Nähe gehalten wird. Genau daraus, keine »abstrakte«, sondern eine »konkrete« persönliche Utopie zu sein, erwächst die motivierende Kraft des evaluativen Selbstanspruchs, der hierfür hinreichend nah am tatsächlichen eigenen Leistungspotential sein muß. Doch zugleich ist dieser Selbstanspruch unerreichbar, weil der sportliche Siegescode aufgrund seiner inneren Unendlichkeit keinerlei Obergrenzen fixiert. Man kann immer noch besser werden, oder sich das zumindest vorstellen und vornehmen.

Überraschend ist, wie früh sich der Leistungsindividualismus abzeichnet und verfestigt. Dies hängt offensichtlich damit zusammen, daß die entscheidende Zuspitzung der biographischen Fixierungen relativ früh passiert. Rollenförmige Hyperinklusion und Leistungsindividualismus sind demnach nicht erst Begleiterscheinungen, also Folgewirkungen eines Sporttreibens, das sich auf dem Höhepunkt der individuellen Leistungsfähigkeit bewegt und dabei mindestens die nationale, wenn nicht die internationale Spitze erreicht. Vielmehr sind ausgeprägte biographische Fixierungen und ein entsprechend avancierter Leistungsindividualismus Voraussetzungen dafür, daß man überhaupt den Übergang zur Hochleistungsphase schafft und nicht vielmehr vorher schon aussteigt oder sich dauerhaft auf einem mittleren Niveau einrichtet. Schon nach wenigen Jahren muß sich der Athlet dem »totalen Leistungssport« hingeben, also eine gezielte biographische Investition vornehmen, bei der zu diesem Zeitpunkt noch völlig ungewiß ist, ob sie sich auch nur halbwegs auszahlen wird.

Biographische Legitimation

Die umfangreichen zeitlichen, sachlichen und sozialen Investitionen konfrontieren die Athleten, die häufig noch Jugendliche, junge Erwachsene und manchmal sogar noch Kinder sind, aus mehreren Gründen mit dem Problem, ihren biographischen Pfad gegenüber anderen Personen und auch gegenüber sich selbst zu legitimieren. Der Athlet muß in einem rigoros auf Leistungsüberbietung, Erfolg und Konkurrenz ausgerichteten Sozialbereich immer mehr Zeit aufwenden, um immer früher an die Spitze zu gelangen, wo er – falls ihm dies überhaupt gelingt – immer kürzer verweilt. Diese Tatbestände prägen die Athletenbiographie nachhaltig. Wenn der Anteil des Sports am individuellen Zeitbudget sehr schnell wächst, fehlt dem Athleten, wie ihm selbst ständig bewußt ist, die Zeit für viele Dinge jenseits des Sports. In der biographischen Bilanzierung setzt dieses Wissen den Athleten unter Rechtfertigungsdruck. Er muß sich selbst plausibilisieren, daß sich der Verzicht auf all das, was seine Altersgenossen tun und erleben, subjektiv lohnt. Lohnend muß das Sporttreiben darüber hinaus auch über die aktive Karriere hinaus sein. Wenn der Athlet seine Zukunft nach dem Sport nicht radikal diskontiert, hat er sein aktuelles Sporttreiben auch als aussichtsreichen Pfad ins spätere Leben zu stilisieren. In dem Maße, wie ihm diese Rechtfertigungen nicht gelingen, erfährt er seine Biographie als verfahren. Die Sportler sind insofern mit unerfahrenen Börsenspekulanten zu vergleichen, die enorm hohe Summen investieren, aber nicht wissen, was am Ende dabei herauskommen wird.[17]

Entsprechend groß ist die Neigung erwachsener Bezugspersonen, sie zu belehren oder ihnen gar die biographische Entscheidungsfähigkeit abzusprechen. Daß es sich überdies um Entscheidungen mit weitreichenden Konsequenzen für den Lebensweg handelt, steigert diese Neigung nur noch. Eltern und Lehrer sind zunächst die wichtigsten Personen, die diesen Legitimationsdruck ausüben können. Hinzu kommt, daß die jugendlichen Athleten noch nicht viel vorzuweisen haben, um den eigenen Weg zu rechtfertigen. Angesichts dessen erscheint es um so erstaunlicher, daß der Weg dennoch gegangen wird.[18]

Empirisch zeigt sich, daß dies vor allem von zwei Bedingungen abhängt, die meist beide gegeben sind. Die erste Bedingung besteht darin, die genannten Legitimationsfragen möglichst gar nicht erst aufkommen zu lassen. Die Athleten lassen die biographischen Fixierungen und den Leistungsindividualismus geschehen und stellen sich selbst dadurch vor vollendete Tatsachen. Sie nutzen dabei den Leistungssport – wie viele andere auch – als ein reflexionsentlastendes Handlungsfeld. Die biographischen Dynamiken werden als *Nicht-Entscheidungen* hingenommen, also nicht zum Gegenstand eigener gezielter Gestaltungsbemühungen gemacht.[19] Zum einen passiert dies einfach als schleichender Prozeß. Zum anderen wird diese Haltung zur eigenen Biographie aber teilweise auch bewußt eingenommen – wenn man etwa durchaus strategisch Gelegenheiten meidet, bei denen man unliebsamen Fragen ausgesetzt werden könnte. Typisch ist, daß Athleten rhetorische Figuren aufgreifen und sich Standard-Legitimationsfloskeln zurechtlegen, die eine immunstärkende Kraft des Sporttreibens gegen die Anfechtungen der modernen Lebenswelt ausdrücken. So betonen sie immer wieder, daß ihr Lebenswandel etwa im Vergleich zum »Rumhängen in Discos« ernsthaft und sinnerfüllt sei und vor Versuchungen des Jugendalters und der modernen Lebensweise schütze. Egal, welche Legitimationsrhetoriken vorliegen, handelt es sich in den Aussagen jeweils um eine strikte Kopplung zwischen individueller Motivation und teilsystemischer Logik. Die zweite Bedingung für eine Zurückweisung biographischer Delegitimierungen besteht darin, daß der Athlet unter den Erwachsenen auch Unterstützer seines Weges findet. Die soziale Schließung des Umfeldes des Athleten sorgt dafür, daß der

Sportler immer weniger von Zweiflern an seinem biographischen Pfad und statt dessen von immer mehr Befürwortern umgeben ist.

Sportliche Umfeldakteure als Promotoren biographischer Fixierungen
Kein Leistungssportler agiert für sich allein. Um ihn herum ist vielmehr ein Umfeld verschiedener Akteure gruppiert, das ihn bei seinem sportlichen Erfolgsstreben unterstützt. Dazu gehört der Trainer als wichtigste Bezugsperson. Wichtig ist aber auch – gerade in den Anfangsjahren – die Haltung der Eltern. Wenn diese das immer extensivere Sporttreiben ihres Kindes bedenklich fänden, könnte es sich dem kaum entgegenstellen. Die Eltern müssen die biographischen Fixierungen und den Leistungsindividualismus mindestens dulden. Manchmal unterstützen auch Lehrer, vor allem Sportlehrer, die Athleten. Hinzu kommen medizinische Betreuer, Vereinsfunktionäre, möglicherweise Manager und weitere sportinteressierte Sozialfiguren. Dieses Umfeld bettet den Athleten in ein relativ homogenes Muster evaluativer, normativer und kognitiver Orientierungen ein. Biographische »cross-pressures«[20] aus anderen Lebensbereichen verringern sich dementsprechend. Dies schlägt sich in einer ausgeprägten Ingroup/Outgroup-Kategorisierung der eigenen sozialen Umgebung nieder. Unter gleichgesinnten Akteuren fühlt sich der Athlet verstanden und erfährt soziale Bestätigung, während ihm vom »Rest der Welt« – so zumindest seine Wahrnehmung – eher Unverständnis und auch Mißbilligung entgegenschlägt, was wiederum sein Bedürfnis nach Ingroup-Unterstützung verstärkt. Die Ingroup dient also der wechselseitigen Identitätsbestätigung; und die Outgroup kann hierbei allenfalls noch Verstärkerfunktionen besitzen, wenn sie dem Athleten durch Bewunderung seiner Leistungen signalisiert, daß er sich auf dem richtigen Weg befindet. Die Eltern können in dieser Konstellation verschiedene Positionen einnehmen. Sie können das Sporttreiben ihres Kindes unterstützen und damit selbst ins sportliche Umfeld hineinwachsen. Sie können dem Sporttreiben aber auch zurückhaltender, gleichgültig oder gar ablehnend gegenüberstehen, was den Athleten in einen inneren Zwiespalt hineintriebe. Eine derartige Haltung könnte darauf hinauslaufen, daß entweder auch die Eltern an subjektiver Wichtigkeit verlieren oder daß die soziale Fixierung auf den Sport in diesem Punkt gelockert bleibt. Bei denen, die im Leistungssport bleiben, liegt fast durchgängig eine Bestärkung durch die Eltern vor, teilweise sogar ein Antreiben von Athleten, wenn diese selbst durchaus gewisse Zweifel hegten.

Die sportliche Leistung zeigt sich vor diesem Hintergrund als das Ergebnis des Zusammenwirkens der Umfeldakteure mit dem Athleten. Dieser ist mit der immer weiter getriebenen Rationalisierung körperlicher Leistungssteigerung in immer höherem Maße von seinem Unterstützungsmilieu abhängig geworden. Arbeitet dieser »soziale Uterus« nur mangelhaft oder verweigert ihm gar seine Dienste, spürt der Athlet dies unmittelbar am Abfall seiner Leistungen. Umgekehrt besteht allerdings auch eine Abhängigkeit der Umfeldakteure vom Sportler. Diese sind – wenn sie in beruflichen oder emotionalen Abhängigkeitsbeziehungen zum organisierten Sport stehen – aus mehreren Beweggründen darauf aus, daß der Athlet sportlich möglichst lange erfolgreich bleibt, wie man sich am Trainer vergegenwärtigen kann. Zunächst einmal ist dem Trainer eine Erfolgsorientierung als Rollenaufgabe normativ vorgegeben (Bette 1984: 32ff). Ihm obliegt es, den von ihm betreuten Athleten umfassende Unterstützungsleistungen zum Zwecke der sportlichen Erfolgserreichung anzubieten. Die von außen an den Trainer adressierten Erwartungen konvergieren meistens mit einer intrinsischen Erfolgsorientierung, die dieser für sich selbst bereits entwickelt hat. Sie ist vor allem das Ergebnis von Selbstselektion. Nur wer von sich aus darauf ausgerichtet ist, nach Kräften den sportlichen Erfolg der eigenen Athleten zu befördern, wird die Trainerrolle wählen und dauerhaft ausüben können. Verschiedene institutionelle Mechanismen sorgen weiterhin über Anreize und Bestrafungen dafür, daß die Trainer sich zuverlässig dem Erfolgsdruck unterwerfen – beziehungsweise daß diejenigen, die keine Folgebereitschaft zeigen, als Trainer eliminiert werden. Am wichtigsten ist dabei zweifellos die für viele Trainer vorherrschende zeitliche Befristung der Verträge (Bette 1984: 37-42). Als weitere Stimuli kommen diverse Arten von Prämien von seiten der Vereine und Verbände sowie auch der wirtschaftlichen und politischen Förderer hinzu. Nicht zu vergessen ist die Reputationssteigerung der Trainer durch Erfolge ihrer Athleten. Wer viele erfolgreiche Sportler »herausgebracht« hat, steigert seine Nachfrage und zieht quasi automatisch Talente und unterstützungswillige Umfeldakteure an. Die institutionalisierten Anreiz- und Bestrafungsmechanismen, denen vor allem die Trainerrolle unterliegt, sowie die enge Kopplung von Athleten- und Trainerkarriere sind demnach die wesentlichen Erklärungsfaktoren dafür, daß ein Trainer am sportlichen Erfolg des Athleten interessiert ist und somit dessen Hyperinklusion in den Spitzensport fördert.

Das schließt ein, daß der Trainer aus Eigeninteresse geneigt sein muß, die biographischen Risiken des Athleten, auf die wir später noch ausführlich zu sprechen kommen, diesem gegenüber zu verschweigen oder zumindest zu bagatellisieren. Dabei kennt der Trainer die Risiken weit besser als der Athlet. Denn oft war der Trainer selbst früher als Spitzensportler aktiv. In der Regel betreut er zudem mehrere Athleten und besitzt entsprechend intime Kenntnisse über deren Karrieren. Die generelle Lebenserfahrung, die er dem Athleten voraus hat, ist ebenfalls nicht zu vergessen. Für eine Risikoberatung des Athleten wären die Akteure seines sportlichen Umfelds also von der Sache her geradezu prädestiniert. Aber nicht zuletzt deshalb sind sie in dessen Erfolgsstreben eingebunden: damit sie ihm nicht sagen, was sie ihm eigentlich sagen müßten.

Was hier für den Trainer herausgestellt worden ist, ließe sich, teilweise entsprechend den andersartigen Unterstützungsleistungen abgewandelt, auch für die anderen Akteure des Unterstützungsumfelds zeigen – etwa für vereins- oder verbandsabhängige Sportärzte oder erfolgsorientierte Manager. Auch deren Kooperationen oder Verträge können schnell gekündigt werden, wenn sie sich nicht als anpassungsbereit erweisen und der Logik des Spitzensports zu folgen bereit sind. Sie alle unterliegen dem Druck, daß die von ihnen betreuten oder geförderten Athleten einsatzbereit sind und Erfolge erwirtschaften. Damit ist eine wechselseitige Abhängigkeit zwischen einem Sportler und auch diesen Mitgliedern des assistierenden Milieus fest zementiert. Der Athlet braucht die diversen Dienste seines Umfeldes, um erfolgreich sein zu können; und er bekommt sie, weil die Unterstützungsakteure an seinem Erfolg gleichsam parasitär[21] teilhaben können. Keine der Umfeldfiguren kann einen vom Athleten unabhängigen Berufserfolg erreichen.[22] Wenn der Athlet nichts bringt, war alle Mühe des Umfelds umsonst.

Der Erfolg des Leistungssportlers liegt also im gemeinsamen Interesse von ihm und seinem Unterstützungsumfeld. Entsprechend wirken die Umfeldakteure auf den Athleten ein. Sie sind bestrebt, ihn möglichst weitgehend zu kontrollieren, um ihn von »schlechten Einflüssen«, also von allem, was seine sportliche Leistungsfähigkeit beeinträchtigen könnte, fernzuhalten. Die Umfeldakteure tragen die biographischen Fixierungen mit, bringen sie durch Überzeugungsarbeit oder andere Arten der Beeinflussung zur Geltung. Sie erweisen sich – namentlich die Trainer – als Promotoren der biographischen Fixierungen und des Leistungsindividualismus der Athleten. Umgekehrt heißt dies: Die Umfeldakteure sind wohl keine Kräfte, die dem Athleten andere biographische Alternativen und die Belange anderer Lebensbereiche vor Augen führen – es sei denn, daß sie davon überzeugt werden können, daß dosierte Kontakte zu außersportlichen Bezugsgruppen für die Steigerung der Sportlerleistungen vorteilhaft oder zumindest nicht abträglich wären. Die Bedeutung sportlicher Bezugspersonen für die biographischen Dynamiken der Sportler und Sportlerinnen ist damit evident.

Dieser Befund umfaßt mehrere Aspekte. Dem Athleten werden durch sein sportliches Umfeld Zweifel am eingeschlagenen Weg genommen, und es werden ihm Argumente geliefert, um den Zweifeln anderer entgegentreten zu können. Weiterhin stellen die Umfeldakteure, wie ebenfalls schon angesprochen worden ist, dem Athleten Verständnis, auch Trost, in schwierigen biographischen Situationen zur Verfügung. Das sind zunächst immer wieder auftretende Situationen des Konflikts mit anderen Personen oder Institutionen, deren Erwartungen den Anforderungen der Sportlerrolle zuwiderlaufen. Weiterhin hat der Athlet auch sportliche Durststrecken und Rückschläge zu verarbeiten. Sein sportliches Umfeld muß ihm dann vermitteln, daß es auch weiterhin an ihn glaubt, damit er nicht den Glauben an sich selbst verliert.

Neben diese identitätsbezogenen Unterstützungen treten die instrumentellen Leistungen. Hierzu gehören zunächst diejenigen Betreuungsmaßnahmen, die unmittelbar auf das sportliche Handeln ausgerichtet sind, also etwa die Konzeption und Anleitung des Trainings, die medizinische Betreuung oder die taktische Beratung im Wettkampf. Sofern diese Leistungen zum sportlichen Erfolg führen, verstärken sie damit immer auch die biographischen Fixierungen und den Leistungsindividualismus des Athleten. Der Erfolg spricht sozusagen für sich und hält den Athleten letztlich mehr als alles andere auf seinem biographischen Pfad. Mindestens ebenso wichtig sind allerdings diejenigen instrumentellen Betreuungsleistungen, die darauf hinwirken, den Athleten für den sportlichen Erfolg zu disziplinieren. Daß Trainer und andere Umfeldakteure den Tages- und Jahresablauf des Athleten teilweise minutiös reglementieren, seinen sozialen Umgang kontrollieren und ihn beständig zur sportlichen Leistungserbringung motivieren, wofür sowohl positive als auch negative Sanktionen genutzt werden, ist eine unverzichtbare Voraussetzung dafür, gerade Kinder und Jugendliche vor einem allfällig möglichen »Rückfall« in die Normalbiographie zu bewahren.

Motivtransformationen
Die biographischen Fixierungen der Athleten stellen sich meist unbemerkt, gleichsam »hinter dem Rücken« der Akteure, über längere Zeit ein. »Hinter dem Rücken« bedeutet weder, daß die Athleten es versäumten, sich ihre Lage klarzumachen, und dann Fehlentscheidungen trafen, noch, daß andere Akteure ihres sportlichen Umfeldes sie bewußt im Unklaren darüber ließen, wohin die Reise geht. Zwar mag einem kindlichen und jugendlichen Enthusiasmus manches rosiger erschienen sein, als es tatsächlich war; und die Umfeldakteure mögen problematische Erfahrungen mit den Werdegängen früherer Athletengenerationen nicht ganz so deutlich ausgesprochen haben, wie es vielleicht nötig gewesen wäre (Bette 1992: 99ff). Doch beides bleibt zweitrangig gegenüber dem, was sich als primäres Charakteristikum der Fixierungsdynamiken zeigt: nämlich einer Transformation von Antriebsmotiven, die das individuelle Entscheidungshandeln kanalisieren, in Verbindung mit den zum Entscheidungszeitpunkt unabsehbaren Folgewirkungen der so eingegangenen biographischen Engführungen. Die Fixierungsdynamiken erstrecken sich dabei über drei Phasen einer Sportkarriere.

In der *Einstiegsphase* fängt alles ganz unscheinbar an. Ein Kind oder Jugendlicher beginnt, intensiver Sport zu treiben. Vor allem fünf Motive bewegen ein Kind oder einen Jugendlichen dazu, sich überdurchschnittlich stark sportlich zu betätigen. Das erste Motiv ist spielerischer Spaß an der körperlichen Bewegung. Es könnte genetisch darauf zurückgehen, daß die von dem Psychologen Karl Bühler (1918: 327) als »Funktionslust« bezeichnete Antriebsmotivation in besonders starkem Maße vorliegt. Die »Funktionslust« besteht darin, bereits Gekonntes noch weiter zu verbessern. Gerade für Kinder, die in ihrem Handeln noch kaum intellektualisiert sind, liegt es nahe, daß sie ihre »Funktionslust« in körperlichen

Betätigungen, u.a. im Sport, ausleben. Als zweites Motiv dafür, daß ein Kind oder Jugendlicher intensiv Sport betreibt, kann die damit verbundene Geselligkeit wirken. Sport bietet vielerlei Möglichkeiten, Freunde zu finden und gemeinsame Interessen zu entwickeln. Drittens spielen oftmals auch Verpflichtungsgefühle gegenüber sportfördernden Eltern eine wichtige Rolle (Stevenson 1990). Um den Eltern, die ja für Kinder die wichtigsten Bezugspersonen darstellen, zu gefallen und zu imponieren, können Kinder und Jugendliche versuchen, sportliche Erfolge zu erringen. Im übrigen sind die Eltern nicht zuletzt deshalb oft für ein vereinsförmiges Sporttreiben ihrer Kinder aufgeschlossen, weil ihnen dies als bessere Alternative gegenüber einer Sozialisation »auf der Straße« oder »vor dem Bildschirm« erscheint. Die Kinder wiederum mögen viertens merken, daß sie durch die Trainings- und Wettkampfzyklen auch der typisch modernen Langeweile entgehen können. Sport strukturiert den Alltag und ist zudem ein Freiraum, in dem immer wieder etwas Neues passiert. Fünftens schließlich ist die Vorbildwirkung bekannter Sportstars in Rechnung zu stellen, denen Kinder nacheifern. Dies wird durch die immer ausgiebigere Sportberichterstattung des Fernsehens verstärkt. Die Sporthelden erscheinen oft als das Konkrete in einer gerade für Kinder immer abstrakter werdenden Welt.

Diese verschiedenen Motive des Sporttreibens werden genetisch in dem Maße unterstützt, wie jemand ein besonderes angeborenes Talent aufweist, wie es sich etwa in der Zusammensetzung der Muskulatur oder der Reaktionsgeschwindigkeit manifestiert. Insbesondere Talent und »Funktionslust« verstärken einander wechselseitig. Die »Funktionslust« kann um so stärker ausgelebt werden, je mehr Talent vorhanden ist. Und je stärker eine »Funktionslust« vorliegt, desto intensiver läßt sich ein gegebenes Talent ausnutzen.

Sofern ein so katalysiertes Sporttreiben individuelle Erfolgserlebnisse hervorbringt, setzt ein darauf bezogener Identitätsaufbau ein (Donnelly und Young 1988). Bleibt ein Kind oder Jugendlicher sportlich dauerhaft erfolglos oder heimst nur gelegentliche bescheidene Erfolge ein, gewinnt das Sporttreiben keine zentrale Bedeutung für seine Identität. Im Sinne einer Vermeidung kognitiver Dissonanzen (Festinger 1957) wird das Kind oder der Jugendliche sich nicht primär über die Sportlerrolle definieren. Erfolgserlebnisse prädisponieren jedoch genau dafür – und zwar in dem Maße, wie keine konkurrierenden Erfolgserfahrungen in anderen Lebensbereichen existieren. In diesem frühen Stadium des Sporttreibens – meistens noch vor der Entscheidung zum Leistungssport – wird der erste Schritt in die biographische Falle hineingetan. Dieser Schritt erfolgt ohne Wissen darüber, worauf man sich einläßt: »Der Beginn der Karriere als Hochleistungssportler ist so gut wie nie bewußt geplant.« Vielmehr wird im nachhinein »meist zufällig entdeckt, daß man durch geringen Aufwand rasch Erfolg hat.« (Klein 1987: 94) Das Kind oder der Jugendliche erfährt, daß Sporttreiben eine im Vergleich zu anderen Aktivitäten – beispielsweise schulischem Lernen – unaufwendige Möglichkeit darstellt, um Identitätsbestätigungen zu erhalten. So kann sportlicher Erfolg zu einem wichtigen, leicht zum wichtigsten Mittel werden, über das sich die Person soziale Bestätigung und Selbstwertgefühl beschafft.

Die psychische Opportunitätsstruktur dafür besteht darin, daß Kinder und Jugendliche eine noch ungeformte Identität besitzen und dementsprechend nach Bindungen suchen. Wenn sie durch Verstärkungslernen feststellen, daß Sporttreiben ihnen Erfolge verschafft und sie auf diese Weise Identitätsbestätigungen erringen können, ist der Pfad in die biographische Fixierung eingeschlagen. Schließlich lassen sich im Sport Leistungen erbringen, die selbst Erwachsene nicht vorzuweisen in der Lage sind. So wird durch die Sportler schon früh Erfolgsorientierung aufgebaut. Deren Bedeutung zeigt sich beispielsweise in der Wahlentscheidung zwischen parallel betriebenen Sportarten. Nicht wenige Sportler entscheiden sich für diejenige Disziplin, die ihnen zwar weniger Spaß macht, dafür aber erfolgsträchtiger ist (Stevenson 1990). Wie auch später verfügt der Athlet jederzeit über die Möglichkeit, aus der Erfolgskarriere auszusteigen. Ein freiwilliger Dropout ist zu diesem Zeitpunkt sogar noch in höherem Maße wahrscheinlich als später. Aber auch jetzt wäre der Ausstieg schon mit erheblichen individuellen Kosten verbunden. Denn immerhin müßte ein erlerntes und erfolgsträchtiges Mittel der Identitätsbestätigung aufgegeben werden, ganz zu schweigen davon, daß auch noch die anderen anfangs genannten Motive weiterwirken und durch einen Ausstieg frustriert würden.

Nicht wenige Jugendliche entscheiden sich im zweiten Karriereabschnitt, in der *Take-off-Phase*, für einen Ausstieg, wenn ihnen die jetzt spürbar werdenden zeitlichen, sachlichen und sozialen biographischen Fixierungen zu sehr gegen den Strich gehen. Zum Ausstieg bestärkt werden viele zusätzlich durch eine weitere Erfahrung: »Nach raschem Erfolg bei geringem Aufwand am Beginn der Karriere folgt schon bald ein geringer Leistungszuwachs bei immer höher werdendem Trainingsaufwand.« (Klein 1987: 95) Wenn man sich immer mehr quälen muß, um die ursprünglich so einfach einzuheimsenden Identitätsbestätigungen durch sportliche Erfolge auch weiterhin zu gewinnen, liegt der Dropout für viele durchaus nahe – obwohl er zweifellos stets schmerzlich ist. Denn eine »emotionale Verstrickung« hat bereits stattgefunden (Ulrich 1977: 143-148). Die bis dahin vernachlässigten alternativen Möglichkeiten der Identitätsfindung und -bestätigung müßten erst aufgebaut werden, wobei der Rückstand gegenüber Gleichaltrigen schon erheblich sein wird.

Wenn in dieser Phase der Sportlerkarriere, also nach dem Einstieg in den Leistungssport, nicht sehr bald der Ausstieg erfolgt, sondern die sich zuspitzenden biographischen Fixierungen hingenommen werden, ist der schwerwiegende Schritt getan, um bald auch mit dem zweiten Bein in der biographischen Falle zu stecken. Die sachlichen, sozialen und zeitlichen Fixierungen vollziehen sich eine ganze Zeitlang unbemerkt. Doch irgendwann wird der Athlet mit dem Tatbestand konfrontiert, daß sich in seinem Leben nahezu alles um den Sport dreht. Diese Bewußtwerdung geschieht meist durch konkrete zeitliche, sachliche oder soziale Verlusterfahrungen: dadurch, daß der einzelne Sportler bemerkt, was ihm alles entgeht und worauf er verzichtet; und dadurch, daß soziale Beziehungen zu außersportlichen Bezugspersonen absterben und keine neuen Beziehungen mehr zustande kommen. Er kommt so nicht darum herum, sich zu fragen, ob sein Sporttreiben all das wert ist: ob er diesen eingeschlagenen Pfad weitergehen oder radikal mit ihm brechen soll. Denn Zwischenlösungen sind kaum möglich. Immerhin zwei Drittel der befragten Leistungssportler stimmten bereits Mitte der siebziger Jahre des letzten Jahrhunderts folgender Antwortvorgabe zu:»Manchmal habe ich einfach keine Lust mehr [...] Dann möchte ich alles hinschmeißen und irgendwo hingehen zum Tanzen. Aber dann überlegt man es sich doch wieder. Ich habe so viele Jahre für den Leistungssport geopfert, daß ich nicht alles Hals über Kopf aufgeben kann. Ich habe mich für den Leistungssport entschieden und muß so leben, wie es von mir verlangt wird.« (Ulrich 1977: 149)

Diese Zeitphase ist noch einmal ein deutlicher Bifurkationspunkt der Biographie: Die Verlusterfahrungen machen schlagend klar, worauf man sich eingelassen hat – und daß es auch andere Wahlen gegeben hätte und noch gibt. Seine Lage suggeriert dem Sportler gewissermaßen den Ausstieg – ohne den dafür zu zahlenden hohen Preis zu verschweigen. Der Sportler weiß zu diesem Zeitpunkt, wie viele Entbehrungen er bereits auf sich genommen hat; er weiß, daß diese Entbehrungen nur immer weiter anwachsen werden; er weiß zudem mittlerweile sehr genau von der Ungewißheit des Erfolges, der diese Entbehrungen überhaupt erst biographisch rechtfertigen könnte. Aber auszusteigen hieße auch, all die bisherigen biographischen Investitionen in die Sportkarriere mit einem Schlag zu entwerten und fortan mit dem Bewußtsein zu leben, Jahre seines Lebens verschenkt zu haben. Wer dies nicht tut, tritt fortan gleichsam die Flucht nach vorn an. Er setzt von diesem Zeitpunkt an ganz bewußt alles auf eine Karte. Weil die biographische Fixierung also nicht abgeschüttelt wurde, spitzt sie sich nun um so ungehemmter zu.

Im dritten Karriereabschnitt, der *Hochleistungsphase*, begibt sich der Athlet in den »totalen Leistungssport« (Klein 1987: 96) hinein. Er bewegt sich auf dem Höhepunkt der eigenen Leistungsfähigkeit und erfährt daraus Befriedigung und Selbstbestätigung. Dies geht einher mit Anerkennung durch das sportliche Umfeld und durch Konkurrenten sowie der Bewunderung von seiten des Publikums. Auch die in vielen Sportarten vorhandene Alimentierung durch Vereine, Sporthilfe und Sponsoren trägt nicht nur zur Lebensführung, sondern auch zur Identitätsbestätigung bei. Die Kehrseite all dieser positiven Erfahrungen sind allerdings vielgestaltige Ängste, die aus den Ungewißheiten der Sportlerkarriere herrühren: Angst vor Verletzungen, vor Leistungseinbrüchen, vor der nachwachsenden Konkurrenz und schließlich vor dem Ende der eigenen Laufbahn.

Damit stellt sich die Hochleistungsphase als sehr ambivalent dar. Auf der einen Seite können die identitätsbezogenen Antriebsmotive mehr denn je befriedigt werden. Auf der anderen Seite schieben sich aber auch andere Motive in den Aufmerksamkeitshorizont hinein. Dem Sportler wird jetzt klar, daß er eine Karriere gewählt hat, die keine lebenslange, beruflich abgesicherte Perspektive eröffnet. Er hat nur begrenzte Zeit, die Erfolge zu erringen, die ihm dann auch den Sprung aus dieser Karriere heraus ermöglichen, ohne daß er ökonomisch ins Nichts fällt und ihm die Basis seiner bisherigen Identität entgleitet. Sowohl Motive der leistungsindividualistischen Identitätsbestätigung als auch ökonomische Überlegungen beginnen in das sportliche Leistungsstreben hineinzuwirken. Um sich selbst zu bestätigen und das momentane und spätere wirtschaftliche Dasein abzusichern, müssen sportliche Erfolge her. Nun geht es also auch darum, Kaderplätze zu erreichen und zu erhalten sowie Fördergelder als ökonomische Grundsicherung oder attraktiven Zusatzverdienst dauerhaft zu akquirieren. Sportlicher Erfolg ist auf dieser Stufe also dringlicher denn je, aber auch schwieriger und deshalb unwahrscheinlicher denn je, weil alle anderen, die jetzt noch im Rennen sind, genauso existentiell darauf angewiesen sind und die Siege im Verhältnis zur Anzahl der Wettkampfteilnehmer extrem knapp sind. Weil also der Aufwand, um zum Erfolg zu gelangen, nur noch größer wird, spitzt sich die biographische Fixierung nochmals weiter zu.

Rational ist das Handeln der Athleten zweifellos in dem Sinne, daß diese aus den Gegebenheiten ihrer jeweiligen Karrierestufe jeweils das Beste zu machen versuchen. Daß die Sportler genau dadurch trotzdem in eine biographische Falle geraten, ergibt sich aus den unintendierten längerfristigen Effekten ihrer kurzfristig rationalen Situationsbewältigung. Weil das Ausleben von Bewegungslust gleichzeitig sportliche Erfolge ermöglicht und leicht zu einer um den Sport zentrierten Identität führt, findet sich die Person irgendwann in der Situation vor, sportliche Erfolge als kaum noch substituierbare Mittel sozialer Bestätigung erringen zu müssen. Und weil dies nur noch durch die Übernahme einer Quasi-Berufsrolle im Sport möglich ist und andere Gelegenheiten der gegenwärtigen und zukünftigen Identitätsbestätigung und ökonomischen Absicherung verdrängt werden, bewegt sich der Athlet in einen biographischen Reproduktionskreislauf hinein, der sich nicht dazugehörigen Gesichtspunkten immer weiter verschließt.

Die zunehmenden biographischen Engführungen und die Herausbildung einer leistungsindividualistischen Identität gehen, wie diese Ausführungen andeuten, mit *Motivtransformationen* einher. In der Einstiegsphase können zunächst verschiedene Motive für das Sporttreiben bestimmend sein, die entweder einzeln oder in einer Gemengelage vorkommen: Bewegungslust, Zeitvertreib, Geselligkeit, Befolgung von Erwartungen der Eltern sowie Nacheifern von Sporthelden. Der Übergang zur Take-off-Phase findet dann dadurch statt, daß sich erste sportliche Erfolge einstellen und diese zugleich eine leistungsindividualistische Identität entstehen lassen. Beides ist nicht zwangsläufig. Die allermeisten sporttreibenden Kinder und Jugendliche sammeln gar nicht erst solche Erfolgserlebnisse; und selbst bei denjenigen, die Erfolge erleben, muß es nicht so sein, daß sie fortan ihr gesamtes Selbstbild darum zentrieren. Wenn die sportlichen Erfolge mit anderen gleichwertigen Identitätsbestätigungen, etwa in der Schule oder im Freundeskreis, konkurrieren, ist nicht von vornherein gesagt, daß der Sport am wichtigsten wird.

Die Take-off-Phase ist dann dadurch bestimmt, daß Identitätsmotive die stärksten und beständigsten Antriebskräfte des Sporttreibens ausmachen. Das sportliche Erfolgsstreben überragt die anderen genannten Motive, die gleichwohl weiterhin mit ihm koexistieren können. So ist dem Athleten insbesondere der Spaß an der körperlichen Verausgabung, am Gelingen schwieriger Bewegungsabläufe und am Wettstreit mit den Gegnern nach wie vor wichtig. Doch diese »in-process benefits« des Sporttreibens ebenso wie die anderen Anfangsmotive sind zum einen nicht beständig genug, um die enorme Selbstdisziplin zu tragen, die in der Take-off-Phase einsetzt. Der Athlet muß schließlich auch dann trainieren, wenn er mal keine Lust hat und viel lieber etwas ganz anderes täte und sich auch dann im Wettkampf anstrengen, wenn die »Funktionslust« ausbleibt. Dazu motiviert dann nur der in der leistungsindividualistischen Identität verankerte Erfolgswille. Zum anderen können die anderen Motive unter Umständen auch mit dem Identitätsmotiv konfligieren. So könnte etwa der Spaß am Sport zu einem unklugen Wettkampfverhalten motivieren, beispielsweise dazu, nicht im Hinblick auf eine lange Saison mit den eigenen Kräften hauszuhalten, sondern bei jedem noch so unwichtigen Wettkampf »alles zu geben«. Daß ein derartiges Verhalten ab der Take-off-Phase in der Regel unterbleibt, beweist, daß das Erfolgsstreben als Handlungsmotiv die Oberhand gewonnen hat.

Im Übergang zur Hochleistungsphase verfestigt sich diese Rangordnung der Motive nur noch, entsprechend den weiter gesteigerten biographischen Fixierungen und der Zuspitzung des Leistungsindividualismus. Sportlicher Erfolg wird mehr denn je zur Haupttriebfeder des Sporttreibens. Dies vollzieht sich vor einer brisanten Mischung von Erfahrungen. Einerseits rücken immer bedeutendere Erfolgsmarken in die Reichweite des Athleten – je nach Disziplin mindestens nationale, oft aber internationale Meisterschaften und Rekorde. Es geht also um immer mehr. Andererseits treten in zunehmendem Maße erfolgsverhindernde Faktoren auf den Plan. Die Konkurrenz wird immer härter. Teilweise als Folge daraus nehmen Verletzungsrisiken und auch tatsächliche Verletzungen zu, die den Athleten mehr oder weniger lange aus der Bahn werfen können. Nun erlebt der Athlet die Ambivalenz des Erfolgsstrebens in ihrer vollen Entfaltung. Er kann darauf nur so reagieren, daß er sich diesem Handlungsmotiv um so mehr hingibt und ausliefert.

Die Schattenseite des sportlichen Erfolgsstrebens sorgt allerdings nicht dafür, daß sich in der Hochleistungsphase ökonomische Einkommens- und Karrieremotive massiv Geltung verschaffen. Das liegt zum einen sicherlich daran, daß viele Sportarten aufgrund des sehr begrenzten Zuschauer- und Medieninteresses kaum Gelegenheiten bieten, sportliche Erfolge dauerhaft ökonomisch zu nutzen. Zum anderen fällt aber z.B. selbst beim Tennis, das sportliche Erfolge über Preisgelder und Werbeverträge lukrativ vergütet, auf, daß hieran keine stärkeren Handlungsmotive geknüpft werden. Generell kann den Athleten eine weitgehende Ausblendung der ökonomischen Zukunftsimplikationen ihres Sporttreibens attestiert werden. Diesbezüglich wird der Kopf in den Sand gesteckt und in den Tag hinein gelebt – was sogar für Athleten gilt, deren Leistungskurve ihren Zenit bereits überschritten hat. Vage Aussichten darauf, daß man bestimmte Studien- oder Berufsabschlüsse noch nachholen könne, sowie Hoffnungen darauf, daß der Verein oder Verband einem eine berufliche Zukunft im Sport ermöglichen werde, reichen dem Athleten zur Selbstberuhigung aus. Er spekuliert auf das soziale Kapital, das er sich durch sein Sporttreiben erworben hat: Leute, die er kennengelernt hat und die vielleicht etwas für ihn tun können. Ein derartiger Umgang mit der eigenen Zukunft ist um so erstaunlicher, als die meisten Athleten in der Hochleistungsphase wiederholt sehr drastisch damit konfrontiert worden sind, daß ihre Sportkarriere von heute auf morgen beendet sein kann, und es sicherlich trotz sozialer Schließung auch mahnende Stimmen in ihrem Umfeld gibt.

Die Erklärung für diese starke *Diskontierung der Zukunft* dürfte in einigen Fällen darin liegen, daß die Hyperinklusion in den Spitzensport zu so weitgehenden Kompetenzdefiziten des Athleten in wichtigen anderen Lebensbereichen, also vor allem in Schule, Studium und Beruf, geführt hat, daß das Ende eines so strukturierten Rollenhaushalts und einer entsprechenden Identitätsform als Fall ins Nichts erlebt und antizipiert wird. Wie Steffi Graf gegen Ende ihrer Karriere mehrfach in Interviews ihr hartnäckiges Festhalten an der Tenniskarriere trotz mittlerweile eingetretenem Leistungsabfall und chronischen Verletzungen begründete: Sie habe doch nun mal nichts anderes gelernt und könne nichts anderes. Drastisch gesagt: Über abstrakte Etiketten hinaus vermag sich ein Spitzensportler oftmals einfach nicht konkret vorzustellen, welche Erwartungen und Erfahrungen mit dem gesellschaftlichen »Normalbetrieb« derjenigen Rollen verbunden sind, die er bislang weitgehend oder sogar gänzlich vernachlässigen mußte; und dementsprechend ist ihm kaum eine rationale Musterung und Planung der eigenen Zukunft jenseits der Hypostasierung des Sporttreibens möglich. Sein Leben nach dem Sport ist etwas, in das er nolens volens weitgehend blind hineinstolpert. Der ein-

zelne weiß, daß es keine geordnete Statuspassage, sondern einen absoluten Bruch geben wird, und daß dieses ihm unbekannte Datum unerbittlich näher rückt. Aber genau weil er sich darauf kaum informiert vorzubereiten vermag, verbeißt er sich womöglich nur noch um so mehr in sein
Sporttreiben, um diese tiefgreifenden biographischen Verunsicherungen
und Ungewißheiten zu überspielen. Dies scheint selbst dann der Fall zu
sein, wenn jemand neben dem Sport auch noch einen Studien- oder Be-
rufsabschluß erwirbt.

Wenn somit spätestens in der Take-off-Phase sportliches Erfolgsstreben als Handlungsantrieb alle anderen Motive relativiert, haben sich
Rollenstruktur, Identitätsform und Handlungsmotive zu einem integralen
wechselseitigen Bedingungszusammenhang verbunden. Jede Komponente trägt die je anderen und wird von diesen getragen, so daß eine sich
schnell selbst tragende Eskalation entsteht. Die Hyperinklusion in den
Spitzensport – erzeugt durch die zeitlichen, sachlichen und sozialen biographischen Fixierungen – führt zu einem Leistungsindividualismus, der
wiederum die Hyperinklusion verfestigt; und beide rufen eine Dominanz
des sportlichen Erfolgsstrebens als Handlungsantrieb hervor, woraus sich
wiederum die Hyperinklusion als zweckmäßig begründet und was den
Leistungsindividualismus nährt. Die Etablierung von Dissonanzen und
Zugangsbarrieren zur außersportlichen Lebenswelt ist die erwartbare
Konsequenz, wenn Sozialsysteme ihre Rollenträger extrem engführen
und für sich in Anspruch nehmen.

Dies müßte in einer Gesellschaft, die durch hohe Arbeitsteilung geprägt ist, nicht sonderlich irritieren, wenn der Sport selbst eine kalkulierbare Verberuflichung bieten könnte. Das ist aber nicht der Fall. Bei aller
Spezialisierung verfügt der Leistungssport nur über geringe Verberufli-
chungschancen während und nach der Karriere. Dauerhafte Berufsfelder
können in der Regel nur für diejenigen eingerichtet werden, die sportliches Handeln anleiten, steuern oder medial verbreiten, und dies sind
nicht Athleten, sondern hauptamtliche Trainer, Sportdirektoren, Sportjournalisten etc. Das Besondere der Sportlerkarriere besteht in der Tat
darin, daß das hohe fachliche Können und die Aneignung spezifischer
Verhaltensstandards nicht mit der Übernahme einer qualifizierten, le-
benslangen Berufsrolle einhergehen, wie sie typischerweise in anderen
Teilsystemen stattfindet. Spitzensport ist für die meisten Sportler »nur«
ein temporär begrenzter Quasi-Beruf. Die wenigsten Disziplinen eröffnen
Einnahmequellen, die den nachsportlichen Unterhalt sichern könnten.
Der Sport eignet sich auf der Athletenseite nicht für die Übernahme fester
Berufspositionen. Sportlerrollen werden lediglich durch Leistungserwartungen definiert und nicht durch dauerhaft kalkulierbare Kompensatio-
nen stabilisiert.

Was diese Inkongruenz für Athleten bedeutet, wird erst klar, wenn
man die soziale und individuelle Funktion eines Berufs einblendet: Der
Beruf ist ein zentrales Element der individuellen Lebensführung. Er prägt

die Ich-Identität eines Menschen in maßgeblicher Weise und dient der sozialen Verortung des einzelnen Subjekts. Die Berufstätigkeit vermittelt Macht-, Einkommens-, Prestige- und Partizipationschancen. Konsequenterweise erleben Menschen die Arbeitslosigkeit oder den Abbruch ihrer Berufskarriere als eine persönliche Niederlage. Genau diese Möglichkeit des Scheiterns ist in jeder Sportlerkarriere irgendwo auf dem langen Weg von der frühen Kindheit, in der jemand eine Sportlerkarriere aufnimmt, bis zum Erreichen zumindest der nationalen Spitze vorprogrammiert. Selbst wenn jemand durchgehalten hat, ist dies dann erst recht keine Position, auf der er sich auf seinen Lorbeeren ausruhen kann. Im Gegenteil: Je weiter oben einer steht, desto unübersehbarer schwebt das Damokles-Schwert des ausbleibenden Erfolges über seinem Haupt. Sportlicher Lorbeer verwelkt bekanntlich sehr schnell, während beispielsweise Bildungs- und Berufsabschlüsse sehr viel dauerhaftere biographische und ökonomische Absicherungen darstellen.

Offenbar sehen viele Leistungssportler ab einem gewissen Punkt keine respektablen Ausstiegspfade mehr, obwohl sich dies einem externen Beobachter durchaus anders darstellen kann. »Hochkostensituationen« müssen nicht in den realen biographischen Umständen begründet sein, sondern können auch mehr oder weniger stark im Kopf entstehen, also aus subjektiven Wahrnehmungsverengungen resultieren. Ob im Einzelfall objektive oder subjektive Determinanten der »Hochkostensituation« vorliegen, bleibt sich im Ergebnis gleich: Die Athleten können sich diesem immer größer werdenden Erfolgsdruck immer weniger entziehen. Jedem ist bewußt, daß er bis ganz nach oben kommen, aber ebensogut auch ins Bodenlose fallen kann. Jedem ist auch die sich selbst verstärkende Dynamik von Erfolglosigkeit klar. Wer die einmal erbrachte Leistung nicht mehr bringt, dem werden wichtige Unterstützungsressourcen entzogen, beispielsweise Fördergelder oder besonders gute Trainer. Die Chancen, wieder an die alten Erfolge anzuknüpfen, verknappen sich so sehr schnell.

Instrumentelles Verhältnis zum Körper

Neben den biographischen Dynamiken als bislang angesprochenem Komplex abhängiger Variablen ist eine weitere abhängige Variable bedeutsam: das *Verhältnis der Athleten zum eigenen Körper*. In der Normalbiographie stellt der Körper für die Person vor allem einen Resonanzboden für die Befriedigung konsumatorischer Bedürfnisse dar. Das Ausleben von Sexualität ist dafür nur das augenfälligste Beispiel. Drogenerfahrungen, Meditation, Tanzorgien oder genußvoll zelebriertes Essen und Trinken wären andere Phänomene. Der Sport bietet ebenfalls solche auch körperlich erlebten »in-process benefits« wie z.B. den Kick der Skiabfahrt oder des gelungenen Doppelpasses oder, viel profaner, das Wohlgefühl, wenn man an einem sonnigen Frühsommertag mit dem Rennrad durch blühende Wiesen fährt.[23] Dieses Körperverhältnis paßt zur vorherrschen-

den Identität des individuellen Sich-Auslebens in der arbeitsfreien Zeit.
Im Vergleich zum früheren asketischen und kontrollierenden Umgang
mit dem eigenen Körper ist die Normalbiographie also heute durch ein
primär komfortables und positiv getöntes Körperverhältnis gekennzeichnet – jedenfalls solange, wie keine allzu störenden Krankheiten
auftreten.

Demgegenüber bauen die Athleten im Spitzensport ein primär in-
strumentelles Körperverhältnis auf. Dies ist eine Konsequenz des Leistungsindividualismus und der »technischen« Körperabhängigkeit sportlicher Erfolge. Im Sport geht es nicht um intellektuelle Leistungen wie
etwa in der Wissenschaft. Vielmehr stehen körperliche Qualitäten wie
Kraft, Schnelligkeit, Ausdauer, Geschicklichkeit, Reaktionsfähigkeit oder
Beweglichkeit im Vordergrund. In diesen sportartspezifisch variierenden
Dimensionen muß der Athlet Leistung aus dem eigenen Körper heraus-
holen. Das Körperideal stellt dementsprechend der sportartspezifisch
funktionstüchtige und, mehr noch, der in seinem Funktionieren immer
weiter steigerbare Körper dar. Dieses Körperbild steht in einem krassen
Gegensatz zur sinnlichen Genußfähigkeit und -steigerung des Alltagskör-
pers. Verletzungen und Leistungsabfall sind dementsprechend Krisenzu-
stände des Sportlerkörpers, die es zu vermeiden und, wenn sie auftreten,
zu beseitigen beziehungsweise möglichst hinauszuschieben gilt.

Das instrumentelle Körperverhältnis des Spitzensportlers findet seinen klarsten Ausdruck darin, daß der Körper in Training und Wettkampf
routinemäßig mit Hilfe elaborierter Praktiken gequält wird. Nur durch
Qual – einschließlich der entsprechenden psychischen Anforderungen –
ist die körperliche Höchstleistung erreichbar, um die es im Spitzensport
geht. Als Mittel zu diesem Zweck muß der eigene Körper regelmäßig bis
an Belastungs- und Schmerzgrenzen getrieben werden, auf daß diese sich
hinausschieben – nur um anschließend auch diese Grenzen wieder zu
attackieren und noch weiter hinauszuschieben. Körperliches Wohlbefin-
den, wie es in der Normalbiographie gesucht wird, stellt in den Augen des
Spitzensportlers einen Erschlaffungszustand dar, der allenfalls in Regenerationsphasen kurz anklingen darf, ansonsten aber signalisiert, daß dem
Körper keine Leistung abverlangt wird. Das bevorzugte Körperverhältnis
der Normalbiographie erscheint also aus der Athletensicht als »fauler«
Körper, dem es Beine zu machen gilt, bis er kurz vorm Umfallen ist. Erst
wenn der Athlet anderen und vor allem sich selbst bewiesen hat, daß eine
weitere Steigerung nicht mehr möglich ist, darf er damit aufhören, seinen
Körper zu fordern. Diese normative Maxime zeigt sich insbesondere auch
am Umgang mit Verletzungen. Spitzensportler dürfen keine »wehleidige«
Rücksicht auf ihren Körper nehmen. Nur in Regenerationsphasen ist es
ihnen erlaubt, sich zu schonen.

Hier zeigt sich, klar erkennbar, ein männlich geprägtes Körperver-
ständnis, das allerdings weibliche Athleten ebenso übernehmen. Die
rücksichtslose Leistungsanforderung geht dabei mit einer wachsamen

Dauerbeobachtung des eigenen Körpers einher. Man weiß, daß man die
»Maschine« am oberen Limit fährt; und weil man das nicht bloß kurze
Zeit, sondern auf längere Sicht durchhalten will, muß man ständig auf
kleinste Störungssignale horchen. So erklärt sich die eigentümliche Kombination gegensätzlich erscheinender Haltungen: einerseits rücksichtslos,
andererseits hochsensibel gegenüber dem eigenen Körper zu sein.

Damit ist das letzte Element des Grundmusters der biographischen
Dynamiken von Spitzensportlern dargelegt. Sportlerkarrieren stellen sich
insgesamt als biographische Dynamiken dar, die durch zeitliche, sachliche
und soziale Fixierungen auf eine spezifische Identitätsform ausgerichtet
sind und damit einen hohen Erfolgsdruck erzeugen, der sich unter harten
Konkurrenzbedingungen und angesichts der Ungewißheit körperlichen
Leistungsvermögens extrem zuspitzt. Zu Hyperinklusion bzw. Totalisierung, Leistungsindividualismus und Erfolgsstreben gesellt sich ein in-
strumentelles Körperverhältnis. Diese vier Komponenten stellen die parallel realisierten Resultate der biographischen Dynamiken dar. In jeder
Komponente weicht die Sportlerbiographie signifikant von der gesellschaftlichen Normalbiographie ab.

2.2 Sportartspezifische Regimes biographischer Steuerung

Eine Betrachtung einzelner Sportarten zeigt Varianten dieses Grundmusters. Wir wollen hier nur zwei Faktoren hervorheben, die sich bei verschiedenen Sportarten unterschiedlich ausprägen und spezifische *Regimes
biographischer Steuerung* etablieren.[24] Der eine Faktor betrifft den *Träger
der biographischen Steuerung* des Athleten: Geht das, was an gezielter Gestaltung der biographischen Dynamiken passiert, stärker vom Athleten
selbst oder von Akteuren in seinem sportlichen Umfeld wie Trainern,
Verein und Verband aus? Der andere Faktor betrifft den *Totalisierungsgrad
der sportlichen Programmstruktur der biographischen Steuerung*: Ist die »legitime Indifferenz« (Tyrell 1978: 183-184) gegenüber außersportlichen
Belangen der Athletenbiographie vergleichsweise hoch, oder ist sie noch
als gemäßigt einzustufen – auf dem freilich ohnehin schon hohen Niveau, das durch biographische Fixierungen, Leistungsindividualismus
und Erfolgsstreben gesetzt wird? Dichotomisiert man zur analytischen
Vereinfachung diese beiden Kontinua, lassen sich die vier im weiteren
exemplarisch näher betrachteten Sportarten wie folgt charakterisieren:[25]

– Rhythmische Sportgymnastik: Überwiegen der biographischen Außensteuerung mit hoher Totalisierung der Programmstruktur,
– Gewichtheben: Überwiegen der biographischen Außensteuerung mit
  gemäßigter Totalisierung der Programmstruktur,
– Zehnkampf: Überwiegen der biographischen Selbststeuerung mit
  gemäßigter Totalisierung der Programmstruktur,

– Tennis: Überwiegen der biographischen Selbststeuerung mit hoher Totalisierung der Programmstruktur.

Diese sportartspezifischen Regimes biographischer Steuerung prägen den Möglichkeitsraum dafür, in die weitgehend ungesteuerten Dynamiken, die das im vorigen Abschnitt geschilderte sportartübergreifende Grundmuster der Spitzensportlerbiographie hervorbringen, gestaltend eingreifen zu können. Wer kann intervenieren, und wie weitreichend? Insofern korrespondieren beide Erklärungsfaktoren auch mit unserer Zielsetzung, in den biographischen Dynamiken des spitzensportlichen Nachwuchses Interventionspunkte für Dopingprävention auszumachen.

Rhythmische Sportgymnastik

An den biographischen Dynamiken von Athletinnen in der Rhythmischen Sportgymnastik fällt zunächst eine durchgängige *autoritäre Lenkung durch die jeweiligen Trainerinnen* auf. Natürlich spielt hierbei das geringe Alter der Athletinnen eine Rolle. Rhythmische Sportgymnastinnen sind im Vergleich zu anderen Athleten jung. Sie beginnen ihre Laufbahn als Kinder und beenden sie als Jugendliche. Das Verhältnis zwischen Trainerinnen und Athletinnen spiegelt diese Altersstruktur wider. Die Trainerinnen könnten die Mütter der Athletinnen sein und besitzen damit die Autorität, über die Erwachsene gegenüber Kindern und Jugendlichen verfügen. Daß die Trainerinnen den Sportlerinnen vorgeben, welche Pflichten sie haben, sie bei der Pflichterfüllung überwachen und auch alle wichtigen Entscheidungen für sie treffen: Dieses Abhängigkeitsverhältnis entspricht so gesehen erst einmal dem gesellschaftlich allgemein verbreiteten Verhältnis zwischen Menschen, die diese Altersdifferenz aufweisen und handelnd zusammenwirken. Und daß die Trainerinnen dabei eine besondere Strenge an den Tag legen, wird damit begründet, daß die Athletinnen, wie alle Kinder, noch wenig Selbstdisziplin aufweisen, die ihr Sport aber in besonderem Maße verlangt. Die rigorose Überwachung des Essens und des Körpergewichts der Athletinnen ist dafür nur ein besonders augenfälliges Beispiel.

Daß die Athletinnen so jung sind, ergibt sich aus einer »technischen« Eigenart der Sportart. Ab einem bestimmten, nicht sehr hohen Alter ist der menschliche Körper nicht mehr in der Lage, jene Beweglichkeit aufzubringen und auszubilden, die die Rhythmische Sportgymnastik erfordert. Eine weitere »technische« Eigenart verstärkt die Abhängigkeit der Athletinnen von den Trainerinnen. Die komplizierten Figuren und diffizilen Bewegungsabläufe in der Rhythmischen Sportgymnastik bedingen einen hohen Anleitungsbedarf. In manchen anderen Sportarten – etwa in den leichtathletischen Laufdisziplinen – könnte ein Athlet vieles aus der bloßen Beobachtung und Imitation anderer Athleten lernen und seine Technik durch Selbstbeobachtung noch weiter verbessern. In der Rhyth-

mischen Sportgymnastik sind die Athletinnen hingegen durchgängig auf
eine kundige und minutiöse Anleitung durch ihre Trainerinnen angewiesen. Damit ist eine unveränderliche Abhängigkeitsbeziehung etabliert.
Abschwächbar oder gar umkehrbar wäre sie allenfalls dann, wenn eine
kleine Anzahl von Athletinnen einer großen Anzahl von Trainerinnen
gegenüberstünde, so daß eine Athletin gegenüber jeder Trainerin die
Abwanderungsoption hätte und jede Trainerin sich entsprechend bemühen müßte, auf die von ihr betreuten Athletinnen einzugehen.[26] Auf dem
Markt für Trainerinnen bestünde dann keine Anbieter-, sondern eine
Nachfragerdominanz. Faktisch sieht es aber genau umgekehrt aus. Es gibt
viele Athletinnen beziehungsweise junge Mädchen, die es werden wollen,
und wenige kompetente und international anerkannte Trainerinnen.[27]
Sie können sich daher die Athletinnen aussuchen, mit denen sie arbeiten
wollen. Diese Auswahl wird neben dem Talent der Aspirantinnen immer
auch deren Fügsamkeit berücksichtigen. »Störrische« Mädchen, die
»ihren eigenen Kopf« haben und nicht so »mitarbeiten« wollen, wie die
Trainerin es sich vorstellt, werden dann, soweit dies erkennbar ist, von
vornherein nicht berücksichtigt.

Selektion ist also ein weiterer Mechanismus, um das Abhängigkeitsverhältnis zu etablieren. Gegenüber denjenigen Athletinnen, für die sich
eine Trainerin entschieden hat, verfügt sie fortan über die Abwande-
rungsdrohung. Wer nicht spurt, muß damit rechnen, daß die Trainerin
die weitere Zusammenarbeit aufkündigt. Das ist deshalb eine so wir-
kungsvolle Drohung, die unausgesprochen fortwährend präsent ist, weil
eine Athletin damit rechnen müßte, nicht so einfach eine andere Trainerin zu finden. Denn eine Reputation als »schwierige« Person spricht
sich in der überschaubaren Szene der Rhythmischen Sportgymnastik
schnell herum.

Wie dominant die Trainerinnen gegenüber ihren Athletinnen sind,
zeigt sich auch daran, daß erstere rigoros die Konkurrenz zwischen letzteren schüren können. Diejenigen Athletinnen, die von einer bestimmten
Trainerin betreut werden, werden von ihr oftmals nach dem »Teile und
herrsche«-Prinzip gezielt gegeneinander ausgespielt. Explizit legitimiert
wird dies damit, die Athletinnen zu noch größeren Anstrengungen zu
motivieren: Konkurrenz als Leistungsantrieb. Diese Argumentationsfigur
rekurriert auf das in der modernen Gesellschaft generell und im Spitzensport ganz besonders stark verankerte Leistungsprinzip und eine ebenso
verbreitete Alltagstheorie über Leistungsmotivation. Wie immer es darum
bestellt sein mag: Der implizit gelassene, aber strategisch mitbedachte
Effekt dessen besteht darin, daß den Athletinnen ständig vor Augen geführt wird, wie abhängig sie von ihren Trainerinnen sind.

Bisweilen bedienen sich die Trainerinnen noch einer weiteren Steigerung derartiger Abhängigkeitsdemonstrationen. Auch dafür besteht die
Gelegenheitsstruktur in einer »technischen« Eigenart der Sportart. Die

Leistungsmessung in der Rhythmischen Sportgymnastik ist aufgrund der Bedeutung ästhetischer Kriterien nur unzulänglich technisiert, so daß subjektiven Leistungseinstufungen durch Kampfrichter ein großes, letztlich entscheidendes Gewicht zukommt. Die Trainerinnen verfügen fast immer über enge Kontakte zu den jeweiligen Kampfrichtern und können so auch deren Urteile beeinflussen. Direkt oder indirekt beteiligen sich also die Trainerinnen an der Leistungsbeurteilung derer, die sie selbst betreuen. Die ansonsten im Sport übliche »Gewaltenteilung« zwischen Anleitung und Beurteilung der Leistung eines Athleten ist damit partiell aufgehoben. In Verbindung mit der Subjektivität der Leistungsbeurteilung heißt das, daß eine Trainerin ihre Kontakte zu Kampfrichterinnen mehr oder weniger engagiert zugunsten einer Athletin spielen lassen kann. Die Athletin merkt spätestens durch eine solche Erfahrung, wie sehr sie in der Hand ihrer Trainerin ist. Im Vorfeld sind Trainerinnen überdies in der Lage, den Wettkampfstart einer Athletin zu verhindern; und natürlich können sie eine Athletin auch im Training »links liegen lassen«.

Es ist also jeder Sportlerin klar, daß ihre Trainerin Einfluß auf die Leistungsbewertung hat. Die generelle Reputation der Trainerin und ihre »guten Beziehungen« zu einzelnen Kampfrichtern sowie zum Verband können der Athletin höchst nützlich sein. Ihr muß es daher darauf ankommen, bei ihrer Trainerin ein möglichst gutes Bild abzugeben, auf daß sie diesen positiven Eindruck weitergibt. Alle bisher genannten Gesichtspunkte laufen somit darauf hinaus, daß die generelle Verhaltensmaxime für die Athletinnen nur heißen kann, jederzeit eine weitgehende *Fügsamkeit* gegenüber ihrer Trainerin an den Tag zu legen. Das gilt für die Befolgung tagtäglicher Anweisungen zum Sporttreiben und zur sonstigen Lebensführung ebenso wie für biographische Weichenstellungen.

Dieser durch umfassende Fügsamkeit gekennzeichnete Sozialcharakter entspricht auch den Publikumserwartungen an Rhythmische Sportgymnastinnen. Bedingt dadurch, daß die »technischen« Anforderungen dieser Sportart ein frühes Karriereende setzen, hat sich beim Publikum das Bild eines »kleinen Mädchens« als typischer Athletin verfestigt. Als Körperschema entspricht dem die zierliche Statur der Athletinnen. Grazie der Bewegung, das Überspielen von Ermüdung und Schmerz durch ein beflissenes Lächeln: Dies ist die sportartspezifische Ausprägung des generell für den Leistungssport charakteristischen instrumentellen Verhältnisses zum Athletenkörper. Dieses Bild korreliert hinsichtlich des Sozialverhaltens mit einer Erwartung von »Wohlerzogenheit«. Das »kleine Mädchen« soll auch ein »braves Mädchen« sein, das folgsam die schwierigsten Übungen vorführt. Die minutiös ausgeführten Übungen zeugen von großem Trainingsfleiß, der wiederum auf Fügsamkeit verweist. Zugleich gibt es im Ablauf der Vorführung keinerlei Raum für situative Improvisation und Kreativität – was Persönlichkeitseigenschaften fordern und darstellen würde, die nicht zur Fügsamkeit passen. Insgesamt bietet die

Athletin somit auch in ihrem Wettkampfauftritt ein äußerst stimmiges Bild, das – überspitzt formuliert – dem Bild entspricht, das ein gelehriges Äffchen mit seinem Dompteur abgibt. Damit bestärkt das Publikum das Abhängigkeitsverhältnis zwischen Athletin und Trainerin noch weiter. Die Trainerin tritt damit als entscheidende Instanz *biographischer Außensteuerung* der Athletin auf. Eine biographische Selbststeuerung findet bis zum Ende der Karriere – wenn die Athletinnen bereits in einem Alter sind, in dem andere Jugendliche beziehungsweise junge Erwachsene durchaus eigene Entscheidungen treffen – kaum statt. So wie die Athletinnen in ihrem äußeren Erscheinungsbild bis zum Schluß nicht erwachsen werden dürfen, so wird auch ihre charakterliche Entwicklung gleichsam auf Eis gelegt. All das dient dazu, daß eine Athletin als Humankapital für Investitionsstrategien ihrer Trainerin fungiert. Der in allen Sportarten gegebene Nexus zwischen Athleten- und Trainererfolg erhält in der Rhythmischen Sportgymnastik somit eine besondere Akzentuierung. In den meisten anderen Sportarten sind die Trainer in ihrem Erfolgsstreben Parasiten ihrer Athleten. Zwar können letztlich auch in der Rhythmischen Sportgymnastik nur die Athletinnen Wettkämpfe bestreiten und gewinnen, und ihnen werden auch die Medaillen überreicht. Doch weit stärker als in anderen Sportarten gilt: Nur eine Athletin, die sich in all ihrem Tun davon leiten läßt, was die Trainerin ihr sagt, darf auf Erfolge hoffen. Die Athletin ist also streng genommen nicht mehr als ein ausführendes Organ des Trainerwillens. Und so wie die Athletin bei den sportlichen Übungen ein einstudiertes, von Anfang bis Ende exakt vorgegebenes Programm abspult, so soll sie auch in ihrer gesamten Lebensführung und -planung möglichst wenig Eigeninitiative entfalten. Sie soll sich strikt den detaillierten Erwartungen beugen, die von seiten der Trainerin kommen.[28] In der Sprache der Rollentheorie formuliert (Turner 1962): Es geht nicht um ein »role making«, also um die eigenständige Ausarbeitung und situative Feinjustierung relativ grober Handlungsvorgaben, sondern um ein »role taking«: die hochgradig unreflektierte Befolgung klar operationalisierter, wenig Gestaltungsspielräume lassender und das eigene Leben umfassend bestimmender Verhaltensmaßregeln.

Diese dominante biographische Außensteuerung verbindet sich in der Rhythmischen Sportgymnastik mit einer *sehr starken Totalisierung der sportlichen Programmstruktur* biographischer Steuerung. Die relativ kurze sportartspezifische Karrieredauer mit einer noch kürzeren Hochleistungsphase, verbunden mit der hohen Komplexität der einzuübenden Bewegungsabläufe, also langen Lernphasen, zwingt dazu, das investierte Humankapital – die Athletinnen – nicht müßig ruhen zu lassen, sondern ständig im sportlichen Verwertungszusammenhang zu halten. Relativ lange Trainingszeiten und häufige Wettkämpfe halten die Athletinnen ab der Take-off-Phase in einer Daueranspannung. Die Belange von Schule und Berufsausbildung ebenso wie Freizeitinteressen werden noch stärker zurückgeschraubt als in vielen anderen Sportarten. Die Familien der Athletinnen werden nach Möglichkeit einzuspannen versucht – mindestens als verlängerte Arme der Trainerinnen in Sachen sozialer Kontrolle, oft aber auch mit mannigfaltigen Dienstleistungen für das Sporttreiben der Tochter. Daß die Athletinnen auch bei mäßigen Leistungen – die nicht zuletzt der sportlichen Beanspruchung geschuldet sind – das Abitur anstreben, anstatt die Schule früher für eine Berufsausbildung zu verlassen, stellt ebenfalls meist eine Anpassung an den Sport dar. Denn die Schülerrolle bietet mehr Flexibilitäten für das Sporttreiben als die Lehrlingsrolle.

Die starke Totalisierung der Programmstruktur wird mit dem frühen Ende der Sportkarriere nicht nur begründet, sondern auch legitimiert. Was die Athletinnen während ihrer aktiven Zeit in den anderen Lebensbereichen verpassen, könnten sie ja – so das Argument – noch nachholen, da sie nicht erst mit Ende Zwanzig oder Mitte Dreißig aufhören, Spitzensport zu treiben. Diese Rechtfertigung der starken Totalisierung ist freilich wenig überzeugend, weiß man doch darum, welch entscheidende und später eben nicht einfach nachholbare Lebenserfahrungen und Entwicklungsschritte ein Mensch zwischen fünf und achtzehn Jahren macht. Auch die Athletinnen selbst akzeptieren ihre völlige Absorption durch den Sport in jenen Jahren u.a. deshalb, weil sie sich vorstellen, daß sie nach ihrem Karriereende noch jung genug sind, um sozusagen ein zweites Leben neu anzufangen – und zwar mit einem sozialen Kapital im Gepäck, das sie sich beiläufig während der Sportkarriere erworben haben. Diese Einschätzung wird von den Trainerinnen natürlich bestärkt, um den Athletinnen die Zumutungen ihrer Rolle erträglich zu machen.

Insgesamt ergibt sich aus dieser Kombination von dominanter Außensteuerung und einer starken Totalisierung der sportlichen Programmstruktur eine biographische Dynamik, die die biographischen Fixierungen der Sportlerrolle und die leistungsindividualistische Identität im Vergleich zu anderen Sportarten besonders zuspitzt. Dem einzelnen Athleten kommt dies in besonderem Maße als Fremdbestimmtheit und Eingeengtheit des eigenen Lebens vor. Die hierfür zentralen »technischen« Merkmale der Sportart sind: kurze Karrieredauer und frühes Karriereende; technische Komplexität und minutiöse Festgelegtheit der Übungen mit entsprechend hohem Anlernbedarf; erhebliche Subjektivität der Leistungsbewertung aufgrund ästhetischer Kriterien.

Zu diesen »technischen« Merkmalen und dem sich daraus ergebenden Regime biographischer Steuerung paßt die typische soziale Herkunft der Athletinnen. Traditionell sind es oft Abkömmlinge der unteren Mittelschicht. Dies ist ein in besonderem Maße auf sozialen Aufstieg ausgerichtetes Milieu, weil es sich »nach unten« von der Arbeiterschaft absetzen will. Die darüber angesiedelten Milieus der mittleren und oberen Mittelschicht sind demgegenüber in ihren Aufstiegsaspirationen bereits sehr viel saturierter, in ihrer sozialen Stellung gefestigter und entsprechend weniger verbissen zum Bedürfnisaufschub bereit. Die Nähe zur Arbeiter-

schaft bedeutet weiterhin, daß die Fähigkeit zur mechanischen, unhinter-
fragten Fügsamkeit stärker sozialisiert worden ist als in den höheren
Mittelschichtmilieus. Man nimmt viel auf sich, was einem zu tun und zu
lassen gesagt wird, sucht sich also seinen Weg »nach oben« nicht auf
eigene Faust. Diese für die untere Mittelschicht eigentümliche Kombination von Fügsamkeit und Aufstiegsorientierung steht in einem Verhältnis
der »Wahlverwandtschaft« zu dem geschilderten, die Rhythmische Sportgymnastik prägenden Regime biographischer Steuerung. Daß in den
letzten Jahren verstärkt Athletinnen rekrutiert wurden, die Kinder von
eingewanderten Rußlanddeutschen sind, fügt sich in dieses Bild. Diese
Aussiedlerfamilien, die in Rußland oft zur Mittelschicht gehörten, hatten
in Deutschland zunächst einen starken Statusverlust zu erleiden, streben
aber danach, ihren alten Status wiederzuerlangen. Über die sportlichen
Erfolge der Tochter läßt sich zumindest erst einmal Sozialprestige erwerben.

Gewichtheben
Beim Gewichtheben entdeckt man hinsichtlich des Regimes biographischer Steuerung zunächst einmal eine Übereinstimmung mit der Rhythmischen Sportgymnastik: die Dominanz der *biographischen Außensteuerung* der Athleten. Auch hier ist der Trainer dafür die wichtigste Bezugsperson, neben ihm spielen aber auch Vereins- und Verbandsfunktionäre
sowie wirtschaftliche oder politische Förderer der Sportart eine nicht
unerhebliche Rolle. Das weitere sportliche und außersportliche Umfeld
wirkt also daran mit, die Lebensführung und -planung der Athleten zu
bestimmen.
   Im Gewichtheben setzt die Karriere allerdings deutlich später ein als
in der Rhythmischen Sportgymnastik und dauert auch länger. Die Gewichtheber können daher nicht bis ans Ende ihrer Karriere wie Kinder
behandelt werden. Die biographische Außensteuerung nimmt im Gewichtheben vielmehr die Gestalt eines *kollektivistischen Paternalismus* an.
Der einzelne – hier der Athlet – wird mit den Fragen der Lebensführung
und -planung nicht alleingelassen und will diese Fragen auch gar nicht
auf sich allein gestellt entscheiden. Er vertraut sich statt dessen dem
Milieu an, in dem er sich bewegt – und hier vor allem denjenigen, die
aufgrund ihres Alters, ihres Werdegangs und ihrer Kontakte in diesen
Fragen als besonders bewandert und hilfreich erscheinen.
   Der kollektivistische Paternalismus wird zunächst durch das soziale
Milieu bestimmt, in dem sich diese Sportart entwickelte und von dem sie
geprägt wurde. Das Gewichtheben hat einen unverkennbaren proletari-
schen Hintergrund.[29] Es ist ein Inbegriff des männlichen Kraftethos, wie
er im »ehrlichen Malocher« verkörpert ist. Der muskulöse Körper zeigt in
knappen, freilich durch lange Trainingsarbeit vorbereiteten Demonstra-
tionen der äußersten Kraftanspannung, was in ihm steckt: Das ist das
Körperbild dieser Sportart. Das – mittlerweile immer mehr im Schwinden

begriffene – traditionelle Arbeitermilieu bindet den einzelnen Akteur eng in kollektive Zusammenhänge ein: von der Familie und Nachbarschaft über die Arbeitsgruppe und den Betrieb bis zur Gewerkschaft und politischen Partei. Sich diesen Zusammenhängen zu entziehen gilt als »unsolidarisch«. Das betrifft sowohl denjenigen, der seine Probleme alleine bewältigen will, als auch denjenigen, der nicht seinen Beitrag dazu leistet, andere bei ihrer Problembewältigung zu unterstützen. Verweigerte Hilfeleistung ist ebenso anstößig wie die Weigerung, gebotene Hilfe anzunehmen. Der kollektivistische Paternalismus festigt sich somit von beiden Seiten.

Der proletarische Hintergrund verbindet sich in den Hochburgen des deutschen Gewichthebens mit einem kleinstädtischen Milieu, das in dieselbe Richtung wirkt. Die Spitzensportler sind als Lokalmatadore allgemein bekannt und nicht in unerreichbare Höhen entrückt. Umgekehrt können die Athleten sich in der lokalen Gemeinschaft aufgehoben fühlen.

Neben der Verankerung im Arbeitermilieu, und zu ihr passend, weist Gewichtheben auch in »technischer« Hinsicht eine wichtige Eigenart auf, die die biographische Außensteuerung des Athleten bewirkt. Gewichtheben stellt eine Disziplin dar, die durch eine hochgradige Programmierbarkeit der körperlichen Leistungserbringung gekennzeichnet ist. Wenige, immer gleiche Bewegungsabläufe müssen einstudiert werden. Sodann geht es nur noch darum, die bewältigten Gewichte systematisch zu steigern, wofür die Trainer minutiöse Trainingspläne aufstellen. Dieses vorgegebene Pensum hat der Athlet penibel zu bewältigen – einschließlich der detaillierten Ernährungspläne und der Regenerationszeiten. Ihm wird somit vor allem Trainingsfleiß und Pflichtbewußtsein abverlangt. Die tägliche Leistungsmessung ergibt Leistungskurven, die auch längerfristige Leistungsprognosen gestatten.[30] Um wieder einen überspitzten Vergleich anzuführen: Die Athleten sind Versuchskaninchen ihres Trainers. Genaugenommen konkurrieren nicht die Athleten, sondern die von den Trainern ausgeklügelten Trainingsprogramme gegeneinander.[31]

Die spezifische sozialstrukturelle Verankerung und die »technische« Eigenart des Gewichthebens rufen also eine dominante biographische Außensteuerung der Athleten hervor, die freilich eine andere Form als in der Rhythmischen Sportgymnastik annimmt. In der zweiten der hier betrachteten analytischen Dimensionen von Regimes biographischer Selbststeuerung unterscheidet sich das Gewichtheben allerdings stark von der Rhythmischen Sportgymnastik. Die *Totalisierung der sportlichen Programmstruktur* der biographischen Steuerung der Athleten tritt im Gewichtheben in einer deutlich *gemäßigteren* Form auf. Der kollektivistische Paternalismus geht mit einer umfassenden Daseinsvorsorge für die Athleten einher. Trainer, Vereins- und Verbandsfunktionäre kümmern sich nicht nur um die sportlichen, sondern auch um die außersportlichen Belange der Athleten. Insbesondere wird dafür gesorgt, daß die Athleten nach Beendigung der Schule eine Berufsausbildung absolvieren und einen Arbeitsplatz finden. Dazu rekurriert man oft auf lokale Unternehmen, die sich als Mäzene des Vereins betätigen, oder auf die Kommunalverwaltung, die ebenfalls den Verein unterstützt. In gleicher Weise werden die Sportförderkompanien der Bundeswehr herangezogen. Der Sport mobilisiert demnach seine Förderer auch in außersportlichen Belangen der Athleten. So etwas kommt zwar in anderen Sportarten ebenfalls vor. Dort geschieht es aber meist punktuell und personalisiert, während es im Gewichtheben offensichtlich institutionalisiert ist.

Der entscheidende Test für die Stärke der Totalisierung kommt in solchen Situationen, in denen außersportliche Interessen eines Athleten frontal mit sportlichen Erfordernissen kollidieren. Während in der Rhythmischen Sportgymnastik eine beinahe grenzenlose »legitime Indifferenz« gegenüber allem besteht, was der sportlichen Leistungserbringung im Wege stehen könnte, werden im Gewichtheben einige Belange der Athleten als legitim angesehen, obwohl sie für den Sport eindeutig hinderlich sind. Rücksichtnahmen dieser Art bedeuten wohlgemerkt nicht, daß die Hyperinklusion in die Sportlerrolle und die entsprechende Dominanz dieser Rolle im individuellen Rollenhaushalt nicht bestünden. Auch im Gewichtheben steht die generelle Logik des Spitzensports klar an vorderster Stelle. Doch im Rahmen dessen wird im Gewichtheben anderen Rollenverpflichtungen deutlich mehr Raum gewährt als in der Rhythmischen Sportgymnastik. Das findet etwa seinen Ausdruck darin, daß Trainer ihre Athleten dazu ermahnen, die Schule beziehungsweise die Lehre nicht zu vernachlässigen, und in Prüfungsphasen das Training etwas zurückschrauben, also zumindest zeitweise die Dominanz der Sportlerrolle relativieren.

Diese gemäßigte Totalisierung ist, wie auch der kollektivistische Paternalismus, in der schichtspezifischen Kultur des Gewichthebens angelegt. In der Arbeiterkultur war die Arbeit nie alles, sondern eingebettet in den umfassenderen Lebenszusammenhang, den sie zwar beherrschte, der aber nicht völlig stromlinienförmig auf die Belange der Arbeit ausgerichtet war. Denn die Arbeit diente nicht, wie in den Mittelschichten, als ein ehrgeizig verfolgtes Karriereprojekt – allein schon deshalb, weil den Arbeitern nicht so große Aufstiegschancen vor Augen standen. Anstelle einer individuellen Karriere ging es den Arbeitern eher um die kollektiv erkämpfte Verbesserung der Arbeits- und Lebensbedingungen. Dieses überkommene Verständnis beruflicher Arbeit übertragen die Gewichtheber und ihr sportliches Umfeld auf die Rolle des Spitzensportlers. Daß die Sportlerrolle quasi als Beruf aufgefaßt wird, gilt zwar mehr oder weniger für den gesamten Spitzensport, doch im Gewichtheben nimmt diese Einstellung eine besondere Färbung an. Weil der Beruf unter Arbeitern nicht so aus anderen Lebenszusammenhängen – Familie, Freunde, Nachbarschaften, Freizeit, Gewerkschaftsarbeit – herausgelöst war wie in den Mittelschichten, führt dieses ausgeprägte Berufsverständnis der

Sportlerrolle gerade nicht zu einer starken Totalisierung der sportlichen Programmstruktur, sondern hält diese auf einem mäßigen Niveau. Das kleinstädtische Milieu, in dem die Ausdifferenzierung der verschiedenen Rollenzusammenhänge aufgrund fehlender Anonymität nicht so weit fortgeschritten ist wie in der Großstadt, trägt ebenfalls zu einer Mäßigung der Totalisierung bei.

Die beiden bereits genannten »technischen« Eigenarten des Gewichthebens unterstreichen dieses schichtspezifische Verständnis der Rolle des Athleten. Daß man diesen Sport relativ lange betreiben kann und dann am Ende seiner Karriere, aufgrund des späteren Beginns, ein fortgeschrittenes Lebensalter erreicht hat, heißt zwar auf der einen Seite, daß man Gedanken an das Leben nach dem Sport über Jahre weit von sich weisen kann. Dies würde eine starke Totalisierung eigentlich begünstigen. Auf der anderen Seite ist klar, daß ein Gewichtheber, anders als eine Rhythmische Sportgymnastin, sich nicht vorstellen kann, nach dem Sport noch bestimmte, insbesondere für das Berufsleben wichtige Schritte nachholen zu können. Mit Mitte Dreißig macht man beispielsweise keine Lehre mehr. Im Gewichtheben kann man auch nicht darauf setzen, durch das Sporttreiben bei entsprechendem Erfolg so viel Geld zu machen, daß man für das spätere Leben ausgesorgt hat – eine Hoffnung, der sich manche Tennisspieler durchaus hingeben können. Was nach Karriereende aus einem wird, steht also unabweisbar als drängende Frage im Raum.

Auch solche existentiellen Fragen könnten freilich erfolgreich verdrängt werden, wie Beispiele aus anderen Sportarten zeigen. Hier kommt dann als weiteres »technisches« Merkmal des Gewichthebens ins Spiel, daß die ständige Leistungsmessung auch eine ziemlich gute längerfristige Prognose der weiteren Entwicklung gestattet, und daß darüber hinaus der prinzipielle Verlauf der Leistungskurve klar und unverrückbar ist. Insbesondere ist relativ eindeutig feststellbar, wann jemand seinen Zenit unwiderruflich überschritten hat. Dieses allen Beteiligten gemeinsame Wissen ermöglicht eine einvernehmliche längerfristige Karriereplanung. Dadurch wird dem Athleten fortwährend vor Augen gehalten, in welchem Stadium seiner Leistungsentwicklung er sich gerade bewegt. Diese ständige Verortung auf dem sportartspezifischen Karrierepfad hält dem einzelnen, weil es das Festhalten einer Bewegung ist, unübersehbar vor Augen, wohin die Reise geht. Er wird gleichsam tagtäglich auf sein Karriereende gestoßen und kann so kaum umhin, sich schon frühzeitig damit zu beschäftigen.

Sehr bald, wenn nicht von Beginn an, realisiert der Gewichtheber somit, daß der Sport nicht sein einziger Lebensinhalt sein darf; und wenn er diese Erkenntnis nicht wahrhaben will, sind sich die Akteure seines sportlichen Umfeldes dessen bewußt und legen ihre biographische Außensteuerung daraufhin an. Wiederum kann das kleinstädtische Milieu hierfür offenbar besonders günstige Gelegenheitsstrukturen eröffnen. Man kennt sich über den Sport hinaus und kann wirtschaftliche und politische Akteure relativ leicht dazu bewegen, auch über die reine sportliche Unterstützung hinaus etwas für die Athleten zu tun. Die Athleten wiederum wissen, daß sie sich diesbezüglich auf ihr Umfeld verlassen können. Dieses Wissen, nach dem Karriereende nicht alleingelassen zu werden und vielleicht erst einmal ins Nichts zu fallen, bewirkt, daß die Athleten ihren Kopf frei von solchen Sorgen haben, wie sie ihre Kollegen in anderen Sportarten früher oder später befallen. Dies dürfte entscheidend dazu beitragen, daß die Gewichtheber sich – paradoxerweise trotz einer nur mäßigen Totalisierung der sportlichen Programmstrukturen – mental vermutlich ebenso stark auf ihr Sporttreiben einlassen können, wie es die Rhythmischen Sportgymnastinnen unter sehr viel stärkerem Außendruck eher unfreiwillig tun. Die Gewichtheber können es sich leisten, von sich aus sportlich alles zu geben, weil sie Vertrauen darin haben dürfen, daß ihr Umfeld sie dort stoppt, wo es für ihr weiteres Leben schädlich wäre.

Damit zeichnet sich das Regime biographischer Selbststeuerung im Gewichtheben durch eine bemerkenswerte Fähigkeit zur »Reflexion« im Sinne einer Berücksichtigung und Vorbeugung von biographischen Externalitäten der teilsystemischen Handlungslogik für die Athleten aus. Das Sportsystem vermeidet um- und weitsichtig die Schädigung seiner gesellschaftlichen Umwelt – hier in Gestalt der außersportlichen Rollenverpflichtungen derer, die teilsystemische Leistungsrollen einnehmen.[32] Üblicherweise ist eine solche Mitberücksichtigung eigener Umweltwirkungen von einem gesellschaftlichen Teilsystem nur dann zu erwarten, wenn diese negativ auf es selbst zurückschlagen – sei es direkt, sei es indirekt, letzteres etwa in Gestalt von Sanktionen, die politisch verhängt werden. Derartige Mechanismen sind beim Gewichtheben allerdings nicht zu entdecken. Insbesondere dürfte ein Reflexionsverzicht nicht unmittelbar dazu führen, daß die Rekrutierungsbasis der Sportart empfindlich geschmälert würde, also kein Nachwuchs mehr zu bekommen wäre. Daß dennoch »Reflexion« in der geschilderten Art und Weise institutionalisiert ist, und zwar nicht als gesondertes Gegenprinzip zum Siegescode etwa in Gestalt eines Laufbahnberaters, sondern organisch mit den sportlichen Erfolgsorientierungen verbunden durch die Akteure des sportlichen Umfelds repräsentiert wird, kann wohl nur auf die ursprüngliche Herkunft des Gewichthebens aus dem Arbeiter- und Kleinstadtmilieu zurückgeführt werden. Diese schichtspezifische Verankerung trägt als kulturelle Tradition, nicht als Interessenkalkül oder gar als »Sachzwang«, die vergleichsweise hohe Fähigkeit des Gewichthebens zur »Reflexion« außersportlicher Belange.

Zehnkampf

Der Zehnkampf hat mit dem Gewichtheben gemeinsam, daß nur eine *gemäßigte Totalisierung der sportlichen Programmstruktur* vorliegt. Diese Ausprägung der einen Komponente des sportartspezifischen biographischen Regimes geht vor allem auf Ursachen zurück, die in »technischen«

Eigenarten der Sportart begründet sind – in Verbindung mit der sozialen Herkunft der Athleten.

Mit dem Zehnkampf beginnt man relativ spät, weil er eine aus zehn leichtathletischen Einzeldisziplinen zusammengesetzte Sportart ist und niemand von vornherein Zehnkämpfer wird. Zugleich kann man relativ lange Zehnkampf betreiben. Damit zeichnet sich der Zehnkampf, wie das Gewichtheben, durch eine erst im Jugendalter einsetzende und dann bis Mitte Dreißig dauernde Karriere aus – wenn keine Verletzungen zum vorzeitigen Abbruch nötigen. Dies macht es dem Zehnkämpfer unmöglich, erst nach dem Sport bestimmte biographische Schritte zu vollziehen, die vor allem mit der Berufsausbildung zu tun haben. Auch Zehnkämpfer haben also allen Grund, sich nicht völlig ihrem Sporttreiben hinzugeben, sondern nebenher noch mindestens mit einem Auge auf andere Bereiche der Lebensführung und -planung zu achten. Diese »objektive« Notwendigkeit heißt freilich noch nicht, daß eine entsprechende »subjektive« Wachsamkeit auch tatsächlich geübt wird.

Eine im Herkunftsmilieu vieler Athleten angelegte Vorstellung und Möglichkeit beruflicher Karriere kommt hinzu, die es dem Athleten entscheidend vereinfacht, Sporttreiben und Berufsausbildung in gewissem Maße miteinander zu vereinbaren. Zehnkämpfer stammen, wie Leichtathleten generell, oft aus der mittleren und oberen Mittelschicht. Vielfach sind die Väter Lehrer oder höhere Beamte. Diese Schichten sehen traditionell für ihre Abkömmlinge ein Hochschulstudium vor. Der Studienbeginn koinzidiert in vielen Fällen mit dem Ende der Take-off- und dem Übergang zur Hochleistungsphase. Das trifft sich deshalb gut, weil die Zeitstruktur eines Studiums sich besser als die des Schulunterrichts oder erst recht einer Berufsausbildung oder eines Berufs den zeitlichen Anforderungen des Zehnkampfs anpassen läßt. Die Stundenpläne von Studierenden sind – natürlich von Fach zu Fach variierend – relativ flexibel. Insbesondere kann man auch gelegentlich ein Semester lang das Studienpensum herunterschrauben, um sich auf wichtige Wettkämpfe vorzubereiten. Es gibt sogar mittlerweile an einigen Hochschulen die Möglichkeit des Teilzeitstudiums, und in manchen Fächern können Studierende auch auf ein Fernstudium zurückgreifen.

Im Zehnkampf ist ferner eine eigentümliche Begrenzung des Anspruchsniveaus der Athleten – und ihres Umfeldes – bezüglich ihrer Leistungen ausgeprägt. Man kennt in allen Sportarten das Phänomen, daß diejenigen, die zur nationalen oder internationalen Leistungsspitze gehören, eine gewisse pauschale informelle Anerkennung ihrer Leistungen genießen – unabhängig davon, ob sie auch formelle Siege in den entsprechenden Wettkämpfen vorweisen können oder nicht. Wer es bis in die Leistungsspitze geschafft hat, darf sich bereits dafür einer allgemeinen Wertschätzung gewiß sein. Das Risiko ist freilich, daß man irgendwann als »ewiges Talent« – was auch eine Art von Versager ist – abgestempelt wird. Die informelle Anerkennung muß gewissermaßen zumindest von

Zeit zu Zeit durch formelle Siege validiert werden. Diese sonst übliche Kopplung von informeller und formeller Anerkennung ist hingegen im Zehnkampf sehr stark gelockert, wodurch es ermöglicht wird, daß ein Athlet sich damit begnügen kann, zur Leistungselite der Sportart dazuzugehören, ohne – im Grenzfall – auch nur bei einem einzigen bedeutenden Wettkampf unter die ersten drei gekommen zu sein. Die Elite bilden hierbei diejenigen, die mindestens einmal die Marke von 8.000 Punkten übertroffen haben.

Hinter dieser Anspruchsbegrenzung steht die den Zehnkampf auszeichnende »technische« Eigenart: eine Zusammenstellung von zehn leichtathletischen Disziplinen zu sein, was hohe Anforderungen an die Infrastruktur der Sportstätten stellt und dem Athleten selbst ein enorm vielfältiges Training abverlangt. Dieser Charakter der Sportart hat zwei Konsequenzen. Die eine besteht in der sehr geringen Wettkampffrequenz. Die Athleten bekommen nur wenige Male im Jahr die Gelegenheit, einen vollständigen Zehnkampf zu bestreiten; und sie könnten mehr als das auch gar nicht verkraften, weil die Vielfalt der körperlichen Belastungen sonst nicht tragbar wäre. Bereits bei der gegebenen geringen Wettkampffrequenz sind Zehnkämpfer nahezu dauerverletzt. Dies prägt geradezu das sportartspezifische Körperbild: gegen den Schmerz, oft signalisiert durch eine Bandage, ankämpfend durchhalten. Schon im Laufe des zwei Tage andauernden Wettkampfs nicht aufgeben zu müssen ist eine beachtliche Leistung. Damit sind für jeden Athleten die rein statistischen Chancen auf einen Sieg stark verknappt. Entsprechend hoch ist der Bedarf an informeller Anerkennung, um die Athleten trotz ihrer überdurchschnittlich großen körperlichen Entbehrungen »bei Laune zu halten«.

Die sich so erklärende Anspruchsbegrenzung bei der individuellen Erfolgsbilanz hat somit ebenfalls die Konsequenz, daß die Totalisierung der sportlichen Programmstruktur in gewissen Grenzen gehalten wird. Die Möglichkeiten, neben dem Sport noch anderen Dingen nachzugehen, sich insbesondere um eine Berufsausbildung zu kümmern, sind also höher und werden von den Zehnkämpfern auch genutzt. Im Unterschied zu den Gewichthebern übernehmen sie allerdings die Steuerung ihrer biographischen Dynamiken vorrangig selbst. Das bedeutet nicht, daß die Akteure ihres sportlichen Umfeldes keinerlei steuernden Einfluß auf die Zehnkämpfer hätten. Doch diese Außeneinflüsse sind zum einen je für sich und auch in der Summe schwächer als die biographische Selbststeuerung. Zum anderen werden die Außeneinflüsse auch durch die Selbststeuerung des Athleten gefiltert. Diejenigen Außeneinflüsse, die nicht auf der Linie seiner Selbststeuerung liegen, werden abzuwehren versucht.

Eine *Selbststeuerung biographischer Dynamiken* liegt somit dann vor, wenn die betreffende Person ihre tagtägliche Lebensführung ebenso wie ihre längerfristige Lebensplanung auf der Grundlage eigener Selbstbeobachtung reflektiert und daraus Schlüsse zieht, die sie in Form biographischer Entscheidungen umsetzt. Ein derartiges Selbstmanagement setzt zunächst einmal ein gewisses Alter voraus. Kinder sind dazu noch nicht in der Lage, was für die Anfangszeit der Karrieren in der Rhythmischen Sportgymnastik die biographische Außensteuerung mit erklärt. Der vergleichsweise späte Karrierebeginn im Zehnkampf ermöglicht also, daß die Athleten von Anfang an biographische Selbststeuerung betreiben können. Auch Gewichtheberkarrieren setzen zwar spät ein, ohne daß es in dieser Sportart eine Dominanz der biographischen Selbststeuerung der Athleten gäbe. Anders als Gewichtheber entstammen Zehnkämpfer allerdings der Mittelschicht und weisen ein gehobenes Bildungsniveau auf. Die Mittelschichtherkunft und -sozialisation bringt eine generelle Disposition zur biographischen Selbststeuerung hervor, während die Gewichtheber in einer Umgebung des paternalistischen Kollektivismus sozialisiert werden und dies dann auch auf den Sport übertragen können. Höhere Schulbildung und Studium fördern die kognitiven Fähigkeiten und die Neigung zur biographischen Selbststeuerung bei den Zehnkämpfern weiter, wohingegen die Gewichtheber in den Berufswegen, die ihnen eröffnet werden, dem Milieu der Arbeiterschicht und unteren Mittelschicht verhaftet bleiben.

Neben Alter und sozialer Herkunft spielt aber auch eine »technische« Eigenart des Zehnkampfs eine wichtige Rolle für die Herausbildung biographischer Selbststeuerung. Weil diese Sportart sich aus zehn teilweise sehr unterschiedlichen leichtathletischen Disziplinen zusammensetzt, braucht ein Zehnkämpfer zwar keine zehn, aber doch mehr als nur einen Trainer. Neben dem Haupttrainer stehen Spezialisten für bestimmte Disziplinen zur Verfügung, die ab und zu konsultiert werden. Dieser Tatbestand bewirkt, daß sich kein Zehnkämpfer so eindeutig auf einen einzigen Trainer als »Vaterfigur« fixieren kann, wie es in vielen anderen Sportarten – etwa auch im Gewichtheben – angelegt ist. Die verschiedenen Trainer relativieren einander zwangsläufig gegenseitig in ihrem Einfluß auf den Athleten, woraus diesem, ob er es will oder nicht, Freiräume für eigene biographische Gestaltungsaktivitäten erwachsen.[33]

Daß die Athleten diese Freiräume auch tatsächlich nutzen, erweist sich nicht zuletzt daran, wie – auf die eigenen Interessen bedacht – Zehnkämpfer ihre Trainer gegebenenfalls wechseln. In den meisten anderen Sportarten suchen sich Trainer diejenigen Athleten aus, die sie betreuen wollen. Im Zehnkampf ist es tendenziell umgekehrt. Die Trainer werden von den Zehnkämpfern weniger als Bezugspersonen angesehen, die gerade auch für emotionale Stabilisierung und Identitätsarbeit – etwa nach Niederlagen – wichtig sind. Trainer sind in dieser Sportart eher Akteure, die eine spezialisierte Dienstleistung dafür erbringen, daß ein Athlet eine bestimmte Aufgabe, wie z.B. den Stabhochsprung, »technisch« bewältigt. Während also für die Rhythmischen Sportgymnastinnen und auch für die Gewichtheber die Trainer die zentralen Figuren der biographischen Außensteuerung darstellen, zeigt sich die biographische Selbststeuerung der Zehnkämpfer gerade auch daran, wie selbstbewußt sie mit ihren Trainern umgehen. Hierbei wirkt weiterhin eine andere Dimension der »technischen« Komplexität des Zehnkampfs mit. Zumindest einige seiner Teildisziplinen stellen – anders als die Rhythmische Sportgymnastik und das Gewichtheben – Arten körperlicher Leistungserbringung dar, die nur unvollständig programmierbar sind. Beim Kugelstoßen mag es einen idealen Bewegungsablauf geben, der dann nur noch einstudiert werden muß. Die Mittel- und Langstrecken unter den Laufdisziplinen sind demgegenüber strategische Wettkämpfe der Art, daß das, was ein Athlet zweckmäßigerweise tut, entscheidend davon abhängt, was seine Konkurrenten gerade tun. Taktik kommt hinein und kann nur situativ während des Wettkampfes selbst implementiert werden. Das aber bedeutet, daß der Athlet im Wettkampf eigene Entscheidungen treffen muß, ohne den Trainer um Rat fragen zu können. Auch dieser Tatbestand trägt, im Zusammenspiel mit den anderen schon angesprochenen Faktoren, zu einer Disposition in Richtung biographischer Selbststeuerung bei.

Vergleicht man nun Gewichtheben und Zehnkampf hinsichtlich der Fähigkeit zur »Reflexion«, die in den Regimes biographischer Steuerung beider Sportarten möglich ist, ist zunächst klar, daß in beiden Fällen »Reflexion« überhaupt nur deshalb vorkommen kann, weil lediglich eine gemäßigte Totalisierung der sportlichen Programmstrukturen der biographischen Steuerung vorliegt – im Unterschied zur Rhythmischen Sportgymnastik. Man könnte sodann meinen, daß die biographische Selbststeuerung im Zehnkampf in Kombination mit einer gemäßigten Totalisierung mehr »Reflexion« freisetzt als die biographische Außensteuerung im Gewichtheben. Denn im Zehnkampf liegt eine Identität von Steuerungssubjekt und -objekt vor, also eine Selbstbetroffenheit von den Steuerungsentscheidungen, während im Gewichtheben diejenigen, die biographische Steuerung betreiben, nicht selbst von ihren diesbezüglichen Entscheidungen tangiert sind. Man könnte unterstellen, daß mit dem Grad der Betroffenheit von bestimmten Entscheidungen die Bereitschaft und der Wille wachsen, diese Entscheidungen so zu treffen, daß sie möglichst geringe negative Folgen für einen haben.

Tatsächlich scheint es aber eher so zu sein, daß die Fähigkeit zur »Reflexion« im Zehnkampf geringer ausgeprägt ist als im Gewichtheben. Obwohl dort vorrangig Trainer und Funktionäre die biographische Steuerung der Athleten betreiben, wird offenbar mehr Rücksicht auf deren längerfristige Lebensplanung und außersportliche Belange genommen, als wenn die Athleten – wie im Zehnkampf – ihre Biographie primär selbst steuern. Dieser zunächst überraschende Eindruck könnte seine Erklärung darin finden, daß Trainer und Funktionäre nicht nur weniger von den Folgen ihrer Steuerungsentscheidungen betroffen sind als der betreffende Athlet selbst, sondern auch weniger als er dem auf ihm la-

stenden unmittelbaren Erfolgsdruck unterliegen. Trainer und Funktionä-
re haben, aufs Ganze gesehen, stets mehr als ein »Eisen im Feuer«. Sie
sind zwar, wie schon angesprochen, vom Erfolg der von ihnen betreuten
Athleten abhängig. Aber dies ist bei Funktionären selten nur ein einziger
Athlet,[34] und auch bei Trainern in der Regel mehr als einer gleichzeitig.
Hinzu kommt, daß die Karriere von Trainern und Funktionären mehrere
Athletengenerationen überspannen kann. Weil also das sportliche Umfeld
eines Athleten nicht nur von ihm allein abhängig ist, kann es sich paradoxerweise größere Rücksichten auf dessen längerfristige und außersportliche Belange erlauben als dieser selbst. Und das Umfeld wird diese Rücksichten auch tatsächlich üben, sofern nur eine gemäßigte Totalisierung
der Programmstrukturen gegeben ist – also nicht, wie in der Rhythmischen Sportgymnastik, bei einer starken Totalisierung. Auf dem Athleten
hingegen lastet der Erfolgsdruck in seiner vollen Stärke. Denn der Athlet
hat keine Alternative zu sich selbst. Nicht nur, daß es ihm nichts nützt,
wenn an seiner Stelle ein anderer Athlet aus dem Verein oder Verband
oder aus dem »Stall« seines Trainers erfolgreich ist: Es schadet dem Athleten sogar, weil dieser andere stets ein Konkurrent ist. Genau deshalb
wird er sehr viel geneigter als sein sportliches Umfeld sein, auf »Reflexion« zu verzichten, obwohl sich das längerfristig hauptsächlich für ihn
selbst negativ auswirkt. Unter diesen Umständen ist also eine biographische Außensteuerung offenbar förderlicher für »Reflexion« als eine biographische Selbststeuerung.

Tennis
Tennis hat mit dem Zehnkampf gemeinsam, daß eine biographische
Selbststeuerung vorherrscht. Mit Rhythmischer Sportgymnastik wiederum stimmt Tennis in der starken Totalisierung der sportlichen Programmstrukturen überein. Die Regimes biographischer Steuerung von
Tennis und Gewichtheben hingegen teilen keines dieser beiden grundle-
genden Merkmale miteinander.
Der *Vorrang biographischer Selbststeuerung* ist im Tennis in der Mittelschichtherkunft der Athleten angelegt. Anders als im Zehnkampf handelt
es sich bei den Eltern von Tennisspielern[35] allerdings oft um Selbständige, etwa Angehörige der freien Berufe, und Kleinunternehmer, also den
sogenannten »alten Mittelstand«. In diesem Milieu ist eine besonders
ausgeprägte, beruflich geforderte Selbstdisziplin mit ebenso hohen Kar-
riereaspirationen verknüpft. Man will, mehr als Angehörige anderer sozialer Milieus, »etwas aus sich machen«. Denn man weiß aus der kollektiven
Erfahrung der Angehörigen dieser sozialen Lage, daß Stillstand baldigen
Niedergang bedeutet. Zugleich ist einem bewußt, daß man sich nicht
darauf verlassen kann, daß andere einem den Weg ebnen, sondern daß
man sich alles selbst erarbeiten muß. Diese Haltung steht in scharfem
Kontrast zum kollektivistischen Paternalismus des Gewichthebens.
Im Tennis spielen auch Vereine und Verbände keine große Rolle als

Instanzen der Außensteuerung ihrer Athleten. Vereine und Verbände haben für die Infrastruktur der Sportart zu sorgen und vor allem als Austräger von Turnieren aufzutreten. Damit sorgen sie für die »technische« und soziale Gelegenheitsstruktur, in der sich die Tennisspieler als *selbständige Gewerbetreibende* in der Konkurrenz mit anderen ihresgleichen bewähren können und müssen. Von Gewerbetreibenden kann man sprechen, weil im Tennis ökonomischen Chancen und Interessen ein erhebliches Gewicht zukommt. Hier treibt neben und vielleicht ab einem bestimmten Zeitpunkt sogar über dem identitätsorientierten Erfolgsstreben das Motiv die Athleten an, möglichst viel Geld zu verdienen. Wie »Bilderbuch-Kapitalisten« aus dem ökonomischen Lehrbuch leben die Athleten zum einen ihr Gewinnstreben hinsichtlich Preisgeldern und Werbeeinnahmen aus und akzeptieren dabei zum anderen eine »freie«, gerade nicht »soziale Marktwirtschaft«. Jeder übt sein Geschäft auf eigenes Risiko aus, ohne allzu große Förder- und Absicherungsmaßnahmen von seinem Verein oder Verband zu erwarten.

Da der Beginn einer Tenniskarriere ähnlich früh einsetzt wie in der Rhythmischen Sportgymnastik, also bereits als Kind, kann die biographische Selbststeuerung allerdings nicht von Anfang an installiert sein. Anstatt aber die biographische Steuerung dem sportlichen Umfeld, insbesondere dem Trainer, zu überlassen, wo sie sich dann auf Dauer verfestigen könnte, treten im Tennis die Eltern der Athleten anfänglich als Steuerungsakteure auf. Dies geschieht freilich mit der festen Absicht, die Athleten zu einer baldigen biographischen Selbststeuerung zu befähigen.

Was generell als Zielsetzung der Mittelschichterziehung gilt, nehmen sich die Eltern von Tennisspielern ganz besonders vor: eine Erziehung zur Selbständigkeit. Die Athleten sollen befähigt werden, möglichst schon als Jugendliche, also noch während der Take-off-Phase ihrer Sportlerlaufbahn, »auf eigenen Füßen zu stehen«, um alle wesentlichen Entscheidungen ihrer Lebensführung und -planung letztlich selbst zu treffen.[36] Diese Zielsetzung der Eltern, sich selbst als Träger biographischer Steuerung möglichst schnell überflüssig zu machen, ist nicht immer leicht umzusetzen, wie etwa die Fälle Steffi Graf, Martina Hingis und Jennifer Capriati gezeigt haben. Teils kann es sein, daß die Athleten zu sehr an diesem für sie ja nicht unbequemen Arrangement festhalten; teils können auch die Eltern nicht »loslassen«. Manchmal vollzieht sich der Übergang zur biographischen Selbststeuerung daher konfliktreich, verspätet oder nur unvollständig.

Irgendwann – auch das zeigt sich an den oben genannten Beispielen – erweist es sich allerdings als unumgänglich, daß der Athlet selbst seine biographische Steuerung übernimmt. Das hängt einfach damit zusammen, daß eine Tenniskarriere zwar ähnlich früh wie in der Rhythmischen Sportgymnastik beginnt, aber ähnlich spät wie im Zehnkampf oder Gewichtheben endet – also nicht schon mit Zwanzig. Tennisspieler sind, anders als Rhythmische Sportgymnastinnen, während des größten Teils ihrer Hochleistungsphase Erwachsene; und wenn dann kein schichtspezifischer kollektivistischer Paternalismus wie im Gewichtheben vorliegt, bleibt dem Athleten nichts anderes übrig, als seine Lebensentscheidungen selbst zu treffen.

Noch prononcierter als im Zehnkampf zeigt sich die biographische Selbststeuerung auch im Verhältnis des Tennisspielers zum Trainer. Dieses Verhältnis ist von Anfang an stark geschäftsmäßig geprägt. Hier ist der entscheidende Gesichtspunkt, daß man sehr früh schon für Trainerleistungen bezahlt. Dementsprechend sucht man sich Trainer unter dem Gesichtspunkt aus, von wem man die beste Anleitung für sein Geld bekommt; und wenn die Zusammenarbeit nicht klappt, ist man schnell geneigt, den Trainer zu wechseln. Trainer sind im Tennis Dienstleister ohne engere Bindung an die von ihnen betreuten Athleten.

Dieses vergleichsweise distanzierte Verhältnis zum Trainer und der Vorrang der biographischen Selbststeuerung haben auch damit zu tun, daß Tennis in »technischer« Hinsicht eine wenig programmierbare Sportart ist. Zwar gibt es einübbare Bewegungsabläufe wie z.b. Schlagtechniken und auch gewisse taktische Prinzipien. Aber die Umsetzung dessen im konkreten Match hängt entscheidend am Spielverständnis und »Spielwitz« des Athleten. Er muß bei jedem Ballwechsel fortwährend eigene taktische Entscheidungen treffen. Das trägt zu einer generellen Entscheidungsfähigkeit und Entscheidungswilligkeit des Athleten bei.

Der Vorrang einer biographischen Selbststeuerung gegenüber Außensteuerungen geht im Tennis mit einer *starken Totalisierung der sportlichen Programmstruktur* einher. Dies zeigt sich unübersehbar an der Entwicklung der Sportart während der letzten Jahrzehnte, und zwar im Damentennis noch deutlicher als bei den Herren. Tennis hat sich von einer Sportart, die hohen Distinktionswert für Oberschichten besaß und mit einem entsprechend vornehm-gebremsten Ehrgeiz ausgeübt wurde, zu einer Disziplin entwickelt, in der – vor aller ebenfalls betriebenen »technischen« Perfektionierung – ein Ethos des Kämpfens Einzug gehalten hat. Hier spiegelt sich der »lange Atem« wider, den ein Mittelschichtsangehöriger für seinen zielstrebig und gegen alle Widrigkeiten unbeirrt verfolgten sozialen Aufstieg benötigt. Diese Mentalität kommt im tennisspezifischen Körperbild zum Ausdruck: der schweißgebadete Körper, der stundenlang in sengender Hitze steht, in einem Zweikampf um das knappe Gut des Sieges ringt und hierfür bis zur völligen Verausgabung geschunden wird.[37] Das Stöhnen und Ächzen, das seit geraumer Zeit auf den Tenniscourts im Frauentennis Einzug gehalten hat, spiegelt diese Veränderung wider. Nun kann niemand mehr bestreiten, daß auch im Tennis der sportliche Siegescode freigesetzt worden ist.

Daß diese Entfesselung der spitzensportlichen Logik zugleich zu einer starken Totalisierung der Programmstruktur geführt hat, also nicht wie im Gewichtheben oder Zehnkampf gemäßigt worden ist, hängt vorrangig mit der starken Kommerzialisierung des Tennis zusammen.

Tennis ist eine der ganz wenigen Disziplinen, in der sich viel Geld verdienen läßt. Wenn man zur internationalen Leistungsspitze gehört, kann man während seiner Karriere so viel verdienen, daß man den Rest seines Lebens keiner geregelten Arbeit mehr nachgehen muß und dennoch einen gehobenen Lebensstandard pflegen kann. Diese Aussicht übt eine hohe Anreizwirkung auf diejenigen Nachwuchsathleten aus, die sich aufgrund ihrer bisherigen Leistungen Hoffnungen machen können, in diese Spitzengruppe vorzudringen und sich dort zu halten. Doch die Konkurrenz um die Zugehörigkeit zu dieser kleinen Gruppe ist dementsprechend hart und insofern ruinös, als das erforderliche Leistungsniveau ständig weiter hochgetrieben wird. Nur wenn jemand sich unter diesen Vorzeichen voll und ganz dem Tennis hingibt, kann er überhaupt seine Chance wahren, die Leistungsspitze zu erreichen und ihr hinreichend lange anzugehören.

Allerdings zeichnet sich Tennis dadurch aus, daß es eine Leistungsschichtung der Athleten gibt, die vielen auch ein dauerhaftes »Überleben auf mittlerem Niveau« ermöglicht. In den meisten anderen Sportarten fällt relativ früh die Entscheidung: Entweder man schafft den Durchbruch zur nationalen, oft auch internationalen Leistungselite; und nur wenn einem dies gelingt, kann man weiter an jenem Niveau der Hyperinklusion in den Spitzensport festhalten, das man bis dahin eingegangen ist. Oder man schafft den Durchbruch nicht und schraubt dann seine zeitlichen, sachlichen und sozialen biographischen Fixierungen auf die Sportlerrolle zurück, steigt also mindestens partiell, wenn nicht sogar vollständig aus dem Hochleistungssport aus. Tennis bietet hingegen auch dem »gehobenen Mittelmaß« eine auskömmliche Karriere in dem Sinne, daß der eigene Lebensunterhalt durch den Sport gesichert werden kann. Man spielt etwa in der Bundesliga für einen Verein und tritt bei kleineren Turnieren an, wo man nicht auf die ganz Großen trifft und es hier und da schafft, bis ins Viertel- oder Halbfinale zu kommen oder sogar auch mal zu siegen. Allerdings reicht es dann nicht mehr für eine ökonomische Zukunftsvorsorge für das Leben nach dem Sport.

Dieser Verbleib im Spitzensport, ohne zur Leistungsspitze zu gehören, ermöglicht zum einen eine Mäßigung der Totalisierung der Programmstruktur. Man strengt sich nicht weiter an, ganz nach oben zu gelangen, sondern betreibt neben dem Sport beispielsweise ein Studium. Das ähnelt dem Arrangement, das man bei Zehnkämpfern nicht selten findet – dort allerdings erst auf einem deutlich höheren Leistungsniveau. Neben dieser sozusagen »abgeklärten« Variante der Tenniskarriere ermöglicht die Leistungsschichtung des Tennis zum anderen aber auch ein sich lange hinziehendes Hoffen darauf, den Durchbruch zur Leistungsspitze doch noch oder wieder zu schaffen. In vielen Tenniskarrieren gibt es ein starkes Auf und Ab, das anhand der Plazierungen in der Weltrangliste wie an einer Fieberkurve gut ablesbar ist. Diese Schwankungen der relativen Leistungsstärke bedeuten für diejenigen, die sich ganz oben befinden, daß sie sich dort niemals sicher fühlen können, weshalb kontinuierliche und nicht nachlassende Trainings- und Wettkampfanstrengungen nötig sind. Diejenigen hingegen, die sich unterhalb der Leistungsspitze bewegen, können aus dem Auf und Ab bei sich selbst wie bei anderen Tennisspielern die Hoffnung herauslesen, daß sie es auch noch oder noch einmal schaffen können. Aus dieser Hoffnung läßt sich dann die Forderung an sich selbst ableiten, die Konzentration unverdrossen auf das Tennis zu richten.[38] Die Kombination von Kommerzialisierung und der Möglichkeit eines »Überlebens auf mittlerem Niveau« bewirkt demnach eine größere Enttäuschungsfestigkeit und damit Verlängerung von Leistungsaspirationen.[39] Die soziale Basis der sportlichen Leistungskonkurrenz wird entsprechend verbreitert, was eine vergleichsweise hohe Konkurrenzintensität erzeugt, die wiederum die starke Totalisierung der Programmstruktur trägt.

In diesem Zusammenhang ist auch eine »technische« Eigenart des Tennis wichtig. Tennis inszeniert Wettkämpfe zwischen zwei Gegnern: Einzelspielern oder Doppeln. Genaugenommen ist über den Sieg in einem bestimmten Match hinaus keinerlei weitere Leistungsmessung möglich. Absolute Maße der Leistungsstärke in Form von Rekorden wie in den ZGS-Sportarten existieren nicht. Die Verknüpfung zwischen einzelnen Wettkämpfen kann daher nur mit Hilfe eines elaborierten Verrechnungssystems in Gestalt von Turnieren als Ausscheidungssequenzen und von Ranglisten als Plazierungsaggregationen erfolgen. Das bedeutet, daß das Tennis einen Bedarf an vielen Matches und entsprechend vielen Spielern hat. Dieser Bedarf wird durch die Kommerzialisierung sprunghaft weiter erhöht, weil sie ja auf hohes Publikumsinteresse zurückgeht und dem weltweiten Publikum ständig etwas geboten werden muß. Daher muß die Leistungsspitze einen großen Unterbau an »gehobenem Mittelmaß« haben, um die immer zahlreicheren Turniere überhaupt personell besetzen zu können.

Dieser »Tenniszirkus«, der auf verschiedenen Leistungsniveaus regelmäßige jährliche Turnierzyklen institutionalisiert hat, ist inzwischen nicht nur mehr an der Leistungsspitze weltweit globalisiert. Das setzt hohe Anforderungen an die räumliche Mobilität der Tennisspieler. Sie müssen weite Reisen auf sich nehmen und können deshalb keinen geregelten Beruf nebenher ausüben. Spitzenspieler sind im wahrsten Sinne des Wortes »global player«. Auch unterhalb der Leistungsspitze bewegt man sich mehr oder weniger kontinuierlich über große Entfernungen. Hieraus ergibt sich eine weitere Forcierung der starken Totalisierung der sportlichen Programmstruktur. Außersportliche Bezüge gehen allein schon durch das ständige Herumreisen verloren.

Die Totalisierung hat weiterhin zur Folge, daß »Reflexion« im Tennis allenfalls schwach ausgeprägt ist. Da eine biographische Selbststeuerung vorherrscht, müßte vor allem der Athlet selbst sich überlegen und bei seinen Entscheidungen berücksichtigen, welche Folgen das Sporttreiben für ihn längerfristig und in anderen Lebensbereichen hat. Zu derartigen Reflexionen kommt es kaum, weil der Sport die gesamte Aufmerksamkeit des Athleten kognitiv okkupiert und evaluativ präformiert. Für die Frage nach den Möglichkeiten der Dopingprävention hat die vergleichende Betrachtung der verschiedenen Regimes biographischer Steuerung somit bereits einen zentralen Gesichtspunkt beigesteuert. Je nachdem, welches Regime vorliegt, ist die Fähigkeit zur »Reflexion« in der betreffenden Sportart mehr oder weniger stark ausgeprägt. »Reflexion« heißt: Erkennen und vorbeugendes Berücksichtigen von kurz- und langfristigen negativen Folgewirkungen des Sporttreibens auf andere Rollenzusammenhänge des Athleten. Hierbei geht es um die biographischen Risiken, die mit einer Karriere im Spitzensport verbunden sind, und die sich aus diesen Risiken ergebende Dopingneigung. Je größer die Fähigkeit zur »Reflexion« ist, desto größer sind die Erfolgschancen eines Risikomanagements.

3 Biographische Risiken

Jede Biographie enthält Risiken, da kein Lebensweg vollständig plan- und steuerbar ist. Irgendwie kommt immer irgendetwas dazwischen. Man hat sich darauf einzustellen, daß nicht alle Wünsche und Hoffnungen präzise und ohne negative Nebeneffekte erreichbar sind. Nicht umsonst weist u.a. der Existentialismus immer wieder darauf hin, daß das Scheitern zu den Grunderfahrungen des menschlichen Daseins gehöre und ein angemessener Umgang mit Risiken, Schicksalsschlägen, biographischen Unwägbarkeiten und hieraus resultierenden Gefühlen der Verzweiflung Hauptaufgabe der individuellen Lebenskunst sei. Die Gestaltbarkeit des eigenen Lebensweges bekam unter dem Einfluß des gesellschaftlichen Modernisierungsprozesses eine neue Qualität. Der sozialstrukturelle Übergang von einer stratifizierten zu einer funktional differenzierten Sozialmatrix erhöhte das Komplexitätsniveau der Gesellschaft und steigerte den »variety pool« biographischer Entscheidungen. Während Standesherkunft und Religion noch in der Vormoderne eine einheitliche Weltsicht garantierten, diskrepante Erfahrungen abfederten und so das Auseinanderdriften divergierender Handlungsorientierungen verhinderten, erfuhren die Lebensverhältnisse unter dem Einfluß der gesellschaftlichen Modernisierung eine erhebliche Veränderung. Die Menschen werden seitdem gleichsam genötigt, Karriere zu machen, denn sie können nicht mehr auf Herkunft und Stand alleine rekurrieren, um ihr Leben zu gestalten.

Ihnen wird die Aufgabe überantwortet, den prinzipiellen Orientierungsdissens zwischen den einzelnen gesellschaftlichen Teilsystemen (Beispiel: Familie und Wirtschaft, insbesondere für Frauen) im eigenen Leben auszutarieren. Die gesellschaftliche Polykontexturalität erzwingt ein Rollenmanagement, das Widersprüchlichkeiten ebenso abzugleichen hat wie es die Freiheiten nutzt, die sich aus der Teilhabe an einer Vielzahl unterschiedlicher Lebenssphären ergeben haben. Komplexe Verhältnisse setzen infolgedessen die Identität des einzelnen unter Druck. Das moderne Subjekt besitzt zwar mehr Handlungsoptionen, hat sich aber gleichzeitig auf die erhöhte Riskanz biographischer Entscheidungen einzustellen. Gerade für das Leben in der Gegenwart gilt: Je mehr der einzelne lernen muß, sich durch das Labyrinth funktional spezifizierter Teilsysteme zu bewegen, um selektive Anschlüsse herzustellen und interne Widersprüche auszutarieren, desto schwieriger wird es für ihn, einen souveränen Umgang mit den Möglichkeiten und Grenzen einer biographischen Selbststeuerung zu finden.

Auch Sportlerkarrieren sind nicht frei von Überraschungen und Kontingenzen, sondern konfrontieren diejenigen, die sich über viele Jahre auf Training und Wettkampf einlassen, mit Risiken und der Notwendigkeit der Risikobewältigung. Neben den allgemeinen Problemen der Lebensführung in komplexen Gesellschaften, die Spitzensportler wie alle anderen Gesellschaftsmitglieder auch zu bewältigen haben, weisen die biographischen Verlaufsfiguren im Hochleistungssport allerdings Ausprägungen, Intensitäten und Konsequenzen auf, die in anderen Sozialbereichen so nicht anzutreffen sind. Zwei typische Risikokonstellationen fallen auf: Das erste und größte Risiko für die Athleten besteht in der *Erfolglosigkeit während der Karriere*. Der zweite Risikokomplex bezieht sich auf die *Zukunftsungewißheit nach Beendigung der Karriere*. Beide Risikoschwerpunkte stehen in einem engen Zusammenhang und können selbst jahrelang erfolgreiche Athletenkarrieren nachhaltig beeinflussen. Am Anfang zumindest, wenn Spaß und »Funktionslust« das Sportlererleben maßgeblich prägen, ahnt niemand, worauf er sich einläßt.

3.I Erfolglosigkeit während der Karriere

Das Hauptrisiko derjenigen, die sich im Leistungssport als Athleten betätigen, besteht darin, erfolglos zu sein. Diese Aussage erscheint auf den ersten Blick als banal, aber es ist gerade diese Selbstverständlichkeit des Scheiterns, die für den einzelnen Sportler zum Problem werden kann. Niederlagen sind nicht als zufällige Entgleisungen zu verstehen, deren Zustandekommen überraschen würde. Sie sind vielmehr in der Logik des Systems strukturell vorgesehen und eingebaut. Mißerfolg ist deshalb kein Un-, sondern der Regelfall, auf den man sich einzustellen hat. Verschärft formuliert: Der spitzensportliche Wettkampf braucht viele Verlierer, damit er wenige Sieger profilieren kann. Die Gewinner sind gleichsam die Parasiten der Unterlegenen. Beide Akteurgruppen verweisen aufeinander, weil sie komplementär in einer Konkurrenzkonstellation miteinander verbunden sind, auch wenn sich ihre Zusammensetzung permanent verändert. Mal gewinnt der eine, mal der andere. Ohne Gewinner gäbe es keine Verlierer – und ohne die Möglichkeit des Verlierens gäbe es keine Sieger. Jeder Wettkampf kommt damit im Erlebnishorizont der Beteiligten in mindestens zweifacher Ausführung vor: Aus der Sicht der Gewinner erscheint er anders als in der Perspektive der Verlierer.

In einem Sozialbereich, der den Sieg in extremer Weise präferiert, ist Erfolglosigkeit damit ein Zustand, den es zu vermeiden gilt und der doch die meisten trifft. Alle an der Leistungserbringung der Athleten beteiligten Akteure, die Trainer, Sportfunktionäre sowie die vielen Helfer im assistierenden Umfeld, treten an, um ihren Schützlingen und sich selbst Siege oder zumindest vordere Plätze zu ermöglichen. Die Möglichkeit des Scheiterns schwebt dabei wie ein Damokles-Schwert über ihren Köpfen. Erfolg im Spitzensport ist insofern kein Ereignis, das ausschließlich bei den Athleten zu Buche schlägt. Es geht nicht nur um ihre Karrieren. Gerade diejenigen Umfeldakteure, die im Spitzensport beruflich engagiert sind, unterliegen dem Druck, daß der von ihnen betreute Athlet erfolgreich sein muß. Eine wechselseitige Abhängigkeit zwischen einem Sportler und seinem Umfeldmilieu wird so fest zementiert.

Eine dauerhafte Erfolglosigkeit, die nicht ab und zu durch vordere Plätze unterbrochen wird, ist darüber hinaus nicht nur deshalb riskant, weil sie die Motivation für ein Weitermachen auf seiten der Sportler mindert. Sie bremst und blockiert auch die Unterstützungsbereitschaft ressourcengebender Instanzen. Wer permanent verliert, kommt entweder gar nicht in die Förderung eines Vereins oder Fachverbandes hinein oder fällt aus ihr schnell wieder heraus. Athleten hingegen, die siegreich sind oder vordere Plätze erringen, erzielen soziale Aufmerksamkeit und werden aufgrund ihrer Leistungen mehr oder weniger üppig prämiert. Vordere Plätze sind unerläßlich, wenn Athleten beispielsweise Gelder von der Sporthilfe, von ihren Vereinen oder Sponsoren erhalten möchten, oder wenn sie in die Förderkompanien der Bundeswehr oder in die Olympiastützpunkte aufgenommen werden wollen.

Sportliche Erfolge sind allerdings nicht nur unverzichtbare Voraussetzungen für die Ressourcenabsicherung des einzelnen Athleten. Auch die korporativen Akteure des Sports, sprich die Vereine und Sportfachverbände, bekommen die Mittelzuwendungen von seiten ihrer wirtschaftlichen und politischen Gegenüber aufgrund der sportlichen Leistungen der von ihnen betreuten Sportler. Deren Mißerfolg ist somit nicht nur für sie allein riskant, sondern wird auch zu einem Risiko für die korporativen Sportakteure. Gelder, die durch eine Zurückstufung in eine niedrigere Förderstufe weniger fließen oder sogar gänzlich versiegen, gefährden Trainerpositionen, reduzieren rehabilitative oder präventive Maßnahmen, schränken die Möglichkeiten der verbandlichen Talentrekrutierung ein und vermindern die Reputation von Sportfunktionären.

Damit erfolgt eine perfide Verdopplung und Verstärkung des Risikoniveaus. Mißerfolge bei wichtigen Wettkämpfen, etwa Olympischen Spielen, lassen sich unter diesen Bedingungen nicht einfach als Niederlagen abbuchen, die nur einzelne Athleten beträfen und die man anschließend problemlos ausbügeln könnte. Sie drohen vielmehr zu Ereignissen zu werden, die das gesamte sportinterne Unterstützungsmilieu gefährden und zudem noch außersportliche Resonanzen hervorrufen. Die individuellen und korporativen Sportakteure geraten damit in eine Situation hinein, die den ohnehin schon vorhandenen Hochkostenstatus ihres Handelns zusätzlich erhöht. Wir wollen im folgenden dieses Risiko der Erfolglosigkeit in seinen einzelnen Facetten herausarbeiten.

Sportliche Niederlagen

Der Spitzensport kanalisiert das Handeln seiner Hauptakteure, der Sportler, anhand einer dual konstruierten Differenzlogik. Sieg und Niederlage sind die zentralen, polar entgegengesetzten Werte, um die es in Wettkämpfen geht. Mindestens zwei, meist mehr Parteien treten in einer Nullsummenkonstellation miteinander an, um gegeneinander um den sportlichen Sieg zu streiten. Dieser ist per definitionem ein knappes Gut, den nur wenige temporär oder auf Dauer für sich verbuchen können. Auch wenn die offizielle olympische Rhetorik nach wie vor weismacht, daß ein Dabeisein alles wäre, gilt bei jedem Wettkampf: Der Zweite ist bereits der erste Verlierer. Und selbst wenn zweite und dritte Plätze noch als Erfolge gefeiert werden können, gilt das kollektive Mitleid spätestens denjenigen, die den »undankbaren vierten Platz« errungen haben. Das Gedächtnis des Spitzensports speichert vor allem die Namen und Leistungen der Sieger. Die Verlierer werden als anonyme Masse derer vergessen, die es versucht, aber nicht geschafft haben.

Im Vergleich zur Inszenierung sozialer Konkurrenz in anderen Handlungsfeldern fällt die Scheidung zwischen Siegern und Verlierern im Spitzensport wesentlich kompromißloser und unbarmherziger aus. Während das soziale Leben in außersportlichen Bereichen immer auch durch Egalitätsgesichtspunkte geprägt wird, ist der Leistungssport ein Ort der rigiden Hierarchisierung. Auf der Ebene seiner primären Leitorientierung opponiert damit dieser Sozialbereich gegen eine zentrale Leitidee der Moderne, nämlich gegen das Gleichheitspostulat. Die aus dem Sieg/Niederlage-Code entspringende Unbarmherzigkeit zeigt sich besonders auffällig in dem Bemühen, Sieger von Verlierern selbst dort zu trennen, wo das menschliche Sensorium keine Unterschiede in der Leistungserbringung mehr ausmachen kann. Mit Hilfe von technischen Meßgeräten (Beispiel: die Hundertstel-Sekunde im Schwimmen oder in der Leichtathletik) kommt es im Spitzensport zu einer sozialen Konstruktion von Sieg und Niederlage.

Unbarmherzig ist der Leistungssport auch deshalb, weil der Akt der Hierarchisierung und Differenzierung in aller Öffentlichkeit zelebriert wird. Auch wenn die Leitorientierung von Sieg und Niederlage prinzipiell moralfrei konstruiert ist und Sieger und Verlierer nicht deshalb als gute oder schlechte Menschen deklariert werden, werden die einen vor den Augen breiter Zuschauermassen als Gewinner, die anderen als Verlierer etikettiert. Das Siegertreppchen als Objektivation der spitzensportlichen

Leitdifferenz zeigt sehr deutlich, wer an der Spitze steht, und wer darunter. Ein sportlicher Wettkampf ist in der Tat beobachtbarer als etwa ein wissenschaftliches Auswahlverfahren. Die Begeisterung des Publikums, die Resonanz bei den politischen, medialen und wirtschaftlichen Förderern, aber auch das Interesse der Sportler selbst kommen nicht zuletzt durch diese unerbittliche Sieg/Niederlage-Logik und deren Präsentation in der Öffentlichkeit zustande. Die Teilnehmer und Beobachter eines sportlichen Wettkampfes wissen anschließend genau, wer wo leistungsmäßig steht.

Vor allem werden in einer sportlichen Auseinandersetzung nicht nur einfach fertige Resultate präsentiert, die als gegeben hinzunehmen sind. Es ist vielmehr der Prozeß der Leistungserbringung und -erreichung, des Kampfes zwischen den Polen von Gewinn und Verlust, der Zuschauern vorgeführt wird – weil diese genau daran Gefallen finden.[40] Daß die beobachteten Sportler durch den öffentlichen Charakter ihrer Leistungsüberprüfung aber auch gleichzeitig unter einen ungeheuren Erwartungsdruck gesetzt werden, liegt auf der Hand. Wenn die legitime Herbeiführung des Scheiterns der vielen zugunsten des Erfolgs der wenigen ein zentrales Element der Abwicklung sportlicher Wettkämpfe ist, bleiben die Biographie von Athleten und das Verhältnis der Sportler untereinander hiervon nicht unberührt. Im Spitzensport kann man karrieremäßig scheitern, weil die anderen schlichtweg besser sind. Athleten werden einander damit wechselseitig zum biographischen Risiko. Der Erfolg des einen kann die jahrelange Karriereplanung der anderen schlagartig zum Einsturz bringen.

Konkurrenzintensität einer Sportart

Eine Randbedingung, die Erfolglosigkeit während der Karriere forciert und damit Sportlerkarrieren entscheidend beeinflußt, ist die Konkurrenzintensität einer Sportart. Sie ist heutzutage vor allem eine Konsequenz der fortschreitenden Globalisierung der spitzensportlichen Konkurrenzverhältnisse. Die Inklusion der Athleten auf Weltniveau war unter dem Begriff der »Völkerverständigung« bereits zu Beginn des modernen Olympismus angedacht worden. Die Olympischen Spiele sollten der Jugend der Welt harmlose Kontaktgelegenheiten jenseits von Krieg und wirtschaftlich-politischen Konflikten bieten (Lenk 1972: 119ff). Nicht alle Sportarten waren allerdings in der Lage, das Postulat einer weltweiten Ausdehnung der Konkurrenz auch faktisch durchzusetzen. Aufgrund von klimatischen Besonderheiten, nationalen Traditionen und logistischen Begrenzungen kann nicht jede Disziplin überall mit gleicher Intensität und gleichem Erfolg betrieben und gefördert werden. Alpine Abfahrtsläufer kommen in der Regel aus schneereichen Regionen und nicht aus dem afrikanischen Tiefland. Und Sportdisziplinen, deren Durchführung finanzintensiv ausfällt, lassen sich nur dann betreiben, wenn geldstarke Sponsoren im Hintergrund wirken.

Die Konkurrenzintensität der Sportarten kann insofern erheblich variieren, was für die Athleten gravierende Konsequenzen für die eigene Karrieregestaltung hervorrufen kann. Wer beispielsweise angesichts verschärfter internationaler Konkurrenzverhältnisse noch nicht einmal das Qualifikationskriterium der Endkampfchance erfüllt und so nicht an den Olympischen Spielen teilnehmen kann, hätte zu einem späteren Zeitpunkt mit demselben Leistungsniveau vielleicht durchaus die Chance gehabt, sich qualifizieren zu können. Aber die Konkurrenzverhältnisse können nicht nur in der Raum- und Zeitdimension einer einzelnen Disziplin Unterschiede aufweisen. Es gibt auch interdisziplinäre Varianzen: In den leichtathletischen Laufdisziplinen herrschen aufgrund einer breiteren Opportunitätsstruktur andere Konkurrenzsituationen als beispielsweise im Fechten. Sportler, die im amerikanischen Dreamteam Basketball spielen wollen und sich diesen Karrieretraum irgendwann einmal auch faktisch erfüllen möchten, müssen die vielen anderen Athleten einkalkulieren, die ähnliche Phantasien im Kopf haben und vielleicht besser sind.

Generell steigt die Konkurrenzdichte an, sobald Disziplinen in das olympische Wettkampfprogramm aufgenommen worden sind. Im Marathonlauf der Frauen verbesserte sich der Weltrekord nach Aufnahme in das olympische Sportpanorama um mehr als dreißig Minuten. Der Grund hierfür liegt auf der Hand: Die Teilnahme an Olympischen Spielen sichert eine globale Beobachtbarkeit von Athleten und ist deshalb sehr wichtig als Anreiz für die Unterstützungsbereitschaft wirtschaftlicher, politischer und massenmedialer Sponsoren. Erfolgreiche Sportler und Sportlerinnen können nun für die Außendarstellung einer Nation oder für die Produktwerbung eines Sportartikelherstellers in Anspruch genommen werden. Die aus einer solchen Zusammenarbeit entspringenden Ressourcen lassen sich wiederum für ein verbessertes Training nutzen, das ohne die Teilhabe der Disziplin an den Olympischen Spielen so nicht durchgeführt werden könnte.

Was die olympische Bewegung mit der Umsetzung ihres globalen Inklusionsversprechens als Erfolg feiert, erscheint im subjektiven Erleben des einzelnen Sportlers allerdings auch als potentielle Bedrohung eigener Karriereambitionen. Überall dort, wo Athleten aus vielen Ländern gegeneinander antreten und schärfste Konkurrenzbedingungen vorherrschen, wird der eine für den anderen zu einem starken biographischen Risiko. Anders formuliert: Je mehr der Leistungssport die Qualität eines Teilsystems der Weltgesellschaft erreicht und je höher die soziale Dichte in einer Disziplin deshalb ausfällt, desto wahrscheinlicher wird es für den einzelnen Athleten, daß er scheitern wird. In der Regel gibt es für die Sportler ab der Hochleistungsphase keine Exit-Option als Copingstrategie, da die bereits getätigten Investitionen erheblich sind und nicht einfach in andere Sportkarrieren hinübergerettet werden können. Ein erfolgreiches Abwandern in weniger konkurrenzintensive Sportarten gelingt nur in

Ausnahmefällen. Die sportartspezifische Realisierung der Globalisierungsidee macht die Wettkämpfe für die Zuschauer zwar spannender, erscheint den Athleten aber als Bedrohung durch das gesteigerte Risiko der Niederlage.

Körperabhängigkeit und Verletzungsanfälligkeit

Biographische Risiken im Leistungssport sind nicht allein das Ergebnis von Niederlagen, die man sich bei Wettkämpfen einhandeln kann. Der hohe Kontingenzgrad von Sportlerkarrieren kommt weiterhin auch durch ein charakteristisches Merkmal zustande, das den Leistungssport von anderen Sozialbereichen in markanter Weise absetzt: die extreme Körperabhängigkeit sportlichen Handelns. Körperliche Merkmale und Leistungsfähigkeiten werden in den Vorbereitungs- und Vollzugssituationen des Spitzensports, in Training und Wettkampf, kompromißlos instrumentalisiert, wenn es um Sieg oder Niederlage und Maßnahmen der Leistungssteigerung geht. Karrieren in diesem Sozialbereich bekommen hierdurch eine andere Qualität als Biographien, die in körper- und personenfern operierenden Sozialsystemen ablaufen und ihre spezifische Funktionserbringung erst auf der Grundlage einer Distanz zu Mensch und Körper aufbauen konnten.

Der Körper ist damit die wichtigste Ressource, ohne die weder bei Athleten noch bei deren Umfeldakteuren irgendetwas läuft. Jede Maßnahme, die Trainer vornehmen oder Sponsoren finanzieren, hat die physische Befindlichkeit der Sportler in Rechnung zu stellen und einzukalkulieren. Gegenüber breitensportlichen Aktivitäten, die die Personen nur gelegentlich und weniger leistungsorientiert in Anspruch nehmen, zeichnet sich der Spitzensport dadurch aus, daß er den Sportlerkörper zweckrational und damit unter Vernachlässigung von Gesundheitsgesichtspunkten wahrnimmt und benutzt, wenn diese für die spezifische körperliche Leistung irrelevant sind. In spitzensportlichen Karrieren tritt der leistungs- und wettkampforientierte Umgang mit dem Körper mit allen Vor- und Nachteilen einer extremen Spezialisierung zutage. Die sporadische, zufällige Hinwendung zum Körper reicht hier nicht aus. Im Vordergrund steht vielmehr die dauerhafte, systematische, durchrationalisierte und von Experten vollzogene Einwirkung auf den Körper. Weil immer kleinere Leistungsverbesserungen nur noch durch immer größere Anstrengungen erreicht werden können, ist die Gefahr der Überstrapazierung des Athletenkörpers geradezu konstitutiv für Sportlerkarrieren. Wenn ein Athlet beispielsweise durch die Gestaltung des Wettkampfkalenders keine Zeit für Regeneration, Erholung und Wiederaufbau seiner körperlichen Leistungsfähigkeit findet, weil er zum Wohle der eigenen Geldbörse oder zum Ruhm von Verein, Verband oder Vaterland permanent von Wettkampf zu Wettkampf hetzt, ist der Zeitpunkt abzusehen, an dem sein Körper sich »verweigert«.

Übersteigerte soziale Erwartungen können so als Epiphänomen körperrelevante Wirkungen, einen »Streik des Körpers«, provozieren. Der Körper ist eben nicht nur ein »social body« (Klein 1984), er kann selbst als »physical body« Kontrolle ausüben, indem er Karrieren ermöglicht oder verbaut. Verletzungen sind Ausdrucksformen dieser Kontrolle. Tatsächlich kann man mit der Materialitätsbasis des Leistungssports, dem Körper, nur bis zu dem Punkt gehen, an dem sie auf ihre je eigene Weise kollabiert und sich den sozialen Ansprüchen entzieht. Was den Spitzensport durch seinen expliziten Körperbezug in einer ansonsten körperverdrängenden Gesellschaft so ungemein interessant und attraktiv macht, ist gleichzeitig die Achillesferse sowohl des Gesamtsystems als auch derjenigen, die sich karrieremäßig im Spitzensport engagieren. Jeder Athlet unterliegt dem Risiko des Scheiterns durch Verletzungen, Krankheit und körperlichen Leistungszerfall. Die Körperabhängigkeit der Athletenrolle bringt einen Unsicherheitsfaktor in das Erleben und Handeln der Sportler hinein, wie er bei anderen Tätigkeiten so nicht anzutreffen ist.[41]

Vergleichbare Qualitäten lassen sich nur in anderen körperfundierten Tätigkeitsbereichen finden, so beispielsweise im Tanz oder in den schönheits- und jugendlichkeitsfixierten Berufen der Mode- und Werbebranche. Hier fehlt allerdings das Moment des formalisierten Wettbewerbs um das knappe Gut des Sieges. Während Wissenschaftler, Rechtsanwälte, Priester oder Künstler trotz körperlichen Niedergangs noch bis ins hohe Alter bisweilen virtuose Leistungen in ihren Spezialdisziplinen erbringen können, macht die Körpernähe des Sports eine vergleichbar lange Karriere von Athleten unmöglich. Die Körpernähe ist der maßgebliche Grund, warum eine lebenslange Professionalisierung der Spitzensportler – im Sinne der traditionellen Professionalisierungstheorie – nicht zustande kommen kann. Beckenbauer könnte heute in der Bundesliga nicht mehr leistungsmäßig mithalten. Ausdauer, Reflexe und Sprintfähigkeit reichen höchstens noch für Prominentenspiele aus. Aufgrund der Körpernähe ist mit Ende dreißig und in vielen Disziplinen schon wesentlich früher mit einer Karriere im Leistungssport Schluß.

Wenn somit ein konstitutives Element des Leistungssports in dem körperlichen Zerfall der Leistungsfähigkeit besteht, ist die Kurzzeitigkeit spitzensportlicher Karrieren ein Datum, auf das sich die Sportler auch ökonomisch einzustellen haben.[42] Der Körper ist angesichts dessen das wertvollste Kapital in spitzensportlichen Karrieren. Keine noch so hohe Sponsorenzahlung kann eine gravierende Verletzung eines Topathleten schlagartig aus der Welt schaffen. Auch Sportmillionäre sind nicht in der Lage, sich Verletzungsfreiheit zu erkaufen, sondern haben sich mit ihren Blessuren, Schäden und Alterungsprozessen zu arrangieren. Insofern ist es nicht überraschend, daß Sportler höchst sensibel auf eigene Körpersignale horchen und trotz allem robusten Auftretens entsprechende Rücksichten nehmen, wenn es um ihre körperliche Befindlichkeit geht. Die Mehrzahl der Athleten verzichtet beispielsweise nach negativen Erfahrungen auf die Ausübung von Sportarten, die sich als gefährlich für die eigene Karrieresportart erweisen. Andere reduzieren ihr Freizeitengagement auf Tätigkeiten, die ihren Körper nicht zusätzlich der Gefahr von Ermüdung oder Verletzung aussetzen. Im Leistungssport wird der Körper dem Siegescode unterworfen, dem er zu genügen hat. Die Kompromißlosigkeit des Leistungssports tritt daher an der Körperfront auf eine besonders drastische Weise in Erscheinung. Nur der leistungsfähige Körper darf bleiben. Der kranke, verletzte oder nicht mehr leistungsfähige Körper hat im Spitzensport keine dauerhaften Anwesenheitsrechte. Er stört, muß schnell wieder fit gemacht werden oder hat die Arena gegebenenfalls für immer zu verlassen. Er wird höchstens, sofern er eine spätere (Wieder-)Verwendbarkeit signalisiert, in Warte- und Regenerationsschleifen hineingebracht, ansonsten aber rücksichtslos aussortiert. Körperliche Verletzungen oder Schäden sind häufig genannte Gründe für einen vorzeitigen oder jähen Karriereabbruch.

Eine spezifische Zuspitzung der Körperverwendung zeigt sich noch in der Rhythmischen Sportgymnastik. Hier ist bereits das normale Wachstum des weiblichen Körpers ein Risikofaktor, der Karrieren beenden kann. Wenn die Mädchen fraulich werden, Gewicht zulegen und an den entsprechenden Körperpartien altersgemäße Konturen ausbilden, passen sie offensichtlich nicht mehr in das Anforderungsprofil dieser Disziplin hinein und müssen es sich deshalb gefallen lassen, durch den Blick der Kampfrichterinnen negativ bewertet zu werden. Immer wieder werden Sportlerinnen aufgrund solcher körperlichen Merkmale aus den Kadern oder Stützpunkten aussortiert und nicht weiter gefördert.

Motivationsprobleme
Niederlagen bei Wettkämpfen und hieraus resultierende Karriereprobleme sind nicht nur das Ergebnis starker Gegner, konkurrenzintensiver Sportarten oder sich verweigernder Sportlerkörper. Im Spitzensport können sich nur diejenigen langfristig durchsetzen, die über lange Zeit psychisch robust genug sind, dem Erfolgs- und Wettbewerbsdruck zu widerstehen und unter den permanenten Streßsituationen dieses konkurrenzorientierten Sozialsystems nicht zu kollabieren.

Hier kommen verschiedene Aspekte zum Tragen. Viele Sportarten sind erstens durchaus riskant. Diejenigen, die sie betreiben, setzen ihre Gesundheit, bisweilen sogar ihr Leben aufs Spiel. Sportler, die mit hundertzwanzig Stundenkilometern eine vereiste Piste herunterrasen, am Reck mehrfache Salti absolvieren oder sich im Boxkampf potentiell tödlichen Schlägen aussetzen, müssen lernen, mit ihren Ängsten vor Unfällen, Verletzungen und Mißerfolgen umzugehen. Die Riskanz spitzensportlichen Handelns wird damit auch zum motivationalen Karriererisiko.

Training und Wettkampf sind zweitens Situationen, in denen man Körper und Psyche massiv belasten muß, um Leistungssteigerungen zu erzielen. Athleten, die nicht bereit oder in der Lage sind, sich über ihre

Grenzen hinaus zu schinden, finden im Spitzensport wenige Entfaltungs-
chancen. Körperliche und psychische Verausgabungen gehören deshalb
zu den Normalitäten, auf die Sportler sich permanent einzulassen haben.
Dies auch dann unverdrossen weiter zu tun, wenn die anderen an einem
vorbeiziehen, die eigenen Leistungen vielleicht stagnieren oder temporär
sogar rückläufig sind, ist keine Angelegenheit für psychisch Labile. Selbst
das Warten vor wichtigen und alles entscheidenden Wettkämpfen kann
zur Qual werden, weil jeder Sportler weiß, wie sehr er sich wieder verausgaben wird und wieviel von einem erfolgreichen Abschneiden abhängt.
    Sportliche Karrieren finden drittens in aller Öffentlichkeit statt. Wir
wollen diesen Aspekt noch einmal aufnehmen und für die Analyse von
Motivationsproblemen ins Spiel bringen. Biographien bekommen dadurch eine Qualität, die in anderen Berufen in dieser Weise nicht anzutreffen ist. Die Sportler sehen sich regelmäßig einem starken Öffentlich-
keitsinteresse ausgesetzt, das, obwohl bisweilen wohltuend, bestärkend
und karrierefördernd, auch als irritierend, aufdringlich und voyeuristisch
wahrgenommen wird. Aus der Notwendigkeit der öffentlichen Präsentation der Leistungen ergibt sich ein enormer Druck. Die Athleten haben
dem Umstand Rechnung zu tragen, daß eine visuelle und soziale Abschottung des Rollenhandelns gegenüber einem interessierten Sportpublikum nicht möglich ist. Sportliche Wettkämpfe sind auf Beobachtung
des Leistungsvollzugs ausgelegt. Die Athleten besitzen keinen Schutz, der
anderen Rolleninhabern, beispielsweise Lehrern, Ärzten oder Wissen-
schaftlern, gewährt wird. Ein Tennismatch vor 12.000 anwesenden Zuschauern, wie es bei den großen Grand-Slam-Turnieren üblich ist, und
ein Spießrutenlaufen vor eingeschalteten Kameras mit anschließenden
Interviews vor einem Millionenpublikum sind Angelegenheiten, die nicht
ohne Streß zu bewältigen sind. Und selbst in denjenigen Sportarten, in
denen ein derartiges Publikums- und Medieninteresse nicht existiert,
bleibt die Tatsache bestehen, daß Wettkämpfe vor den Augen anderer
(auch der Konkurrenten) abgewickelt werden. Und oft ist die eigene Leistungsfähigkeit, die man in jahrelangen Trainingsprozessen aufgebaut
hat, im Bruchteil einer Sekunde öffentlich zu beweisen.
    Im Verlauf ihrer Karriere haben Sportler viertens den Umgang mit
der dichter und intensiver werdenden Konkurrenz zu erlernen. Leistungen, die zu Beginn der eigenen Wettkampfkarriere bereits für vordere
Plazierungen ausreichten, verlieren in der Regel schnell an Bedeutung,
wenn der Kreis der Mitbewerber größer wird. Nicht jeder, der sich als
»local hero« im Umfeld seines Heimatvereins etablieren konnte, hat den
Sprung in den nationalen und internationalen Spitzensport erfolgreich
absolvieren können, weil die hiermit verbundenen psychischen Anpas-
sungen nicht aufgebracht werden konnten. Der Leistungsindividualismus
der Athleten kann sich in der Tat nur dann auf Dauer entwickeln und
festigen, wenn er sich in Training und Wettkampf bewährt und fortent-
wickelt.

Außerdem müssen Athleten fünftens die Motivation aufbringen, die eigene Bedürfnisbefriedigung über Jahre hinweg in die Zukunft zu verschieben. Bevor nationale oder internationale Meriten errungen werden können, sind oft lange Zeiten der Entbehrung zu investieren, und ob derartige Erfolge überhaupt erreichbar sind, bleibt prinzipiell ungewiß. Wenn zudem Niederlagen und Verletzungen diese Investitionsbereitschaft blockieren und zu Desillusionierungen führen,[43] kann sich der Spaß am Leistungssport schnell verflüchtigen. Eine Psyche, die im wahrsten Sinne des Wortes im alles entscheidenden Augenblick nicht mehr mitspielt, weil sie sich durch Ängste, Erfolgserwartungen und die Öffentlichkeit des Rollenhandelns überfordert sieht, kann eine Sportlerkarriere abrupt beenden.

Das am Anfang von Sportlerlaufbahnen häufig genannte Spaßmotiv gerät bei fortschreitender Karrieredauer schnell unter Druck. Bereits in der Take-off-Phase beginnt jeder Sportler zu bemerken, worauf er sich eingelassen hat. Die ersten Erfahrungen mit Niederlagen, Enttäuschungen und den sporttypischen Verzichtsleistungen sind gemacht worden. Diese Erfahrungen verdichten sich in der Hochleistungsphase. Das Spaßmotiv taucht hier höchstens noch im Rahmen sportartspezifischer Körper- und Könnenserfahrungen sowie als Folgeerlebnis sportlicher Siege und korrespondierender Reputationszuweisungen auf. Außerdem wissen die Sportler in der Regel, daß der Lorbeer im Spitzensport sehr schnell welkt und nicht für ein langes Ausruhen taugt. Schließlich beinhaltet der Sportcode ein Selbstüberbietungs- und Leistungserhaltungsgebot, das jeder Athlet nach dem ersten Erfolg kennenlernt. Wer heute mit einer bestimmten Leistung Deutscher Meister wird, will morgen nicht mit einer minderen Leistung bereits im Vorkampf ausscheiden. Zudem hat die inflationäre Durchführung von Meisterschaften und Sportevents dazu geführt, daß die Verfallszeit für sportlichen Ruhm erheblich angewachsen ist. Athleten, die dauerhaft an sportlicher Reputation interessiert sind, haben ihre Leistungsmotivation entsprechend lange zu erhalten. Wer seinen eigenen Leistungen aufgrund mißlungener Motivierung permanent hinterherläuft, droht ansonsten als tragischer Held in die Annalen seiner Sportart einzugehen.

Wir können ein Zwischenresümee ziehen: Durch das Angewiesensein auf eine funktionierende und eng miteinander verkoppelte körperliche und psychische Basis bekommen Karrieren im Spitzensport eine besondere Qualität. Sportlerkarrieren wandern permanent auf einem schmalen Grat zwischen Gesundheit und Krankheit, zwischen Motivation und Demotivation. Verletzungen oder Motivationsprobleme vor einem entscheidenden Qualifikationswettkampf können jahrelange Investitionen in die eigene Karriere mit einem Schlag entwerten. Da die Sportleridentität und die Unterstützungsbereitschaft des umgebenden Sportmilieus maßgeblich von der körperlichen Leistungsfähigkeit des Athleten sowie von der Robustheit der eigenen Psyche abhängen, sind Verletzungen und

Motivationsverluste bei Sportlern höchst riskant und oftmals Anlaß für traumatische Erlebnisse. Die Sportler haben sich damit zu arrangieren, daß der Anspruch gegenüber Psyche und Körper im Spitzensport ins Unwahrscheinliche getrieben wird, weil im Perfektionsideal dieses gesellschaftlichen Teilsystems selbst keine Stoppregeln eingebaut sind.

Leistungsbewertung und sportinterne Kontextveränderungen
Der Sport als ein unbarmherzig zwischen Sieg und Niederlage entscheidendes System hat Kriterien richtigen Verhaltens ausdifferenziert, um die Einhaltung der eigenen Sinnprinzipien sicherzustellen. Sportregeln als abgelagerte und verschriftlichte institutionelle Sinnfixierungen wurden gerade deswegen installiert, weil Körper und Emotionen im Spitzensport direkt und dominant beteiligt sind und im Eifer des Gefechts zu versagen oder zu entgleisen drohen. Der Wettkampf als ein künstlich inszenierter sozialer Konflikt um ein knappes Gut muß deshalb eine zweifache Grenzziehung durchsetzen, nämlich erstens nach innen bezüglich der potentiell überschüssigen Emotions- und Körperenergien der Sportler, und zweitens nach außen gegenüber nichtsportlichen Interventionsversuchen (Beispiel: Bestechung eines Torwarts durch Wettkartelle zur Manipulation des Wettkampfausgangs). Schieds- und Wertungsrichter sind jene Sozialfiguren, die als intervenierende Dritte die Idee der formalen Gleichheit der Akteure durchsetzen, die prinzipielle Offenheit des Wettkampfausgangs garantieren und über die Einhaltung von Fairneß-Prinzipien wachen sollen. Ein Sanktionsinstrumentarium hilft ihnen dabei, die inneren und äußeren Grenzen zu inspizieren und Verstöße entsprechend zu ahnden.

Um knappe Rangplätze zuteilen und das Gerechtigkeitsversprechen des Leistungssports bei der Vergabe knapper Positionen einlösen zu können, haben die verschiedenen Sportdisziplinen unterschiedliche Meßverfahren ausdifferenziert, was sich für die Sportlerkarrieren und die Selbststeuerungsmöglichkeiten der Akteure als sehr bedeutsam erweist. Die Art der Leistungsbeurteilung zeigt sportartspezifische Varianzen. Disziplinen, die sportliche Ergebnisse in der objektivierbaren Logik von Zentimeter, Gramm und Sekunde (ZGS) messen, erzeugen eine Plausibilität, die andere Meßvarianten so nicht erreichen können. Das ZGS-System als Inbegriff moderner Rationalitätsvorstellungen suggeriert und inszeniert Eindeutigkeit und kann so eine generalisierte Akzeptanz bei denen hervorrufen, deren Leistungen mit ihrer Hilfe ge- und vermessen werden.

Wie sehr die sportartspezifische Meßlogik auch die Karriere von Sportlern beeinflussen und zum Risiko von Sportlerbiographien werden kann, zeigt hingegen die Rhythmische Sportgymnastik. Wie andere kompositorische Sportarten (Eiskunstlauf, Turnen) auch zeichnet sich diese Disziplin dadurch aus, daß die Leistungen der Athletinnen mit Hilfe metrischer Hilfskonstruktionen evaluiert werden, die sich einer präzisen, intersubjektiven Überprüfbarkeit widersetzen. Im Vordergrund steht das Zusammenspiel von Körper, Gerät und Musik im Rahmen einer mehr oder weniger gelungenen ästhetischen Komposition. Über den ästhetischen Ausdruck einer Haltung und Bewegung läßt sich bekannterweise streiten. Und dennoch ist all dies zu bewerten. Die Willkür von Nominierungsentscheidungen und Kampfrichterurteilen erzeugt auf seiten der betroffenen Athletinnen das Gefühl des Ausgeliefertsein und der Ohnmacht. Risiken für Sportlerkarrieren und zusätzliche Unsicherheitsmomente entstehen nicht nur aufgrund sportartspezifischer Meßverfahren, sondern sind weiterhin auch das Ergebnis sportinterner Kontextveränderungen: Verbände nehmen im Verlauf von Sportlerkarrieren Reglementänderungen vor, modifizieren Gewichtsklassen, akzeptieren Technikveränderungen (V-Technik im Skispringen, Skatingtechnik im Skilanglauf) oder eliminieren ganze Disziplinen bei Olympischen Spielen – was den Prozeß der Karriereplanung erheblich stören kann und ein gänzlich anderes Athletenprofil schafft. Im Kanu wurde das olympische Programm erheblich reduziert und auf kürzere Strecken heruntergefahren. Da der Kraftfaktor dann eine größere Bedeutung gewinnt, vermindert dies die Erfolgswahrscheinlichkeit von vorher sehr erfolgreichen Ausdauersportlern. Auch Olympiaboykotte, wie es sie 1980 (Moskau) und 1984 (Los Angeles) gab, sind Ereignisse, auf die niemand sich in seinen Karriereplanungen und biographischen Selbststeuerungsversuchen einstellen kann. Viele Sportler mußten ihre Medaillenhoffnungen von heute auf morgen schlagartig begraben, weil Politiker den Sport für eigene Zwecke instrumentalisiert hatten.

Knappheit und Instabilität von Förderbedingungen

Sportliche Spitzenleistungen sind ohne ein förderndes Umfeld unwahrscheinlich. Kein Athlet kann allein aus sich heraus den Anforderungen des modernen Spitzensports entsprechen. Das Angewiesensein auf ein sportinteressiertes und -förderndes Umfeld zeigt sich in den meisten Disziplinen bereits in der Einstiegsphase sportlicher Karrieren. Ohne die Unterstützungsbereitschaft vieler Eltern würden ganze Sportarten ihren Betrieb sofort einstellen müssen. Vornehmlich in jenen Disziplinen, in denen das optimale Höchstleistungsalter relativ niedrig ist und die erste Trainingsphase bereits in der ersten Lebensdekade beginnt, sind familiale Ressourcen zugunsten des Sports unverzichtbar.[44] Aber auch in anderen Disziplinen wären die Folgen eines Fehlens familialer Ressourcen äußerst spürbar. Da die Vereine und Verbände nicht einfach in die Autonomie der Familien intervenieren können, sondern auf deren Goodwill angewiesen sind, um Kinder und Jugendliche für eigene Zwecksetzungen zu engagieren, erweisen sich die familiale Einwilligung ins Sporttreiben der Kinder und die Unterstützung von Training und Wettkampf als zentrale Bedingungen der Möglichkeit von Sportlerkarrieren.

Eine ähnliche Bedeutsamkeit kommt den Maßnahmen der Vereine und Verbände zu. Ohne einen Trainer, Sportmediziner oder Physiotherapeuten, und ohne entsprechende Trainingsmöglichkeiten und logistische Unterstützungen könnten viele Spitzenleistungen in der heutigen Zeit nicht mehr erbracht werden. Werden die Förderbedingungen instabil, weil Familie, Trainer, Verband oder Sponsoren ausfallen oder ihre Leistungen zurückschrauben, staatliche Gelder wegbrechen, Sportarten Popularitätsschwankungen hinzunehmen haben oder Förderinstanzen bei zunehmenden Erfolgen überfordert werden, sind Karrierebrüche erwartbar. Wer in einer bestimmten Karrieresituation nicht auf den institutionell vorgesehenen Karrierezug aufspringen kann oder will, hat höchstens noch als Seiten- oder Späteinsteiger die Möglichkeit, knappe Kaderplätze zu erringen. In einem Sozialbereich, der seine Förderungen nach dem Matthäus-Prinzip verteilt, bedeutet das Verpassen institutionell vorgesehener Förderplätze oder das Nichteinhalten gegebener Förderversprechen mittel- und langfristig das Aus.[45] Negative Kumulationseffekte kommen zustande, wenn Niederlagen zu einem Ressourcenentzug führen und wiederum Niederlagen hervorrufen – bis überhaupt keine Unterstützungen mehr fließen.

Damit tritt insgesamt ein wichtiger Zusammenhang deutlich hervor: Die Karriere von Spitzensportlern wird neben der systemtypischen Konkurrenz um Sieg und Niederlage durch eine zweite Konkurrenzbeziehung geprägt: den Wettbewerb um knappe Förder- und Zutrittschancen. Beide Konstellationen haben unmittelbar miteinander zu tun. Der Erfolg in der einen ermöglicht die Teilnahme an der zweiten. Und der Zutritt zu der zweiten Konkurrenzbeziehung ist wiederum eine unverzichtbare Bedingung der Möglichkeit, weiterhin erfolgreich in der ersten bestehen zu können. Ein einzelner Athlet ist zudem mit der Leistungsfähigkeit seiner Konkurrenten assoziiert. Ohne seine Mitstreiter werden keine Stützpunkte eingerichtet und finanziert. Lassen die anderen in ihrer Wettbewerbsfähigkeit nach, können die bisherigen Förderbedingungen schnell instabil werden.

Tatsächliche oder vermutete Dopingdurchsetztheit der Karrieresportart
Der sportliche Wettkampf fußt auf der Idee der formalen Gleichheit der Akteure sowie auf dem Prinzip des offenen Wettkampfausgangs in einem auf Sieg und Niederlage ausgerichteten Vergleich. Sich dopende Sportler unterlaufen diese Logik in einer subversiven Weise, um sich eigene Vorteile zu verschaffen oder um entstandene oder befürchtete Nachteile durch das Doping anderer Sportler auszugleichen. Das tatsächliche oder vermutete Doping der einen wird damit zum biographischen Risiko der Nichtdevianten. Daß bereits die Vermutung, und nicht erst die Faktizität des Dopings ein gravierendes biographisches Risiko darstellt, hat damit zu tun, daß unbewiesene Dopingunterstellungen schnell zu einer sozialen Situationsdefinition führen, die ein eigenes Dopen zum Zwecke der

Nachteilsvermeidung auf den Weg bringt. Jede erfolgreiche Dopingkontrolle wirkt deshalb nicht notwendigerweise als eine Abschreckung, die zukünftige Devianz demotiviert. Wenn ein Sportler durch eine Kontrolle entdeckt und aus dem Verkehr gezogen wird, besagt dies eben nicht nur, daß die Sportverbände ehrlich gegen Doping vorgehen und ihre Kontrollpflichten ernst nehmen. Es deutet auch darauf hin, daß Dopingdevianz in dieser Sportart noch nicht gänzlich eliminiert werden konnte und ihre Riskanz für die eigenen Erfolgsambitionen nach wie vor vorhanden ist.

Wie als Prisoner's Dilemma der Athleten gezeigt werden kann (vgl. hierzu Kap. 5.2), ergibt sich aus dem tatsächlichen oder vermuteten Doping der einen Seite eine konsequente Verstrickung der jeweils anderen Seite. Und dies gilt nicht nur für Athleten, die untereinander in einer Konkurrenzbeziehung stehen. Der Hinweis auf die Notwendigkeit von Abweichung zum Zwecke der Nachteilsvermeidung in einem als ungleich und ungerecht wahrgenommenen Spitzensport taucht auch auf dem Niveau ganzer Fachverbände und Nationen auf. Bezugspunkt ist hier die Wettbewerbssituation auf dem internationalen Sportparkett. Bernd Schubert, ein ehemaliger Spitzentrainer der DDR-Leichtathletik, schrieb im Rahmen eines selbstverschriebenen Outings: »Ein Unrechtsbewußtsein war nie da, weil man uns ja eingetrichtert hatte und wir auch davon überzeugt waren, daß die damalige Gegenseite, also die USA und die BRD, das genauso machten [gemeint ist der Einsatz sogenannter ›unterstützender Mittel‹, die Autoren] und wir für die Chancengleichheit unserer Athleten zu kämpfen hatten.« (FAZ vom 2.12.1992)

Die Intransparenz der Konkurrenzbeziehungen und des Dopingeinsatzes verhindert, daß sich jeder der Wettbewerber ein Wissen über die Nichtdevianz der anderen verschaffen kann. Die Wahrscheinlichkeit, als dopingabstinenter Athlet in einer dopingverseuchten Sportart erfolgreich sein zu können, ist also besonders dann ausgesprochen gering, wenn die Sportler als individuelle Akteure durch das Handeln ihrer Verbände in Verstrickungen hineingeraten, aus denen es kein einfaches Entweichen gibt. Dopingkontrollen, die entweder überhaupt nicht oder nur halbherzig durchgeführt werden, erzeugen Konsequenzen für die Gestaltbarkeit von Karrieren in verbandlich gesteuerten Handlungskontexten. Das Scheinhandeln der Verbände in der Dopingbekämpfung wirk̶ ̶̶̶̶bei als ein subtiler Risikoverstärker für Sportlerbiographien. Diese ̶̶̶̶̶piel auf verschiedenen Bühnen entwickelte Sonderform des ̶̶̶̶̶ täuscht etwas vor und camoufliert sowohl die Täuschung a̶ ̶̶̶̶e tatsächlichen Ziele. Scheinhandeln umhüllt sich mit einer f̶ ̶̶̶̶tentionalität und maskiert sich als eine energische Intervention, su̶g̶̶riert also eine Effektivität, die es realiter gar nicht erreichen will. Eine korporative Instanz, die ein Kontrollsystem installiert, gleichzeitig die Kontrollen aber so einrichtet, daß die Wahrscheinlichkeit, fündig zu werden, gering ausfällt, täuscht lediglich einen Veränderungswillen vor. Die wahren Absichten müssen deshalb unterirdisch weiter bedient werden. Scheinhandeln korrespondiert insgesamt mit einer anderen Handlungsform: dem Unterlassungshandeln korporativer Akteure zur Bewältigung ambivalenter Situationen.

Die Unabhängige Dopingkommission, die im Juni 1991 ihren Bericht vorlegte, bestätigte:»Die Kommission geht davon aus, daß die Verantwortlichen im deutschen Sport spätestens seit 1976 Vermutungen und auch Kenntnisse vom Anabolika-Mißbrauch im deutschen Leistungssport hatten. Forderungen nach einem energischen Vorgehen wurden nur halbherzig erfüllt; insbesondere das Problem der Kontrollen in der Trainingsphase wurde zunächst nicht angegangen. Man beschränkte sich auf den Erlaß einer Vielzahl von Resolutionen und Erklärungen sowie auf andere Maßnahmen, die im nachhinein als Alibi-Vorgehen zu bezeichnen sind.« (Unabhängige Dopingkommission 1991: 199) Ein derart bigottes Verhalten des Sportestablishments ist im organisierten Spitzensport seit Jahren zu beobachten.

Die klammheimliche Kumpanei zwischen dopingwilligen Sportlern, devianzfördernden Trainern, unterstützenden Sportmedizinern und Sportfunktionären sowie einem wegschauenden Publikum wird damit für die Athleten zu einem gravierenden biographischen Risiko. Hat sich Doping in einigen Sportarten erst einmal fest als dominanter Weg der Leistungssteigerung etabliert, ist es nicht einfach, aus diesem medikamentösen Substitutionspfad auszubrechen und alternative Wege der Leistungsförderung zu beschreiten. In einem lange schon abweichenden Milieu ist es schwierig, auf Doping zu verzichten (Beispiel: Profiradsport). Deviante Gruppen üben nämlich einen nicht geringen Konformitätsdruck aus. Wer nicht anpassungsbereit ist, sieht sich mehr oder weniger subtilen Diskriminierungen ausgesetzt. Nicht nur im Fördersystem totalitärer Staaten, die ihre Dopingpraxis über Macht oder Anreiz bis auf die unterste Ebene implementieren können, werden Sportler, die sich dem Dopingdruck zu entziehen versuchen, subtil diffamiert. Man definiert sie als nicht »förderungswürdig« oder »entwicklungsfähig«, wirft ihnen eine »mangelnde Leistungsbereitschaft« oder eine fehlende Einstellung vor und sondert sie rigoros aus. Doping wird unter diesen Bedingungen zu einem informellen Nadelöhr, durch das Athleten sich zu begeben haben, wenn sie Karriere im Spitzensport machen wollen. Bisweilen, so scheint es, übernimmt selbst die antizipierte, aber keineswegs für alle Disziplinen erwiesene Wirkung des Dopings Steuerungsfunktionen im Spitzensport. Wirkungsfiktionen verdrängen dann andere Fördermaßnahmen und resultieren in einer Selbstplausibilisierungsspirale, in der sich das bestätigt, was als einzig wirksam definiert wurde.

Der Druck, sich zu dopen, muß hierbei nicht notwendigerweise ausdrücklich artikuliert werden. Denn Gruppen, die aufgrund der Nutzung devianter Mittel einen hohen Leistungsstand erreicht haben, üben allein hierdurch bereits einen Nachahmungsdruck aus. Die Sogwirkung, die sie auf weniger Leistungsstarke, Verletzte oder weniger Talentierte ausüben, ist evident. Wenn in einer Disziplin allein erfolgreiche Dopingnutzer in die Lage versetzt werden, an der institutionellen Förderung teilhaben zu können, wirkt dieser Tatbestand als mächtiger Anreiz für Abweichung – besonders bei denjenigen, die bislang abstinent waren. Nichtanpassung hieße: durch die Knappheit der Mittel und die Erfolgsabhängigkeit ihrer Verteilung zum Verlierer gestempelt und zum Aufhören gezwungen zu werden. Ohne eine Teilhabe an den Möglichkeiten der Kaderförderung (Trainingsaufenthalte, sportmedizinische Maßnahmen, Sozialprogramme bei Verletzungen etc.) minimieren sich die Chancen des einzelnen Sportlers drastisch, bestimmte Leistungen erbringen zu können.

Auch die Berufs- und Arbeitsmöglichkeiten von dopingablehnenden Trainern und Ärzten reduzieren sich, wenn Doping als illegitimer, aber zentraler Innovationsweg einmal in einem Fachverband etabliert wurde. Wer mit seinen Athleten nicht die entsprechenden Leistungen erbringt, verliert seine Anstellung oder wird auf ungeliebte Posten abgeschoben. Und Ärzte, die sich den devianten Praktiken verwehren, verlieren ihre Klientel und setzen ihre Reputation aufs Spiel. Die Handlungsdilemmata, in denen die Sportverbände stecken, begrenzen offensichtlich insgesamt die Möglichkeiten für dopingabstinente Karrieren im Spitzensport. Dies gilt sowohl für Athleten als auch für Trainer und Sportmediziner. Sie alle werden durch das Doping der anderen in eine nur schwer kalkulierbare Risikokonstellation geschlagen, aus der letztlich nur ein konsequenter Rückzug oder das Akzeptieren, zur zweiten Garnitur zu gehören, heraushilft.

Kumulation und sportartspezifische Varianz der Risiken

Das Risiko des Mißerfolgs während der Karriere ist, wie wir gezeigt haben, nicht etwa eine Sache individuellen Schicksals, sondern weist auf die dominanten Sinnprinzipien und Inszenierungsformen des Leistungssports und deren Konsequenzen hin. Sportliche Niederlagen können sich aus sehr unterschiedlichen Gründen einstellen. Sie sind erstens das Ergebnis der spezifischen Wettbewerbs- und Konkurrenzorientierung des Spitzensports, die Verlierer systematisch erzeugt, um Gewinner zu profilieren. Für den einzelnen Athleten sind sie zweitens in besonderer Weise in jenen Disziplinen zu erwarten, in denen die Konkurrenzintensität durch die globale Inklusion der Sportler besonders hoch ausfällt. Mißerfolge entspringen drittens der extremen Körperabhängigkeit spitzensportlichen Handelns. Athleten können sich verletzen und altern, was ihre physischen Möglichkeiten jeweils extrem beschneidet und ihre Paßfähigkeit für das sportartspezifische Anforderungsprofil hintertreibt. Riskant ist viertens die Möglichkeit, in einem gnadenlos nach Sieg und Niederlage sortierenden Sozialbereich nach jahrelangen Investitionen die notwendige Motivation zu verlieren. Sportliche Niederlagen als Hauptrisiko von Sportlerkarrieren können fünftens aus der Art der Leistungsmessung herrühren, die entweder eine präzise Positionsverortung erlaubt oder Tür und

Tor für Manipulationen jedweder Art bietet. Risiken ergeben sich sechstens aus der Knappheit der Förderplätze oder aus dem Entzug von Förderleistungen. Die Dopingdurchsetztheit einer Sportart ist siebtens ein besonders gravierender Risikofaktor für die Entfaltung von Sportlerkarrieren. Verbände, die ihre Kontrollaufgaben nicht ernst nehmen, setzen ihre Sportler unter einen impliziten Dopingdruck und werden damit selbst zu einem Risiko.

Abbildung 1: Risikofaktoren während der Sportkarriere

Risikofaktoren während der Sportkarriere
– sportliche Niederlagen
– Konkurrenzintensität einer Sportart
– Körperabhängigkeit und Verletzungsanfälligkeit
– Motivationsprobleme
– Leistungsbewertung und sportinterne Kontextveränderungen
– Knappheit und Instabilität von Förderbedingungen
– tatsächliche oder vermutete Dopingdurchsetztheit der Karrieresportart
– Kumulation und sportartspezifische Varianz der Risiken

Die einzelnen Risikoelemente kulminieren in dem Hauptrisiko spitzensportlicher Biographien: in der Möglichkeit, während der Karriere insgesamt erfolglos zu bleiben oder es zu werden. Alle genannten Faktoren können je einzeln sportliche Karriereverläufe beeinflussen. Sie erzeugen zudem eine Vielzahl kausaler Interdependenzen. Schwierigkeiten entstehen weiterhin dadurch, daß Interventionsversuche, die ein einzelnes Risikoelement zu entschärfen versuchen, unbeabsichtigte Effekte auf anderen Ebenen hervorrufen. Sportler, die beispielsweise durch erhöhte Trainingsanstrengungen das Risiko des Verlierens verringern wollen, belasten dadurch eventuell Körper und Psyche in einer Art, die zu Verletzungen oder Demotivationen führt. Oder Sportler, die sich in dopingdurchsetzten Disziplinen zähneknirschend selbst dopen, um an knappe Fördermittel und Kaderplätze zu gelangen, gehen das Risiko der Entdeckung und der sozialen Stigmatisierung ein.

Mit unserem Hinweis auf die möglichen Risikoverkettungen ist nicht gesagt, daß die genannten Risikoelemente die Karriereplanung von Athleten deterministisch beeinflussen. Sportler haben Möglichkeiten der Selbststeuerung, derer sie sich mit mehr oder weniger Geschick bedienen. Bei allen biographischen Selbststeuerungsversuchen müssen die genannten Faktoren aber als Eckdaten, die das Handeln der Sportler kanalisieren und prägen, hingenommen werden. Weder die Wettbewerbsorientierung noch die Körperabhängigkeit des Spitzensports oder der bereits erreichte Dopinggrad einer Disziplin lassen sich durch eigenes Handeln prägnant beeinflussen oder gar aus der Welt schaffen. Und wer im Verlauf seiner

Karriere etwaige Antipathien oder Vorbehalte gegenüber der Gnadenlosigkeit der Sieg/Niederlage-Logik oder der spezifischen Art der Leistungsbewertung in einer Sportart entwickelt, sollte den Leistungssport besser verlassen.

Diese modelltheoretische Auflistung ist durch den Hinweis zu ergänzen, daß nicht alle Disziplinen ihre Athleten mit den gleichen biographischen Risiken konfrontieren. Die sportartspezifischen Varianzen werden durch die in Kapitel 2.2 geschilderten Faktoren maßgeblich bestimmt: das Primat biographischer Selbst- oder Fremdsteuerung und den Totalisierungsgrad der sportlichen Programmstruktur. Insgesamt ergibt sich folgende Abstufung hinsichtlich der mit sportlicher Erfolglosigkeit verbundenen Risiken:

- Die Risiken sind am höchsten bei biographischer Fremdbestimmung und starker Totalisierung der sportlichen Programmstruktur (Rhythmische Sportgymnastik),
- am zweithöchsten bei Selbststeuerung und starker Totalisierung (Tennis),
- am dritthöchsten bei Selbststeuerung und gemäßigter Totalisierung (Zehnkampf)
- und am schwächsten bei Fremdsteuerung und gemäßigter Totalisierung (Gewichtheben).

Die Athleten wissen von der Riskanz spitzensportlicher Karrieren, auch wenn viele dieses Wissen durch permanenten Aktivismus verdrängen oder durch eine Fixierung ihrer Aufmerksamkeit auf kurze Zeithorizonte – den nächsten Wettkampf – ausblenden. Der Spitzensport ist schließlich auch deshalb für die Sportler so interessant, weil er auf Körperhandeln setzt und von Reflexion bewußt entlastet. Dadurch, daß sie ihr Umfeld beobachten und die Medien häufig von Athleten berichten, die ihre Karriere aufgrund sportartspezifischer Risiken beenden mußten, kann allerdings ein allgemein verfügbares Wissen über die Riskanz des Spitzensports zumindest bei den älteren Sportlern vorausgesetzt werden. Darüber hinaus werden Athleten in jedem Wettkampf mit der Möglichkeit der Niederlage konfrontiert, und Erfahrungen mit Verletzungen und Nominierungsquerelen sind ihnen nicht unbekannt.

Die Sportler können weiterhin auf etablierte Schemata zurückgreifen, mit deren Hilfe sie die Möglichkeiten und Pressionen ihrer Existenz für sich selbst und andere deuten können. Der Leistungssport gilt in der Öffentlichkeit nicht als ein risikoarmes Unternehmen. Ganz im Gegenteil, die Athleten leben auch vom Nimbus des Abenteuers, auf das sie sich eingelassen haben. Mit ihrem extrem ausgeprägten Leistungsindividualismus, der an den traditionellen »heroischen« bürgerlichen Individualismus anknüpft, distinguieren die Sportler sich demonstrativ und leben etwas vor, was die restlichen Gesellschaftsmitglieder so nicht erbringen können oder wollen. Und sie werden für ihr riskantes Handeln durch ein mehr oder weniger reges Publikumsinteresse belohnt. Den Erfolgreichen winkt sogar die Möglichkeit, als Helden verehrt und verewigt zu werden. Vom Nimbus, eine riskante Karriere verfolgt zu haben, kann man auch dann noch zehren, wenn man prominent gescheitert ist. Viele Spitzensportler sind zu tragischen Helden – also immerhin zu Helden – geworden, weil sie ihre Niederlagen zumindest im großen Stil inszeniert haben.

3.2 Zukunftsunsicherheit nach der Sportkarriere

Neben der Erfolglosigkeit während der Karriere werden Sportlerbiographien durch einen zweiten großen Risikokomplex geprägt. Die Riskanz spitzensportlichen Handelns ist nämlich nicht auf die Karriere im Spitzensport selbst begrenzt, sondern kann sich in die nachsportliche Biographie hinein verlängern. Zukunftsunsicherheit taucht spätestens dann als Thema im Erlebnishorizont von Athleten auf, wenn die eigenen Leistungen stagnieren oder zurückgehen, plötzliche Verletzungen die eigenen Machbarkeits- und Leistungsphantasien hintertreiben oder das Karriereende aufgrund außersportlicher Restriktionen absehbar ist. All dies kann auch, falls man selbst von diesen einschneidenden Ereignissen noch nicht heimgesucht worden ist, bei anderen Sportlern beobachtet werden.

Zukunftsunsicherheit ist entgegen landläufigen Erwartungen nicht nur Sache der Verlierer oder der weniger Erfolgreichen. Letztere scheinen ganz im Gegenteil besonders dann vor langfristigen (Fehl-)Investitionen geschützt zu sein, wenn sie frühzeitige und nicht bloß punktuelle Niederlagen in ihrer Sportkarriere hinnehmen mußten. Systematische Mißerfolge desillusionieren und halten davon ab, sich langfristig im Spitzensport zu engagieren. Die Zukunftsungewißheit als Problem taucht vielmehr besonders bei denjenigen Akteuren auf, die durch sportliche Erfolge immer wieder dazu gebracht werden, ihre Niederlagen als akzidentiell zu werten und ihre Karriere nach hinten zu verlängern.

Identitätsgefährdung und kognitive Schließung

Eine Riskanz besonderer Art ergibt sich aus der kognitiven und evaluativen Schließung des Sportlerbewußtseins. Wer seine eigene Identität vornehmlich auf dem Fundament eines sportspezifischen Leistungsindividualismus aufbaut, sich nur als Erfolgsathlet einstuft und beobachtet und hierin durch ein an Leistungen interessiertes Umfeld bestätigt wird, trägt das Risiko des Sinnverlustes nach dem Ende der eigenen Sportkarriere. Wenn die körperliche und psychische Leistungsfähigkeit nachläßt, die Niederlagen vielleicht schon unumkehrbar eingetreten sind oder unmittelbar bevorstehen, kommt die traumatische Zeit des Aufhörens und des Abschiednehmens von einem Selbstbild, das durch Hyperinklusion modelliert wurde.

Gefühle der Leere, des Hineinfallens in ein großes Loch sind vielfach berichtete Erfahrungen, mit denen Sportler die Zeit nach der Sportkarriere beobachten. Verstärkt wird diese Wahrnehmung durch Enttäuschungserfahrungen; daß im Spitzensport nur der erfolgreiche und funktionsfähige Athlet etwas zählt und man infolgedessen »wie eine heiße Kartoffel« von den Sportfunktionären, den wirtschaftlichen, politischen und massenmedialen Umfeldakteuren und Erfolgsclaqueuren fallengelassen wird, wenn man keine Leistungen mehr bringt. Ein reduziertes Interesse tut besonders denjenigen weh, die vorher durch ihr sportinternes und -externes Umfeld hofiert wurden und die über keine Positionsalternativen verfügen, die sie nun für den Aufbau einer außersportlichen Identität nutzen können. Dies ist der Preis dafür, an einem System teilgenommen zu haben, welches Sieger und Erfolgreiche in extremer Weise präferiert und Körper und Psyche im Rahmen einer »greedy institution« rücksichtslos in Anspruch nimmt.

Hierauf aufruhende Identitätsfixierungen werden nicht »mal so eben« aufgegeben, sondern sind in einem langen Prozeß der Enttotalisierung und kognitiven Öffnung im wahrsten Sinne des Wortes »abzutrainieren«. Der körperliche Cooling-down-Prozeß muß gleichsam durch eine Entspezialisierung im Kopf begleitet werden. Nicht jedem Sportler gelingt dieser wichtige Schritt des Sich-Abnabelns. Viele können nicht aufhören und übertragen ihre Leistungsmotivation auf anderweitige sportliche Aktivitäten. Andere bleiben in ihrer Karrieresportart hängen und verlängern ihren Aktivismus in diverse Altersklassen hinein, um sich auf nationaler oder internationaler Ebene mit gleichgesinnten anderen Sportlern bei Seniorenwettkämpfen zu messen. Für sie ist Leistungssport zu einem generellen Lebenskonzept, zu einem Habitus, geworden, auf den sie offenbar nicht verzichten können.

Da der Leistungsindividualismus von Sportlern vor allem dann noch für die nachsportliche Identitätsarbeit nutzbar ist, wenn die erzielten sportlichen Erfolge Ereignisse sind, an die auch andere sich noch erinnern, nutzen nicht wenige Sportler ihre in Medaillenform prämierten Erfolge bisweilen wie Währungen für nachsportliche soziale Akzeptanz und Aufmerksamkeit. So versuchen ehemalige Olympiasieger, Welt- oder Europameister ihre vormals auf sportlichen Erfolgen aufruhende Identität in die nachsportliche Zukunft hinüberzuretten. Ein an Stars und Sternchen interessiertes Mediensystem greift diese Strategien der Identitätsbehauptung manchmal auf und verstärkt sie nach eigenen Gesetzmäßigkeiten.

In Beobachtung all dieser Erfahrungen bilanzieren gerade diejenigen Athleten ihre Gesamtkarriere als Fehlinvestition, die ihr Sporttreiben nicht durch berichtenswerte Erfolge gewürdigt sehen. Meisterschaftsehren oder vordere Plazierungen geben das Gefühl, daß es sich gelohnt hat. Man konnte sich und anderen zeigen, wer man war und was man konnte. Erfolg sichert soziale Aufmerksamkeit, auch wenn die Spanne hierfür manchmal sehr kurz ist. Niederlagen vermitteln hingegen den Eindruck, auf das falsche Pferd gesetzt zu haben.

»Social death«

Sportler, die aus den unterschiedlichsten Gründen aufhören, beenden nicht einfach ihre Karriere und wenden sich sang- und klanglos anderen Dingen zu. Der Prozeß des Aufhörens verläuft in der Regel schmerzhafter, als Außenstehende es sich vorstellen können. Mit dem Spitzensport verlieren die Athleten nämlich ihr soziales Milieu, in dem sie sich über Jahre aufhielten. Die Schwierigkeit der nachsportlichen Lebensphase hat also auch damit zu tun, daß die eigene Trainingsgruppe und Sportlergemeinschaft als Geborgenheitshort wegfällt. Athleten, die einen Großteil ihres bewußt erlebten Lebens in sportlichen Gemeinschaften integriert waren, diese vielleicht sogar aufsuchten, um vor familialen und schulischen Pressionen zu entfliehen oder um Gefühlen der jugendlichen Langeweile zu entgehen, empfinden Entzugserscheinungen, wenn sie auf diesen »sozialen Uterus« verzichten müssen. Bei allen Konkurrenzbeziehungen, die untereinander bestehen, ist die Gemeinschaft derer, mit denen man zusammen trainierte, Wettkampffahrten absolvierte, Siege feierte und Niederlagen verarbeitete, nicht etwas, was man einfach aufgibt. Durch die Alters- und Leistungshomogenität von Trainingsgruppen kommt es gerade im Spitzensport immer wieder zu besonderen Peergroup-Konstellationen, die nicht nur für Heranwachsende eine hohe Attraktivität besitzen. Ein distinktionsorientiertes Wir-Gefühl entsteht und wird als Verlust wahrgenommen, wenn es nicht mehr zur Verfügung steht.

Im Gegensatz zu breitensportlichen Betätigungen, die man beiläufig neben anderen Arten des Engagements lebenslang ausführen kann, sind Karrieren im Spitzensport auf seiten der Athleten aufgrund der Körperabhängigkeit sportlichen Handelns nicht auf Dauer angelegt. Sie können vielmehr nur für eine begrenzte Zeit aufrechterhalten werden. Obwohl die Sportler in jahrelangen Sozialisationsprozessen höchste Qualifikationen und Kompetenzen erwerben, ergibt sich für sie hieraus keine lebenslange Berufsperspektive als Athlet. Zwar gibt es Möglichkeiten, die sportlich erworbene Reputation oder Erfahrung nach der Karriere in der einen oder anderen Weise zu nutzen, um im Sport oder in sportnahen Betätigungsfeldern beispielsweise als Trainer, Manager, Animateur oder Kommentator zu reüssieren, aber dies funktioniert eben nur außerhalb der durch Hyperinklusion modellierten Athletenrolle.

Die Totalisierung der spitzensportlichen Lebenswelt führt, wie Athleteninterviews bestätigen, zu einer Schließung der Aufmerksamkeit auf sportspezifische Themen und Bezugskreise. Diese Ausrichtung ist eine Konsequenz des zeitintensiven Trainings und der fortschreitenden Spezialisierung im Spitzensport. Sie dauert – je nach Karrierelänge – viele

Jahre und muß nach Beendigung der Sportkarriere wieder abgebaut werden. Sofern es den Sportlern nicht gelingt, ihre biographische Fixierung zurückzuschrauben und eine soziale Reintegration in andere Verkehrskreise herzustellen, drohen soziale Isolation beziehungsweise »social death« (Rosenberg 1984) als Konsequenzen. Das Hauptrisiko besteht in diesem Zusammenhang darin, nach der Karriere in das berufliche Nichts zu fallen. Da die Athletenrolle als Basis für eine lebenslange Verberuflichung entfällt, entsteht für nicht wenige Athleten eine dramatische Situation, falls sie ihre Karriere freiwillig oder unfreiwillig beenden und keine Alternative zur Verfügung haben. Weil der Beruf ein zentrales Element der individuellen Lebensführung ist, das die Ich-Identität eines Menschen in maßgeblicher Weise prägt und der sozialen Verortung des Subjekts dient, kann man sich vorstellen, wie das Ende einer Sportkarriere im Erlebnishorizont von Athleten wahrgenommen wird. Das Risiko besteht darin, alle über das Athletendasein vermittelten Macht-, Einkommens-, Prestige- und Partizipationschancen von einem Tag auf den anderen zu verlieren. Wer nicht vorgesorgt hat, keine Bildungs- und Berufsabschlüsse erwerben konnte, wird dies besonders schmerzhaft empfinden.

Ökonomische Risiken
In den meisten Sportarten stehen ökonomische Motive für das eigene Tun nicht dominant im Vordergrund. Wirtschaftliche Ambitionen liegen hingegen besonders im Profitennis vor. Schließlich können Athleten nur dann auf hohem Niveau mitspielen, wenn sie entsprechende Finanzierungen arrangieren können. Ein Kleinunternehmertum auf seiten der Sportler ist hier bereits auf mittlerem Leistungsniveau möglich, da die Vereine sowie Turnierorganisatoren erkleckliche Summen aufwenden, um erfolgreiche Spieler für eigene Mannschaften und Turniere anzuwerben.

Daß ökonomische Motive unterhalb der Ebene der dominanten Sportausrichtung insgesamt auch in anderen Disziplinen durchaus bedeutsam sind, zeigt sich, wenn man den Blick auf den Bereich der geldwerten Ressourcen richtet, die die Sportvereine oder Sportverbände den Athleten im Rahmen ihrer Möglichkeiten vermitteln können. Ökonomisch relevante Motive müssen sich nämlich nicht notwendigerweise in einem demonstrativen pekuniären Interesse offenbaren. Sie treten vielmehr auch in Gestalt anderer Motive auf. Sie zeigen sich beispielsweise in dem Willen, über den Sport vermittelte Arbeitsplätze (Gewichtheben) zu bekommen, das Studium mit Hilfe von Vereins- oder Sporthilfegelder zu finanzieren oder einen Bildungsabschluß in einer Schule zu erreichen, die einem bestimmten Stützpunkt sehr nahe steht. Dauerhafter Mißerfolg beinhaltet das Risiko, aus dem Zyklus bisheriger Fördermaßnahmen ausgeschlossen zu werden oder von den geldwerten Leistungen des Sportsystems in der Zukunft nicht profitieren zu können. Die sportspezifischen Möglichkeiten der Berufsvermittlung stellen ein weiteres Anreizpotential dar, das allerdings in der Regel nur von den Erfolgreichen in Anspruch genommen werden darf, was einen entsprechenden Erwartungsdruck in den Köpfen der Beteiligten erzeugt.

Langfristige Körperschäden

Die Zukunftsunsicherheit als Problem nachsportlicher Karrieren speist sich nicht nur aus der sozialen und kognitiven Schließung, die durch Prozesse der Totalisierung von Athletenrollen angestoßen werden. Folgeprobleme tauchen in der nachsportlichen Phase besonders markant an jener Stelle auf, die wir als die Materialitätsbasis des Spitzensports bezeichnet haben, nämlich am Körper der Athleten. Jahrelange Trainings- und Wettkampfprozesse gehen nicht spurlos an Bändern, Sehnen, Muskeln, Gelenken, Knochen und Organen vorbei. Sie hinterlassen mehr oder weniger ausgeprägte physische Probleme, manchmal sogar bleibende Beeinträchtigungen oder Schäden. Athleten, die lange genug im Geschäft sind, wissen, daß der Spitzensport nicht gesundheitsfördernd ist. Sie kokettieren bisweilen sogar mit den Verletzungen, die sie sich in Training und Wettkampf zugezogen haben, und können in geselliger Runde entsprechende Geschichten hierüber erzählen. Physische Folgeprobleme werden gemeinhin wie Berufskrankheiten oder Ehrenblessuren wahrgenommen und sozial akzeptiert. Niemand wird schließlich gezwungen, Leistungssportler zu werden. Da man den Körper nach Ende der Sportkarriere nicht einfach auswechseln kann, ist das »Mitschleppen« spitzensportlich erzeugter Verletzungen und Schäden in die nachsportliche Zukunft oft nicht zu umgehen. Sportinvaliden sind allerdings die Ausnahme.

Abbildung 2: Risikofaktoren nach der Sportkarriere

Risikofaktoren nach der Sportkarriere
– Identitätsgefährdung und kognitive Schließung
– »Social death«
– ökonomische Risiken
– langfristige Körperschäden

3.3 Risikosteigerung durch Anspruchsinflationierung

Der Spitzensport ist heutzutage ein fester Bestandteil der Freizeit- und Unterhaltungsindustrie. Olympische Spiele, Weltmeisterschaften und die Wettkämpfe der diversen Sportligen ziehen regelmäßig Millionen in ihren Bann. Sportliche Wettkämpfe sind spannend, erlauben ein Sich-Ausleben von Gefühlen und sind oft Anlaß für gesellige Gemeinschaftserlebnisse. In modernen säkularisierten Gesellschaften taugen sie zudem für eine breite Heldenverehrung. Der Sport ist dabei für viele nicht nur eine Angelegenheit, die beiläufig wahrgenommen wird. Die Rhythmik der

Sportwettkämpfe prägt vielmehr die Lebensweise und Zeitverwendung breiter Bevölkerungskreise. Die Resonanz, die gerade die populären Sportarten mit ihren Großereignissen bei zuschauenden Massen hervorrufen, hat zu einer gesteigerten Attraktivität des Spitzensports für Politik, Wirtschaft und Massenmedien geführt. Es entstand ein Netzwerk von Nutzenverschränkungen, in dem ein unstillbares Interesse an hochstehenden sportlichen Leistungen auf Dauer gestellt wurde – mit der Konsequenz, daß die Sportlerkarrieren unter einen massiven Erwartungsdruck gerieten. In Hinblick auf die Zeitstrukturen des Handelns kam Tempo in Training und Wettkampf hinein. Ski- und Tenniszirkus, Wettkämpfe in der Halle und im Freien, aber auch die Bundesligen der Spielsportarten verdeutlichen, wie sehr die Berücksichtigung sportunspezifischer Zeitüberlegungen die ursprüngliche Abfolge von Training und Wettkampf verändert hat. So nivelliert inzwischen ein expandierender Wettkampfkalender die ursprüngliche Trennung von Vorbereitung und Wettkampf und nimmt den Sporttreibenden die Möglichkeit, ihre Leistungen »angemessen« aufzubauen und ihre Blessuren und Verletzungen auszukurieren. Um hohe Einschaltquoten zu garantieren, darüber Gelder von Medienunternehmen einzustreichen, werden Sportwettkämpfe immer öfter zu physiologisch unsinnigen Zeiten und an extrem belastenden Orten durchgeführt. Sachlich ermöglichte das externe Interesse am Sport eine Spezialisierung und Fortentwicklung des Akteurhandelns. Wenn Großunternehmen Vereine unterstützen und Sponsoren Gelder fließen lassen, versetzt dies die Athleten in die Lage, sich verstärkt auf Training und Wettkampf zu konzentrieren und ihre Leistungen entsprechend zu steigern. Zumindest in einigen Disziplinen können die Sportler entsprechende Kompensationen für ihre jahrelangen Aufwendungen einstreichen. In sozialer Hinsicht versetzten Geld und Macht die Sozialfiguren des Sports in die Lage, ihren Amateurismus abzustreifen, Spezialistenrollen einzunehmen und einen auf Professionalisierung hinstrebenden Berufstatus zu erreichen.

Die gestiegene Nachfrage von außen hat allerdings eine ambivalente und in ihren Folgen noch nicht überschaubare »Anspruchsinflation« gegenüber dem Sport auf den Weg gebracht. Beiläufigkeit, Harmlosigkeit und Voraussetzungslosigkeit wurden gleichsam aus dem Sport vertrieben und durch kalkulierende Ansprüche ersetzt, was für die Sportlerkarrieren nicht ohne Folgen blieb. Im Vorteilhaften lauern nämlich durchaus problematische Konsequenzen. Denn Wirtschaft, Politik und Massenmedien vermitteln nicht nur Ressourcen und ermöglichen eine Durchsetzung sportorientierter Motive und Leistungssteigerungsinteressen. Vielmehr sind auch Abhängigkeiten und Austauschverpflichtungen einzugehen, um den mit bestimmten Erfolgserwartungen verbundenen Ressourcenfluß abzusichern und auf Dauer zu stellen.

Das Hauptrisiko besteht darin, daß die bereits in der Sieg/Niederlage-Logik eingespeicherten Devianzrisiken durch die externe Nachfrage aus ihrer Zügelung durch die traditionelle Fair-play-Moral freigesetzt und entfesselt werden. Dadurch, daß Geld in den Hochleistungssport eindringt oder politische Instanzen ihre Steuerungsmacht einsetzen, um den Fachverbänden dringend benötigte knappe Ressourcen zu vermitteln, erfährt die ohnehin auf Steigerung und Konkurrenz ausgerichtete Logik des Leistungssports eine enorme Verstärkung. Die Sportlerkarrieren drohen infolge dieser strukturellen Veränderungen in zeitlicher, sachlicher und sozialer Hinsicht mit inflationären Ansprüchen überfordert zu werden. Und es scheint, daß gerade die Optionenerhöhung zu einer Risikosteigerung der Athletenkarrieren geführt hat. Die inneren Puffermechanismen, die der Wettkampfsport in Gestalt von Fair-play-Orientierungen und Sportmoral entwickelt hat, um ein Gleichgewicht zwischen den rivalisierenden Wettkampfparteien zu ermöglichen, geraten so unter Druck.

4 Coping durch Doping

Entgegen vorschnellen alltagstheoretischen Einschätzungen ist Doping keine Angelegenheit, die sich einfach aus der Persönlichkeit von Sportlern, Trainern oder Funktionären ableiten läßt. Doping ist weniger eine Sache »schlechter« Menschen, sondern verweist auf soziale Bedingungen, die Devianz in erwartbarer Weise im Spitzensport auslösen. Sozial geprägt ist eben nicht nur ein Handeln, das den offiziellen Verhaltenserwartungen entspricht. Auch solches Handeln, das gegen geltende Normen verstößt, geht zumeist auf soziale Bedingungen zurück. In diesem Sinne gilt es abzuklären, warum Doping als abweichendes Verhalten mit einer gewissen Zwangsläufigkeit passiert. Diese Frage wollen wir nun konkret mit Blick auf typische Merkmale spitzensportlicher Karrieren beantworten. Mit Bezug auf die im vorherigen Kapitel explizierten biographischen Risiken werden wir hier Doping als individuelle Copingmaßnahme diskutieren, um es anschließend als »illegitime Innovation« zu durchleuchten. Denn was bedeutet Doping in der Konstellation der konkurrierenden Athleten, welchen Nutzen versprechen sie sich in zeitlicher, sachlicher und sozialer Hinsicht von ihrer Devianz, und mit welchen Konsequenzen haben sie in Gestalt nichtintendierter Risiken und Dopingspiralen zu rechnen, wenn sie ihre biographischen Risiken mit Hilfe von Doping zu minimieren trachten. Abschließend werden wir dann auch einen Aspekt beleuchten, der in der gegenwärtigen Diskussion bislang nicht angesprochen wurde. Wie läßt sich eigentlich erklären, daß nicht alle Athleten sich dopen? Daß keine Zwangsläufigkeit des Dopings existiert, gilt es nicht nur im Sinne eines Ehrenschutzes für Sportler, Trainer, Funktionäre und Mediziner festzuhalten. Es ist auch wichtig, die sozialen Bedingungen einer Dopingabstinenz zu eruieren, wenn es darum geht, die Möglichkeitsräume präventiv ausgerichteter Anti-Doping-Maßnahmen zu sondieren.

4.1 Individuelle Risikobewältigung und Motivkonstellationen

Abweichendes Verhalten im Spitzensport in Gestalt eines heimlichen Dopings fällt, wie die nachfolgende Analyse zeigen soll, nicht vom Himmel, sondern geht auf Entscheidungen zurück, die in einem bestimmten sozialen Handlungsfeld als Reaktion auf die spezifischen Kontextbedingungen des Spitzensports getroffen werden. Doping ist keine zufällige Aggregation von Einzelfällen, sondern verweist auf konkrete und typische Probleme, mit denen sich Sportler konfrontiert sehen und die sie offensichtlich immer unausweichlicher in eine Spirale der Anpassung durch Abweichung hineintreiben. Doping ist demzufolge als eine Copingmaßnahme einzuschätzen, die sich aus den Risikokonstellationen des Spitzensports errechnen läßt. Es stellt kein unreflektiertes, habituelles Handeln dar, das einem Athleten unbeabsichtigt passiert, sondern ist als eine rationale Wahlhandlung anzusehen, mit der die Sportakteure auf die Möglichkeiten und Zwänge ihrer Situation reagieren – sieht man einmal davon ab, daß manche Sportler hinter ihrem Rücken von Trainern oder Ärzten gedopt werden. Der Verstoß gegen geltende Normen und die proklamierte Sportmoral passiert also nicht zufällig, sondern verfolgt bestimmte Zwecke. Die Vor- und Nachteile des Dopings werden gegeneinander abgewogen, auch wenn die problematischen Konsequenzen des Dopings oft unter einem Schleier des Nicht-wissen-Wollens versteckt und verharmlost werden. Wir wollen im folgenden sowohl typische Motivkonstellationen für einen Dopinggebrauch modelltheoretisch ableiten als auch intervenierende Bedingungen identifizieren, die Doping verhindern. Daß auch Sportler mit einem Nein zum Doping allerdings wiederum durch Bedingungen ihres Handlungsfeldes beeinflußt werden, bestätigt die Soziologie in ihrer Betonung sozialer Konstellationszwänge.

Doping wird im Spitzensport als eine Art Mehrzweckwaffe eingesetzt, um verschiedene Risiko- und Gefahrenpotentiale auszuschalten, die strukturell in Sportlerbiographien verankert sind. Generell soll Devianz ein Scheitern während der Karriere verhindern und die Zukunftsunsicherheit nach der Karriere minimieren. Athleten dopen sich dabei erstens, um die im Sieg/Niederlage-Code vorgesehene Möglichkeit des Mißerfolgs zu vermeiden. Doping zielt in dieser Hinsicht darauf ab, ein zentrales Sinnprinzip des Leistungssports klammheimlich außer Kraft zu setzen: die prinzipielle Offenheit des Wettkampfausgangs. Die Unsicherheit darüber, wer gewinnt oder wer verliert, soll mit Hilfe des Dopings in eine Sicherheit zu eigenen Gunsten transformiert werden. Sich dopende Sportler wollen durch ihre Devianz gleichsam sicherstellen, daß sie den positiven Codewert erreichen. Die Konsequenzen sportlicher Mißerfolge sollen vermieden, die positiven »benefits« hingegen eingestrichen werden. Angesichts der »Hochkostensituation«, in der sich Trainer, Athleten und Sportfunktionäre befinden, ist es verständlich, warum all diese Sozialfiguren sportliche Mißerfolge vermeiden wollen und bisweilen dann sogar bereit sind, eventuell noch vorhandene moralische Bedenken abzuwerfen, um an der »brauchbaren Illegalität« des Dopings klammheimlich zu partizipieren. Nach wie vor gilt: Für die Trainer, Sportfunktionäre, Politiker, Sponsoren und Medienakteure ist nur das entdeckte Doping ein Problem. Medaillen, die mit einer unentdeckten Devianz der eigenen Sportler erzielt werden, sind hingegen höchst profitabel. Sie begeistern das Publikum, erhöhen die Einschaltquoten und Auflagen der Massenmedien und verschaffen zufriedene wirtschaftliche und politische Sponsoren. Unentdecktes Doping sichert den für die Verbände wichtigen Ressourcentransfer ab. Die Ästhetik des schönen Scheins kann gewahrt werden.

Athleten nutzen Doping zweitens als Strategie, um die Möglichkeiten des eigenen Körpers zu steigern und dessen Begrenztheiten auszugleichen. Es geht darum, den prinzipiell fehlbaren Sportlerkörper durch gezielte Interventionen in seinen Tiefen an das expandierende soziale, sachliche und zeitliche Anforderungsprofil der diversen Disziplinen anzupassen. Dopingtechnologie versucht, Körpervorgänge in einer illegitimen, aber nützlichen Weise an kommunikative Erwartungen anzuschließen. Die physisch-organische Materialitätsbasis wird gleichsam aufgerüstet, damit sie den durch Wirtschaft, Politik, Massenmedien und Publikumsansprüchen entfesselten Leistungserwartungen des Sports entsprechen kann. So verwenden gedopte Sportler bestimmte Medikamente, damit ihre Körper dieser Anspruchsinflationierung besser begegnen können, und hintergehen hierfür die offiziellen Stoppregeln des Sozialsystems Sport, nämlich die Fair-play-Moral und die Dopingverbote, die nicht alles zulassen, was technisch und medizinisch machbar ist.

Da jede Disziplin unterschiedlich auf den Athletenkörper zugreift, muß das Spektrum der devianten Praktiken entsprechend komplex ausfallen. Die Interventionsstrategien sind dann beliebig steigerungsfähig. Hierfür einige Beispiele: Sportler versuchen mit Hilfe bestimmter Maßnahmen, die Leistungsreserven des Körpers anzuzapfen. In einem konkreten Wettkampf wollen sie sich einen unmittelbaren Vorteil gegenüber denjenigen Sportlern verschaffen, die im erlaubten »Normalbereich« ihrer Körperlichkeit operieren. Athleten nehmen zudem bestimmte Medikamente ein, um den Körper im Training höher belasten zu können. Denn nur so lassen sich die körperspezifischen Anpassungsreaktionen auf die erhöhten Trainingsreize für den Wettkampf instrumentalisieren. Mit Hilfe von Dopingmedikamenten und -verfahren ist es zudem möglich, Verletzungs- oder Krankheitsfolgen schneller zu überwinden. Der verlorene Anschluß an die Konkurrenz läßt sich so wiederherstellen. Eine genetisch nicht ausreichende Trainierbarkeit der eigenen Muskeln, Belastungslimits einzelner Körperparameter sowie die nachlassende Leistungsfähigkeit im fortgeschrittenen Alter sind weitere Gründe, Doping-strategien einzusetzen.

Doping ist drittens für offensichtlich immer mehr Athleten das Mittel erster Wahl, wenn es um die Passung von Psyche und Spitzensport geht. Auch hier ist das Repertoire möglicher und tatsächlicher Interventionen immens und beliebig variierbar. Gedopt wird, um Beeinträchtigungen des eigenen Kampfeswillens durch Angst oder Aufregung auszuschalten oder um Nervosität oder Müdigkeit zu vertreiben. Insgesamt geht es darum, die Psyche der Athleten an die Anforderungen von Training und Wett-kampf anzupassen. Man interveniert in den Körper, um das Bewußtsein wettkampffähig zu machen.

Doping ist viertens im Spiel, wenn Sportler das Risiko ausschalten wollen, wichtige institutionelle Fördermöglichkeiten zu verpassen. Die Teilhabe an den diversen Leistungen von Verein, Verband, Sporthilfe, Sponsor oder Mäzen ist eine unverzichtbare Voraussetzung dafür, um auf hohem Niveau erfolgreich mithalten zu können. Und wer einmal über längere Zeit an diesen Ressourcen partizipieren durfte und vielleicht keine Alternativen besitzt, will sie sicherlich nicht so schnell wieder verlie-ren. Mißerfolg bei Wettkämpfen beinhaltet das Risiko, von diesen Seg-nungen abgeschnitten zu werden. Athleten werden deshalb im Rahmen einer rationalen Wahlhandlung abwägen, ob das Risiko des Ressourcen-verlustes größer oder kleiner als das Entdeckungsrisiko ist. Daß neben den vielen Möglichkeiten der legitimen Innovation offensichtlich immer mehr auch Strategien der illegitimen Absicherung eingesetzt werden, zeugt davon, in welche Richtung diese Denkkalküle inzwischen gehen.

In unserer Aufzählung unterschiedlicher Risikofaktoren hatten wir festgestellt, daß nicht energisch gegen Doping vorgehende Sportverbände zu einem Risiko für Athletenbiographien werden. Hieraus läßt sich die nächste Copingmaßnahme ableiten. Doping kommt fünftens als eine Strategie ins Spiel, um dem impliziten Dopingdruck sowie der klamm-heimlichen Dopingakzeptanz vieler Verbände zu entsprechen. Ein Sport-verband, in dem nachweislich viel gedopt wird (Beispiel: Profiradsport) und außer Lippenbekenntnissen wenig an effektiver Dopingbekämpfung passiert, setzt die eigenen Athleten strukturell unter Druck, sich an das Dopen der anderen durch eigene Devianz anzupassen. Daß in der Mehr-zahl der Disziplinen meist kein offensives, sondern nur noch ein defensi-ves Dopen stattfindet, deutet darauf hin, daß die Verbände Doping durch defizitäre Kontrollmaßnahmen strukturell mit erzeugen. Den Athleten, die zwischen einem Ja oder Nein zum Doping abwägen, geben die Ver-bände das Signal, daß sie den Grenznutzen von Devianz höher veran-schlagen sollten als die Einhaltung von Fairneß-Regeln. Sportlerkarrieren sind in der Tat riskant, wenn sie in Handlungsfeldern stattfinden, die maßgeblich von korporativen Akteuren gesteuert werden, die sich in Sachen Doping permissiv verhalten. Verbände, die ihre Dilemma-Situa-tionen nicht lösen können, sondern an die Sportler weitergeben, sind für

Sportler ein großes Risiko. Doping erscheint dann als ein Epiphänomen der auf Verbandsebene nicht gelösten Dopingkontrollprobleme. Die Ambivalenz und Widersprüchlichkeit der Verbände produzieren Folgewidersprüche: Athleten und Trainer zeigen sich angepaßt im Hinblick auf die dominanten Erwartungen des Leistungssports, nämlich Leistungen zu steigern und Siege anzustreben, aber unangepaßt im Hinblick auf den erlaubten Mitteleinsatz.

Doping findet sechstens als eine Maßnahme statt, um die auf dem Leistungsindividualismus aufruhende Sportleridentität zu behaupten. Der Leistungsindividualismus des zeitgenössischen Spitzensportlers nimmt, wie wir zu Beginn unserer Untersuchung ausgeführt haben, den Siegescode des Systems beim Wort und prägt eine systemadäquate Identität aus, die Sportler nicht ohne weiteres aufgeben wollen und können. Die einzige Möglichkeit der Individualisierung besteht für die Sportler nämlich darin, besser zu sein als die anderen. Wenn ein einziges Merkmal die Selbstsicht einer Person beherrscht und definiert und alle anderen Identitätskomponenten weit dahinter zurücktreten, und diese eng fokussierte Selbstwahrnehmung zudem noch von außen durch ein erfolgsinteressiertes Umfeld zusätzlich bestätigt und verstärkt wird, erhalten Siege und sportliche Erfolge eine ungeheure Wichtigkeit für die eigene Identitätsarbeit. Sie sind bedeutsam für die Ich-Gestaltung und unverzichtbar, um die Identitätsverschränkung mit erfolgsorientierten Trainern, Sponsoren und auch Medienakteuren abzusichern. Erfolge sind alles, alles andere ist nichts. Niederlagen, Verletzungen und dauerhafte Mißerfolge werden für den einzelnen Sportler, der den Druck sozialer Erwartungen auf seinen Schultern fühlt, leicht zu Anlässen, um nicht nur sich selbst als Athlet oder Athletin, sondern um sich selbst als Person insgesamt kritisch zu hinterfragen. Am Horizont taucht dann sehr schnell die Frage nach dem Sinn der eigenen Existenz auf.

Wenn es zutrifft, daß sportliche Erfolge maßgeblich zur Identitätsbestätigung von Athleten beitragen, die Bemühungen aber, sie treffsicher zu erreichen, durch das unbarmherzige Konkurrenzprinzip gefährdet oder sogar unterlaufen werden, dann gewinnt Doping den Status eines Hilfsmittels, das Athleten dankbar nutzen, um die auf Erfolg angewiesene Sportleridentität herzustellen und zu stabilisieren. Sportler geraten hierdurch aber in den Sog einer sich selbst verstärkenden Dopingspirale hinein, aus der es kein einfaches und konsequenzenloses Entrinnen gibt. In der Phase der kollektiven Aneignung des Dopings entfällt nämlich schnell die angestrebte identitätsstabilisierende Wirkung des Dopings. Wenn viele oder gar alle sich in der einen oder anderen Weise dopen, um so ihrer Identität die nötigen Erfolge zu verschaffen, nimmt die Wahrscheinlichkeit der dauerhaften Stabilisierung eines so aufgerüsteten Leistungsindividualismus ab. Die Intransparenz der Dopingverwendung verschärft diese Situation und sorgt für weitere eskalatorische Maßnahmen.

Doping ist siebtens als eine Maßnahme zu werten, die auf eine Reduzierung ökonomischer Risiken abzielt. Selbst wenn Geld für eine langfri-
stige Absicherung im Alter in der Mehrzahl der Disziplinen typischerweise nicht im Vordergrund steht und die gängige Unterstützung von Spitzenathleten auf dem Niveau der Sozialhilfe angesiedelt ist, sind wirtschaftlich relevante Motive auch bei jenen im Spiel, die nicht auf eine
geldliche Kompensation ihres Engagements ausgerichtet sind. Es geht
dann vornehmlich um eine Teilhabe an den geldwerten Ressourcen, die
der Sport und seine korporativen Akteure zur Verfügung stellen, um eine
Karriere im Sport und unmittelbar nach dem Sport überhaupt erst dauerhaft gestalten zu können. Bedeutsam sind dann der Zugang zu den Förderkompanien der Bundeswehr, die Vermittlung in eine sportnahe Schule, die Verfügbarmachung eines Arbeitsplatzes durch einen vereinsnahen
Mäzen oder die Gelder der Sporthilfe zur Unterstützung eines Universi-
tätsstudiums. Für viele Sportler ist es wichtig, daß es nach ihrer Sportkarriere irgendwie weitergeht. Ohne entsprechende Erfolge bei Wettkämpfen
können die sportvermittelten Möglichkeiten aber nicht genutzt werden.
Da die Solidarität der korporativen Sportakteure vornehmlich jenen Spitzensportlern gilt, die im Moment erfolgreich sind und zu den Hoffnungs-
trägern der Verbände zählen – und nicht den Verlierern oder langfristig
Verletzten –, entsteht ein Erwartungsdruck auf die Sportler, dauerhaft erfolgreich zu sein. Und Trainer, die von der Bedeutsamkeit einer ökonomischen Absicherung der Athleten wissen, werden aus Eigeninteresse mit-
helfen, daß die Sportler dem Erwartungsdruck positiv entsprechen können. Alles andere wäre ein Akt der beruflichen Selbstschädigung.

Abbildung 3: Coping durch Doping: Motivkonstellationen

Coping durch Doping: Motivkonstellationen
– Mißerfolgs- und Nachteilsvermeidung
– Steigerung der eigenen Körpermöglichkeiten; Verschiebung vorhandener Körpergrenzen
– Passung von Psyche und Spitzensport
– Zutritt zum Förderkartell und/oder Absicherung bereits erfolgter Fördermaßnahmen
– Kompensation von Kontrolldefiziten der Sportverbände; Anpassung durch Abweichung
– Stabilisierung der leistungsindividualistischen Sportleridentität
– Reduzierung ökonomischer Risiken
– Verheimlichung bereits vollzogener Devianz

Doping kommt achtens als Sekundärdevianz ins Spiel. Bereits vollzogene
Abweichung soll nach außen camoufliert werden. Es gilt, die mit Hilfe illegitimer Praktiken erzielten Leistungen im nachhinein nicht als Doping-

rekorde verdächtig erscheinen zu lassen. Athleten werden so im Sinne einer Pfadabhängigkeit der Abweichung in eine Spirale weiterer Devianz gezwungen. Abweichung führt zur Abweichung, die wiederum zur Abweichung führt. Doping verhält sich deshalb zum Athleten wie der Zauberlehrling zu seinem Meister. Hat sich beispielsweise eine Sportleridentität unter den verschärften Konkurrenzbedingungen des Leistungssports erst einmal mit Hilfe von Doping die nötigen Erfolge verschaffen können, oder wird dies wenigstens vom Athleten so geglaubt, ist ein anschließender Verzicht während einer laufenden Sportlerkarriere nicht zu erwarten. Ein 100m-Läufer, der ohne Doping einige Zehntelsekunden langsamer liefe, machte sich in seinem Umfeld verdächtig und wird, um eine Selbstdiffamierung dieser Art zu vermeiden, dazu tendieren, Doping weiterhin klammheimlich einzunehmen.

Das Perfide der Situation besteht darin, daß jeder der aufgezählten Risikofaktoren für sich alleine bereits einen Grund für Devianz abgibt. Doping ist damit ein *überdeterminiertes Phänomen*. Ein einziges unter den genannten Motiven kann bereits ausreichen, damit Sportler sich dopen oder gedopt werden. Diese Überdeterminiertheit macht die Dopingbekämpfung so ungemein schwer und hat bei nicht wenigen Dopinggegnern das Gefühl der Vergeblichkeit hervorgerufen.[46] Hat man als Fachverband ein einzelnes Motiv durch bestimmte Maßnahmen weitgehend unter Kontrolle gebracht (Beispiel 1: soziale Absicherung von Spitzensportlern durch integrative Maßnahmen zwecks Reduzierung des Totalisierungsgrades spitzensportlichen Handelns; fiktives Beispiel 2: Einführung weltweiter Trainingskontrollen zur Beseitigung von Nachteilen durch die sich dopenden Athleten anderer Nationen), existieren noch viele andere Gründe, die Athleten zum Doping verleiten können (Identitätsbehauptung, Vermeidung von Mißerfolgserfahrungen, Absicherung ökonomischer Interessen, Kompensation von Verletzungen oder altersbedingter Leistungsabfall etc.). Gerade weil Doping für viele Zwecke einsetzbar ist, ist es schwer, treffsicher gegen diese Devianzform vorzugehen.

Nimmt man die zahlreichen Entlarvungen und Geständnisse ernst, die seit vielen Jahren in der Folge von Dopingskandalen an die Öffentlichkeit dringen, ist davon auszugehen, daß immer mehr Sportler mit Hilfe eines unterstützenden Umfeldes versuchen, die Unsicherheit ihrer biographischen Situation durch Rückgriff auf deviante Strategien in eine Sicherheit zu transformieren. Daß sich die Sportler durch Doping oftmals nur eine hochriskante Scheinsicherheit einhandeln und vom Regen in die Traufe zu gelangen drohen, ist allein schon deshalb erwartbar, weil illegitime Innovationsversuche in Gestalt von Dopingpraktiken in einem konkurrenzorientierten Handlungsfeld trotz aller Abschottung in der Regel beobachtet und kopiert werden – mit der Konsequenz, daß sich der Nutzen für alle reduziert, die problematischen Externalitäten aber enorm ansteigen. Selbst etwaige Pioniergewinne müssen, wie man weiß, mit immer größeren physischen und psychischen Konsequenzen erkauft werden – von dem Risiko, erwischt zu werden und schlagartig alle Investitionen abschreiben zu müssen, ganz zu schweigen.

Doping als Strategie zur Steuerung spitzensportlicher Karrieren spielt damit eine höchst ambivalente Rolle. Es signalisiert einen Nutzen bei dem Versuch, biographische Kontingenzen zu reduzieren, kann aber selbst zu einem plötzlichen Risiko werden. Um dies wiederum zu verhindern, müssen die mit Doping befaßten Akteure entsprechende Copingstrategien entwickeln. Lügen, Täuschen und Verschweigen werden notwendig, um die Simulation von Regeltreue nicht zum Einsturz zu bringen. Damit reagieren die Athleten auf ihre Zwangslage: Sie sind zur permanenten *Täuschung* gezwungen. Denn das Doping muß ja heimlich geschehen, also als Nicht-Doping dargestellt werden. Die »Vorderbühne« der Selbstdarstellung hat der sportlichen und außersportlichen Öffentlichkeit den »sauberen« Athleten zu präsentieren, der sich, wenn er danach gefragt wird, energisch gegen Doping ausspricht. Auf der »Hinterbühne« werden dann in den Tiefen des Körpers »unterstützende Maßnahmen« eingesetzt. Eine derartige Entkopplung von Außendarstellung und tatsächlichem Tun läßt den einzelnen Athleten zumeist nicht unberührt. Er weiß nicht nur, daß er betrügt und Regeltreue lediglich simuliert; er fühlt sich auch nicht unbedingt wohl dabei. Das Unwohlsein mag auf Gewissensbisse zurückgehen. Es hat vielleicht aber auch damit zu tun, daß der Athlet sich über seine Leistungen nicht wirklich zu freuen vermag, weil er sie eben nicht als eigene ernst nehmen kann.

Um diese *Authentizitätsprobleme* vor sich selbst zu überspielen und das eigene abweichende Verhalten vor anderen zu rechtfertigen, nutzen sich dopende Athleten verschiedene Neutralisierungsrhetoriken. Hierfür einige Beispiele: Dopingmaßnahmen werden sprachlich verharmlost, etwa als »Substitution« bezeichnet. So nimmt man der Abweichung zumindest auf der verbalen Ebene ihre Schärfe. Oder Sportler weisen mit Nachdruck darauf hin, sich durch Doping keine Vorteile zu verschaffen, sondern lediglich Nachteile gegenüber anderen sich dopenden Athleten auszugleichen. In Verbindung hiermit behaupten Sportler auch, daß der Kampf gegen Doping sowieso aussichtslos sei, weshalb ihnen gar nichts anderes übrig bliebe, als zähneknirschend mitzumachen. Nur so ließen sich Chancengleichheit und Leistungsgerechtigkeit realisieren. Oder man rechtfertigt Doping dadurch, daß man eine besondere individuelle Benachteiligung – etwa wegen einer schweren Verletzung kurz vor einem wichtigen Wettkampf – zu kompensieren hatte. Diese und andere Argumente überspielen das Unbehagen der Sportler angesichts der eigenen Unwahrhaftigkeit, die ihnen durch die geschilderte Konstellation auferlegt wird.

Was aber bedeutet Doping nun jenseits von Vorteilsbeschaffung, Nachteilsvermeidung und Karrieremanagement aus einer modelltheoretischen soziologischen Sicht? Diese Frage wollen wir im nächsten Ab-

schnitt beantworten. Wir unternehmen dies, indem wir zunächst auf die
erlaubten Mittel eingehen, die im Sport zur Steigerung sportlicher Leistungen verwendet werden, um vor dieser Kontrastfolie anschließend die
Devianz und Illegitimität des Dopings herauszuarbeiten.

4.2 Doping als illegitime Innovation

Ein auf Leistung ausgerichtetes System, das ein knappes Gut in öffentlich
beobachtbaren Konkurrenz- und Wettbewerbssituationen zur Verteilung
und Belohnung bringt, stimuliert ein entsprechendes individuelles und
organisatorisches Innovationsstreben, um die Ausgangsvoraussetzungen
der Hauptakteure zu verbessern und Erwartungssicherheit im Hinblick
auf die Zielerreichung herzustellen. Technik, Taktik und Training sind
die legitimen Maßnahmen, die immer schon das Bestreben derjenigen
bestimmten, die nicht bloß an sportlichen Wettkämpfen teilnehmen,
sondern gewinnen wollten. Die seit den 6oer Jahren des letzten Jahrhunderts in der Bundesrepublik institutionalisierten Fördereinrichtungen in
Gestalt von Leistungszentren, Stützpunkten, hauptamtlichen Trainerstel-
len etc. spiegeln dieses Bestreben nach Verbesserung und organisatorischer Abstützung wider.

Doping bringt eine neue Dimension in den Spitzensport hinein. Es
repräsentiert einen Handlungstypus, der Innovation über Devianz zu
erreichen versucht, dies aber notwendigerweise abzudunkeln hat.[47] Die
sportunspezifische Analyse von Robert K. Merton (1949: 185-248) über
abweichendes Verhalten läßt sich insofern auf die Dopingproblematik
anwenden. Innovation ist bei Merton jene Handlungsstrategie, die Menschen einsetzen, um mit sozial nicht akzeptierten Mitteln akzeptierte
Ziele zu erreichen. Ein Sozialbereich, der für immer kleinere Leistungsverbesserungen inzwischen immer größere Investitionen verlangt und
hierbei an die Grenzen der physischen und psychischen Machbarkeit
gestoßen ist, entwertet offensichtlich die legale Trainingsarbeit als alleinigen Fortschrittsmotor für die Steigerung von Athletenleistungen und regt,
auch ohne es zu wollen, ein Sondieren und Experimentieren in den Grau-
und Verbotszonen der Leistungsförderung an.

Die innovatorischen Leistungen, die qua Doping entfaltet werden,
betreffen die Sach-, die Zeit- und die Sozialdimension des Leistungssports. Und es ist dieses weite, über das rein Physische hinausgehende
Leistungsspektrum der Dopingnutzung, das die Bekämpfung so schwierig
und die gegenwärtigen Maßnahmen so hilflos erscheinen läßt. *Sachlich*
ermöglicht Doping eine hochdifferenzierte, auf die Anforderungen der
jeweiligen Sportart zugeschnittene Manipulation der Subjektkomponente
des Sports. Es hilft beispielsweise die physiologischen Grenzen heraus-
zuschieben und eröffnet eine Nutzung der dem Willen des Sportlers nicht
zugänglichen autonomen Leistungsreserven. Psychopharmaka nehmen
die Angst, beruhigen oder machen aggressiv. Anabolika bauen Muskeln

auf oder ermöglichen eine Regeneration. Sportler versetzen sich durch die Einnahme bestimmter Mittel insgesamt in die Lage, Leistungen zu erbringen, die sie ohne eine Medikamentierung so nicht erreichen könnten. *Zeitlich* sorgt die Nutzung von Dopingmitteln für eine Verlängerung der Athletenkarriere sowohl nach vorne als auch nach hinten. Sportler können sich mit Hilfe diverser Medikamente früher in die Leistungselite hineinkatapultieren. Sie sind zudem in der Lage, die an den Zerfall der körperlichen Leistungsfähigkeit gebundene Begrenztheit ihrer Laufbahn durch Doping zu durchbrechen und auf der Zeitdimension zu strecken. So ist es durch Doping auch möglich, die natürliche Körperentwicklung der Sportler gleichsam zeitpunktfixiert in der Gegenwart einzufrieren, um eine möglichst hohe Adäquanz zwischen Körper und sportartspezifischen Anforderungen zu erreichen. Wo junge Körper und Psychen den Anforderungen von Training und Wettkampf besser entsprechen als erwachsene, liegt der Griff zu Maßnahmen nahe, die die natürliche Akzeleration verhindern.[48] Doping verkürzt zudem die Verletzungs- und Regenerationszeiten und sorgt für eine Rationalisierung »unproduktiver« Wartephasen. Doping wirft demnach einen Temporalisierungsnutzen in mehrfacher Hinsicht ab. Es beschleunigt und verlangsamt Sportlerkarrieren, verkürzt den Stillstand und synchronisiert Körperentwicklung und Hochleistungssport.

Die *sozialen* Innovationsleistungen ergeben sich vor dem Hintergrund des eskalierenden Konkurrenzdrucks im modernen Spitzensport. Ungebremst durch die formellen Regeln der Verbände verbinden sich dopende Athleten mit ihrer Abweichung die Hoffnung, in Wettkampfsituationen gleichsam auf eine Überholspur wechseln zu können. Doping verkörpert – im wahrsten Sinne des Wortes – den Siegescode pur. Insofern sind Sportler, die auf Dopingpraktiken zurückgreifen, entgegen ihrer Etikettierung durch das Sportestablishment sehr wohl am höchsten Leitwert des Leistungssports orientiert. Denn das Telos spitzensportlichen Handelns besteht – aller Olympischen Pädagogik zum Trotz – eben nicht im Fairsein, sondern im Gewinnen. Die immer noch anzutreffende Rhetorik des »Dabeisein ist alles!« erscheint demgegenüber eher als notdürftige Kompensation der extremen Selektivität des Siegescodes. So werden, ganz entsprechend der Cooling-out-These Erving Goffmans (1962: 482-505), Verlierer getröstet und als Gegner bei der Stange gehalten.

Mit einem Dopingeinsatz streben Sportler, Trainer und die unterstützenden Akteure des Umfeldes eine konditionale Programmierung, eine möglichst treffsichere und zeitpunktgenaue Wenn-Dann-Beziehung zwischen Mitteleinsatz und Zielerreichung an. Es geht um eine Form kontrollierter und restringierter Kausalitätsnutzung. Dopingmittel erhalten aus Sicht ihrer Verwender die Funktion, als Artefakte in nicht-trivialen Überschneidungsfeldern organischer, psychischer und sozialer Systeme Trivialisierungswirkungen zu entfalten. Der Input in die Athleten soll einen erwartbaren Output erzielen.[49] Es liegt auf der Hand, daß es gerade die naturwissenschaftlichen Knopfdrucktechnologien sind, die dieses Bedürfnis nach Komplexitätsreduktion befriedigen. Pillen und Spritzen suggerieren Sicherheit durch einfache Handhabung und liefern zudem einen Reflexionsverzicht.[50] Sportler müssen keine Kenntnisse über biochemische Vorgänge, wissenschaftliche Vorreflexionen und Voraussetzungen besitzen, wenn sie beispielsweise auf Anabolika zurückgreifen. Doping ist insofern eine Sonderform von naturwissenschaftlich-technologischer Instrumentalisierung des Athletenkörpers, die unter Ausschaltung sachlicher, zeitlicher und sozialer Komplexität zur Steigerung des sportlich Möglichen beitragen soll.

Daß der menschliche Körper freilich nur begrenzt trivialisierbar ist, verdeutlichen die gesundheitlichen Konsequenzen des Dopings: Krankheit, erhöhte Verletzungsanfälligkeit und, in extremen Fällen, auch Tod. Die gesundheitlichen Schädigungen werden sachlich und zeitlich bagatellisiert. In sachlicher Hinsicht beruhigt man sich damit, daß es keine gesicherten Erkenntnisse über Dopingschäden gäbe bzw. solche Schädigungen bei einer angemessenen medizinischen Betreuung in Grenzen gehalten werden könnten. In zeitlicher Hinsicht werden mögliche Schädigungen weit in der Zukunft verortet, also in einen Zeithorizont projiziert, der angesichts des gegenwärtigen Erfolgsdrucks noch nicht weiter bekümmert. Man könnte dies als Futurisierung der Schadenserwartungen bezeichnen.

Der soziale Druck des engeren und weiteren Umfeldes eines Sportlers, das von dessen Erfolg abhängt, tut ein übriges. Der Innovationsnutzen des Dopings läßt auch all diejenigen parasitär teilhaben, die assistierende und ermöglichende Funktionen innerhalb und außerhalb des Leistungssports ausüben. Trainer, deren berufliche Leistungsfähigkeit letztlich nur über die sportlichen Erfolge ihrer Athleten meßbar ist, werden über dopingfundierte Erfolge von Athleten in die komfortable Lage versetzt, Reputation und Einkommen zu steigern. Politiker, die knappe Finanzen bewilligen, können sich im warmen Licht sportlicher Siege mitsonnen und sich über die Darstellung einer generellen Sportfreundlichkeit für Wahlen ins Spiel bringen. Für Sponsoren, die einen Imagetransfer zugunsten ihrer Produkte im Auge haben, fällt ebenso eine Begleitaufmerksamkeit ab, wenn gedopte – freilich nicht als solche entlarvte – Athleten erfolgreich sind. Selbst die Zuschauer, die über den Mechanismus der Identifikation mit Siegern am Geschehen teilnehmen, haben etwas davon, wenn Doping als Devianztypus erfolgreich ist, solange er nicht bemerkt wird. Sie bekommen virtuose Leistungen zu sehen, die sonst nicht möglich wären. Davon profitieren schließlich auch die Massenmedien. Sie können ihre Einschaltquoten über die Darstellung spannender Wettkämpfe erhöhen.[51]

Das engere Unterstützungsumfeld eines Sportlers ermuntert und drängt jedoch nicht bloß zum Doping. Es hilft ihm auch dabei. Doping ist nur selten eine auf eigene Faust implementierte Praktik. Vielmehr hat sich im Spitzensport eine Subkultur entwickelt, die Opportunitäten für Doping bereitstellt. Die Risikoabwälzung erfolgt in der Regel allerdings nur auf den Sportler. Allenfalls sein Trainer kann noch mitbestraft werden. Nicht nur, daß die Sportler die möglichen, teilweise äußerst gravierenden Gesundheitsgefährdungen des Dopings auf sich nehmen müssen, sie sind auch die Sündenböcke, die im Fall ihrer Entlarvung auf dem Altar hochgehaltener Werte geopfert und mit entsprechenden Neutralisierungstechniken sanktioniert und diffamiert werden. Wenn die Innovation durch Abweichung aufgedeckt und zu einem öffentlichen Skandal gemacht wird, gehören die innere Logik des Leistungssports und die Pfadabhängigkeit der Sportlerkarriere in der Regel nicht zu den Themen, die an den Pranger gestellt werden.[52]

Geht man vom einzelnen Sportler auf die Konkurrenzsituation zwischen Athleten über, gerät der eskalierende Zwangscharakter des Dopings in den Blick. Ähnlich wie Firmen, die zur Erzielung von Konkurrenzvorteilen ein neues Produkt auf den Markt gebracht haben, durch die Verfallszeit von Patentrechten gleichsam genötigt werden, über permanente weitere Verbesserungen nachzusinnen, ergibt sich für diejenigen, die Dopingmittel als Produktivkräfte in Leistungsvergleichen einsetzen, die Notwendigkeit, damit immer weiterzumachen, um innovatorische Vorteile auf Dauer zu stellen. Der Rückfall ertappter Sportler (Beispiel: Ben Johnson) ist nicht überraschend, sondern erwartbar. Er ist vielleicht der beste Beleg für die strukturellen Zwänge im Leistungssport.[53] Es gibt demnach nicht nur eine Pfadabhängigkeit von Sportlerkarrieren. Bei denen, die ihre sportliche Reputation nur mit Hilfe eines illegitimen Doping-Einsatzes gewinnen konnten, existiert auch eine *Pfadabhängigkeit der Abweichung*.

Für den einzelnen Sportler ist Doping eine zwar riskante, aber vielen auch notwendig erscheinende Maßnahme zur Absorption sachlicher, zeitlicher und sozialer Unsicherheiten. Die Konkurrenzsituation der Sportler führt allerdings dazu, daß die Unsicherheitsabsorption immer wieder vereitelt wird. Denn die miteinander konkurrierenden Sportler sind letztlich deshalb, weil sie sich wechselseitig unter Erfolgsdruck stellen, alle in derselben Lage und reagieren entsprechend gleichartig. Es spricht viel dafür, daß die meisten sich dopen. Doping als Strategie der Unsicherheitsreduktion funktioniert daher nicht so, daß der einzelne Sportler mit Gewißheit eine im Vergleich zu seinen Konkurrenten erhöhte Erfolgssicherheit gewinnt. Denn weil viele sich dopen, nivelliert sich der Sicherheitsgewinn. Keiner derer, die sich dopen, kann dadurch noch einen Vorteil vor den anderen erringen. Damit bewirkt Doping allerhöchstens, daß man im Vergleich zu den Konkurrenten keine Verringerung der eigenen Erfolgsaussichten erleidet. Genau deshalb muß sich jeder weiter dopen: weil keiner sicher sein kann, daß alle damit aufhören. Doping hat dann die Aufgabe, formale Gleichheit in dopingimprägnierten Disziplinen herzustellen. Die Konkurrenzsituation transformiert also die ursprüngliche individuelle Vorteilssuche sehr schnell in das viel bescheidenere Bestreben, wenigstens nicht ins Hintertreffen zu geraten.

Die Logik dieser Akteurkonstellation ist beispielsweise vom Rüstungswettlauf der Großmächte wohlbekannt. Spieltheoretisch modelliert handelt es sich um ein »Prisoner's Dilemma«.[54] Jedoch ist diese Dopingfalle sogar noch heimtückischer als die Aufrüstungsfalle, in die die Großmächte gerieten. Denn militärische Aufrüstung braucht man prinzipiell nur bis zu dem Punkt zu betreiben, wo man über die Waffenkapazität verfügt, um den Gegner zu vernichten. Das reicht aus, ihn vom Angriff abzuhalten. »Who shoots first dies second.« Es bringt zur eigenen Verteidigung nichts, über diesen Punkt hinaus militärisch stärker als der Gegner sein zu wollen. Sportler hingegen müssen entsprechend dem Siegescode darauf aus sein, immer wieder besser als alle Konkurrenten zu sein, so daß ihre Konkurrenz, anders als die militärische, keine Stoppregel kennt. Soweit die technischen Möglichkeiten reichen, müssen die Sportler sich dopen; und sie müssen darüber hinaus darauf drängen, daß die technischen Möglichkeiten immer mehr erweitert werden. Dadurch zwingen die Sportler einander wechselseitig in eine unaufhaltsame und ausgesprochen ruinöse Dopingspirale hinein. Zwar gilt wie bei der militärischen Aufrüstung: Wenn Doping sowieso keinen Vorteil bringt, weil die Mehrzahl es tut, könnte man eigentlich ebensogut damit aufhören. Allerdings gilt im Sport auch: Sofern alle anderen damit aufhören, kann ein Sportler sich selbst einen Vorteil verschaffen, wenn er sich als einziger weiter dopt. Und weil alle davon wissen, trauen sie einander sogar und gerade dann nicht über den Weg, wenn zum allseitigen Dopingverzicht aufgerufen wird. Gerade solche hehren Proklamationen könnten ja immer auch eine arglistige Täuschung sein.[55] Typisch für das Klima im Spitzensport ist somit eine Generalisierung des Dopingverdachts – gerade auch gegenüber denjenigen, die anderes zu tun fordern.

Angesichts der geschilderten biographischen Situation begannen irgendwann zunächst einzelne Athleten ein *offensives Doping*. Sie versuchten, sich Vorteile gegenüber den ungedopten Mitkonkurrenten zu verschaffen. Diese Strategie barg freilich den Keim ihres Scheiterns schon in sich. Der einzelne Dopingverwender mußte sich zunehmend in einer Gemeinschaft Gleichgesinnter wähnen: Denn warum sollten die anderen dümmer oder skrupulöser als er selbst sein! Jede Entlarvung eines Dopingsünders bestätigt diese Einschätzung zusätzlich, wirkt also keineswegs automatisch als Abschreckung. Seit längerem gibt es daher fast nur noch *defensives Doping*. Man dopt sich, um eigene Nachteile zu vermeiden: weil man davon auszugehen hat, daß viele Konkurrenten sich dopen. »Ich weiß nie, ob die anderen sauber sind.« (KSA vom 5.6.1995) So drückte die deutsche Sprinterin Melanie Paschke die Undurchschaubarkeit der Situation aus; und aufgrund einer solchen Einschätzung haben sich viele Athleten vorsichtshalber zum Doping entschlossen.

Doping kann so buchstäblich *aus dem Nichts* entstehen: als eine sich selbst erfüllende Prophezeiung. Die Athleten brauchen nur wechselseitig voneinander zu *meinen*, daß ihre Mitstreiter sich dopen, um rationalerweise auch selbst zum Doping zu greifen. Die sowohl für die Gesamtheit der Athleten als auch für jeden einzelnen von ihnen höchst unerwünschte Konsequenz ist eine *unaufhaltsame Eskalation* des Dopingeinsatzes und der hiermit verbundenen Risiken. Präparate aus der Kälbermast, gentechnologisch hergestellte Wachstumshormone, in extremen Überdosen eingenommene Alltagsstimulanzien wie Kaffee oder Eigenblutinjektionen: Nichts wird unversucht gelassen. Immer abenteuerlichere Praktiken, Dosierungen und Mittelkombinationen werden eingesetzt, mit immer schwerwiegenderen gesundheitlichen Folgen. In der Wohnung von Birgit Dressel, der 1987 an Doping verstorbenen deutschen Siebenkämpferin, fand man mehr als einhundert verschiedene Medikamente. Ihr Tod ist leider kein abschreckendes Beispiel geworden.

Die Athleten zwingen einander nach wie vor gegenseitig in eine *Dopingspirale* hinein. Zwar gilt, wie bei der militärischen Aufrüstung: Wenn Doping sowieso keinen Vorteil mehr bringt, weil viele es tun, könnten eigentlich genauso gut alle damit aufhören. Allerdings gilt eben auch: Sofern alle anderen damit aufhörten, könnte ein Sportler sich selbst den vielleicht entscheidenden Vorteil verschaffen, wenn er sich als einziger weiterhin heimlich dopte. Und weil alle von dieser Möglichkeit wissen, trauen sie einander sogar und gerade dann nicht über den Weg, wenn zum allseitigen Dopingverzicht aufgerufen wird. Denn das Befolgen entsprechender Appelle liefe auf eine freiwillige Selbstbenachteiligung hinaus, wenn nicht alle gleichzeitig mitziehen.

Damit zeigt sich ein ernüchternder Tatbestand: Doping ist weniger ein Problem individueller Charakterschwäche als vielmehr Ausdruck eines Zusammentreffens gesellschaftlicher Wirkungsfaktoren, die den heutigen Spitzensport prägen. Der Sportsoziologe Gunter Pilz (1994) spricht in diesem Zusammenhang davon, daß sich auch im Spitzensport die »Avantgarde eines neuen Identitätstyps« herausgeschält habe. Athleten werden in der Tat durch ihre geschilderte Situation dazu gedrängt, Vor- und Nachteile regelgerechten Handelns kühl abzuwägen und sich über moralische Standards gegebenenfalls kaltschnäuzig hinwegzusetzen. Hierin stehen die Spitzensportler im übrigen keineswegs allein. Auch beispielsweise Banker und Börsianer, die Insider-Kenntnisse illegal zur eigenen Bereicherung nutzen, oder bestechliche Spitzenpolitiker wären in diesem Zusammenhang zu nennen. Nicht zu vergessen sind aber auch jene Vergehen, die sich beinahe jeder selbst zubilligt, wie der alljährliche Betrug des Finanzamtes oder das alltägliche Überschreiten von Geschwindigkeitsbeschränkungen im Straßenverkehr. Es geht bei all diesen Phänomenen um eine *Anpassung durch klammheimliche Abweichung*: Man fügt sich rational kalkulierend den Forderungen des jeweiligen gesellschaftlichen Kontextes, indem man dort anerkannte und hochgeschätzte

Ziele nötigenfalls ohne größere Gewissensbisse auch mit unerlaubten Mitteln verfolgt. Bis hierher sollte klar geworden sein, daß eine personalisierende Betrachtung des Dopings vollkommen an der Sache vorbeigeht. Die Ursachen und Dynamiken des Dopings sind auf der überpersonellen Ebene komplexer gesellschaftlicher Konstellationen angesiedelt. Ebenso unangebracht wie die Personalisierung ist es allerdings, auf dieser überpersonellen Ebene diffus moralisierend von »Werteverfall«, »Kommerzialisierung« und »Doppelmoral« zu schwadronieren. Eine nüchterne soziologische Betrachtung vermag, wie kurz skizziert, sehr genau herauszuarbeiten, welche gesellschaftlichen Akteure wie an der Herstellung des Dopingproblems beteiligt sind. Die Frage, warum immer mehr Athleten unter einen Erfolgsdruck geraten, der sie zum Doping als Problemlösungsstrategie greifen läßt, kann, wie wir im ersten Abschnitt gezeigt haben, mit Hilfe einer Konstellationsanalyse präzise beantwortet werden. Entscheidend ist dabei, daß auch diejenigen Akteure, von denen der Erfolgsdruck ausgeht, diesen nicht einfach abstellen können. Auch sie handeln nicht aus freien Stücken und regen nicht mutwillig zu Normverstößen an, sondern unterliegen ihrerseits strukturellen Zwängen.

4.3 Dopingabstinenz: intervenierende Bedingungen als Moraläquivalente

Mit Auflistung diverser Copingstrategien zur Reduzierung typischer biographischer Risiken von Athleten haben wir einige Gründe für die stattfindende Dopingverwendung aus den Hauptrisiken »Erfolglosigkeit während der Karriere« und »Zukunftsunsicherheit nach der Karriere« modelltheoretisch abgeleitet. Es wäre allerdings verfehlt, von einer linearen, deterministischen Beziehung zwischen den Risiken einer Sportlerkarriere auf der einen Seite und der faktischen Dopingverwendung auf der anderen Seite auszugehen. Denn, soviel man weiß, dopen sich nicht alle Athleten. Es können zahlreiche Randbedingungen zwischen Dopinghandeln und Kontext intervenieren, dadurch eine strikte Kopplung verhindern und für Normtreue auch dann sorgen, wenn Moral das Handeln nicht beeinflußt.

Einige Konstellationen lassen sich exemplarisch nennen. Auch wenn die Risiken der Gesundheitsgefährdung durch Doping nach wie vor durch nicht wenige verbandsnahe Sportmediziner bagatellisiert oder gänzlich abgestritten werden, gehen Sportler durch die Benutzung von Dopingmedikamenten oder -verfahren das Risiko ein, sich selbst in ihrer physischen Befindlichkeit sowohl während als auch nach ihrer Karriere massiv zu schädigen – bis hin zum Risiko des eigenen Todes. Sportler, die in einer devianzstimulierenden Hochkostensituation stehen, werden also erstens auf den Einsatz devianter Copingstrategien verzichten, wenn sie die Relation zwischen gesundheitlichen Folgen und möglichem Nutzen als zu ungünstig einschätzen. Die Angst vor Krankheit, Sucht oder bleibenden Körperschäden kann somit funktional äquivalent für eine moralisch fundierte Normtreue sein. Eine Dopingdevianz kann zweitens durch ein »inner containment« verhindert werden, wenn der Aufmerksamkeitshorizont der Athleten durch Angst vor Entdeckung und anschließender verbandlicher und öffentlicher Diffamierung besetzt ist. Verbände, die für Kaderathleten ein An- und Abmeldesystem zur Kontrolle von Trainings- und Reisevorhaben installiert haben, ihre Sportler unangemeldet kontrollieren und Dopingsünder nach einer Entlarvung für längere Zeit aus dem Verkehr ziehen, erhöhen das Risiko für die Athleten, erwischt zu werden und mit Devianz nicht ungestraft davonzukommen. Auch in diesem Fall wäre Angst in der Verhinderung von Abweichung funktional äquivalent zu einer funktionierenden Fair-play-Erziehung.

Findet eine Sportlerkarriere drittens in einem Sportverband statt, der in Training und Wettkampf energisch gegen Doping vorgeht, entfällt das Risiko der Dopingdurchsetztheit der Sportart als Auslösefaktor für Devianz – zumindest mit Blick auf das nationale Sportsystem. Das kompromißlose Verfolgen von Dopingvergehen durch korporative Sportakteure schafft Systemvertrauen, das den Athleten vom Dopingdruck entlastet. Ist ein Athlet viertens nicht bereit, die sozialen Zwänge der Athletenkarriere mit Dopingdevianz zu beantworten, weil er sowohl das Fairneß-Postulat des Sports aufgrund innerer Einstellungen entsprechend hoch einschätzt als auch seine Identität nicht ausschließlich über Erfolg, sondern zusätzlich noch über Normtreue definiert, werden die Risikofaktoren bei ihm keine Dopingabweichung hervorrufen. Verstärkt werden kann dies durch die Einbettung eines Athleten in ein devianzresistentes sozial-moralisches Milieu, das die Funktion eines sozialen Immunsystems übernimmt.

Ist ein Athlet fünftens im Besitz eines außerordentlichen Körper- und Talentkapitals, das ihn gegenüber seinen Mitkonkurrenten deutlich bevorteilt, wird ein Dopingeinsatz für ihn nicht notwendig und zu riskant sein. Besagter Athlet kann auch so Erfolge erreichen. Sportler werden sechstens nicht mit gleichen Verletzungsrisiken konfrontiert. Einige Athleten können ihre Karrieren absolvieren, ohne daß langwierige körperliche Ausfälle sie gefährden. Für diese Sportler entfällt die Überlegung, durch Doping in die eigene Körpersphäre zu intervenieren, um beispielsweise eine entsprechende Beschleunigung des Regenerationsprozesses zu erreichen. Außerdem sind einige Sportler siebtens aufgrund familialer Herkunft oder bereits erreichter Schul- und Bildungsabschlüsse in der komfortablen Lage, Leistungssport betreiben zu können, ohne auf eine zukünftige ökonomische Absicherung durch sportliche Erfolge angewiesen zu sein. Auch sie können es sich zumindest unter ökonomischen Gesichtspunkten erlauben, nicht deviant zu werden. Die abweichungsmindernde oder gar -verhindernde Bedeutung von Positionsalternativen gilt auch für Trainer, Sportfunktionäre, Physiotherapeuten oder Ärzte. Wer in seiner beruflichen Zukunft unabhängig von den Konstellationszwängen des Spitzensports ist, also prinzipiell auf andere Positionen überwechseln und sich dadurch unbotmäßigen Erwartungen verweigern kann, besitzt eine Exit-Option und kann deshalb auf Doping verzichten.

Die Soziologen Richard Cloward und Lloyd Ohlin (1960) haben in Erweiterung und Präzisierung von Mertons Anomietheorie darauf hingewiesen, daß nicht nur der Zugang zu legitimen Mitteln, sondern auch zu illegitimen Mitteln der Zielerreichung sozial vermittelt werden muß. Dies gilt auch für Doping. Nicht jeder Athlet, der auf hohem Niveau abweichen will, ist in der Lage, dies ausschließlich auf sich selbst gestellt auch zu tun. Dilettanten können mit den elaborierten Formen des Dopings weder etwas anfangen, noch sind sie in der Lage, sie überhaupt kennenzulernen. Die Dummen werden selbst bei laschen Kontrollen rasch erwischt. Doping läßt sich nur dann erfolgreich einsetzen, wenn dem Sportler ein Umfeld zur Verfügung steht, das entsprechende Dopingmedikamente besorgt, implementiert und kaschiert. Ein Coping durch Doping ist also achtens dann nicht zu erwarten, wenn der einzelne Athlet keinen Zutritt zu einem devianzwilligen Unterstützungsmilieu findet. Devianz ist schließlich neuntens nicht zu erwarten, wenn Athleten sich die teilweise sehr teuren Dopingmittel finanziell nicht leisten können. Wer auf hohem Niveau mitdopen will, um so den Pioniergewinn der neuesten Medikamentenforschung mitnehmen zu können, hat tief in die eigene Tasche zu greifen oder muß auf ein entsprechend finanziell ausgestattetes Unterstützungsmilieu zurückgreifen können.

Abbildung 4: Intervenierende Bedingungen als Moraläquivalente

Intervenierende Bedingungen als Moraläquivalente
– Angst vor Krankheit, Sucht und bleibenden Körperschäden
– Angst vor Entdeckung und sozialer Diffamierung
– Abschreckung durch ein funktionierendes Dopingkontrollsystem
– Einbettung in ein devianzresistentes sozial-moralisches Milieu
– außeralltägliches Körper- und Talentkapital
– relative Verletzungsfreiheit
– Positionsalternativen durch Herkunft und/oder Ausbildung
– Zutrittsschwierigkeiten zu devianten Gruppen
– Geldknappheit

5 Doping und Terrorismus: Abweichungsdynamiken im Vergleich

Soziologische Theoretiker besitzen die Freiheit, soziale Phänomene miteinander kontrastieren zu können, die auf den ersten Blick nichts miteinander zu tun haben oder sogar impliziten Vergleichsverboten unterliegen. Als Spezialisten für fremde und inkongruente Blicke müssen Soziologen sogar – bei aller Empathie für ihre Beobachtungsobjekte – eine professionelle Taktlosigkeit entwickeln, wenn sie zu neuen Erkenntnissen gelangen wollen. Sie ähneln in dieser Hinsicht Therapeuten und Unternehmensberatern, die aufdeckungsorientierte Fragen zu stellen haben, um etwa Lebenslügen und Familiengeheimnisse zu entlarven oder betriebliche Fehlentwicklungen zu rekonstruieren. Ansonsten reproduzierte die Soziologie nur das, was das Alltagswissen von der Welt ohnehin schon weiß. Phänomene komparativ zu beobachten ist besonders dann reizvoll, wenn diese völlig unterschiedlichen Sinnsphären angehören, divergierende Ziel- und Wertehorizonte aufweisen und diametral auseinanderlaufende Wirkungen hervorzurufen. Dies ist im Fall von Doping und Terrorismus sicherlich der Fall. Auf der einen Seite unseres Vergleichs steht der Sport als ein Sozialsystem, das gemeinhin der Sphäre des Überflüssigen und Nichtnotwendigen zugezählt wird und in dem nicht wenige Akteure versuchen, ein knappes Gut, den sportlichen Sieg, mit illegitimen Mitteln zu erreichen. Zur Einschätzung der Wertigkeit derartiger Devianzen ist festzuhalten, daß der Sport keine gesamtgesellschaftlich einzigartige und unverzichtbare Funktion erfüllt. Eine Gesellschaft käme auch ohne Olympische Spiele, Weltmeisterschaften, Grand-Slam-Turniere oder Formel 1-Rennen aus, auch wenn mit diesen Sportevents heute viel Geld verdient wird und ein Verzicht auf diese Großereignisse durchaus spürbare ökonomische Wirkungen hervorriefe. Doping gefährdet insofern nicht die Gesamtgesellschaft. Auf der anderen Seite unseres Vergleichs steht der Terrorismus, der den Staat mit planmäßig organisierter Gewalt attackiert und provoziert, um in der Öffentlichkeit Angst und Schrecken zu verbreiten und ein weithin sichtbares symbolisches Fanal zu setzen. Aufgrund der Bedeutung des Staates in der modernen Gesellschaft weist der Terrorismus zweifellos ein anderes Kaliber auf als die im Spitzensport stattfindenden Dopingpraktiken. Der Wegfall oder die dauerhafte Schwächung staatlicher Funktionen würde ein gesamtgesellschaftlich wirkendes Erdbeben hervorrufen. Es könnten keine verbindlichen Entscheidungen mehr getroffen und durchgesetzt werden, wenn es dem Staat nicht gelänge, den gesellschaftlichen Binnenraum durch die Monopolisierung der Gewalt zu befrieden und eine öffentliche Sicherheit herzustellen. Probleme, die wie das Dopingproblem im Kontext des Sports auftauchen und dessen Logik subversiv zu unterlaufen trachten, besitzen deshalb einen anderen Stellenwert als Probleme, die unter dem Stichwort Terrorismus abgehandelt werden.

Dennoch wollen wir beide Phänomene im folgenden in einem pointierten und provokativen Vergleich gegenüberstellen, um die soziologische Herangehensweise zu verdeutlichen und den Stellenwert der kontextuellen Einbettung individuellen Handelns klarzumachen. Der erste Abschnitt dieses Kapitels ist zunächst auf der Ebene der generellen soziologischen Theorie angesiedelt und kontrastiert die soziologische, pädagogische und juristische Perspektive bezüglich der Idee von der Autonomie des modernen Subjekts. Wir knüpfen hierbei an Ausführungen an, die wir unter dem Stichwort »Personalisierung« bereits in Kapitel 1.2 formuliert haben. Im zweiten Abschnitt erfolgt die Anwendung der strukturellen Sicht auf Doping und Terrorismus als Abweichungsdynamiken, die in ihrer Logik identisch sind, weil sie ihre Täter relativ wahllos aussuchen, gegen Ausstiegsappelle taub sind und auf einen Verfolgungsdruck von außen eher mit einer inneren Kohäsionssteigerung reagieren. Außerdem weisen beide Devianzen weitere Gemeinsamkeiten auf, die einer freien Handlungswahl wenig Raum lassen und ein Hineinrutschen in eine Situation fördern, die niemand am Anfang so gewollt hat: eine starke Identitätsfokussierung der beteiligten Akteure, schleichende biographische Fixierungen, konfrontative Konfliktstrukturen sowie eine Unbestimmtheit des Konfliktausgangs.

5.1 Handlungen und Handlungsverstrickungen

Die *Autonomie des Individuums* als eine der kulturellen Leitideen der Moderne (Lukes 1973) ist gleichzeitig faktische Beschreibung und normatives Postulat. Menschen sind in ihrem Handeln selbstbestimmt, und sie sollen es sein – und zwar freiwillig. Die Forderung macht natürlich nur Sinn, weil die individualisierenden gesellschaftlichen Entwicklungen nicht schon vollends zur Entfaltung gekommen sind. Denn noch immer ist unser Handeln teilweise durch einengende Institutionen und andere äußere Kräfte fremdbestimmt. Zwei in dieser Hinsicht konsequent – man könnte auch sagen: unkritisch! – moderne Wissenschaften sind die Erziehungs- und die Rechtswissenschaft. Die Erziehungswissenschaft verkündet seit Mitte des achtzehnten Jahrhundert, daß ihre Erkenntnisse letztlich einem einzigen Ziel dienen sollen: die Erziehungspraxis darin zu unterweisen, wie das autonome (»mündige«) Individuum geschaffen werden könne. Erziehung hat im landläufigen Verständnis die Funktion, eine selbstbestimmte Lebensführung des Zöglings zu ermöglichen. Diese Zielsetzung schließt von einer anthropologisch begründeten Erziehungsbedürftigkeit auf Erziehbarkeit. Selbstbestimmung soll aus anfänglicher pädagogischer Fremdbestimmung hervorgehen. Die Rechtswissenschaft wiederum muß, um zu Rechtsurteilen gelangen zu können, ein solches autonomes (»selbstverantwortliches«) Individuum als gegeben voraussetzen. Im vormodernen Rechtsverständnis war der einzelne nicht vollständig verantwortlich für seine Taten, sondern wurde weitgehend als ein Spielball übergeordneter schicksalhafter Kräfte gesehen. Das moderne Rechtsverständnis geht demgegenüber davon aus, daß dem Schuldigen andere Handlungsalternativen offengestanden haben als die, die ihn haben schuldig werden lassen. Schuldig zu werden gilt heute als selbstgetroffene Wahl, nicht als unentrinnbares Schicksal.

Im Gegensatz zu dieser pädagogisch-juristischen Sicht der Dinge nimmt die Soziologie bezüglich der Autonomie des Individuums eine dezidiert modernitätskritische Position ein. Sie relativiert die Autonomie-idee als Tatsachenbeschreibung[56] rigoros und betont statt dessen die *Verstrickung des einzelnen in strukturelle und prozessuale soziale Zwänge.* Wir wollen hier nur drei Kronzeugen dieser geradezu disziplinkonstituieren-den Denkfigur anführen.[57] Der erste ist Emile Durkheim (1885: 125/126), der den Zwangscharakter sozialer Ordnungen unmißverständlich betonte: »Weit davon entfernt, ein Erzeugnis unseres Willens zu sein, bestimmen sie ihn von außen her; sie bestehen gewissermaßen aus Gußformen, in die wir unsere Handlungen gießen müssen.«[58] Der nächste Kronzeuge, Georg Simmel (1917: 39), hebt mit seiner Vorstellung von Sozialität als »Wechselwirkung« zwischen Akteuren hervor: »Gesellschaft ist [...] die Funktion des Empfangens und Bewirkens von Schicksal und Gestaltung des einen von seiten des andern.« Aus der Sicht des einzelnen prägen also die anderen intentional oder unintendiert sein Handeln weitgehend vor, durch situativen Einfluß oder durch die Schaffung und Erhaltung situa-tionsübergreifender Institutionen. Noch klarer ist diesbezüglich Norbert Elias (1939: 314, Hervorh. weggel.), unser letzter Kronzeuge, der in sei-nem Konzept der »Figuration« darauf hinweist, daß personelles Handeln immer im Rahmen des Handelns anderer Personen abläuft und deshalb notwendigerweise zu nichtintentionalen Ergebnissen führt. Nach ihm ergibt sich aus der Interdependenz der Menschen eine überindividuelle Ordnung, die niemand so gewollt hat und »die zwingender und stärker ist als Wille und Vernunft der einzelnen Menschen, die sie bilden.«

Pointiert formuliert handelt für die Soziologie nicht das Individuum, sondern die *Konstellation* der jeweils beteiligten Akteure: »Das Credo der Soziologie, dem sie ihre professionelle Identität verdankt, lautet immer wieder: Das Individuelle ist die *Illusion* der Individuen, denen die Einsicht in die sozialen Bedingungen und Bedingtheiten ihrer Existenz verstellt ist.« (Beck/Beck-Gernsheim 1994: 30) Dieser hier nur knapp und natür-lich überspitzt skizzierte Unterschied zwischen der Soziologie auf der einen, der Erziehungs- und der Rechtswissenschaft auf der anderen Seite macht sich besonders bei der Betrachtung abweichenden Verhaltens bemerkbar. Juristisch werden Normverstöße Individuen zugerechnet; allenfalls gibt es die abschwächende Klausel der »mildernden Umstände«, etwa durch unverschuldete Notlagen oder eine »schlechte Gesellschaft«, in die jemand hineingerutscht ist. Dieses Denkmuster findet seine Rük-kendeckung im Menschenbild der Pädagogik, die Normverstöße als indi-viduelle »Charakterschwäche« und damit als Erziehungsdefizit auffaßt, das folgerichtig zu beheben ist.[59] Aber was ist, wenn Normverstöße den betreffenden Akteuren durch strukturelle oder prozessuale Zwänge in hohem Maße auferlegt werden, so daß kaum jemand unter gleichen Um-ständen anders gehandelt hätte?

Diese zutiefst irritierende Frage wirft Friedhelm Neidhardt (1981) in seiner Analyse eines extremen Falles von Normbruch, des Terrors der Rote Armee Fraktion (RAF) im Deutschland der siebziger Jahre des letz-

ten Jahrhunderts, auf. Ausgangspunkt seiner Überlegungen waren dabei
Untersuchungen, die terroristische Neigungen auf besondere Persönlich-
keitstypen und Milieus zurückzuführen versuchten und doch nur zu dem
von Neidhardt (1981: 244) lapidar zusammengefaßten Nicht-Ergebnis
gelangten: »Terrorismus entsteht mit einem durchschnittlichen Sortiment von Leuten unter den unterschiedlichsten gesellschaftlichen Ausgangsbedingungen.« Diese Einschätzung war und ist in höchstem Maße
»politically incorrect«. Denn anders gewendet heißt das: Beinahe jeder
könnte unter »geeigneten« Umständen zum Terroristen werden. Noch
provokanter: Sehr viele der damals protestierenden Studenten hätten ein
Jan-Carl Raspe werden können und sind vielleicht statt dessen inzwischen
Minister, Manager oder Professoren geworden.

Wenn die Soziologie dergestalt, und offenbar durchaus mit empirischer Rückendeckung,[60] das autonome Individuum analytisch ausklam-
mert und sich so einer Kernvorstellung des modernen Selbstverständnis-
ses verweigert, steht sie freilich in der Pflicht, statt dessen nicht bloß
pauschal auf strukturelle und prozessuale Zwänge zu verweisen, sondern
diese Gegenperspektive theoretisch zu entfalten. Wie genau wirken solche
den Akteur offenbar unwiderstehlich mitreißenden sozialen Kräfte?
Welche verallgemeinerbaren »Muster« (Hayek 1964) lassen sich aufdecken?
Simmel, Elias, aber auch andere wie Karl Marx, Robert K. Merton oder
Raymond Boudon haben hierzu je spezifische theoretische Modelle vorge-
legt, die meist anhand konkreter Phänomene entwickelt wurden, aber
generalisierbar sind.[61] Renate Mayntz und Birgitta Nedelmann (1987)
integrieren mehrere dieser Modelle in ihrer Vorstellung der *Eigendynamik*
sozialer Vorgänge, für die die Autorinnen wiederum als eine der theoretisch reflektiertesten Fallanalysen Neidhardts Betrachtung des Terrorismus anführen. In der Tat ging es Neidhardt (1981: 243) weniger »[...] um
eine spezielle Soziologie des Terrorismus [...], sondern um allgemeine
Soziologie am Beispiel des Terrorismus.« Ihn interessierte die »Eigendynamik sozialer Prozesse«, die dazu führt, »[...] daß keiner der Beteiligten
heraus kann.« Wie sehen Prozeßlogiken aus, in die die involvierten Akteure schier unausweichlich »verstrickt« (Neidhardt 1981: 251) werden,
und unter welchen strukturellen Bedingungen ereignet sich so etwas?

Wir wollen dieser Frage an einem bestimmten Phänomen abweichenden Verhaltens nachgehen: dem *Doping im Spitzensport*. Gemäß
Mertons (1949) bekannter Typologie abweichenden Verhaltens ist Terrorismus als Fall von Rebellion, Doping als Fall von illegitimer Innovation
zu rubrizieren (vgl. Kapitel 4.2). Terrorismus lehnt sowohl die institutionalisierten Ziele als auch die etablierten Normen der Gesellschaft ab, und
zwar ostentativ und radikal. Er will die Grundfesten der Gesellschaft erschüttern. Doping hält hingegen an den institutionalisierten Zielen,
zentral am sportlichen Siegescode, fest. Daß es im Spitzensport darum
geht, Siege zu erringen und Niederlagen zu vermeiden, wird von den sich
dopenden Athleten nicht in Frage gestellt, sondern geradezu verabsolu-

tiert. Nur die institutionalisierten Normen, die die Zielverfolgung regulieren, werden mißachtet – allerdings nicht offen, sondern insgeheim. Ebensowenig wie der Bankräuber bekennt sich der Doper öffentlich zu seiner Devianz. Auch er will als Mensch durchgehen, der seine sportlichen Erfolge durch harte Arbeit errungen und damit ehrlich verdient hat. Auch wenn dem Dopingsünder der Siegescode höchst unbarmherzig erscheint, will er ihn nicht abschaffen, sondern ihm durch individuelle Findigkeit – die Normverstöße einschließt – trotz aller Widrigkeiten gerecht werden.

Beim Doping wie beim Terrorismus schreiben Pädagogen und Juristen Versagen und Schuld letztlich individuell zu. Da nur wenige politisch Unzufriedene Terroristen werden, aber viele Athleten sich mittlerweile dopen, ist diese Zurechnungspraxis beim Doping eigentlich erstaunlich. Die Massenhaftigkeit der Abweichung hätte stutzig machen müssen. Kann – und sollte – man wirklich davon ausgehen, daß es im Spitzensport so viele »charakterschwache« Individuen gibt, die sich durch kein Unrechtsbewußtsein von Normverstößen abhalten lassen? Wir wollen im folgenden darlegen, daß sich auch am Phänomen des Dopings die soziologische Sichtweise bewährt, wonach weniger der einzelne selbstbestimmt handelt, sondern vielmehr Akteurkonstellationen die eigentlichen Handlungsträger sind. Eigendynamiken der Abweichung, die den von Neidhardt am Terrorismus aufgezeigten Prozeßfiguren in vielerlei Hinsicht ähnlich sind, verstricken die Athleten ins Doping. Damit soll natürlich nicht behauptet oder auch nur suggeriert werden, daß Dopingsünder und Terroristen moralisch gleichgestellt werden können. Es wäre absurd, Bombenanschläge und Morde mit der Einnahme von Anabolika und dem Erschleichen sportlicher Siege zu verrechnen. Es geht uns vielmehr allein darum, aus dem Vergleich Erkenntnisgewinne über beide Phänomene abweichenden Verhaltens zu erzielen und die spezifische Eigendynamik der Abweichung zu durchleuchten.

5.2 Dopingspirale

Die soziologische Betrachtung des Doping kann damit ansetzen, eine typische Athletenbiographie in den Blick zu nehmen (vgl. Kapitel 2). Denn in ihr bündeln sich letztlich die mannigfachen sozialen Kräfte, die den Spitzensport heute prägen. In der Regel fängt es ganz harmlos an. Ein Kind oder Jugendlicher beginnt, intensiver Sport zu treiben: aus spielerischem Spaß und aus Bewegungsfreude, in Nachahmung angehimmelter Sportidole, um unter Freunden zu sein, oder aus Verpflichtungsgefühlen gegenüber einem sportfördernden Elternhaus. In dem Maße, wie sich dabei eigene sportliche Erfolge einstellen und Anerkennung finden, verschaffen sie soziale Bestätigung und ein positives Selbstwertgefühl. Sofern der jugendliche Sportler durch wiederholte Erfolgserlebnisse lernt, fortan seine Selbstverwirklichung primär auf diesem Weg zu finden, ist der erste Schritt in eine biographische Falle hinein getan. Seine Individualität reduziert sich dann schnell weitgehend auf eine einzige Ausdrucksform: besser zu sein als die Mitkonkurrenten.[62] Daß Spitzensportler ihre individuelle Identität nahezu ausschließlich über eigene sportliche Leistungen definieren, ist also das nicht beabsichtigte Ergebnis zunächst völlig unscheinbarer Anfangsmotive.

Dieser Leistungsindividualismus paßt zum Siegescode. Die Spannung, die der Leistungskonkurrenz entspringt, fasziniert die Zuschauer, findet das Interesse der Massenmedien und zieht deshalb auch die Aufmerksamkeit und Zuwendung wirtschaftlicher und politischer Sponsoren auf sich. Der Siegescode wird durch diese Nutzenverschränkungen zwischen dem Sportsystem und den genannten anderen gesellschaftlichen Teilsystemen entfesselt. Der Spitzensport hat dadurch eine fundamental zwiespältige neue Qualität gewonnen. Er profitiert in vielerlei Hinsichten von seiner gesellschaftlichen Attraktivität. Mittlerweile könnte er gar nicht mehr ohne die zahlreichen Unterstützungsleistungen von außen fortbestehen. Die Kehrseite der Medaille ist aber, daß die traditionelle, noch unter den Bedingungen einer geringen gesellschaftlichen Bedeutung des Leistungssports entstandene Sportmoral sich zunehmend verflüchtigt hat und die Wettkämpfe entsprechend rabiater geworden sind. Der in der Konkurrenz der Athleten immer schon angelegte sportliche Leistungsdruck wird sprunghaft gesteigert, eine Totalisierung der Athletenrolle findet statt (Heinilä 1982).

Die außersportlichen Einflüsse auf den Spitzensport haben die biographische Falle der Athleten immer unausweichlicher gemacht. In zeitlicher Hinsicht ist der Spitzensport zu einer Vollzeit-Beschäftigung geworden. In sozialer Hinsicht schließlich gewinnt damit das auf sportlichen Erfolg ausgerichtete Unterstützungsmilieu von Trainer, Verein, Verband und Sponsoren tendenziell an Bedeutung. Diese biographischen Engführungen vollziehen sich zunächst unbemerkt. Irgendwann stößt der Athlet auf die Tatsache, daß der Sport im Zentrum seines Lebens steht. Er hat dann die Wahl, diesen Weg weiterzugehen oder ihn zu verlassen. Falls er sich für einen Ausstieg entscheidet, hat er einen hohen Preis zu bezahlen, denn alle bisherigen biographischen Investitionen in seine Sportkarriere würden sofort entwertet. Er müßte fortan mit dem Bewußtsein leben, Jahre seines Lebens vergeudet zu haben. So ist es nicht verwunderlich, daß sich viele Athleten angesichts dieser Perspektive nun ganz bewußt für ihre Sportkarriere entscheiden, um die bereits getätigten biographischen Investitionen nicht als Verluste abschreiben zu müssen. Damit ist der zweite und entscheidende Schritt in die biographische Falle getan. Dem Sportler wird bewußt, daß sein Handeln in einem Sozialsystem abläuft, das keine lebenslange und beruflich abgesicherte Perspektive eröffnet. Er muß nun in begrenzter Zeit erfolgreich sein, um anschließend nicht ins Nichts zu fallen. Ökonomische Überlegungen zur späteren Daseinsabsicherung gewinnen plötzlich an Bedeutung. All dies vollzieht sich in einem Milieu, das schärfste Konkurrenzverhältnisse institutionalisiert hat.

Schon bis zu diesem Punkt findet man wichtige Entsprechungen zwischen Athleten- und Terroristenkarriere. Prozessual ist es das kaum merkliche, erst sehr spät als solches registrierte Hineinrutschen in eine Lage, die man sich so, wie sie dann ist, ganz und gar nicht ausgemalt hat. Eine Reihe von Terroristen hat das in der Rückschau genauso geschildert wie viele Sportler.[63] Ebenso wie viele Doper sich das am Anfang ihrer Sportkarriere nicht hätten träumen lassen, besteht auch die Ex-Terroristin Anne Reiche von der »Bewegung 2. Juli« darauf: »Wir wurden ja auch nicht gewalttätig geboren.« (Der Spiegel 26/1997: 106) Strukturell sind beide Arten von Akteuren durch eine extreme Fokussierung von Identität charakterisiert. Dem Leistungsindividualismus der Athleten entspricht die Kämpferidentität der Terroristen, denen neben der Revolution nichts – einschließlich des eigenen Lebens – wirklich wichtig ist. Dabei läßt sich auch hier eine Motivtransformation verzeichnen. Wenn politische Erfolge ausbleiben und der polizeiliche Fahndungsdruck zunimmt, reduziert sich der revolutionäre Kampf schnell auf eine bloße logistische Sicherung des eigenen Nicht-Festgenommenwerdens. Im Namen des gesellschaftlichen Umsturzes angetreten, kämpft man dann nur noch darum, selbst auf freiem Fuß zu bleiben – eine extreme Banalisierung der eigenen Ziele.

Auf seiten der Athleten vollziehen sich die biographischen Fixierungen und Motivtransformationen vor dem Hintergrund der hochgradigen *Körperabhängigkeit* sportlichen Handelns. Jeder Sportler unterliegt einem ständigen Risiko des Scheiterns durch Verletzungen, Krankheit und körperlichen Leistungsabbau. Diese Unsicherheitsfaktoren können alle Karriereplanungen und -bemühungen von heute auf morgen über den Haufen werfen. Der spitzensportliche Leistungsindividualismus wird so zum biographischen Vabanquespiel. Für jeden Athleten ergibt sich eine Situation, in der er einerseits einem übermächtigen Erfolgsdruck unterliegt. Er hat permanent unter extremen Konkurrenzbedingungen Höchstleistungen zu erbringen, die niemand so einfach am laufenden Band abspulen kann. Andererseits hätte ein Ausstieg aus dieser unerträglichen Drucksituation einen enorm hohen Preis. Davor zurückschreckend versuchen Athleten, irgendwie mit den Zwängen ihrer Lage fertig zu werden.[64]

An diesem Punkt kommt *Doping* ins Spiel. Es bietet sich vielen als naheliegender Fluchtweg aus ihrer biographischen Falle an. Ob das Talent reicht, Körper und Willenskraft mitspielen, die Konkurrenz eine Durchsetzung der eigenen Erfolgsambitionen zuläßt: All das bleibt höchst unsicher. Angesichts dieses Zusammentreffens bedrohlicher Unwägbarkeiten stellt Doping eine Handlungsstrategie dar, die die Erfolgschancen zu erhöhen verspricht. Mit Hilfe naturwissenschaftlicher Technologien soll der »return of investment« verläßlicher werden. Die oftmals enormen, aber zumeist erst mit zeitlicher Verzögerung eintretenden gesundheitlichen Risiken dieser Praktiken werden teils verdrängt, teils auch in einer Art von Kamikaze-Mentalität in Kauf genommen.

I Doping als Konstellationseffekt | 137

Diese Konstellation der Athleten läßt sich spieltheoretisch als *Prisoner's Dilemma* modellieren.[65] Betrachtet man einen Athleten Ego, der seinen Konkurrenten – die aus seiner Sicht der Einfachheit halber hier wie ein einziger Akteur Alter gesehen werden können – gegenübersteht, haben beide Seiten bei ihrem Streben, den anderen zu besiegen, prinzipiell jeweils zwei Handlungsalternativen. Jeder von beiden kann sich entweder dopen, um dadurch die eigenen Siegeschancen zu verbessern, oder darauf verzichten. Damit ergeben sich vier mögliche Resultate: (1) Beide dopen sich; (2) Ego dopt sich, Alter nicht; (3) Ego dopt sich nicht, Alter dopt sich; (4) beide bleiben abstinent. Für Ego stellt sich das Ergebnis, daß er selbst sich dopt, Alter hingegen darauf verzichtet, als das beste dar. Denn auf der Nutzenseite der Handlungsbilanz stehen dann verbesserte Siegeschancen. Auf der Kostenseite finden sich in erster Linie die negativen Sanktionen, falls man des Dopings überführt wird; in zweiter Linie, aber wohl meistens nur am Rande, kommen auch noch die gesundheitlichen Risiken des Dopings hinzu. Solange das Risiko, entdeckt zu werden, im Vergleich zur Verbesserung der eigenen Siegeschancen als gering eingeschätzt wird, wird Ego aufgrund der positiven Kosten/Nutzen-Bilanz zum Doping tendieren – wobei ihm natürlich am liebsten wäre, wenn Alter dopingabstinent bleibt. Umgekehrt besteht aus Egos Sicht das schlechteste Resultat darin, daß er selbst sich nicht dopt, Alter hingegen zu solchen unerlaubten Mitteln und Verfahren der Leistungssteigerung greift. Denn in diesem Fall fällt Alter der durch einseitiges Doping erzielbare Konkurrenzvorteil zu. Die beiden anderen Outcomes sind demgegenüber dadurch gekennzeichnet, daß gewissermaßen »Waffengleichheit« von Ego und Alter besteht. Beide Möglichkeiten sind für Ego besser als ein einseitiger Vorteil Alters, aber schlechter als ein eigener einseitiger Vorteil. Angesichts der Kosten des Dopings zieht Ego das Ergebnis, daß beide sich nicht dopen, dem Resultat vor, daß beide sich dopen. Denn die Vorteile des Dopings kämen bei letzterem nicht zum Tragen. Dieselben Erwägungen hinsichtlich der vier möglichen Ergebnisse stellt Alter an. Damit ergibt sich die folgende Spielstruktur:[66]

Abbildung 5: Prisoner's Dilemma der Athleten

Ego		Alter	
		sich dopen	sich nicht dopen
sich dopen	2	2	4 1
sich nicht dopen	1	4	3 3

Die rationalen Wahlen beider Seiten sind hier völlig eindeutig. Beide Akteure werden sich für Doping entscheiden. Denn diese Handlungswahl entspricht sowohl dem offensiven Bestreben, für sich selbst das bestmögliche Resultat zu erzielen, als auch dem defensiven Bestreben, für sich selbst das schlechtestmögliche Ergebnis zu vermeiden. Das Resultat ist dann ein für beide Seiten gegenüber dem Outcome, daß beide sich nicht dopen, klar suboptimales Ergebnis ihres handelnden Zusammenwirkens: eine »Situation kollektiver Selbstschädigung« (Keck/Wagner 1990: 110). Das Tückische des Prisoner's Dilemma besteht darin, daß sich wechselseitiges Mißtrauen als selbsttragende Attribution verfestigt. Ego muß Alter letztlich schon deshalb mißtrauen, weil Ego Alter unterstellt, daß dieser ihm mißtraut – und umgekehrt. Dieser Tatbestand ergibt sich daraus, daß die Wahrnehmung der Akteurkonstellation als Prisoner's Dilemma nicht bloß ein theoretisches Konstrukt des soziologischen Beobachters ist, sondern in hohem Maße auch auf seiten der involvierten Akteure vorliegt. Ego und Alter sind sich darüber im klaren, daß sie sich miteinander in einem Prisoner's Dilemma befinden. Die Logik dieser perfiden Situation spielt sich nicht bloß hinter ihrem Rücken ab, sondern vollzieht sich in ihren Köpfen. Genau dadurch konstituiert sich diese Konstellation als *self-fulfilling prophecy*, die dann ihrerseits die Konstellation immer wieder verfestigt. Weil Ego, indem er Alter mißtraut, erwartet, daß dieser sich dopt, dopt sich Ego; und weil Alter genauso kalkuliert, verschränken sich ihre Erwartungen und die daraus hervorgehenden Handlungen derart, daß Ego Alters Doping und darüber sein eigenes Doping hervorruft – und umgekehrt. Im Extremfall kann Doping buchstäblich aus dem Nichts entstehen. Athleten brauchen nur voneinander zu meinen, daß die jeweils anderen sich dopen, und sich dann zum defensiven Doping entschließen. So kann aus einer fiktiven eine tatsächliche Abweichung werden.

Auf den ersten Blick könnte man meinen, die Athleten würden nur dann in diesen für beide unerfreulichen Outcome gezwungen, wenn sie keine Gelegenheiten zur offenen Kommunikation miteinander haben. Wäre das Problem nicht aus der Welt geschafft, wenn die Sportler einander das Versprechen gäben, sich nicht zu dopen? Denn in der Tat gilt ja: »Jeder würde sofort verzichten, wenn er sicher sein könnte, daß auch die anderen darauf verzichten.« (Sehling u.a. 1989: 127) Aber so einfach ist es eben doch nicht, diese Verstrickung aufzulösen. Keiner der Athleten könnte dem anderen glaubhaft machen, sich an das eigene Versprechen tatsächlich zu halten. Im Gegenteil: Ein solches Versprechen des anderen könnte gerade, je ehrlicher es wirkt, als besonders raffiniertes Täuschungsmanöver ausgelegt werden. Das Prisoner's Dilemma stellt so eine Akteurkonstellation dar, die Ehrlichkeit systematisch unerkennbar macht und so zum Verschwinden bringt (vgl. Kelley/Stahelski 1970).

Generellere spieltheoretische Forschungen sind nicht bei dieser höchst pessimistischen Schlußfolgerung stehengeblieben. Es gibt mehre-

re Wege heraus aus dem gegenseitigen Mißtrauen – und mindestens zwei
dieser Wege scheinen auch den Spitzensportlern offenzustehen.
Findet das Prisoner's Dilemma – um als erstes die zeitliche Dimension anzusprechen – immer wieder statt, ohne daß für beide Seiten ein Ende abzusehen ist, kommt das »Gesetz des Wiedersehens«[67] ins Spiel. Jeder kann,
ohne sich völlig dem anderen auszuliefern, längerfristig kalkulierend
vorsichtig vertrauensbildende Maßnahmen einsetzen. Sehr effektiv ist
dafür eine Strategie des »tit for tat« (Axelrod 1984). Sie besteht aus drei
einfachen Verhaltensmaßregeln. Erstens beginnt man vertrauensvoll,
geht also davon aus, daß der andere nicht versucht, den für ihn bestmög-
lichen Outcome zu realisieren, der für einen selbst der schlechteste wäre.
Zweitens reagiert man sofort mit Vertrauensabbruch, falls das Gegenüber
das Vertrauen mißbraucht. Drittens schaltet man sogleich wieder auf
Vertrauen um, sobald das Gegenüber mit dem Mißbrauch des Vertrauens
aufhört. »Tit for tat« kombiniert also auf simple, aber in der Wirkung
ingeniöse Weise einen geringen anfänglichen Vertrauensvorschuß, eine
unnachsichtige Ahndung von Vertrauensmißbrauch und eine nicht nach-
tragende Honorierung von Besserung des Gegenübers. »Tit for tat« ist für
das Gegenüber leicht durchschaubar, also auch lernbar, was dann, da sein
Outcome für beide Seiten besser ist als der bei gegenseitigem Mißtrauen,
zur Übernahme führt und dem Prisoner's Dilemma seinen Schrecken
nimmt. Auch »Tit for tat« kann dabei zur sich selbst erfüllenden Prophezeiung werden. In dem Maße, wie ein Akteur annehmen kann, daß sein
Gegenüber, so wie er selbst, über die beiderseitige Vorteilhaftigkeit dieser
Strategie Bescheid weiß, kann er um so leichter den erforderlichen anfänglichen Vertrauensvorschuß gewähren; denn er darf davon ausgehen,
daß dieser richtig verstanden und erwidert wird.[68]

Eine erste Möglichkeit, über das suboptimale Ergebnis wechselseitigen Mißtrauens hinaus zu gelangen, ist demnach in der zeitlichen Wiederholung des Prisoner's Dilemma zwischen denselben Akteuren angelegt. Doch selbst ein einmaliges Aufeinandertreffen zweier Akteure
schließt Vertrauen dann nicht aus, wenn beide Mitglieder einer Population sind, innerhalb derer eine weitreichende wechselseitige Beobachtung
gewährleistet ist – sei es direkt, sei es indirekt durch irgendwelche Arten
von Beobachtungsinstanzen, die ihre Erkenntnisse dann allgemein verbreiten. Ein Beispiel sind die Bewohner eines Dorfes, von denen jeder
immer wieder einmal in die Lage kommt, irgendeinen der anderen um
eine Gefälligkeit zu bitten, und wo sich schnell herumspricht, ob jemand
solchen Bitten nachkommt oder nicht. Unter diesen Umständen muß
jeder Akteur die Handlungswahl, die er in einem bestimmten Spiel gegenüber einem bestimmten anderen trifft, immer auch daraufhin bedenken, was sie für die eigene Reputation bei weiteren potentiellen zukünftigen Gegenübern bedeutet.[69] Akte der Verweigerung von Gefälligkeiten
werden im Dorf, beispielsweise durch Klatsch, schnell verbreitet; und
derjenige muß damit rechnen, daß ihm selbst bei späteren Gelegenheiten

erbetene Gefälligkeiten ebenfalls verweigert werden. Im Wissen darum muß sich jeder Dorfbewohner rationalerweise sehr überlegen, ob er nicht sogar dann, wenn es ihn erheblichen momentanen Aufwand kostet, einem anderen dennoch Entgegenkommen zeigt, um seinen allgemeinen »guten Ruf« zu erhalten. Hier zeigt sich also eine zweite, in der Sozialdimension angelegte Möglichkeit, im Prisoner's Dilemma über den suboptimalen Outcome beiderseitigen Mißtrauens hinaus zu gelangen.

Überträgt man nun diese generellen Einsichten auf den Spitzensport, kann man zunächst feststellen, daß die angesprochenen zeitlichen und sozialen Voraussetzungen für wechselseitige Vertrauensbildung beide gegeben sind. Die Athleten treffen nicht bloß in einem einzigen Wettkampf aufeinander, sondern begegnen einander immer wieder. Die Leistungselite einer bestimmten Sportart ist überdies nicht bloß national, sondern meistens auch international eine für alle Dazugehörigen weitgehend überschaubare Population, in der Neuigkeiten über jeden einzelnen rasch die Runde machen. Diese für einen allseitigen Dopingverzicht zunächst ermutigenden Anzeichen halten dann allerdings einer genaueren Betrachtung nicht stand. Bislang ist nämlich ein ganz entscheidender Sachverhalt außer acht geblieben: daß die Konstellation der Athleten ein solches Prisoner's Dilemma darstellt, bei dem für die Beteiligten ein besonderes Informationsproblem auftritt. Doping ist heimliches Handeln, das in den verborgenen Tiefen des Körpers stattfindet und dessen Aufdeckung daher, wenn überhaupt möglich, aufwendiger naturwissenschaftlicher Verfahren bedarf. An einem öffentlich durch einen Sportler proklamierten Dopingverzicht ist also nicht ablesbar, ob er die Wahrheit sagt oder lügt. Wenn die Athleten im Wettkampf gegeneinander angetreten sind, weiß man nachher nur, wer gewonnen hat – aber nicht, auf welche Weise der Sieg zustande kam: ob gedopt oder ungedopt. Ein Beobachter mag einen noch so plausiblen Verdacht hegen: Solange er nicht bewiesen wird, gilt – in dubio pro reo – der betreffende Sportler als ungedopt. Nicht selten können nicht einmal Dopingkontrollen in diesem entscheidenden Punkt endgültige Klarheit bringen, weil zwar manche, aber eben nicht alle Dopingpraktiken nachweisbar sind. Selbst bei längst nicht gegebenen flächendeckenden Dopingkontrollen bliebe eine Grauzone unentdeckten Dopings erhalten – und es ist noch nicht einmal abschätzbar, wie groß diese Grauzone tatsächlich ist.

Diese unausrottbare *Intransparenz* des Dopings ist es, die das Prisoner's Dilemma der Athleten so schwierig macht.[70] Die angesprochenen zeitlichen und sozialen Gründe für Vertrauenserweise hängen ja davon ab, daß Vertrauensmißbrauch erkennbar ist und durch Mißtrauen des Gegenübers geahndet wird.[71] Wenn Doping als Vertrauensmißbrauch aber gute Chancen hat, unentdeckt zu bleiben, kann es auch nicht sanktioniert werden; und diese Erkenntnis bringt die Athleten dazu, unter dem Deckmantel einer proklamierten eigenen Vertrauenswürdigkeit tatsächlich Vertrauensmißbrauch zu betreiben, sich also zu dopen. Dann sieht es

zwar oftmals so aus, als sei das im Vergleich zu beiderseitigem Mißtrauen
pareto-superiore Ergebnis eines beiderseitigen Vertrauens erreicht worden. Tatsächlich ist das aber nur die jeweilige Selbstdarstellung auf der
»Vorderbühne«; und auf der »Hinterbühne« (Goffman 1956) wird weiter
gedopt. Die sowohl für die Gesamtheit der Athleten als auch für jeden einzelnen von ihnen höchst unerwünschte Konsequenz all dessen ist eine unaufhaltsame Eskalation des Dopingeinsatzes und der hiermit verbundenen Risiken. Nichts wird unversucht gelassen. Die Athleten zwingen
einander gegenseitig in eine *Dopingspirale* hinein. Dabei muß man die
konkurrierenden Athleten im größeren Zusammenhang einer Konstellation sehen, zu der auch die außersportlichen Bezugsakteure gehören –
nicht zuletzt die Zuschauer. Selbst jene, die explizit gegen Doping sind,
helfen dabei, Doping strukturell zu erzeugen, wenn sie den Fernsehappa-
rat einschalten oder ins Stadion gehen. Denn Einschaltquoten und Besu-
cherzahlen rufen Medien- und Sponsoreninteressen hervor, woraus sich
der Erfolgsdruck auf die Athleten ergibt. Man erkennt eine Eskalation der
Abweichung, die niemand wollte, die sich aber trotzdem ergibt und auf
Dauer verfestigt.

Stellt man dieser spieltheoretischen Modellierung des Dopings Neidhardts Analyse der Eigendynamik des Terrorismus gegenüber, zeigen sich
weitere bemerkenswerte Übereinstimmungen beider Phänomene. Neidhardt (1981: 245f) arbeitet drei Bedingungen heraus, die eine eigendynamische Eskalation zwischen RAF und Staatsgewalt hervorgebracht haben
und für die wir auch bei unserer Analyse des Dopings Entsprechungen
gefunden haben. Erstens handelt es sich beim Terrorismus um einen
Konflikt polar entgegengesetzter Wertungen«, in dem jede Seite ihre eigene Position als moralisch über jeden Zweifel erhaben und die der anderen
Seite als moralisch abgrundtief schlecht bewertet. Das schließt, anders als
übliche Interessenkonflikte, Kompromisse aus. Nur einer kann recht
haben. Die Polarität des Sieg-Niederlage-Codes im Sport läuft auf das
gleiche hinaus. Nur einer kann siegen.[72] Zweitens gab es zwischen RAF-
Terroristen und Staat lange Zeit keine Vermittler – also Akteure, deren
Integrität von beiden Seiten anerkannt wurde und die dadurch schlich-
tend wirken konnten. Die Wertgeladenheit der Auseinandersetzung
führte vielmehr dazu, daß alle anderen Akteure geradezu gezwungen
wurden, sich für eine der beiden Seiten zu entscheiden. Auch das gilt im
sportlichen Konkurrenzkampf. Schlichtung wäre dort widersinnig, weil
der Siegescode eine eindeutige Entscheidung sucht.[73] Die Finalisierung
der Konkurrenz ist das, was den Reiz des Sports für alle, Athleten wie
Zuschauer, ausmacht. Drittens schließlich eskaliert der Kampf zwischen
Terroristen und Staat um so mehr, je stärker mindestens eine Seite den
Eindruck eines relativ unbestimmten Kräfteverhältnisses hat – also meint,
durch eigene Mehranstrengung etwas Substantielles erreichen zu
können.[74] Auch dieses Merkmal gehört zum sportlichen Wettkampf.

Dessen Spannung besteht darin, daß niemand vorher sicher weiß, wer gewinnen wird. Jeder Athlet glaubt an seine Chance. Damit zeigt sich: Die aufgezeigte Dopingspirale des Spitzensports beruht auf gleichartigen Bedingungen wie die Eigendynamik des Terrorismus. Anders gesagt: Aus dem Prisoner's Dilemma der Athleten geht ebenfalls eine Eigendynamik in dem Sinne hervor, wie sie Neidhardt und Mayntz/Nedelmann präzisiert haben.

Daß die Eigendynamik des Dopings offensichtlich nur äußerst schwer, wenn überhaupt, unter Kontrolle gebracht werden kann, liegt an der aufgezeigten Intransparenz. Sie wird durch ultrastabile Neutralisierungsrhetoriken überhöht, die auf Generalverdächtigungen der jeweiligen Konkurrenten beruhen.[75] Auch hierzu zeigt Neidhardt das Pendant beim Terrorismus auf. Die Wertgeladenheit des Konflikts erzeugt auf beiden Seiten kaum erschütterbare Feindbilder,[76] so daß einander gegenseitig immer nur das Schlechteste unterstellt wird. Selbst durch harmlose Handlungen kann sich jemand bei derart nervös agierenden Staatsorganen als Terrorist verdächtig machen; und Mißgeschicke oder individuelle Fehler einzelner staatlicher Rollenträger werden von den Terroristen fraglos als untrügliche Manifestationen des »Schweinesystems« interpretiert. Keine Seite kann etwas tun, was der anderen unmißverständlich Vertrauenswürdigkeit signalisiert. Umgekehrt formuliert: Was auch immer die andere Seite tut, kann und muß sogar stets nur als Bestätigung des eigenen ihr gegenüber gehegten Mißtrauens gewertet werden. So treibt sich die Eigendynamik der Konfrontation immer weiter voran. Beim Doping *können* die Beteiligten nicht sehen, was die andere Seite wirklich tut – beim Terrorismus *wollen* sie es nicht sehen. Beides läuft auf Eskalation hinaus.

Wir wollen an dieser Stelle unsere Analyse des Dopings und den Vergleich mit dem Terrorismus abbrechen. Man könnte noch weitere Gemeinsamkeiten beider Phänomene aufzeigen,[77] und auch einige Unterschiede.[78] Auch den Möglichkeiten und Schwierigkeiten, beide Arten von abweichendem Verhalten in den Griff zu bekommen, gehen wir an dieser Stelle nicht weiter nach. Hier kam es uns lediglich auf Folgendes an: Neidhardts Eigendynamik des Terrorismus ist in der Tat ein generalisierbares theoretisches Modell, dessen grundlegende Komponenten auch bei anderen Arten abweichenden Verhaltens wie z.B. beim Doping aufgefunden werden können. Starke Identitätsfokussierung, schleichende biographische Fixierungen, konfrontative Konfliktstrukturen und Unbestimmtheit des Konfliktausgangs: Dieses Faktorenbündel erzeugt jene zugespitzten strukturellen und prozessualen Zwänge, die nahezu x-beliebige Individuen schnell immer tiefer in Terrorismus oder Doping hineinreißen können und einer individuellen Autonomie der Handlungswahl, also auch des Neinsagens und Aussteigens, wenig Raum lassen. Während allerdings nur wenige politisch Empörte zu Terroristen werden, dieser individuelle Pfad also offensichtlich durch wirksame Barrieren blockiert wird, greifen nach allem, was man weiß, mittlerweile viele Spitzensportler zum Doping. Dafür gibt es mehrere Erklärungen: höhere normative Hemmschwellen, sehr viel drastischere Strafen und der schwierigere Zugang zur Devianz beim Terrorismus; und nicht zuletzt existiert für das Ausleben politischer Empörung noch eine Reihe anderer Ventile, während unter hohem Erfolgsdruck stehende Athleten unbarmherzig auf die Wettkampfarena verwiesen werden. Dennoch müssen sich auch nicht alle Spitzensportler dopen. So können etwa Ausnahmetalente ohne Doping siegen; und es gibt nach wie vor Athleten, die den eigenen Erfolg nicht ganz so ernst nehmen müssen, weil sie beispielsweise über berufliche Karrierealternativen verfügen.

II Doping: Teilsystemisches Risiko und Risikomanagement

Bisher stand das Individuum in seiner Bedingtheit durch das Teilsystem Sport und dessen Bezugsgruppen im Vordergrund. Die in den letzten Jahrzehnten durchgesetzte Hyperinklusion in die Rolle des Spitzensportlers führt, wie wir bisher gezeigt haben, nicht nur zu biographischen Fixierungen und einer hieraus resultierenden Totalisierung der Athletenrolle; sie prägt auch einen Leistungsindividualismus aus, der ausschließlich auf sportlichen Erfolgen beruht und die Identitätsfrage der Athleten und Athletinnen eng mit der sportlichen Siegeslogik verkoppelt. Der Versuch, das sportlich Mögliche zu steigern und die durch Wirtschaft, Politik, Massenmedien und Publikum entfesselte Logik des Leistungssports effektiv umzusetzen, trifft allerdings auf einen Sportlerkörper, der nur bedingt steigerbar ist. Doping erscheint vor diesem Hintergrund als rationaler Wahlakt, um die Inkongruenz zwischen dem Wollen der vielen Erwartungsträger und dem physischen und psychischen Können der einzelnen Athleten zu schließen und Sicherheit unter den sporttypischen Bedingungen gewollter Unsicherheit und Ergebnisoffenheit herzustellen. Sich dopende Sportler setzen illegitime Mittel ein, um legitime Ziele wie den sportlichen Sieg oder den Zutritt in ein sportförderndes Milieu möglichst treffsicher zu erreichen – und landen schnell in einer eskalatorischen Spirale, in der die eine Seite die andere aufgrund unhintergehbarer Intransparenz in die nächsthöhere Devianz hineintreibt. Typischerweise nutzen die Sportler hierbei ihre Körper als Versteck und manipulierbare Materialitätsbasis. Doping passiert demnach nicht voraussetzungslos, sondern muß als ein transintentionales Konstellationsprodukt angesehen werden, das sich aus dem Zusammentreffen von sportinternen und -externen Akteurinteressen ergibt und immer wieder neu herstellt.

Im folgenden soll nun der Spitzensport in seiner Bedingtheit durch die auf individueller Ebene anfallende Dopingproblematik analysiert werden. Doping ist entgegen landläufiger Meinung eben nicht nur ein Risiko für die einzelnen Athleten, die ihre Gesundheit, ihre Sportkarriere und ihren guten Ruf aufs Spiel setzen. Der Spitzensport ist auch als Teilsystem der modernen Gesellschaft in besonderer Weise angreifbar, wenn er sich selbst durch Doping öffentlich als dauerhaft deviantes Milieu diffamiert. Sozialbereiche, die – wie der Sport – keine unverzichtbare Funktion in der modernen Gesellschaft ausüben, sind auf den Goodwill ihrer Ressourcengeber angewiesen, ansonsten können sie im Konzert der unterschiedlichsten Funktionsinteressen durch beliebige Andere ersetzt werden. Kapitel 6 und 7 führen vor, daß die Entbehrlichkeit des Spitzensports dessen Achillesferse darstellt und Strategien Tür und Tor öffnet, um die Dopingfalle auf Dauer zu stellen und Doping als »brauchbare Illegalität« weiterhin klammheimlich zu dulden.

Kapitel 8 und 9 zeigen die Bandbreite des Umgangs mit dem Dopingthema durch die korporativen Akteure des Sports. Die Schwierigkeiten, die durch die definitorische Eingrenzung des Dopings im Rahmen des Sportrechts entstehen, werden ebenso diskutiert wie die Zwickmühle, in der die Sportverbände stecken, wenn sie energisch gegen Doping vorzugehen versuchen. Damit wird deutlich: Nicht nur die Athleten und Trainer unterliegen im Spitzensport einer hohen Dopingneigung, auch die Sportverbände stecken in einer perfiden Dopingfalle. Eine dauerhaft hohe Entlarvungsquote durch eine scharfe Anti-Doping-Politik würde nämlich dazu führen, daß mindere Leistungen produziert und relevante Bezugsgruppen so in ihrer Unterstützungsbereitschaft des Spitzensports düpiert würden. Angesichts der Abhängigkeit der Sportorganisationen von förderwilligen Ressourcengebern ist dann nicht das faktisch in Training und/oder Wettkampf stattfindende Doping das Hauptproblem, das es im Spitzensport zu bewältigen gilt; es ist vielmehr das Reden über Doping, das in den Verbänden als Gefährdung wahrgenommen und deshalb unter Verdacht und Kontrolle gestellt wird.

In Kapitel 10 formulieren wir unter dem Begriff des Konstellationsmanagements einen soziologischen Suchhinweis für zukünftige Anti-Doping-Maßnahmen. Hier sollen jene prinzipiellen Strategien und Ansatzpunkte genannt werden, die in entscheidender Weise dazu beitragen könnten, die Dopingfalle zu entschärfen. Kollektiv hergestellte Probleme lassen sich, wie zu zeigen sein wird, nur kollektiv unter Einbeziehung all derjenigen lösen, die maßgeblich zur Problemerzeugung beigetragen haben.

6 Spitzensport: Entbehrlichkeit als Achillesferse

Der Spitzensport hat Probleme – so attraktiv und umjubelt viele Sportevents auch sind. Und im Zentrum der Probleme steht nicht zufällig Doping. Andere Gesellschaftsbereiche haben natürlich auch Probleme, und im Zweifelsfalle weit wichtigere als der Spitzensport. Gegen Arbeitslosigkeit im Wirtschaftssystem, »Politikverdrossenheit« im politischen

System oder die Schulmisere im Bildungssystem ist Doping im Spitzensport – gesamtgesellschaftlich gesehen – eine Petitesse. Aber genau hier könnte das eigentliche Problem für den Spitzensport liegen. Wirtschaft, Politik und Bildung sind Teilsysteme, ohne die eine moderne Gesellschaft schlechterdings nicht zu denken ist. Wenn es hier brennt, kommt niemand auf die Idee, daß man vielleicht besser auf ihre Leistungen verzichten könnte. Es geht nicht ohne sie. Und deshalb stürzen, bildlich gesprochen, alle herbei, um beim Löschen zu helfen, und ertragen tapfer den beißenden Qualm und die hierbei entstehenden Gefahren. Wenn es hingegen im Spitzensport brennt und der Brandgeruch dem Rest der Gesellschaft übel in der Nase hängt, könnte man ja vielleicht zu dem Schluß gelangen: abbrennen lassen und vergessen! Löschen lohnt nicht! Dieser Fragekomplex soll hier erörtert werden: Könnte die moderne Gesellschaft auch ohne den Spitzensport auskommen? Und wenn ja: Was bedeutet diese Verzichtbarkeit für die gesellschaftliche Nachsicht mit dem Spitzensport, wenn er Probleme macht – etwa durch Doping? Und falls diese Nachsicht erwartbar gering ausfällt: Welche Verhaltensmaximen legt das dem Spitzensport nahe?

Die hier gewählte analytische Perspektive zur Annäherung an diese Fragen entstammt der soziologischen Differenzierungstheorie.[1] Wir betrachten demgemäß die moderne Gesellschaft als ein Ensemble von Teilsystemen, die alle einer je eigenen selbstreferentiellen Operationslogik folgen und vielfältig miteinander verkoppelt sind – über Leistungsinterdependenzen ebenso wie über Möglichkeiten, einander negative Externalitäten zu bescheren. Der Spitzensport ist eines dieser gesellschaftlichen Teilbereiche, dessen Beziehungen zu den anderen in einem ersten Schritt näher untersucht werden sollen. Alle gesellschaftlichen Teilsysteme weisen weiterhin Beziehungen zu den individuellen Gesellschaftsmitgliedern auf. Diese werden in Leistungs- und Publikumsrollen inkludiert. Im zweiten Schritt ist daher die Inklusion des Publikums in den Spitzensport in den Blick zu nehmen. Genauso wie bei den intersystemischen Beziehungen geht es auch bei den Beziehungen zum Publikum um die Frage, wie abhängig diese unorganisierte Kollektivität von Fernsehzuschauern, Zeitungslesern und Radiohörern vom Spitzensport ist und welche Konsequenzen die Sportorganisationen hieraus zu ziehen haben.

6.1 Teilsysteminterdependenzen

Die funktionale Differenzierung ist die bedeutsamste Signatur der modernen Gesellschaft. Folgt man den Einsichten von Niklas Luhmann, ergibt sich hieraus folgendes Bild: Die moderne Gesellschaft gliedert sich in eine Reihe *ungleichartiger* und deshalb *gleichrangiger Teilsysteme*. Ungleichartig sind Teilsysteme wie Wirtschaft, Politik oder Wissenschaft, weil jedes von ihnen auf die spezifische Bearbeitung unterschiedlicher gesellschaftlicher Probleme zugeschnitten ist. Die Befriedigung von Bedürfnissen ist etwas völlig anderes als die Produktion kollektiv bindender Entscheidungen oder die Erarbeitung wahrer Erkenntnisse. Gleichrangig sind die Teilsysteme hingegen in dem Sinne, daß jedes von ihnen unverzichtbar für die Reproduktion der modernen Gesellschaft als ganze ist. Man stelle sich vor: Die Wirtschaft oder das Gesundheitssystem würde von einer Minute auf die andere total ausfallen! Man kann sich leicht ausmalen, wie schnell der gesellschaftliche »Reproduktionskreislauf« (Giegel 1975: 14f, 78-88) dann zum Erliegen käme – und zwar deshalb, weil kein anderes Teilsystem die durch den Wegfall entstandenen Defizite ausgleichen könnte. Schließlich sind alle Teilsysteme der modernen Gesellschaft aufgrund ihrer Ungleichartigkeit »selbstsubstitutive Ordnungen« (Luhmann 1997: 753). Wirtschaft kann nur durch Wirtschaft und nicht beispielsweise durch Politik oder Bildung ersetzt werden.

Der Sport ist eines der ausdifferenzierten Teilsysteme der modernen Gesellschaft, und der Spitzensport ist neben dem Breitensport eines seiner beiden Teilsysteme zweiter Ordnung (Schimank 1988). Die Frage ist: Gelten diese allgemeinen differenzierungstheoretischen Aussagen auch für den Spitzensport? Ist er ein unverzichtbares gesellschaftliches Teilsystem? Traditionelle Differenzierungstheoretiker würden diese Frage so prüfen, daß sie nach einer distinkten gesellschaftlichen Funktion des Spitzensports suchen – und sofern sie eine finden, wäre eine bejahende Antwort fällig. Da es bislang keine überzeugende Antwort auf diese Funktionsfrage gibt,[2] hieße das, dem Spitzensport gesellschaftliche Unverzichtbarkeit abzusprechen. Wir halten diese analytische Vorgehensweise allerdings für kurzschlüssig. In einer funktional differenzierten – genauer: polykontexturalen – Gesellschaft kann man nicht mehr gehaltvoll nach dem Beitrag eines Teilsystems zum Erhalt des Ganzen fragen, sondern muß nach den *Leistungen* fragen, die die Teilsysteme wechselseitig füreinander erbringen (Schimank 1998). Und ein Teilsystem ist dann unverzichtbar, wenn es unverzichtbare Leistungen für andere Teilsysteme erbringt.

Wie also sieht es diesbezüglich beim Spitzensport aus? Für drei andere gesellschaftliche Teilbereiche erbringt er nennenswerte Leistungen, und diese erbringen auch umgekehrt wichtige Leistungen für ihn, so daß man von *Nutzenverschränkungen* sprechen kann (Bette/Schimank 1995a: 80-106):

– Den Massenmedien bietet der Spitzensport vielfältige Anlässe und schier unerschöpflichen Stoff für Berichterstattung. Bereits das Wachstum und die Verbreitung der Zeitungen profitierten nicht unwesentlich von den Sportseiten; und das Fernsehen lebt erst recht davon, daß Spitzensportereignisse tagtäglich rund um den Erdball stattfinden und auf ein breites Zuschauerinteresse stoßen, das sich dann in Einschaltquoten niederschlägt. In umgekehrter Richtung resultiert die Resonanz in den Massenmedien für den Spitzensport in

einem Zufluß unentbehrlicher finanzieller Ressourcen – entweder
direkt, vor allem durch den Verkauf von Senderechten, oder indirekt
dadurch, daß die Medienaufmerksamkeit den Spitzensport politisch
und wirtschaftlich interessant macht.

– Die Wirtschaft nutzt den Spitzensport in dem Maße, wie ihm die
Medien Sichtbarkeit und Attraktivität verschaffen, vornehmlich als
Werbeträger. Sportstätten, Sportausrüstungen – z.b. Rennwagen –
und Sportlerkörper sowie auch Sportberichte in Zeitungen und im
Fernsehen, etwa durch Unterbrechungen von Wettkampfübertragun-
gen, bieten vielerlei Werbeflächen. Auf ihnen können Produkte zum
einen ins Wahrnehmungsfeld der Konsumenten gerückt werden und
zum anderen auch einen Imagetransfer erhalten. Mit dem Sport
allgemein oder mit einer bestimmten Sportart oder einem bestimmten
Athleten assoziierte positive Eigenschaften wie Dynamik, Jugendlich-
keit, Leistungsbereitschaft, Askese, körperliche Eleganz etc. werden
suggestiv auf das Produkt übertragen. Wiederum erhält der Sport
dafür erkleckliche finanzielle Ressourcen in Form von Werbeeinnahmen und Sponsorengeldern.

– Schließlich läßt sich der Sport als Medienereignis auch politisch nutzen, um bestimmten Politikern oder Parteien, Regierungen oder
einem politischen Regime mehr Popularität und Massenloyalität zu
verschaffen. Sportliche Erlebnisqualitäten können per Imagetransfer
politische Geschehnisse positiv aufladen. Sportliche Erfolge können
die Bürger über politische Zumutungen und Mißerfolge zumindest
zeitweise hinwegtrösten und das internationale Ansehen eines Landes
steigern. Und die kollektive Begeisterung für nationale Sporthelden
hilft dabei, politische Konfliktlinien zu überspielen, und kann so ge-
meinschaftsstiftend wirken. Auch diese politische Nutzbarkeit zahlt
sich für den Spitzensport in Gestalt finanzieller Ressourcen aus, die
als staatliche Sportförderung fließen.

Die verschiedenen Leistungs- und Nutzenverschränkungen sind allesamt
bekannte, in vielen Studien gut dokumentierte Sachverhalte, die hier nicht
weiter vertieft werden müssen. Aufschlußreich ist nun eine vergleichende
Analyse, die den Spitzensport hinsichtlich seiner Leistungsbeziehungen
neben die anderen gesellschaftlichen Teilsysteme stellt. In einer solchen
Betrachtung fallen mehrere Besonderheiten auf (siehe Abb. 6):

Abbildung 6: Leistungsinterdependenzen zwischen gesellschaftlichen Teilsystemen

Leistungen →	Wirtschaft	Politik	Recht	Militär	Religion	Wissenschaft	Kunst	Massenmedien	Gesundheit	Spitzensport	Bildung	Intimbeziehungen
Wirtschaft		++		+		+	+	++	++	++		++
Politik	++		++	++	+	++	+	++	++	++	++	+
Recht	+	++		+	+	+	+	+	+	+	+	+
Militär	+	++	+							+		
Religion												
Wissenschaft	++	++		++					++	++	+	
Kunst											+	+
Massenmedien	+	++					++			++		+
Gesundheit	+	+		+								
Spitzensport	+	+						+				
Bildung	++	+			+	+	+	+		+		+
Intimbeziehungen	++	+		+	+					++	+	

Erstens gehört der Spitzensport zu denjenigen gesellschaftlichen Teilsystemen, die *nur für wenige andere Teilsysteme Leistungen erbringen.* Neben den drei gerade genannten Leistungsbezügen – immerhin zu zwei sehr zentralen gesellschaftlichen Teilsystemen – gibt es keine weiteren. Bei insgesamt zwölf ausdifferenzierten Teilsystemen produziert demnach der Spitzensport für acht von ihnen keine nennenswerten Leistungen. Recht, Militär, Religion, Wissenschaft, Kunst, Gesundheit, Bildung und Intimbeziehungen stehen in keinen oder nur sehr geringen Leistungsabhängigkeiten vom Spitzensport. Zum Vergleich: Politik, Recht, Wirtschaft und Massenmedien erbringen jeweils für fast alle anderen Teilsysteme wichtige Leistungen. Auch vom Wissenschafts- und vom Bildungssystem sind jeweils noch mehr als die Hälfte der anderen Teilsysteme in wichtigen Hinsichten leistungsabhängig. Lediglich vom Religionssystem – nach der Säkularisierung – und von der Kunst sind noch weniger andere Teilsysteme leistungsabhängig als vom Spitzensport.

Zweitens sind die Leistungen, die der Spitzensport für Politik, Wirtschaft und Massenmedien erbringt, zwar keineswegs gänzlich zu vernachlässigen, aber unbestreitbar sind sie *nicht existentiell wichtig.* Die Wirtschaft fände auch andere Werbeträger, die vielleicht in manchen Hinsichten nicht ganz so gut funktionierten wie der Spitzensport – aber wer wollte ernsthaft behaupten, daß etwa Automobilfirmen, Kleidungsproduzenten oder Hersteller von Getränken ohne sportliche Helden und spannende Wettkämpfe überhaupt nicht öffentlichkeitswirksam und überzeugend auf ihre Produkte hinweisen könnten! Schon jetzt läuft viel Werbung auf der Schiene diverser kultureller Ereignisse – vom Rockkonzert über die Love-Parade bis zur Kunstausstellung. Die heutige »Erlebnisgesellschaft« (Schulze 1992) hat inzwischen vielfältigste Eventangebote ausdifferenziert, die sich zu Werbezwecken ähnlich gut nutzen lassen wie der Spitzensport. Und so könnte auch die Politik auf andere Arten von Ereignissen umschwenken, um in etwa das zu erreichen, was ihr der Spitzensport an legitimatorischen Leistungen bietet. Die Massenmedien schließlich würden, fiele der Spitzensport als Thema der Berichterstattung aus, ebenfalls deshalb nicht zusammenbrechen, sondern könnten andere Themenbereiche intensivieren. Natürlich erforderte all dies einen erheblichen, aber keineswegs untragbaren Anpassungsaufwand.[3]

Betrachtete man demgegenüber die Leistungen näher, die Wirtschaft, Recht oder Wissenschaft für andere Teilsysteme produzieren, wäre jeweils schnell klar, daß es sich um funktional erforderliche Leistungen handelt. Deren Ausbleiben würde die Reproduktionsfähigkeit des leistungsempfangenden Teilsystems nachhaltig gefährden. Man denke etwa an diejenigen wissenschaftlichen Erkenntnisse, die das Gesundheitssystem erhält, oder die rechtlichen Regelungen, die sich auf die Massenmedien beziehen! Sogar Teilsysteme wie Gesundheit oder Militär, die beide nur für wenige andere Leistungen erbringen, sind dann in diesen Bezügen nicht wegzudenken. So sind zwar nur Politik und Recht ganz existentiell auf das Militär angewiesen; und das Gesundheitssystem ist u.a. für den Spitzensport unverzichtbar.

Damit ist ein dritter Punkt zur Charakterisierung der Stellung des Spitzensports im Gefüge der gesellschaftlichen Leistungsinterdependenzen angesprochen worden. Nicht nur, daß der Spitzensport lediglich für wenige andere Teilsysteme Leistungen erbringt, und noch dazu in keinem Fall existentiell wichtige: Er selbst *erhält von deutlich mehr Teilsystemen Leistungen, die für ihn existentiell wichtig sind.* Neben den schon erwähnten finanziellen Ressourcen von seiten der Massenmedien, der Wirtschaft und der Politik sind hier Leistungen zu nennen, die – wie gerade angesprochen – vom Gesundheitssystem, von der Wissenschaft und vom System der Intimbeziehungen erbracht werden. Das Gesundheits- und das Wissenschaftssystem haben auf die Bedürfnisse des Spitzensports zugeschnittene Subsysteme ausdifferenziert, die – teilweise hochspezialisiert – unverzichtbare Beiträge zur sportlichen Leistungssteigerung liefern. Die Familien als Teilbereich des Systems der Intimbeziehungen wiederum stellen dem Spitzensport ebenfalls vielfältige Leistungen zur Verfügung, ohne die eine schon in der Kindheit einsetzende Förderung späterer spitzensportlicher Leistungen undenkbar wäre. Neben diesen sechs unverzichtbaren Leistungsbezügen zu anderen Teilsystemen muß weiterhin noch gesehen werden, daß der Spitzensport oftmals erheblich von – allerdings nicht existentiell wichtigen – Leistungen des Militär- und des Bildungssystems profitiert. Beide Teilsysteme stellen organisatorische Basen zur Verfügung – beim Bildungssystem etwa der Hochschulsport in den Vereinigten Staaten, beim Militär die diversen Sportförderkompanien, in denen Athleten ihre Wehrpflicht erfüllen oder sich als Zeitsoldaten verdingen können.

Viertens muß schließlich noch ein Blick auf das Verhältnis des Spitzensports zum Breitensport geworfen werden. Betrachtet man diese Leistungsbeziehungen innerhalb des Sportsystems, zeigt sich, daß *der Breitensport durchaus ohne den Spitzensport auskommen könnte – aber nicht umgekehrt!* Es gibt nicht wenige aktive Breitensportler, die sich nie sonderlich um den Spitzensport gekümmert haben. Dieser wird also nicht unbedingt als Werbeträger benötigt, ebenso wenig wie die spitzensportlichen Helden eine unerläßliche Vorbildfunktion für die Breitensportler haben – wobei beides zweifellos in gewissem Maße vorkommt. Umgekehrt ist der Spitzensport existentiell auf den Breitensport angewiesen – zumindest als Rekrutierungs- und Sozialisationsbasis – und erhält von diesem auch teilweise erhebliche organisatorische und finanzielle Ressourcen.

Insgesamt stellt sich der zeitgenössische Spitzensport im Gruppenbild mit den anderen Teilsystemen demnach als ein Teilsystem dar, das deutlich häufiger als Empfänger denn als Bereitsteller von Leistungen auftritt und insbesondere keinerlei anderswo unverzichtbare Leistungen produziert. In Termini von Abhängigkeiten formuliert: Der Spitzensport ist von einer ganzen Reihe anderer Teilsysteme existentiell abhängig, aber kein einziges anderes Teilsystem hängt von ihm in gleicher Weise ab. Eine derartige Position in den intersystemischen Leistungsinterdependenzen nehmen allenfalls noch das Religions- und das Kunstsystem ein. Betrachtet man diese asymmetrische Position daraufhin, was sie für die Bereitschaft der anderen Teilsysteme besagt, Leistungsversagen auf seiten und negative Externalitäten von seiten des Spitzensports zu akzeptieren, fällt die Antwort eindeutig aus: Diese Toleranzbereitschaft muß als sehr gering eingestuft werden. Wenn der Spitzensport nicht adäquat als Themenlieferant der Massenmedien, als Werbeträger für die Wirtschaft und als Legitimationsbeschaffer für die Politik funktioniert, träfe dieses Ausbleiben diese drei Teilsysteme nicht ins Mark. Aber wenn diese dem Spitzensport die finanziellen Ressourcen entzögen, hätte dies gravierende Konsequenzen. Zum Ressourcenentzug werden diese drei Teilsysteme zum einen dann geneigt sein, wenn ein Leistungsversagen des Spitzensports ihnen gegenüber einträte – zum anderen dann, wenn er ihnen Ärger bereitete: je stärker also wirtschaftliche, politische und mediale Akteure sich der Frage ausgesetzt sähen, wie sie es rechtfertigen und verantworten könnten, sich »unmöglich« aufführende korporative und individuelle Akteure des Spitzensports zu fördern. Dieselbe Frage kann im System der Intimbeziehungen den Eltern gestellt werden, die ihre Kinder in spitzensportliche Karrieren schicken.

Damit gerät Doping in den Blick. Ohne Zweifel kann ein Spitzensport, der gesellschaftlich verdächtigt wird, flächendeckend ein deviantes Milieu zu sein, sich dadurch dermaßen selbst diffamieren, daß die Akteure von Massenmedien, Wirtschaft, Politik und Familie gar nicht anders können, als sich schleunigst und unmißverständlich zu distanzieren. Ansonsten färbte der »schlechte Ruf«, den sich ein mutmaßlich oder tatsächlich dopingdurchsetzter Sport einhandelt, auf Unternehmen, Politiker, Journalisten und Eltern ab. Athleten, die betrügen und eigene Leistungen nur vorgaukeln; Betreuer und Sportärzte, die zum Betrug und zu gesundheitlich höchst riskanten Maßnahmen animieren, drängen oder diese gar hinter dem Rücken der Betroffenen vornehmen; und Funktionäre, die geflissentlich wegschauen oder sehenden Auges Leistungsnormen setzen, die durch ehrliche Anstrengung so gut wie unerfüllbar sind: Diese Konstellation ist mit all ihren unmoralischen, mafiösen und immer wieder buchstäblich unappetitlichen Begleiterscheinungen weder wirtschaftlich werbewirksam, noch können sich die erwünschten politischen Legitimationseffekte einstellen. Ganz im Gegenteil! Ebenso läuft das Bild, das der Spitzensport so von sich abgibt, dem Standardplot der Massenmedien für die Sportberichterstattung zuwider.[4] Kurzfristig sind Dopingskandale, wie auch Skandale anderer Art, zwar treffliche Themen massenmedialer Berichterstattung; doch längerfristig wird eine Häufung derartiger Berichte den Spitzensport de facto zu einem Subgenre der Kriminalitätsberichterstattung machen, das dann der eigentlichen Sportberichterstattung den Rang abläuft. Eltern schließlich, die ihre Kinder in eine solche

»schlechte Gesellschaft« gehen lassen oder schicken, müssen damit rechnen, daß ihnen nicht nur eine Vernachlässigung ihrer Fürsorgepflicht mit eventuell sogar rechtlichen Konsequenzen vorgehalten, sondern auch nachgesagt wird, ihre Kinder nicht zu lieben.

Gesellschaftliche Teilsysteme, von denen viele andere existentiell abhängig sind, können sich derartige negative Externalitäten und auch Leistungsdefizite erlauben, ohne dafür durch Leistungsentzug von seiten der betroffenen Teilsysteme bestraft zu werden. Im Gegenteil wird solchen für den gesellschaftlichen Reproduktionszusammenhang zentralen Leistungsproduzenten viel Nachsicht – zumindest als fatalistische Hinnahme der durch sie geschaffenen Probleme – entgegengebracht und Unterstützung gewährt. Man versucht, ihre Leistungsdefizite und negativen Außenwirkungen anderswo zu kompensieren. Diesen Teilsystemen werden zusätzliche Ressourcen zur Leistungserbringung bzw. zur Vermeidung von Externalitäten bereitgestellt, anstatt ihnen Ressourcen zu entziehen. Das Wirtschaftssystem gibt hierfür das beste Beispiel ab. Ob konjunkturelle Krisen oder Strukturkrisen einzelner Branchen, ob Arbeitslosigkeit oder ökologische Risiken, ob Ausbeutung der Dritten Welt oder Börsenzusammenbrüche: Stets stehen andere Teilsysteme, insbesondere das politische System, bereit, um hilfreich einzuspringen und das Schlimmste zu verhüten; und nie werden aus den gravierenden Funktionsstörungen des Wirtschaftssystems radikale Konsequenzen in Gestalt auferlegter weitreichender Umstrukturierungen gezogen. Statt dessen strukturieren sich die anderen Teilsysteme um, damit sie die von der Wirtschaft ausgehenden Probleme bewältigen oder zumindest einigermaßen ertragen können. Wenn etwa die Passung zwischen den im Bildungssystem vermittelten Qualifikationen und den Qualifikationsanforderungen der Wirtschaft nicht mehr stimmt, wird automatisch das Bildungssystem aufgefordert, sich zu ändern – nicht die Wirtschaft!

Mit einem solchen Entgegenkommen im Konzert der gesellschaftlichen Teilsysteme kann der Spitzensport nicht rechnen. Er muß im Sinne der Ungestörtheit der anderen Teilbereiche funktionieren – ansonsten geriete er in tiefe Legitimationskrisen und erführe einen Leistungsentzug von seiten der anderen Teilsysteme. Genau deshalb ist Doping ein so heikles Thema. Es ist eben nicht so, daß Wirtschaft, Politik oder Massenmedien dem Spitzensport das Dopingproblem abnähmen oder es einfach hinnähmen. Abgesehen von eher symbolischen Hilfsangeboten ist vielmehr die vorherrschende Reaktion der Verweis darauf, daß der Spitzensport mit der Dopingproblematik selbst fertig zu werden habe. Und es werden Drohungen für den Fall ausgesprochen, daß er dies nicht schaffe. Derartiges hat man noch nie der Wirtschaft gesagt, wenn die Arbeitslosenzahlen mal wieder beängstigend gestiegen sind. In einem solchen Fall legen sich vielmehr alle anderen Teilsysteme ins Zeug, um der kränkelnden Konjunktur wieder aufzuhelfen.

6.2 Inklusion

Damit kommen wir zur zweiten, komplementären analytischen Perspektive: dem Verhältnis des Spitzensports zu seinem Publikum. Wie alle anderen gesellschaftlichen Teilsysteme auch – mit Ausnahme der Religion – hat der Spitzensport eine Ausweitung seines Publikums zu verzeichnen. Immer mehr Gesellschaftsmitglieder interessieren sich für Sport, und dieses Interesse ist immer intensiver geworden, was sich vor allem in der durchschnittlich dafür aufgewendeten Zeit ausdrückt. Insbesondere sind mittlerweile auch die Frauen auf breiter Basis in die Zuschauerrolle inkludiert worden; und die rapide gestiegenen Übertragungszeiten der Fernsehsender für Sportereignisse sind der wichtigste Faktor, der eine je individuelle Intensivierung des Sportinteresses ermöglicht und voran getrieben hat. Dieser massive *Inklusionsschub*, den der Spitzensport hinsichtlich seiner Zuschauer in den letzten Jahrzehnten erlebt hat, geht vor allem auf das Zusammenwirken von drei Faktoren zurück: erstens, wie schon angedeutet, der Entwicklung zu einer »Mediengesellschaft« in dem Sinne, daß die Massenmedien immer wichtiger für die Gesellschaftserfahrung der Person und als mannigfaltige Erlebnisofferten an sie geworden sind; zweitens der »Freizeitgesellschaft« in dem Sinne, daß die Person aufgrund von Verkürzungen der Arbeitszeit über immer mehr disponible Zeit verfügt; und drittens der »Überflußgesellschaft« (Galbraith 1958) in dem Sinne, daß aufgrund allgemeiner Einkommenssteigerungen auch das disponible Einkommen der Person zugenommen hat. Zeit und Geld sind die wichtigsten Ressourcen, die man in der Rolle des Sportzuschauers benötigt;[5] und Medienberichterstattung über Sportereignisse bietet die Gelegenheitsstruktur zum Einsatz dieser Ressourcen.

Zur Bedeutung des Sportzuschauens für die individuelle Lebensgestaltung sind bereits viele empirische Daten zusammengetragen worden, die hier nicht referiert zu werden brauchen. Differenzierungstheoretisch betrachtet ist die Inklusion als Zuschauer in den Spitzensport eine kontinuierliche, etwa im Vergleich zur nur sporadischen Inklusion ins Gesundheits- oder ins Rechtssystem. Sportzuschauen stellt einen festen Posten im individuellen Zeitbudget vieler Personen dar. Es ist allerdings, selbst wenn man von der Berufstätigkeit und dem Familienleben absieht, keineswegs der größte Posten. Knapp die Hälfte der Erwachsenen in Deutschland besucht gelegentlich oder häufiger Sportveranstaltungen; über die Hälfte tut es also nie. Und auch beim Medienkonsum, insbesondere dem Fernsehen, bewegt sich das Interesse am Sport nur im Mittelfeld, deutlich hinter Kunst, von Politik ganz zu schweigen. Das Sportinteresse nimmt auch im Alter ab und liegt bei den Frauen deutlich niedriger als bei den Männern (Schimank/Schöneck 2006). Diese Daten relativieren manche früheren Behauptungen ein wenig, die den Eindruck erwecken konnten, daß mittlerweile das Sportzuschauen für die allermeisten Gesellschaftsmitglieder das beliebteste aller Freizeitvergnügen sei. Dennoch bleibt unbestreitbar, daß sich immer mehr Menschen immer stärker für den Spitzensport interessieren. Stellt man die Frage, warum das so ist, kann man in Anlehnung an eine These Ulrich Becks die Behauptung aufstellen: Sportzuschauen stellt eine komplizierte *Verschränkung von »erster« und »zweiter Moderne«* dar (Bette/Schimank 2000b). Die »erste Moderne« ist die sich durchsetzende Moderne – also diejenige Moderne, die vormoderne Sozialverhältnisse Schritt für Schritt beseitigt und ersetzt. Die »zweite Moderne« reagiert demgegenüber auf die Resultate der »ersten«, thematisiert und bearbeitet deren Folgeprobleme. Dies ist nicht als ein striktes Nacheinander, sondern zumindest heutzutage eher als ein Nebeneinander gemeint – wie sich insbesondere am Fall des Spitzensports zeigt. Dieser befriedigt als Teil der »zweiten Moderne« bestimmte universelle emotionale und ästhetische Bedürfnisse der Gesellschaftsmitglieder, die in einer durch Rationalisierung, Verwissenschaftlichung, Kommerzialisierung, Affektregulierung, Durchorganisierung, Mobilität und Anonymität gekennzeichneten »ersten Moderne« notorisch zu kurz kommen. In der Dimension des ästhetischen Spektakels sind dies vor allem Spannung und Zelebrierung von Körperlichkeit, in der Dimension der emotionalen Vergemeinschaftung affektives Sich-Ausleben und Heldenverehrung. Zugleich wird im Spitzensport jedoch mit dem Leistungsprinzip ein Zentralwert der »ersten Moderne« weiter hochgehalten und dem Publikum beständig in – guter! – Erinnerung gehalten. Spitzensportereignisse stellen geradezu Feierstunden des Leistungsindividualismus dar und wirken so als sozialintegrative Mechanismen in der »achieving society« (McClelland 1961), als die sich die Moderne nach wie vor auch begreifen muß.

Die Inklusion als Zuschauer in den Spitzensport erfüllt somit durchaus wichtige individuelle Bedürfnisse und hat auch eine gewisse sozialintegrative Bedeutung. Diese Komponente der differenzierungstheoretischen Perspektive macht also ebenfalls deutlich, daß der Spitzensport in der modernen Gesellschaft verankert ist. Doch wiederum muß auch hierzu gefragt werden: Ist er unverzichtbar? Und die Antwort lautet abermals: Nein! Es gibt bekanntlich nach wie vor Gesellschaftsmitglieder, die sich überhaupt nicht für den Spitzensport interessieren und deshalb nicht in dieses Teilsystem inkludiert sind – und zwar freiwillig. Ein vergleichbarer Inklusionsverzicht ist etwa beim Wirtschaftssystem hinsichtlich der Konsumentenrolle überhaupt nicht vorstellbar. Daß diese am Sportzuschauen desinteressierten Personen nicht auch jene Bedürfnisse haben, die sich für die Sportinteressierten ausmachen lassen, ist wenig wahrscheinlich; und sozialintegrativ eingebunden werden müssen diese Leute ebenfalls. Die Existenz und Fortexistenz dieser Gruppe von Gesellschaftsmitgliedern zeigt also, daß die Zuschauerrolle weder für die Person noch für die Gesellschaft funktional erforderlich ist.

Der Spitzensport ist, was die individuellen Bedürfnisse anbelangt, nur eine der vielen Offerten der zeitgenössischen »Erlebnisgesellschaft«. Er ist zweifellos ein besonders multifunktionaler Ort der Bedürfnisbefriedigung und deshalb kaum durch eine einzige Alternative ersetzbar, aber durch eine Kombination mehrerer Angebote sehr wohl. Ebenso gibt es auch in sozialintegrativer Hinsicht funktionale Äquivalente des Sportzuschauens. Das Leistungsprinzip wird beispielsweise auch in bestimmten Filmgenres oder durch die Medienberichterstattung über große Wissenschaftler oder Unternehmer in Erinnerung gehalten. Würde also die Inklusion in die Publikumsrolle des Spitzensports wieder abnehmen, liefe das wohl nur darauf hinaus, daß die schon existierenden und auch ausbaubaren funktionalen Äquivalente dafür in die Bresche springen würden. Die Inklusion in die Publikumsrolle des Spitzensports ist somit, anders als die Inklusion in die Publikumsrollen der Wirtschaft, des Gesundheits- oder des Bildungssystems, personal und gesellschaftlich kein Muß.

Die Konsequenz hieraus ist dieselbe wie im Verhältnis zwischen Spitzensport und anderen gesellschaftlichen Teilsystemen: Er darf bei seinem Publikum keinen dauerhaften Anstoß erregen, weil es sonst fortbliebe oder sich desinteressiert zeigte. Ein kleiner Skandal hier und da richtet keinen Schaden an, ist vielleicht sogar die besondere Würze dessen, was das Sportpublikum geboten bekommen will. Doch permanent und gravierend darf das Spitzensportgeschehen nicht den Erwartungen seines Publikums zuwiderlaufen.

Drei dieser Erwartungen seien hier herausgegriffen. Die Zuschauer wollen erstens spannende, zweitens auf der Stelle entschiedene und drittens individuell zurechenbare Höchstleistungen sehen. In allen drei Hinsichten kann nun wiederum Doping das Verhältnis des Spitzensports zu seinem Publikum nachhaltig stören. Wenn das Publikum den Eindruck gewinnt, daß Wettkämpfe durch Doping einiger, aber nicht aller beteiligter Athleten vorentschieden würden, ginge das Spannungselement weitgehend verloren. Wenn die Sportverbände erst durch langwierige nachträgliche Dopingkontrollen und -untersuchungen verifizieren können, ob derjenige, den das Publikum im Stadion und vor dem Fernseher als Sieger gesehen hat, auch tatsächlich Sieger bleibt, verliert das Sportgeschehen den für seine ästhetischen und emotionalen Erlebniskomponenten essentiellen Reiz der Unmittelbarkeit. Und in dem Maße, wie die sportliche Leistung durch Doping bestimmt wird, ist nicht mehr gesichert, daß der Athlet selbst der entscheidende Leistungserzeuger ist.

Die empirische Meinungsforschung gibt auf der einen Seite durchaus Hinweise darauf, daß Doping die Sportzuschauer aus den genannten Gründen irritiert. So zeigte etwa eine Mitte der neunziger Jahre durchgeführte Untersuchung der »Einstellungen junger Menschen zum Doping im Sport« (Melchinger et al. 1997), daß die überwältigende Mehrzahl der Befragten Doping im Spitzensport als eine Verletzung von Fair-play und Chancengleichheit ablehnt und die Mehrzahl auf ein entdecktes Dopingvergehen eines Athleten mit persönlicher Enttäuschung reagiert. Wie weitreichend diese Irritationen allerdings auf der anderen Seite sind, kann in mehreren Hinsichten gefragt werden. So geht die Mehrzahl der Befragten erstens davon aus, daß Doping schon im Breitensport eine nicht völlig unerhebliche Rolle spielt. Jeder Zehnte meint, einen sich dopenden Breitensportler persönlich zu kennen. Doping ist zweitens für die meisten ein Phänomen mit recht unscharfen Grenzen, wie sich etwa an der Akzeptanz weicher Drogen wie Haschisch sowie verschiedener leistungssteigernder Mittel und Praktiken im Alltag und im Sport zeigt. Beide Punkte deuten, entgegen den gerade referierten moralischen Verurteilungen, auf ein gewisses Verständnis für sich dopende Spitzensportler hin – was drittens erklären würde, daß bislang jedenfalls noch nichts davon zu merken ist, daß die Publikumsattraktivität des Spitzensports trotz sich häufender aufgedeckter Dopingfälle in immer mehr Disziplinen Schaden genommen hätte. Nicht einmal bei den am stärksten dopingdurchsetzten Sportarten wie der Schwerathletik oder dem Radrennsport läßt sich eine deutliche Abwendung des Publikums verzeichnen.

Ob Doping also wirklich der Stein des Anstoßes ist oder auch nur zukünftig sein könnte, mit dem sich der Spitzensport sein Publikum vergrault, kann durchaus angezweifelt werden. Klar ist nur: Wenn Doping – oder auch irgend etwas anderes – das Sportpublikum irgendwann manifest störte, gäbe es kein Halten mehr. Konsumenten oder Patienten beispielsweise mögen sich noch so daran stoßen, wie das Wirtschafts- bzw. das Gesundheitssystem mit ihnen umgeht: Sie müssen sich dennoch größtenteils in ihr Schicksal fügen, können in gewissem Maße versuchen, dagegen zu protestieren und Änderungen ihrer Rolle durchzusetzen,[6] haben aber kaum die Chance des Verzichts auf die Leistungen des betreffenden Systems. In der Terminologie von Albert Hirschman (1970) heißt dies: Konsumenten wie Patienten müssen ihr Heil in – wie immer zähneknirschender –»loyalty« sowie in »voice« suchen, weil ihnen, anders als dem Sportpublikum, die Exit-Option weitgehend verschlossen ist. Es ist wie der Unterschied zwischen einer Ehe ohne und mit einer Möglichkeit der Scheidung. Und genau dieser Unterschied ist die Ursache dafür, daß der Spitzensport sich gegenüber seinem Publikum in einer ähnlich strukturell schwachen Position befindet, die er auch gegenüber den anderen gesellschaftlichen Teilsystemen einnimmt. Der Spitzensport ist eben – wie ein kluger Beobachter längst wußte – für die Gesellschaftsmitglieder nur eine »Nebensache«. Aber diese »Nebensache« wird um so entbehrlicher, je mehr sie den Nimbus einbüßt, die »schönste Nebensache der Welt« zu sein.

Beide differenzierungstheoretischen Argumentationsstränge führen somit zum selben Ergebnis: Sowohl die anderen gesellschaftlichen Teilsysteme als auch die individuellen Gesellschaftsmitglieder könnten auf den Spitzensport gegebenenfalls auch verzichten; er ist nicht unverzichtbar wie beispielsweise Wirtschaft, Politik, Recht, Wissenschaft, Massenmedien, Bildung oder Gesundheit. Genau deshalb muß der Spitzensport in seinem Verhältnis zu den anderen Teilsystemen wie im Verhältnis zu seinem Publikum peinlich darauf achten, seine zwar nicht unentbehrlichen, aber durchaus als gesellschaftlich nützlich bzw. subjektiv befriedigend erachteten Leistungen zuverlässig zu erbringen und sich – noch wichtiger! – keine Störungen der Gegenüber zu erlauben. Der Spitzensport muß gesellschaftlich der »Musterknabe« sein; sonst steht er schnell vor dem Rauswurf, während sich etwa die Wirtschaft, aber auch z.b. das Gesundheitssystem gesellschaftlich viel unverträglicher aufführen können und dennoch nie ihre Existenz auf dem Spiel steht.

Für die korporativen Akteure des Spitzensports, insbesondere die nationalen und internationalen Sportverbände, gibt das eine klare generelle Verhaltensmaxime vor, damit sie die Fortexistenz und, wenn möglich, das Wachstum des eigenen Teilsystems sichern und damit auch die eigenen Interessen am organisatorischen Fortbestand und Einfluß realisieren können. Wie ein Ehepartner, von dem man sich scheiden lassen kann, müssen sie sich beständig um die Gunst ihrer Gegenüber bemühen – wohl wissend, daß ihnen auch ein Erfolg ihrer Bemühungen nie dauerhafte Sicherheit gibt und bei einem einzigen gravierenden Fehltritt jahrelanges Wohlverhalten umsonst war.

Ob nun Doping dasjenige Problem ist, an dem sich vor diesem Hintergrund die Zukunft des Spitzensports entscheidet, muß hier offen bleiben. Niemand vermag das heute zu sagen. Weil Doping aber dieses Problem sein könnte, empfiehlt es sich für die korporativen Akteure des Spitzensports, es in diesem Sinne sehr ernst zu nehmen – was sie ja mittlerweile auch tun. Das heißt freilich nicht, und darf für ihre spezifische Situation gerade nicht heißen: Doping endlich konsequent und nachhaltig zu bekämpfen. Wie in Kapitel 9 noch genauer ausgeführt werden wird, besteht ein adäquates Coping mit Doping auf seiten der Sportverbände darin, Reden und Tun zu entkoppeln: rhetorisch auf der »Vorderbühne« des Geschehens Doping zu verdammen und eine strikte Anti-Doping-Politik zu proklamieren, aber faktisch auf der »Hinterbühne« Doping weiterhin zu dulden und sogar dazu anzuhalten. So und nur so können die Sportverbände dem »double bind« entsprechen, in den sie ihre Bezugsakteure in den Massenmedien, der Wirtschaft und der Politik sowie letztlich das Publikum verstricken: »sauber«, aber weiterhin sportlich erfolgreich zu agieren. Möglich ist ein solches Handeln der Sportverbände, weil das Publikum geneigt ist, sich in Sachen Doping täuschen zu lassen, also nicht zu genau hinzuschauen. Und wenn das Publikum sich nicht kollektiv entrüstet und abwendet, dann sind auch Massenmedien, Wirtschaft und Politik zufrieden – womit der Spitzensport in diesem Punkt erst einmal seine Zukunftsfähigkeit gesichert hätte.[7]

Die Akteure der anderen, gesellschaftlich unverzichtbaren Teilsysteme könnten sich aus einem derartigen »double bind« hingegen befreien, sich also rigoros über die Bedenken und Wünsche in ihrer Umwelt hinwegsetzen. So stellen z.b. Unternehmen die Politik immer wieder vor die brutale Alternative: Ökologie oder Arbeitsplätze – und wenn dann ökologische Belange nicht gleich ganz auf der Strecke bleiben, sondern noch in gewissem Maße Berücksichtigung finden, geschieht dies immer nur auf Kosten der Politik. Und wenn die Verbraucher ökologisch unbedenklichere Produkte wünschen, müssen ebenfalls sie die Zeche dafür zahlen, nicht die Unternehmen. Auf die Sportverbände übertragen hieße das: Sie hätten es in der Hand, eine Entweder-oder-Entscheidung zu treffen und durchzuhalten: entweder den Sauberkeitserwartungen Folge zu leisten und ohne Rücksicht auf sportliche Erfolgschancen gegen Doping vorzugehen oder umgekehrt durch massives und offenes Doping der eigenen Athleten ganz auf sportliche Erfolge zu setzen. Daß die Sportverbände genau diese Stärke voraussetzende Entscheidung nicht treffen können, sondern sich dauerhaft durch Scheinheiligkeit, also eine typische Strategie der Schwäche, durchlavieren müssen, liegt letztlich in der gesellschaftlichen Verzichtbarkeit des Spitzensports als Teilsystem begründet.

Auf einen Satz zusammengefaßt: Eine energische Dopingbekämpfung fällt dem Spitzensport deshalb so unendlich schwer, ist ihm vielleicht sogar gänzlich unmöglich,[8] weil er gesellschaftlich entbehrlich ist. Solange sich die Sportverbände allerdings in dieser Situation, wie bisher üblich, für den Weg des geringsten Widerstands entscheiden und hierbei keine strategischen Fehler begehen, besteht kein Grund zu der Annahme, daß der Spitzensport wegen des Dopings keine Zukunft habe. Man mag diese Zukunftsvorstellung nicht besonders attraktiv finden – aber das ist eine andere, ganz und gar unwissenschaftliche Frage.

7 Teilsystemische Selbstdiffamierung durch Doping

Die gesellschaftliche Etablierung des Leistungssports ist seit mehr als hundert Jahren sehr erfolgreich verlaufen. Als ein gesellschaftliches Nachzüglersystem, welches nach dem allgemeinen Durchbruch des Strukturprinzips der funktionalen Differenzierung diese grundlegende Dynamik gesellschaftlicher Evolution mit Verspätung wiederholt, konnte der Leistungssport durch die Ausbildung eines spezifischen Codes eine eigenständige Identität ausprägen, ein hohes und stetig gestiegenes Publikumsinteresse hervorrufen und, darauf aufbauend, eine Nachfrage einiger anderer gesellschaftlicher Teilsysteme nach seinen Leistungen stimulieren. Heute steht der moderne Leistungssport vornehmlich in Austauschbeziehungen mit den Massenmedien, der Wirtschaft und der Politik.

Dieser bemerkenswerte Prozeß einer Nutzenverschränkung muß allerdings nicht notwendigerweise immer so weiterlaufen. Der Spitzensport kann sich auch, wie bereits im vorherigen Kapitel behandelt, durch bestimmte Probleme ins gesellschaftliche Abseits manövrieren. Doping ist seit geraumer Zeit der größte Risikofaktor in dieser Hinsicht. Der Einsatz von Dopingmitteln, aber auch die Aufdeckung der globalen Verbreitung und des hohen Raffinements solcher devianter Praktiken einschließlich elaborierter Entdeckungsvermeidungstechniken haben den organisierten Sport und die ihn Betreibenden in einen Zustand der massiven Selbstgefährdung hineingebracht, der in vielerlei Hinsicht bereits virulent geworden ist. Doping schlägt inzwischen auf den Sport zurück. »Die Bedrohung ist da. Beim Doping – früher hatte man gemeint, Geld wäre der Sündenfall – zeichnet sich die Schicksalsstunde des Sports für seine Akzeptanz in dieser Gesellschaft ab.«[9] Durch Doping hat sich der Hochleistungssport gesellschaftlich einen »schlechten Ruf« eingehandelt.

Generell ist hierbei folgender Zusammenhang im Auge zu behalten: Wenn es um Delegitimierungen in der öffentlichen Wahrnehmung des Leistungssports geht, spielen intersubjektiv geteilte Überzeugungen und Einschätzungen die entscheidende Rolle. Sie verweisen auf das, was gesellschaftlich als »real« angesehen wird. Wir können insofern völlig dahingestellt lassen, wie hoch die Dopingrate tatsächlich ausfällt.[10] Wer in welchen Disziplinen wie oft gelogen und betrogen hat, weiß ohnehin niemand, und man wird es wohl auch nie verläßlich erfahren. Hochrechnungen auf der Grundlage von entdeckten Fällen oder Insider-Aussagen bleiben immer unsicher. Allein wichtig für die gesellschaftliche Delegitimierung des Sports ist der Umstand, daß Doping zu einem kommunikativen Dauerthema geworden ist. Nach den Enthüllungen der letzten Jahre assoziiert das Publikum Hochleistungssport mit Doping: Spitzensport gleich »Spritzensport«.[11]

Doping entsteht aus der evolutionären strukturellen Kopplung zwischen schrankenlosem Siegescode als innersystemischem Steigerungsfaktor und einer Entfesselung dieser Logik durch Ansprüche aus der gesellschaftlichen Umwelt (Bette/Schimank 1995a). Hieraus resultieren prekäre Disbalancen, die in einen Prozeß der »Verdifferenzierung« zu münden drohen. Das zunächst erfolgreiche Arrangement einer strukturellen Kopplung zwischen dem Leistungssport und seiner gesellschaftlichen Umwelt kann im Lauf der Zeit in eine Sackgasse führen, wenn die negativen Externalitäten aus diesem Beziehungsgeflecht wichtige Bezugsgruppen abschrecken. Ähnliche Entwicklungen anderer gesellschaftlicher Teilsysteme lassen sich gegenwärtig u.a. anhand der durch Wissenschaft hervorgebrachten technologischen Risiken oder der von der Wirtschaft mitproduzierten Umweltschäden beobachten.

Im folgenden soll es darum gehen, das Dopingphänomen entlang dieser abstrakten Theoriefigur in seiner Riskanz für den Hochleistungssport als gesellschaftliches Teilsystem herauszuarbeiten. Denn Doping erhöht nicht nur das ohnehin schon hohe Risiko für die individuellen Akteure, vornehmlich die Athleten, die ihre Gesundheit und soziale Reputation aufs Spiel setzen, sondern katapultiert den Leistungssport insgesamt in eine gefährliche Risikozone hinein. Wir wollen also danach fragen, wie es zu dem »schlechten Ruf« des Spitzensports gekommen ist und welche Folgen daraus für ihn entstehen könnten.

7.1 Skandalierung in den Massenmedien

Doping ist der Stoff, aus dem Sportskandale sind.[12] Als Thema bietet es alles, was dazu gehört: ein dunkles Geheimnis, das ans Licht gebracht wird; ein Skandalierter, der gegen kontextspezifische Normen verstoßen hat; ein Skandalierer, der die Abweichung feststellt und veröffentlicht; und ein Skandalpublikum, dem die Enthüllung zugetragen wird und das hierauf mit Enttäuschung und einem generalisierten Mißtrauen reagiert. Skandale lassen sich schlecht ignorieren, weil sie sich dem Erleben überfallartig aufdrängen. Sie besitzen einen morbiden Charme. In ihrem Bann lernen die Zuschauer auch das, was sie eigentlich nicht lernen wollen. Desillusionierungseffekte sind die Folge. Beobachtern fällt es durch das hohe Reizpotential dieser gegen die Erwartung laufenden Ereignisse schwer, den Blick abzuwenden. Skandale führen dem Publikum der »Vorderbühne« vor, daß auf der »Hinterbühne« (Goffman 1956) ein ganz anderes Spiel stattfindet. Und sie laden die Beobachter auf diese Weise ein, sich zu empören. Zwar gilt auch für Dopingskandale, daß sie nur kurzzeitig die Aufmerksamkeit binden können, weil sie entweder durch andere Ereignisse innerhalb und außerhalb des Sports überlagert oder durch neue Entlarvungen in den Hintergrund gedrängt werden. Dennoch bleibt der Eindruck, daß die hohe Skandalfrequenz der letzten Jahre das Bild von einer Normalität der Abweichung, auf die man sich einzustellen habe, fest im Publikumserleben verankert hat.

Bevor wir die Frage beantworten, wodurch die massenmedial verbreiteten und transportierten Desillusionierungen zustande gekommen sind und welche Prozesse dazu geführt haben, daß es in der öffentlichen Einschätzung des Leistungssports inzwischen zu einem äußerst folgenreichen Wandel gekommen ist, gilt es zunächst abzuklären, wer mit welchem Interesse Dopingfälle aufdeckt. Dabei ist zunächst von einer Unwahrscheinlichkeit der Dopingaufdeckung auszugehen. Ein Grund, warum sowenig Dopingfälle bekannt werden, liegt darin, daß der Hochleistungssport in erheblichem Maße eine mafiöse Struktur aufweist (Bette/Schimank 1995a: 185ff). Es gibt zwar viele Mitwisser, weil sich sehr viele der Sportler dopen und hierbei auf logistische Hilfe angewiesen sind. Doch selbst nach Beendigung ihrer sportlichen Karrieren, wenn ihnen die Enthüllung des eigenen Dopings oder des Dopings anderer nicht mehr unmittelbar schaden kann, bleiben Athleten in der Regel verschwiegen. Zum Teil werden ehemalige Sportler weiterhin in Abhängigkeitsstrukturen plaziert, die sie dauerhaft zum Schweigen verurteilen. Bekanntlich absolviert ein nicht unerheblicher Teil der vormaligen Leistungsträger seine berufliche Karriere innerhalb der Vereine und Verbände – als Trainer, Betreuer, Verbandsfunktionär, Stützpunktleiter, Sportarzt, Repräsentant von Sponsoren, Organisator von Sportveranstaltungen etc. Solche Mitwisser müssen weiterhin dem Redeverbot Folge leisten, wenn sie ihre eigene berufliche Zukunft nicht gefährden wollen. Weiterhin haben viele Athleten kein Interesse daran, sich selbst nach Beendigung ihrer Sportkarriere als Denunziant anderer oder als Diffamierer der eigenen Person zu betätigen. Schließlich würde eine freiwillige Aufdeckung die einmal erworbene Reputation schädigen und die eigenen Leistungen im nachhinein abwerten. Ergänzt wird dieser Selbstschutz durch die sozialisatorischen Wirkungen jahrelanger Abweichung. Athleten, die ihre Devianz über einen längeren Zeitraum mit Hilfe von Neutralisierungstechniken gerechtfertigt und rationalisiert haben und hierbei von einem entsprechenden Unterstützungsmilieu umgeben waren, prägen einen Korpsgeist aus, der eine Aufdeckung von Abweichungen gleichsam als unmoralisch verbietet. Selbst diejenigen Sportler, die ohne Doping erfolgreich sind, verweigern sich in der Regel der namentlichen Denunziation ihrer sich dopenden Konkurrenten. Allenfalls sind von ihrer Seite diffuse Hinweise zu hören. Diese Zurückhaltung erklärt sich zum einen daraus, daß die sportliche Kameraderie auch diese Belastungsprobe durchhält. Zum anderen entmutigt aber oft auch das Wissen, gegen ein Milieu, das konspirativ dichthält, als einzelner nichts Gerichtsfestes aussagen zu können. Selbst wenn es also zutrifft, daß viele Insider mehr oder weniger sichere und umfangreiche Kenntnisse darüber besitzen, was faktisch an konkretem Doping geschieht, ist davon auszugehen, daß die Beteiligten zunächst kein gewichtiges Motiv besitzen, solche Abweichungen publik zu machen. Wenn eine Aufdeckung demzufolge zunächst unwahrscheinlich ist, sind die Gründe abzuklären, warum sie dennoch bisweilen passiert. Fünf Motivkonstellationen, die oft Mischungsverhältnisse eingehen, lassen sich modelltheoretisch voneinander unterscheiden:

Erstens sind die Moralisten zu nennen, die noch dem traditionellen Sportethos anhängen und dessen Verfall aufhalten wollen. Sie beobachten die abweichenden Praktiken im Leistungssport anhand der Differenz von Gut und Böse und versuchen der sportlichen Fairneß auch weiterhin Geltung zu verschaffen. Unter Berufung auf die in den Sportregeln abgespeicherte Selbstbeschreibung der Verbände schlagen sie sich auf die positive Seite des Moralschemas und brandmarken jene, die sie auf der anderen Seite ansiedeln.

Zweitens gibt es die enttäuschten Verlierer, die zumindest situativ in emotionaler Erregung auf »maximize other's loss« umschalten – ungeachtet der möglichen und wahrscheinlichen Selbstschädigung, die aus der Anklage des Gegners hervorgehen kann. Nach einer sportlichen Niederlage bricht sich manchmal eine tiefe Enttäuschung Bahn. Die Empörung darüber, vermeintlich ungerechterweise verloren zu haben, schlägt sich dann in Gestalt einer unkontrollierten Afterrede nieder und setzt Informationen frei, die andere zum Nachrecherchieren veranlassen.

Ein drittes Motiv, aufgrund dessen Akteure Dopingpraktiken aufdek-

ken, heißt Rache am Leistungssport als System. Diese Kategorie speist
sich aus der Gruppierung der langfristig Enttäuschten, die nach Beendigung ihrer Karriere über ihr Hineintappen in biographische Fallen nach-
denken (siehe Kapitel 2) und es dem Sportsystem und dessen Repräsentanten heimzahlen wollen. Viele ehemalige Spitzensportler stehen in
Gefahr, über den Verlauf ihrer Biographien im nachhinein frustriert zu
sein. Viele haben nie den großen Erfolg gehabt, der all die Entbehrungen
hätte rechtfertigen können. Dieses Motiv ist, wie auch das zweite, strukturell dadurch bedingt, daß im Leistungssport per definitionem nur wenige
die großen Sieger sein können. Die Verlierer haben meist das Problem,
am Ende ihrer Karriere ins Nichts der Unbekanntheit und Bedeutungslosigkeit zurückzufallen. Denjenigen, die die damit verbundenen Enttäuschungen dem Sport ankreiden wollen, bietet die Kenntnis über Dopingpraktiken einen guten Vorwand, um solch eine Abrechnung vorzunehmen. Bilanzierungen dieser Art geschehen meist unter dem Deckmantel
moralischer Entrüstung. Die Abrechnung läßt sich dann für die Öffentlichkeit noch als ehrenvoll und beifallswert darstellen.

Viertens sind jene Journalisten zu nennen, die in einer eher kurzfristigen Handlungsorientierung eine sensationelle Story verkaufen wollen –
selbst wenn sie danach aus dem Geschäft sind, weil sie von da ab als
»Verräter« aus den relevanten Informationskanälen ausgeschlossen werden. So wie wissenschaftliche Revolutionen als grundlegende Umwälzun-
gen theoretischer Grundlagen oftmals von Außenseitern und marginal
assoziierten Personen auf den Weg gebracht werden (Kuhn 1962; Mulkay
1972), ist auch die Thematisierung des Dopings in den Massenmedien
kaum das Werk der etablierten Sportjournalisten. Diese sind diesbezüglich zumeist unkritische »Hofberichterstatter«, die entweder die Abweichungen nicht sehen oder ihre Kenntnisse für sich behalten. Schließlich
stehen auch sie in Abhängigkeiten zu den Vereinen und Verbänden. Ein
investigativer Journalismus von ihrer Seite käme einem beruflichen
Selbstmord gleich. Diejenigen, die Doping entlarven und öffentlich machen, stammen in der Regel nicht aus dem Kreis der auf einen Zutritt
angewiesenen Sportjournalisten. Nur für diesen Typ von Journalisten ist
es möglich, das Schweigen durch Lauschen zur Sprache zu bringen.

Doping hat zweifellos die Haltung der Massenmedien und Sportjournalisten zu den Sportlern verändert: Früher waren die Sportjournalisten
ausschließlich verständnisvolle Eingeweihte gegenüber den sich dopenden Athleten, während zumindest ein Teil von ihnen jetzt ständig nach
aufdeckbaren Skandalen sucht. Dies erklärt sich vor allem daraus, daß die
Journalisten durch Konkurrenzdruck untereinander dazu gezwungen
sind, nicht mehr nur in einer sich schnell abnutzenden unkritischen
Heldenverehrung zu schwelgen, sondern auch – genau umgekehrt – die
Helden zu demontieren. Beide Einstellungen bedingen einander, so daß
mittlerweile ein aus zwei Fraktionen bestehender Sportjournalismus zustande gekommen ist, der ein Oszillieren zwischen Heldenverehrung und

Skandalaufdeckung besorgt. Skandale sind um so publicityträchtiger, je höher die Reputation der darin involvierten Helden angesiedelt ist, weshalb diese zunächst einmal aufgebaut werden müssen. Insofern sind Skandale die Parasiten der Heldenverehrung. Allerdings bleibt die Skandalierung des Dopings in den Medien an Verfehlungen von Personen verhaftet und blendet die strukturellen Bedingungen devianten Handelns aus (siehe Kapitel 1).

Lange Zeit konnten Dopingfälle nur publik werden, wenn Moralisten oder enttäuschte Verlierer auf solche sensationsgierigen Journalisten trafen. Als der organisierte Sport Dopingkontrollen als institutionalisierte Formen des Mißtrauens einrichtete, traten als fünfte Kategorie Aufdeckungsinteressierter die Dopingkontrolleure hinzu. Sie haben ein Eigeninteresse daran, zumindest gelegentlich ihre Existenzberechtigung dadurch nachzuweisen, daß sie Dopingsünder ertappen und dies auch bekanntmachen.

All diese Aufdeckungen enthüllen vermutlich nur die Spitze des Eisbergs. Denn enttäuschte Moralisten wird es künftig wohl immer weniger geben, weil diese Generation der Verfechter althergebrachter Werte des Leistungssports fast schon ausgestorben ist. Verlierer sind nur in wenigen Fällen so hochgradig enttäuscht, daß sie gleichsam »ausrasten« und ohne Rücksicht auf sich selbst ihre Gegner verpfeifen. Wer zudem Roß und Reiter nicht mit gerichtsfesten Beweisen beim Namen nennen kann, muß mit rechtlichen Konsequenzen in Gestalt des Vorwurfs der üblen Nachrede und der Rufschädigung rechnen. Gleiches gilt für die Journalisten. Auch die Dopingkontrolleure müssen sich beim Aufdecken von Dopingfällen aus mindestens zweierlei Gründen mäßigen. Zum einen darf die Anzahl der aufgedeckten Fälle nicht so groß werden, daß dann jegliche Art von Dopingkontrolle als nutzlos erscheint. Zum anderen werden die Kontrolleure von den Verbänden oftmals an der Kandare gehalten, so daß dadurch vieles unter den Teppich gekehrt werden kann.

Trotz dieser Einschränkungen ist in den letzten Jahren eine sich selbst verstärkende Enthüllungseskalation auf den Weg gebracht worden – neben einer anschwellenden Flut von Zeitungsberichten und immer häufigeren Selbstbezichtigungen von Athleten nicht zuletzt auch in Folge gerichtlicher Sachverhaltsermittlungen. Um Abweichung aufzudecken, reichen bereits sehr wenige Personen aus, die Informationen nach außen übermitteln und Skandale in Gang bringen. Im Extremfall genügt ein einzelner, der ausplaudert, damit die Skandalierung ihren Lauf nehmen kann. Zudem haben die verschiedenen Aufdeckungsmotive einander wechselseitig ergänzt und bestärkt. Die Moralisten versuchen die selbstgesetzten ethischen Prinzipien des Spitzensports einzuklagen. Die Verlierer und Rachsüchtigen kompensieren ihre Enttäuschungen. Die Dopingkontrolleure entlarven von Amts wegen. Und die Journalisten tragen die Informationen dem Publikum zu und verstärken die Enthüllungsmotive gemäß den massenmedialen Aufmerksamkeitsstandards.

7.2 Desillusionierung des Publikums

Die Flut der so zustande gekommenen Dopingdemaskierungen hat eine tiefgehende Enttäuschung des Sportpublikums erzeugt. Dessen Sporterleben ist dabei, sich zunächst schleichend, dann aber sprunghaft zu verändern. Die Auslöser dieses Gestaltwechsels lassen sich wie folgt identifizieren: Wenn Ausnahmen zur Regel geworden sind, werden Zuschauer erstens gezwungen, ihre Vorab-Annahmen zu revidieren. Die zunehmende Häufigkeit des Dopings und die Folgenschwere der aufgedeckten Fälle haben dazu geführt, daß das idealtypische Bild vom »sauberen«, fairen Sport durch die Einschätzung von einem manipulationsdurchsetzten, gesundheitsgefährdenden und Lüge und Täuschung stimulierenden Handlungsfeld ersetzt werden mußte. Da die gesundheitlichen Wirkungen des Dopings durch die Berichterstattung über Extrembeispiele wie den Tod bekannter Sportler eindringlich vor Augen geführt wurden und Doping dadurch endgültig den Charakter der Harmlosigkeit verloren hat, gerieten die Natürlichkeits- und Authentizitätsversprechen des Sports unter den Verdacht, nicht das zu sein, was sie zu sein vorgaben. Der Wohlwollenskredit gegenüber den Sportlern und ihrem assistierenden Milieu verflüchtigte sich.

So konnten die durch manche Dopingmaßnahmen hervorgebrachten körperlichen Deformationen von Sportlern gerade dann nicht mehr einfach als rein trainingsbedingt weggeredet werden, wenn ehemalige Athleten im Rahmen von Selbstbekenntnissen ihre abweichenden Praktiken im nachhinein zugaben oder Dopingunterlagen durch eine investigative Nachforschung ans Tageslicht gebracht wurden (Berendonk 1991). Nicht zuletzt riefen bekanntgewordene Fälle einer Verabreichung von Dopingmitteln an Kinder und Jugendliche Abscheu hervor, weil diese als wehrlose Opfer solcher Praktiken angesehen werden. Wie auch beim sexuellen Mißbrauch von Kindern wird gegen das Tabu der Unverletzlichkeit kindlicher Unschuld verstoßen.

Doping verdeutlicht zweitens, daß die Zuschauer ihren eigenen Sinnen nicht mehr trauen können. Außenstehende Beobachter mußten schmerzlich lernen, daß die in anderen Sozialbereichen anzutreffenden Praktiken der illegitimen Vorteilsbeschaffung inzwischen auch den Sport erreicht haben, ohne daß dies auf den ersten Blick erkennbar ist. Desillusionierungseffekte kommen auf, wenn im sportlichen Wettkampf nicht nur »mit harten Bandagen« – etwa immer brutaleren Fouls – gekämpft wird, um erfolgreich zu sein, sondern wenn zusätzlich auch illegitime und heimliche Maßnahmen in den verborgenen Tiefen des Körpers zum Einsatz kommen.

Da sportliches Handeln körperbezogen abläuft, ist es relativ einfach zu visualisieren. Es ist insofern ein leicht nachvollziehbares Handeln. Diese Überschaubarkeit erleichtert gerade die Einbeziehung der Zuschauer. Sie können bewirkte Wirkungen sehen und selbst beurteilen. Weder

Politik noch Wirtschaft oder Wissenschaft wickeln ihre Operationen so offen ab, wie dies für den sportlichen Wettkampf zutrifft. Das Interesse am Sport ist aus diesem Grunde auch ein Interesse am Konkreten, am Nachvollziehen- und Verstehenkönnen in einer abstrakten Gesellschaft, die dies immer mehr verknappt. Was auch immer hinter den Kulissen der Vereine und Verbände abläuft, im Stadion entscheidet sich – so das Evidenzversprechen des Sports – vor den Augen der Zuschauer, wer der Bessere oder der Schlechtere ist. Aufgedecktes Doping düpiert genau diese Erwartung des Publikums. Entscheidende Erfolgsparameter sind heute nicht mehr einsehbar.[13] Daß die Einhaltung der Regeln und die Zuerkennung des Sieges direkt durch Beobachtung verifizierbar sind, droht durch Doping verlorenzugehen. Besonders markante Ereignisse, die die simulierte Authentizität des Wettkampfes vor den Augen der Weltöffentlichkeit als leeren Schein entlarvt haben, lassen sich heute in nahezu jeder Disziplin finden.

Doping verändert drittens das soziale Klima im Leistungssport. Das Verhältnis der Akteure untereinander hat eine Note bekommen, die vorher bei aller Konkurrenzorientierung und Rivalität so noch nicht anzutreffen war. Nachdem schon durch die Kommerzialisierung sportlichen Handelns eine neue, unpersönliche und versachlichende Komponente in dieses Handlungsfeld hineingelangt war, hat sich der Sport unter dem Einfluß des Dopingproblems für diejenigen, die ihn betreiben, zu einem ausgesprochen rabiaten Geschäft entwickelt. Doping sät unter den Sportlern Mißtrauen, wodurch sich die Umgangsformen verschlechtern. Wenn keiner weiß, wer sich dopt, und Sportler befürchten müssen, daß Konkurrenten Devianz als Waffe einzusetzen bereit sind, um sich Wettbewerbsvorteile zu verschaffen, verkommt das ungezwungene Miteinander oder wird zumindest immer unwahrscheinlicher. Mißtrauen setzt bis dato selbstverständliche zwischenmenschliche Umgangsformen außer Kraft und trägt dazu bei, daß sich die ohnehin vorhandene Wettbewerbssituation der Sportler weiter verschärft. Der einzelne weiß, daß nicht nur er selbst anderen mißtraut. Er weiß auch, daß andere ihm nicht über den Weg trauen, selbst – und gerade! – wenn er ostentativ regelkonform zu bleiben verspricht. Während Vertrauen Komplexität reduziert, erhöht Mißtrauen die Komplexität und steigert das Risiko durch Erwartungsüberlastung (Luhmann 1973: 78). Mißtrauen greift expansiv um sich und steckt alle Beteiligten mit verallgemeinernden Schuldzuweisungen an. Athleten vertrauen inzwischen in ihr Mißtrauen und fixieren diese pauschalen Verdächtigungen ultrastabil. Jede Enthüllung dient dann nur noch der Bestätigung der eigenen Verdachtsmomente.

So gerät der Athletenkörper im Dopingzeitalter unter abschätzende Kontrollblicke. Wie haben sich, so die Frage, die abweichenden Praktiken in ihn eingeschrieben? Sportler analysieren einander wechselseitig auf Körperveränderungen und Auffälligkeiten. Für den sich dopenden Sportler erhält der eigene Körper den Status einer »Plaudertasche«, die die

Devianz öffentlich zu machen droht. Wer nach einer Trainingsperiode plötzlich mit zuviel Muskeln auftaucht oder seine Leistungen extraordinär steigert, macht sich verdächtig. Photographische Vergleiche am Raster Vorher/Nachher werden unternommen. Körpermerkmale verkommen zu Stigmatisierungsanlässen. Auch Persönlichkeitsveränderungen erhalten, wenn man sie bemerkt, eine symptomatische Bedeutung. Doping verstärkt so isolationistische Tendenzen und nimmt dem Sport wichtige atmosphärische Besonderheiten. Es infiziert die durch die Nähe der Körper entstandene Du-Kultur und ersetzt sie durch ein Milieu der Distanziertheit und Angst. Die vormals vielgerühmte Solidarität und Freundschaft der Sportler – selbst unter Konkurrenten – droht auf der Strecke zu bleiben.

All das färbt auf das Sporterleben des Publikums ab. Zuschauern fällt auf, daß dort, wo das soziale Klima frostig geworden ist, archaische Techniken der Wahrheitsfindung und -kontrolle eine große informelle Nachfrage erfahren: Körperbeobachtung und Physiognomiebetrachtung. Das Nonverbale tritt in den Vordergrund, wenn dem Verbalen nicht mehr zu trauen ist. Die Sportakteure, aber eben auch die Zuschauer, stellen nahezu alle Veränderungen von der »Normalität« unter den Bann des Mißtrauens. Einzelne Personen und Trainingsgruppen, aber auch ganze Fachverbände und Sportnationen diffamieren einander wechselseitig. Gerüchte, wer was eingenommen und auf welche Weise verheimlicht hat, geistern wie Latrinenparolen durch die Umkleidekabinen und gelangen von dort in die Zeitungen. Mißtrauen erfaßt sogar jene, die im Kampf gegen Doping engagiert sind: die Kontrolleure im Auftrag internationaler Verbände, Dopinglabors und Anti-Doping-Beauftragten. Manfred Donike, der damalige Dopingbeauftragter der deutschen Bundesregierung, antwortete auf die Frage:»Trauen Sie denn den Kontrolleuren von German Control, der TÜV-Tochter aus Ost-Berlin?«:»Ersparen Sie mir einen Kommentar. Weiß ich, ob da nicht noch alte Seilschaften arbeiten? Ich trau' keinem aus dem Osten.« (Der Spiegel 32/1993)

Mißtrauen infiziert selbst diejenigen, die Vertrauen verdient hätten. Doping wird auch den Nichtdopern attribuiert und setzt diese unter Legitimations- und Erklärungsdruck für ihre Leistungserbringung.»Saubere« Athleten und Trainer sehen sich einer breiten Verdachtsfront gegenüber, die ihre Entlastungsargumente als potentiell erlogen ansieht. Heute haben, in Umkehrung der Beweispflicht, auch die »sauberen« Sportler ostentativ ihre Unschuld zu beweisen. Und das kommt nicht von ungefähr. Die Liste derjenigen, denen falsche Aussagen gerichtsfest nachgewiesen werden konnten, ist ziemlich lang geworden. Inzwischen wurden insbesondere auch einige Athleten erwischt, die als »Saubermänner« bzw. »-frauen« in Anti-Doping-Kampagnen engagiert waren und in schönklingenden Reden und auf bunten T-Shirts Vertrauen für ihre Dopingabstinenz herzustellen versucht hatten.

Solche Entgleisungen bleiben nicht unbemerkt. Das Vertrauen in die

Redlichkeit der Sportler hat in der öffentlichen Wahrnehmung abgenommen. Jede Enthüllung zerstört Evidenzgefühle und weist auf die Kluft zwischen »Vorderbühne« und »Hinterbühne« hin. Zynismus und Mißtrauen entstehen bei denen, die diese Differenz beobachten und kritisieren. Sich dopende Athleten mißbrauchen nicht nur als Einzelpersonen das in sie gesetzte Vertrauen und rufen dadurch Erwartungsenttäuschungen hervor. Akteure, die reflexives Vertrauen in die Vertrauenswürdigkeit durch Abweichungsakte hintertreiben und dadurch als Risiko erscheinen lassen, erschüttern vor allem das dem Hochleistungssport entgegengebrachte »Systemvertrauen« (Luhmann 1973: 50ff) der gesellschaftlichen Umwelt nachhaltig. Wenn sich selbst die bereits Erwischten und scheinbar Reumütigen während oder nach ihren öffentlichen Bekundungen weiterdopen (Beispiel: Profiradsport, Leichtathletik), gefährdet das den letzten Rest des Vertrauens, der auf seiten des Publikums dem System gegenüber noch aufgebracht wurde.

Die Skandale der letzten zwanzig Jahre haben viertens auf eine drastische Weise klar gemacht, daß nicht nur die zweite und dritte Garnitur gedopt an den Start geht, um Könnensdefizite zu kompensieren oder die eigene Starttauglichkeit erst herzustellen. Diverse Olympiasieger und Weltmeister führten nachhaltig vor, daß auch und gerade die Leistungsspitze in vielen Disziplinen offensichtlich ohne die innovatorischen Vorteile des Dopings nicht mehr auskommt. Die Zuschauer mußten infolgedessen lernen, daß heute keinem Sieg und Rekord mehr zu trauen ist. Sie hatten sich daran zu gewöhnen, daß der Erwerb sportlicher Meriten ohne Doping immer unwahrscheinlicher geworden ist. Handfeste, statistisch belegbare Daten über den faktischen Leistungsrückgang in einigen ZGS-Sportarten[14] untermauern diese Wahrnehmung. Die leistungsmindernden Effekte verschärfter Dopingkontrollen demonstrieren dem Publikum in einem aufschlußreichen Umkehrschluß, daß Doping vorher offensichtlich flächendeckend im Spiel war, ohne notwendigerweise aufgedeckt und nachgewiesen worden zu sein. Wenn in nahezu allen Wurf- und Stoßdisziplinen der Leichtathletik seit Einführung von Dopingkontrollen auch während der Vorbereitungsphase signifikant geringere Leistungen erbracht werden, ist davon auszugehen, daß der hohe Abschreckungswert der Dopingkontrollen zumindest in denjenigen Ländern greift, in denen unangemeldete Überprüfungen auch in der Trainingsphase vorgenommen werden.

Seit den Panamerikanischen Spielen in Caracas im Jahre 1983, als ein Großteil der Athleten Hals über Kopf abreiste, um neuen Verfahren der Dopingaufdeckung zu entgehen, wurde fünftens deutlich, daß Doping nicht nur im damaligen Ostblock und in den Wurf- und Stoßdisziplinen weit verbreitet war (Voy 1991: 102f; Dubin 1990: 182f). Denn Ostblockathleten nahmen gerade an diesen Wettkämpfen nicht teil. Spätestens die symbolische Entweihung der Olympischen Spiele 1988 durch Ben Johnsons aufgedecktes Doping im 100m-Endlauf und die im Gefolge dieses

Skandals durch parlamentarische Untersuchungsausschüsse in mehreren
westlichen Ländern ans Tageslicht gebrachten Sachverhalte falsifizierten
die bis dahin in den westlichen Ländern verbreitete selbstgefällige Sichtweise, daß Doping ausschließlich im »Reich des Bösen« (Ronald Reagan),
in den staatssozialistischen Ländern, stattgefunden hätte.[15] Auch der Sport
des Westens hatte sich nun als dopinganfällig einzustufen.

Die schnell wieder vergessene vereinzelte Veröffentlichung von Brigitte Berendonk Ende der 60er Jahre des letzten Jahrhunderts über den
Gebrauch von Anabolika im bundesdeutschen Leistungssport (DIE ZEIT
vom 5.12.1969), die Skandale und Peinlichkeiten in der deutschen Olym-
piamannschaft 1976 in Montreal sowie der Tod der deutschen Siebenkämpferin Birgit Dressel, die Publikation westlicher und östlicher Dopingfälle im Jahre 1991, die Entdeckungen bei der Tour de France 1998,
der Balco-Skandal 2004 oder die Versuche griechischer Sprinter vor den
Olympischen Spielen in Athen, sich Dopingkontrollen zu entziehen, sind
Stationen, gewesen, die dem Sportpublikum vor Augen führten, daß auch
ihre Idole im Schatten des Zweifels standen, wenn nicht sogar ihre Verfehlungen Gewißheit wurden.[16] Konnten die ersten Mahnungen noch als
singuläre Geschehnisse abgetan und leicht als »Nestbeschmutzung«
diffamiert werden, fällt eine solche Bagatellisierung und »Verdammung
der Verdammenden« (Sykes/Matza 1957) nach öffentlichkeitswirksamen
gerichtlichen Verurteilungen von Athleten und Trainern wegen uneidli-
cher Falschaussage oder nach öffentlichen Selbstbezichtigungen und
Geständnissen immer schwerer. Es passiert dennoch immer wieder. So
sprach beispielsweise eine schweizerische Zeitschrift (Sport/Zürich vom
27.7.1993) in Reaktion auf die Entlarvung der österreichischen Sprint-
Nationalstaffel durch einen deutschen Dopingkontrolleur von einem
»Sieg der Denunzianten« und einer »Lobby der Ratten«, die am Werk gewesen wäre. Verschwörungstheorien lenken von der Abweichung selbst
ab.

Gedopte Sportler unterlaufen sechstens die gesellschaftlich verbreitete
Norm der Reziprozität dadurch, daß sie für ihre Leistungen symbolische
und materielle Gratifikationen erwarten, die ihnen wegen ihres illegitimen Mitteleinsatzes nicht zustehen. Doping unterminiert damit eine
zentrale Sinnkategorie des Sports: die moderne Idee der Kopplung von
Gratifikationen an eine regelkonforme individuelle Leistungserbringung.
Der einzelne soll am Raster nachvollziehbarer Gütemaßstäbe nur auf der
Grundlage seiner individuellen Fähigkeiten einen entsprechenden sozialen Rang zugewiesen bekommen. Dieser für die Emanzipation des europäischen Bürgertums eminent wichtige, weil Standesschranken und
hierarchische Ungleichheiten negierende Gedanke ist im Leistungssport
idealtypisch verwirklicht worden. Er hat sich deshalb auch an prominenter
Stelle in der Selbstbeschreibung des Sportsystems niedergeschlagen.
Doping hingegen zerstört die Vorstellung, daß ein individueller Akteur
durch ehrliche Arbeit zu etwas kommen kann, und führt das Prinzip der

Äquivalenz von Leistung und Gegenleistung ad absurdum. Doping widersteht damit der Idee einer Leistungsgerechtigkeit (Hartfiel 1977: 19f). Sportler zerstören ihre eigene Legitimationsbasis, wenn sie durch aufgedeckte systematische Betrügereien demonstrieren, daß sie als Sachwalter der Sportmoral nicht taugen. Sie entmystifizieren sich in den Augen des Publikums und ziehen den Nimbus des Sportstars ins Dubiose, weil sie sich selbst als Personen entlarven, die nach außen simulieren, nach innen aber ganz anderen Handlungsprämissen Folge leisten.

Dem Publikum wurde zunehmend bewußt, daß sich die Sportler in Folge fortschreitender Kommerzialisierung als egoistische Utilitaristen aufführen, die im Rahmen ihrer zeitlich eng befristeten Sportlerkarriere an einer Einkommensmaximierung interessiert sein müssen und unter einem hohen, dopingfördernden Erfolgsdruck stehen (Kapitel 2; Pilz 1994). Nicht die Achtung des Gegners durch Einhaltung der Fair-play-Regeln ist ihnen offenkundig wichtig, sondern der Sieg um jeden Preis als das vermarktbare knappe Gut steht im Vordergrund ihrer Ambitionen. Der Sportstar hat durch die nahezu tagtägliche negative Medienpräsenz die hohe, uneingeschränkte Reputation vergangener Zeiten weitestgehend verloren. Die Entlarvung von Sporthelden als »Epo-Spezis« oder »Pinkelpanscher« sowie die traurige Bilanz von Todesfällen und gesundheitlichen Langzeitschäden ernüchtern auch jene, die dem Sport bislang freundlich gesonnen waren. Das traditionelle Bild des Sportstars als fairer, integrer »good guy«, der den Sieg zwar ernst nimmt, aber diesen nicht um den Preis eines jedweden Mitteleinsatzes zu erreichen versucht, landete auf dem Müllhaufen weggeworfener Ideale. Doping hat dem Publikum die problematischen Effekte einer Totalisierung der Sportlerrolle vor Augen geführt.

Gerade das Aufkommen vereinzelter Gegenbilder »sauberer« Athleten signalisiert das Ausmaß der Ernüchterung. In einem Abwehrreflex wird das strukturell aus dem Leistungssport Verdrängte und Unwahrscheinliche der Regelkonformität und Fairneß in Gestalt auserwählter Athleten zurückgeholt und idealisierend auf den Altar medial gestützter Anbetung gehoben. Eine deutsche Wochenzeitschrift (Der Spiegel 33/ 1992) schrieb hierzu bereits schon vor Jahren: »Nach dem Debakel um die Sprinterin Katrin Krabbe, die vor einem Jahr zur Symbolfigur erhoben und dann als chemisches Kunstprodukt entlarvt wurde, sehen die Deutschen jetzt durch Heike Henkel ihre Sehnsüchte nach Sauberkeit, Sinneslust und Leistungsbereitschaft erfüllt.« Eine derartige Wiederaneignung des Verdrängten, wie sie gegenwärtig im Leistungssport abläuft, ist aus dem Verhältnis von Individuum, Gesellschaft und Natur bereits bekannt. Nachdem der Prozeß der Urbanisierung und gesellschaftlichen Modernisierung die natürliche Umwelt massiv ausgebeutet und auf Distanz gesetzt hatte, wurde sie in Gestalt romantischer Bilder von exotischer Unberührtheit und in Hoffnungen auf einsame Inseln und edle Wilde reimportiert und industriell annektiert.

Doping hat siebtens die bisherige ästhetische Wahrnehmung des Sports brachial verändert. Es brachte Formen der Körperlichkeit an die Öffentlichkeit, die in der Kommunikation über den Sport bislang nicht bedeutsam vertreten waren. Denn wer denkt schon an Körpersekrete, Hormone, Ausscheidungsprodukte, Pillen, Nadeln und in Körperhöhlen versteckte Urinbehältnisse, wenn er einen Sportwettkampf auf dem Bildschirm betrachtet. Doping hintertreibt und besudelt im wahrsten Sinne des Wortes die klinisch-saubere oder höchstens vom Schweiß ehrlicher Arbeit veredelte Selbstbeschreibung des Sports. Der nach den Skandalen der letzten Jahre einsetzende Ethikdiskurs ist demnach nicht nur relevant unter Fair-play-Gesichtspunkten. Ethik ist auch ein Versuch, die Sozialfiguren des Sports zur Ästhetik des schönen Scheins zurückzurufen und die Inszenierung sportiver Ereignisse zu restabilisieren.[17] Nachdem Spitzensportler mit Hilfe der Werbe- und Modeindustrie die Körper- und Schweißnähe ihres Tuns durch eine modische Ästhetisierung ihrer Körperlichkeit erfolgreich verdrängt hatten, bringt Doping gleichsam überwunden geglaubte Körperbilder in das öffentliche Sportbild zurück. Der Sport wird im wahrsten Sinne des Wortes unappetitlich, wenn er mit Blut, Urin, Krankheiten und Tod in Verbindung gebracht wird.

Die routinemäßig vollzogene Abweichung von traditionellen Moralcodes und Verhaltensstandards innerhalb der sportlichen Trainings- und Wettkampfpraxis zeigt achtens dem Publikum auf eine sehr anschauliche Weise, daß die Fortschrittsvorstellungen und Wachstumsideen des ausdifferenzierten Sports pur und ohne Reibungsverluste nicht umzusetzen sind. Die Machbarkeitsprojektionen eines »citius, altius, fortius« haben, wie Doping und Kinderhochleistungssport verdeutlichen, inzwischen eine beängstigende Eigendynamik entwickelt. Die Idee des grenzenlosen Fortschritts ist auch in diesem Gesellschaftsbereich durch die Realität nichtintentionaler Nebenwirkungen, kombinatorischer Effekte und unerwünschter Externalitäten eingeholt worden.

Doping versetzt den Spitzensport in Problemlagen hinein, die in vielen anderen gesellschaftlichen Teilbereichen als Grenzen des Fortschritts und Wachstums thematisiert werden. Die hochgezüchteten Körperleistungen, die im Spitzensport zweifellos erbracht werden, sind, wie es dem Publikum inzwischen dämmert, nicht ohne zunächst verdeckte Kosten zu bekommen. Ebenso wie z.B. die kapitalistische Ökonomie negative Wirkungen in Gestalt von Umweltschäden und struktureller Arbeitslosigkeit hervorruft, stellt der Leistungssport ein durchaus vergleichbares problematisches Verhältnis zu seinem Personal her. Systematische Überforderungen von Psyche und Physis sind eben keine Fehlleistungen, sondern die Folgen der normalen Operationsweise dieses in seiner Logik freigesetzten körper- und personenorientierten gesellschaftlichen Teilsystems: »normal accidents«, um einen von Charles Perrow (1984) in einem anderen Zusammenhang geprägten Ausdruck aufzugreifen.

Wir können nun die verschiedenen aufgeführten Aspekte zusammenführen: Die wechselseitigen Verstärkungen zwischen den diversen Desillusionierungserfahrungen des Sportpublikums haben das hehre Bild des Leistungssports vom Sockel gekippt. Sportler übernehmen zwar immer noch Idolfunktionen, werden dementsprechend von vielen Menschen angehimmelt und als Kultobjekte in das Zentrum ihrer lebensweltlichen Interessen gestellt. Die Zuschauer mußten aber zur Kenntnis nehmen, daß die vormals als weiß angesehenen Westen der Athleten von häßlichen Flecken beschmutzt worden sind, die sich durch ein noch so geschicktes Drumherumreden nicht mehr vertuschen lassen. Im kollektiven Gedächtnis der Öffentlichkeit, wie es durch die Massenmedien gestaltet und auf dem Laufenden gehalten wird, kann der Leistungssport Attribute wie »Ehrlichkeit«, »Fairneß« und »Sauberkeit« nicht mehr pauschal für sich in Anspruch nehmen.

Ein Gestaltswitch hat unübersehbar stattgefunden: ein Umschlag in der öffentlichen Einschätzung des Sports und seiner Akteure. Die Sicht des Sports als einer fairen Sonderwelt, in der ansonsten weitverbreitete gesellschaftliche Deformationen nachhaltig auf Distanz gehalten werden konnten, mußte angesichts von Doping durch das Bild eines von Manipulation geprägten Geschehens korrigiert werden. Der organisierte Sport zeigt sich nunmehr als genauso korrumpierbar und moralisch anfällig wie alle anderen gesellschaftlichen Milieus auch.

Daß der Spitzensport in den Augen des Publikums einen enormen Ansehensverlust erlitten hat, bleibt nicht folgenlos für seine Leistungsbezüge zu Politik und Wirtschaft. Die genannten beiden Teilsysteme sind hierbei nicht an sich an der Sportmoral interessiert, obwohl dies in Interviewäußerungen von Sponsoren und Politikern oft so klingt. Ihre Betroffenheit ist doppelt gebrochen. Umfeldakteure sind zunächst nur deshalb durch bestimmte Verfehlungen des Sports aufgeschreckt, weil das Publikum erschreckt ist. Ihre Entrüstung erfolgt weiterhin nur gemäß dem jeweils eigenen Code. In der Wirtschaft ist Doping also ein ökonomisches Problem, in der Politik ein politisches und in den Massenmedien ein mediales. Ein des Dopings überführter Sportler verliert seine wirtschaftliche Werbewirksamkeit, und mit einem skandalierten Athleten läßt sich die nationale Repräsentation eines politischen Systems schlecht durchführen. Auch dauerhaft hohe Einschaltquoten lassen sich mit gedopten Athleten nicht erzielen. Genau hieraus ergibt sich die Riskanz des Dopings für den Leistungssport: Wer seinen Bezugsgruppen in diesem Sinne minderwertige Qualität anbietet, muß über kurz oder lang damit rechnen, daß er seine Preise oder sogar seine Tauschpartner nicht mehr halten kann. Tatsächlicher oder ernsthaft angedrohter Ressourcenentzug ist die Antwort wirtschaftlicher und politischer Förderer auf die Dekuvrierung und Skandalierung des Sports durch Dopingdevianz.[18]

Hierbei läßt sich ein interessanter Sachverhalt erkennen: Die Sportmoral, die unter den Bedingungen einer Totalisierung des Leistungssports intern längst abgewirtschaftet hat, wird extern hochgehalten. Daraus resultiert eine klassische »Double bind«-Situation: Explizit fordern die gesellschaftlichen Umweltakteure den Sport auf, »sauber« zu bleiben, und distanzieren sich von ihm in dem Maße, wie Devianz aufgedeckt wird; aber implizit verführen sie ihn durch ihre Ressourcenanreize zu eben dieser Abweichung (siehe Kapitel 9). Das Risiko des Sports besteht also darin, gezwungenermaßen ein wirtschaftlicher, politischer, medialer, familialer oder schulischer Risikofaktor zu werden und dann von diesen Teilsystemen gleichsam abgestoßen zu werden. Ein solches Dilemma läuft auf »Verdifferenzierung« heraus. Anders gesagt: Die bislang höchst vorteilhafte strukturelle Kopplung des Spitzensports mit seinen Bezugsgruppen droht in eine ruinöse Qualität umzuschlagen. Die wechselseitigen Nutzenverschränkungen entpuppen sich zusehends als gemeinsame Verstrickungen in dubiose Praktiken.

Unter dieser »Verdifferenzierung« haben die Sportler am meisten zu leiden. Sie werden strukturell unter Dopingzwang gesetzt. Ihnen in Gestalt moralischer Appelle saubere Leistungen abzuverlangen, heißt angesichts dessen nichts anderes, als die Opfer zusätzlich zu verhöhnen. Den Ethikdiskurs auf die Athleten als individuelle Akteure zu fixieren, muß dann geradezu als unethisch verworfen werden. Deshalb ist es ethisch, vor einer solchen Ethik zu warnen. Erst eine Ethik, die die institutionellen Zwänge ins Visier nimmt und Dopingdevianz als strukturelles Phänomen anstatt als Charakterschwäche skandaliert und so dazu beiträgt, diese Anpassung durch Abweichung einzudämmen, könnte dann in einem nächsten Schritt auch wieder von den Athleten moralisches Handeln verlangen.

8 Grenzen rechtlicher Dopingbekämpfung

Die rechtliche Verfolgung des Dopings ist eine voraussetzungsvolle Angelegenheit. Die verbandsinternen Verfahren sowie die Prozesse vor ordentlichen Gerichten gegen Athleten, Trainer, Ärzte und Betreuer haben dies sehr deutlich gezeigt. Zwei Bedingungen müssen erfüllt sein, wenn befriedigende Ergebnisse in der Dopingbekämpfung erzielt werden sollen. Erstens sind klare Definitionen zu entwickeln, was genau unter Doping bzw. Nichtdoping zu verstehen ist. Bevor ein Handeln als Fehlverhalten bestraft werden kann, müssen Verstöße gegen sportinterne Verhaltensstandards zunächst als solche genau markiert und damit in eine justitiable Form gebracht werden. Zweitens hat der organisierte Sport geeignete Kontrollmaßnahmen zu implementieren, um Abweichung hinreichend treffsicher aufdecken und bestrafen zu können. Diese beiden Voraussetzungen sollen im folgenden einer näheren Betrachtung unterzogen werden. Der erste Abschnitt spricht das Problem der definitorischen Ein- und Ausgrenzung von Doping an und beschreibt die verschiedenen Entwick-

lungsstufen in der rechtlichen Bearbeitung des Dopings von der Wesensdefinition bis hin zur Etablierung der enumerativen Dopingliste. Wie wir
zeigen werden, führen Maßnahmen, die Abweichung präzise auf einer
Liste festzuschreiben versuchen, nicht zu rechtlicher Eindeutigkeit, sondern provozieren neue Formen der Devianz, die anschließend wiederum
rechtlich zu kontern sind. Der zweite Teil thematisiert die Kontrollbemühungen der Verbände. Um das Ergebnis vorwegzunehmen: Weder die
eine noch die andere Voraussetzung ist bisher befriedigend gelöst worden. Doping bleibt deshalb ein Thema, das auch weiterhin durch Definitionsprobleme und Kontrolldefizite den öffentlichen Diskurs über den
Sport in maßgeblicher Weise bestimmen wird.

8.1 Dopingdefinitionen als soziale Konstruktionen

Eine klare Antwort auf die Frage, was genau Doping ist, sollte, so könnte
man meinen, am Anfang jeder praktischen Bewältigung dieses Problems
stehen. Man muß schließlich wissen, wogegen man kämpft. Eine soziologische Betrachtung muß hierbei dem Tatbestand Rechnung tragen, daß
jede Dopingdefinition eine soziale Konstruktion und als solche zum einen
kontingent ist, zum anderen aber wahrnehmungs- und handlungsprä-
gend wirkt. Das bedeutet: Die Definition wird nicht durch das »Wesen«
der Sache selbst festgelegt, sondern könnte immer auch anders ausfallen;
aber in ihrer Beliebigkeit hat sie zugleich einen zwingenden Charakter.
Sie bestimmt, was als »konform« bzw. »deviant« gilt, und löst entsprechende Reaktionen aus.

Uns interessiert gerade die Schwierigkeit, die dieser Konstruktionsakt
den Beteiligten bereitet. Denn sie ist selbst ein wichtiger sozialer Tatbestand. Sie deutet auf Definitionsprobleme hin, die sachlich oder sozial
begründet sein können. Ein Phänomen kann so komplex beschaffen sein,
daß jeder Versuch, es definitorisch auf einen eindeutigen Begriff zu reduzieren, zum Scheitern verurteilt ist. Und ein Phänomen kann im Zentrum heftiger Konflikte stehen, die sich dann ebenfalls in einer unklaren
Definition, nämlich in einem unüberwindbaren Gegeneinander wider-
streitender Definitionsansprüche, niederschlagen. Auf Doping trifft, soviel
kann vorausgeschickt werden, beides zu.

Bereits im Jahr 1952 verabschiedete der Deutsche Sportärztebund
eine Dopingdefinition:»Die Einnahme eines jeden Medikamentes – ob
wirksam oder nicht – mit der Absicht der Leistungssteigerung während
des Wettkampfes eingenommen, ist als Doping zu betrachten.« (Zitiert bei
Sehling u.a. 1989: 18) Hierbei ging es noch ausschließlich um medika-
mentöses Doping, unter das schon damals nicht alle Praktiken rubrizier-
bar waren. 1963 wurde dann, nach Dopingskandalen vor allem im Profiradsport, die umfassendere und aussagekräftigere Dopingdefinition des
Europarates formuliert:»Doping ist die Verabreichung oder der Gebrauch
körperfremder Substanzen in jeder Form und physiologischer Substanzen

in abnormaler Form oder auf abnormalem Weg an gesunde Personen mit dem einzigen Ziel der künstlichen und unfairen Steigerung der Leistung für den Wettkampf. Außerdem müssen psychologische Maßnahmen zur Leistungssteigerung des Sportlers als Doping angesehen werden.« (Dies. 1989: 18)»Körperfremde Substanzen« sind nicht nur Medikamente, sondern können z.b. auch Drogen sein. Zu den»physiologischen Substanzen«, die»abnormal« genutzt werden, gehört etwa das eigene Blut des Sportlers beim Eigenblutdoping. Bei den»psychologischen Maßnahmen« – unter die so allgemein wie in dieser Definition gefaßt natürlich auch jede Motivationsarbeit des Trainers fiele – war damals vor allem an Formen von Hypnose gedacht.

Diese Definition enthielt bereits alle Komponenten, die für eine Wesensbestimmung des Dopings auch in der Folgezeit bedeutsam waren. Die entscheidenden Stichworte dafür sind»Unfairneß« und»Unnatürlichkeit« – letzteres etwa in Worten wie»körperfremd«,»abnormal« oder »künstlich« umschrieben. Doping wäre demzufolge eine»unnatürliche« und damit»unfaire« Art der sportlichen Leistungssteigerung. Auf diese Kurzformel lassen sich alle Versuche einer Wesensbestimmung des Dopings bringen. Damit hängt für eine – insbesondere auch rechtliche – Handhabbarkeit dieser Art der Dopingdefinition alles davon ab, inwieweit sich in sachlicher Hinsicht hinreichend präzise und umfassend, in zeitlicher Hinsicht hinreichend dauerhaft und in sozialer Hinsicht hinreichend intersubjektiv einheitlich bestimmen läßt, welche Art von Handeln sich als»unnatürliche« sportliche Leistungssteigerung begreifen läßt. In dem Maße hingegen, wie genau diese Spezifizierungen nicht gelingen, erweist sich eine Wesensdefinition des Dopings als unbrauchbar.

Rechtlich betrachtet geht es darum, ob»Unnatürlichkeit« als sogenannter»unbestimmter Rechtsbegriff« so spezifizierbar ist, daß er willkürfrei gehandhabt werden kann. Es wäre schließlich fatal, wenn es von den subjektiven Ansichten der Mitglieder des für Dopingfragen zuständigen Ausschusses eines Sportverbandes abhinge, ob eine bestimmte leistungssteigernde Maßnahme als Doping gewertet und damit sanktioniert wird oder nicht. Wir werden im folgenden aufzeigen, daß eine in diesem Sinne brauchbare Wesensdefinition nicht zustande gekommen ist und wohl auch nicht zustande kommen kann.»Unnatürlichkeit« enthält als semantisches Konstrukt mehrere gravierende, kaum ausräumbar erscheinende Uneindeutigkeiten. Um sie herauszuarbeiten, nehmen wir gegenüber den verbreiteten Versuchen, die»Unnatürlichkeit« des Dopings zu bestimmen, die Haltung eines advocatus diaboli ein.

Relativ klar, wenngleich keineswegs unkontrovers, erscheint noch die in dieser Definition formulierte Verbindung von»Unnatürlichkeit« und »Unfairneß«. Doping gilt zunächst einmal deshalb als»unfair«, weil es eine»unnatürliche« Art der Leistungssteigerung darstelle.[19] Tritt ein gedopter Sportler gegen einen ungedopten an, werde dadurch die Chancengleichheit verletzt. Der Sieg des Gedopten könne dann nicht mehr ausschließlich dem einzelnen Individuum zugerechnet werden. Der personalen Leistungsmobilisierung wäre vielmehr »unnatürlich« nachgeholfen worden.

Eine Sichtweise dieser Art unterstellt häufig, daß eine »unnatürliche« Leistungssteigerung die Chancengleichheit im Wettkampf verletze. Durch Doping werde die von allen Sportinteressierten geteilte »Idee des sportlichen Wettkampfes«, wie sie der Sportphilosoph Elk Franke (1994) rekonstruiert, eklatant mißachtet. Sportliches Siegesstreben wird gemäß dem Fairneßkriterium als untrennbarer Zusammenhang von Überbietungs- und Gleichheitsgebot verstanden. Es geht darum, unter Bedingungen von formaler Chancengleichheit besser zu sein als der Konkurrent. Begreift man Gleichheit in sachlicher Hinsicht als Randbedingung des Überbietungsstrebens, stellt Doping eine Zielverselbständigung dar. Und versteht man Überbietung in zeitlicher Hinsicht als zukünftiges Resultat ursprünglicher Gleichheit, ermöglicht Doping eine Vorwegnahme von Zukunft.

Diese Sichtweise nimmt allerdings Ungleichheiten der Siegeschancen in zweierlei Hinsichten hin. Erstens ist bekannt, daß Menschen noch vor jedem Training in ihren körperlichen und psychischen Voraussetzungen sehr unterschiedlich ausgestattet sind. Sportler aus dem afrikanischen Hochland haben beispielsweise im Mittel- und Langstreckenlauf bereits deshalb Startvorteile gegenüber Athleten aus den Niederlanden, weil das Leben in großen Höhen ersteren physiologische Vorteile verschafft. Diesen Nachteil können Sportler prinzipiell noch dadurch ausgleichen, daß sie vor wichtigen Wettkämpfen längere Trainingsaufenthalte in großen Höhen absolvieren – was sich aber eher Athleten aus reichen als aus armen Ländern leisten können. Doch kaum noch kompensierbar ist beispielsweise der Kleinwuchs eines Menschen im Basketball. Gewisse Spielerpositionen werden sich ihm zwangsläufig verschließen.

Derartige körperliche Unterschiede existieren zuhauf, ohne daß sie im Wettkampf berücksichtigt werden. Daß es etwa im Gewichtheben oder beim Boxen Gewichtsklassen gibt, ist eher die Ausnahme von dieser Regel. Warum wird dann Doping – so kann man als advocatus diaboli fragen – als illegitime Chancenungleichheit eingestuft, während über derartige oftmals viel gravierendere Ungleichheiten der Ausgangsbedingungen salopp hinweggesehen wird? Dabei ließe sich Doping in manchen Fällen sogar als gezielte Maßnahme einsetzen, um diese Ungleichheiten zu kompensieren – wenn etwa ein kleinwüchsiger Basketballspieler seine Sprungkraft durch Einnahme entsprechender Substanzen erhöhte und mit Hilfe einer derartigen chemischen Anschubkraft Chancengleichheit im Zweikampf mit größeren Gegenspielern überhaupt erst herstellte.

Zweitens nehmen Wettkampfsituationen diejenigen Ungleichheiten hin, die das Ergebnis eines ausgeklügelten Trainings sind. Denn der Trainingserfolg ist keineswegs nur auf den Einsatz des jeweiligen Sportlers als Person zurückzuführen. Wenn dem so wäre, könnte man sagen,

daß die darauf zurückgehende Ungleichheit der Siegeschancen im Wettkampf individuell erarbeitet und damit legitim wäre. Der sportliche Erfolg
wäre dann ein unmittelbarer Ausdruck und Gradmesser des individuellen
Trainingsfleißes. Bekanntlich spielen aber zwei weitere Determinanten
des Trainings mindestens ebenso stark, wenn nicht stärker, hinein: die
Unterstützung, die ein Sportler durch Trainer und sonstiges Betreuungs-
personal erhält, und die infrastrukturellen Voraussetzungen des Trainings. Daß jemand einen besseren Trainer hat als sein Gegner, wird als
legitime Ungleichheit der Ausgangsbedingungen akzeptiert, obwohl es
doch um die Leistung des Sportlers als Individuum und nicht um die
Leistung seines Unterstützungsumfeldes geht. Ebenso wird hingenommen, daß Athleten aus den entwickelten Industriegesellschaften oftmals
über weit bessere Trainingsstätten verfügen als Sportler aus einem armen
Entwicklungsland. Erstere können sich zudem ganz auf den Sport konzentrieren, während letztere vielleicht erst einmal ihrer Arbeit nachzugehen haben, bevor sie in ihrer knappen Freizeit trainieren können. Auch
wenn die bessere Infrastruktur und nicht der bessere Sportler siegt, wird
daran kein Anstoß genommen. Sehr wohl als Verstoß gegen die »Idee des
sportlichen Wettkampfes« würde hingegen merkwürdigerweise gewertet,
wenn durch Doping solche Ungleichheiten des Betreuungsumfelds oder
der Infrastruktur ausgeglichen würden. Auch hier hat ein advocatus diaboli darauf hinzuweisen, daß damit die Sichtweise hinfällig wird, Doping
sei eine Ungleichheit herstellende Maßnahme. Denn es gibt offensichtlich
auch andere, nicht als illegitim angesehene Verletzungen der Chancengleichheit.

Aus solchen Erwägungen zog ein australisches Senatskomitee (1989:
47/48) den lapidaren Schluß: »[...] the argument that doping should be
banned because the use of drugs is unfair is inconsistent.« Die Ächtung
des Dopings als unfaire Verletzung von Chancengleichheit bricht ohnehin
auch dann in sich zusammen, wenn alle Teilnehmer eines Wettkampfes
sich gleichermaßen dopen. Dann wäre das »Unnatürliche« jedenfalls
nicht mehr unfair, denn keiner hätte mehr einen Vorteil davon. »In einem
Spiel, in dem beide Parteien sich dopen und dies auch voneinander wissen, ist Doping nicht unfair«, so der Sportphilosoph Hans Jürgen Heringer (1990: 39). Dies funktioniert allerdings nur unter der Bedingung einer
Freiwilligkeit der Dopingeinnahme. Sofern auch nur einer der Sportler
sich trotz gesundheitlicher oder sonstiger Bedenken allein deshalb dopte,
weil er vom Doping der anderen wüßte und sich ohne Doping keine Sie-
geschance gegen sie ausrechnete, bliebe das Doping der anderen unfair.
Denn sie zwängen den Betreffenden zum defensiven Doping. Falls sich
aber alle Sportler darüber einig sind, Doping als ein legitimes Mittel der
Leistungssteigerung anzusehen, könnte man es nicht mehr aufgrund
seiner Unfaireß zurückweisen. Selbst wenn dieser Fall empirisch wohl
nur selten vorgekommen sein dürfte: Als Gedankenexperiment stellt er
die Beweislast klar, daß in der Wesensdefinition des Dopings die Kompo-

nente der »Unnatürlichkeit« bereits für sich genommen als verwerflich begründet werden muß. Die Unfairneß des Dopings kann nur ein zusätzlicher, für die Definition letztlich nicht erheblicher Gesichtspunkt sein. Damit hängt alles daran, was diesbezüglich als »natürlich« bzw. »unnatürlich« gilt, und warum man letzteres bei sportlicher Leistungserbringung nicht akzeptieren will. »Natürlichkeit« ist ein positiv besetzter Suggestivbegriff, der unterschwellig schnelle, unreflektierte Zustimmung mobilisiert. Bei näherem Hinsehen zeigen sich dann aber rasch gravierende Probleme. Offensichtlich ist zunächst, daß die »Unnatürlichkeit« des Dopings nicht einfach über die »Natürlichkeit« oder »Unnatürlichkeit« der verwandten Substanzen definiert werden kann. Der amerikanische Medizinethiker Norman Fost (1986: 7) stellt dazu als advocatus diaboli fest: »[...] many unnatural drugs are on the acceptable list, and some natural ones, such as testosteron, are banned. If marijuana enhanced performance, we would not be persuaded to allow it just because it grows in the athlete's garden. Nor do we oppose the use of manufactured vitamins.« Das eigene Blut des Athleten stellt ebenfalls einen in diesem Sinne »natürlichen« Stoff dar, trotzdem ist Eigenblutdoping verboten. Doping durch Hypnose, das überhaupt keine Substanzen benötigt, wäre deshalb jedenfalls auch nicht als »unnatürlich« einzustufen.

Anfangs setzten die Sportmediziner die »Unnatürlichkeit« des Dopings ganz einfach mit dessen gesundheitlicher Schädlichkeit gleich. Als Begründung für ein Dopingverbot wurde die Sorge um die Gesundheit der Sportler herangezogen. Diese Begründung läßt sich jedoch aus mindestens zwei Gründen nicht halten. Erstens ist nicht jede Art des Dopings gesundheitsschädlich, während umgekehrt nicht wenige zulässige und allseits praktizierte Arten der körperlichen Leistungssteigerung durchaus schädliche Folgen hervorrufen können. Die erwartbaren gesundheitlichen Nebenwirkungen einiger als Doping rubrizierter Medikamente und Verfahren übersteigen nicht diejenigen, die Frauen beispielsweise bei der ja durchaus gesellschaftlich akzeptierten Einnahme der Pille riskieren (Mader 1992: 160). Viele Sportarten bringen hingegen durch einseitige Dauerbelastungen und Überbeanspruchungen von Muskulatur, Knochenbau oder Organen spezifische »Berufskrankheiten« hervor, die jedenfalls derjenige in Kauf nehmen muß, der auf längere Sicht zur nationalen und erst recht internationalen Spitze gehören will. Den Gesundheitsgefährdungen durch Verschleiß müssen dabei noch die durch Verletzungen hinzugerechnet werden. Da Doping im Vergleich dazu nicht in jedem Falle schlechter abschneidet, taugt – so der hieraus zu ziehende Schluß des advocatus diaboli – der Gesichtspunkt der Gesundheitsgefährdung zur alleinigen Begründung eines generellen Dopingverbots nicht. Diesen Schluß zieht auch Fost (1986: 9): »[...] the risks of sport itself far exceed the demonstrated risks of those drugs that arouse the greatest concern.« Und der Sportphilosoph Eugen König (1993: 6) fragt zu Recht: »Wo ist die unbeugsame Anklage der irreversiblen, nicht durch Doping hervorgeru-

fenen, sondern ›klassischen‹ antrainierten Schäden unzähliger ehemaliger Spitzensportler?«
Zweitens läßt sich mit der Gesundheitsgefährdung auch deshalb nicht überzeugend argumentieren, weil damit eine paternalistische Bevormundung des Sportlers impliziert ist, die ihn als Person nicht ernst nimmt und der faktischen Professionalisierung des Leistungssports keine Rechnung trägt. Apodiktische Anmaßungen, für Athleten die Rolle des besserwissenden Advokaten zu übernehmen, laufen der Idee personaler Autonomie zuwider, die in der Moderne eine hohe Bedeutung gewonnen hat. Beispielsweise wird auch ein Bergmann nicht davon abgehalten, seinen bekanntermaßen überdurchschnittlich gesundheitsgefährdenden Beruf aufzunehmen. Und einem Manager wird konzediert, teilweise dieselben Substanzen wie Sportler etwa als Aufputschmittel zu benutzen, um in schwierigen Verhandlungsmarathons zum Wohle seines Unternehmens hellwach bei der Sache zu bleiben. So wie es nach gesellschaftlich vorherrschendem Verständnis verpönt ist, jemanden zu einer überdurchschnittlich gesundheitsgefährdenden Tätigkeit zu zwingen, darf man ihn aber umgekehrt auch nicht daran hindern, wenn er sich aus freien Stücken dazu entscheidet. Er ist dann selbst für die Gesundheitsschäden, die er eventuell erleidet, verantwortlich.
Diese personale Selbstverantwortung gilt erst recht dann, wenn die jeweilige Tätigkeit dem Betreffenden zu einem hohen Einkommen verhilft. Der Leistungssport ist heutzutage aber fast durchgängig die Haupteinkommensquelle der ihn Betreibenden; und einige Athleten können damit viel mehr als mit einem anderen ihnen offenstehenden Beruf verdienen. Ein Dopingverbot durch die Gesundheitsgefährdung zu begründen läuft dann auf eine massive Beeinträchtigung der beruflichen Selbstentfaltung hinaus, gemäß derer jeder für sich selbst Kosten und Ertrag bestimmter Handlungen abwägen darf, solange er keinen anderen schädigt. Schon in den zwanziger Jahren des letzten Jahrhunderts entschieden sich deutsche Sportmediziner mit diesen Rechtfertigungen dazu, Berufssportlern – z.B. Profiboxern – die für Doping benötigten Mittel zu verschreiben, während sie Amateuren verweigert wurden.
Diese Schwierigkeiten der auf Natürlichkeitszuschreibungen beruhenden Definition blieben im Sport nicht unbemerkt. Die »Unnatürlichkeit« des Dopings wurde daher auch sehr schnell nicht mehr mit gesundheitlichen Gesichtspunkten begründet. Statt dessen verbanden die hiermit befaßten Akteure »Unnatürlichkeit« mit »Künstlichkeit«. Dabei meint letzteres gemäß einer der beiden vorherrschenden Explikationen dieses Kriteriums: Nicht mehr ausschließlich der Athlet als Person, sondern etwas ihm nicht personal Zurechenbares hat die sportliche Leistungssteigerung erbracht. »Künstlichkeit« läuft nach dieser Auffassung der Idee des sportlichen Wettkampfes, in dem Personen sich miteinander messen, zuwider. Nicht der bessere Sportler habe dann gewonnen, sondern beispielsweise das gezielter oder reichhaltiger verabreichte Anabolikum.

Diese Argumentation hat freilich wiederum das Problem, daß die sportliche Leistung mittlerweile in immer höherem Maße auf Faktoren zurückgeht, die außerhalb der Person des jeweiligen Athleten angesiedelt sind: vor allem auf sein Unterstützungsumfeld von Trainern und Betreuern und auf die ihm zur Verfügung stehende Infrastruktur an Sportstätten. Nicht zuletzt die zunehmende Verwissenschaftlichung des Hochleistungssports, von der Trainingslehre über die medizinische Betreuung bis hin zur Entwicklung von Sportgeräten, läßt unübersehbar werden, daß Kräfte außerhalb der Person des jeweiligen Sportlers dessen Leistungsfähigkeit wesentlich mitbestimmen. »Künstlich« in dem Sinne, daß sie von der sozialen Umwelt des Sportlers und nicht von diesem selbst ausgehen, sind die genannten leistungssteigernden Faktoren ebensosehr wie irgendwelche verbotenen pharmakologischen Substanzen. Gleichwohl denkt bei Medikamenten jeder, bei sozial ermöglichten Trainingsmaßnahmen keiner an illegitime Formen der sportlichen Leistungssteigerung. Auch diese Einstufung ist willkürlich und damit ein weiteres Einfallstor für den advocatus diaboli. Er kann argumentieren: Was ist denn beispielsweise »künstlicher« an Anabolika als an einem neuen Spezialmaterial, das den eigenen Speer noch etwas weiter fliegen läßt als den der Konkurrenten?

Die andere Begriffsbestimmung verortet »Natürlichkeit« auch aufgrund dieser Schwierigkeiten nicht in dem Umstand, daß die sportliche Leistung ausschließlich der Person des jeweiligen Sportlers zugerechnet werden kann, sondern in der Kontinuität der Körpergeschichte. Erst damit erreichen die Versuche, die Wesensdefinition von Doping näher zu bestimmen, den Ort, wo es sich letztlich vollzieht: den Körper des Athleten. Sportliche Leistung darf gemäß dieser Auffassung nicht auf Diskontinuitäten des körperlichen Geschehens, sondern nur auf kontinuierliche Arbeit am Körper zurückgehen. Genau dieser tief im modernen Arbeitsethos verankerten Idee laufen dopingunterstützte Leistungen zuwider. Doping hilft in dieser Sichtweise dem Körper gewissermaßen auf die Sprünge. Anabolika katapultieren die Leistungskurve, die ansonsten durch Training nur ganz allmählich nach oben geht, förmlich in die Höhe. Andere Mittel halten die Leistungskurve entgegen der natürlichen Erschöpfungstendenz des Körpers oben. Auch Doping durch Eigenblut wird dementsprechend als Verfahren der leistungssteigernden Diskontinuitätserzeugung einstufbar. Blutdoping hintertreibt den Umstand, daß Training und Wettkampf Körperspuren hinterlassen. Denn das Blut des Athleten wird auf diese Weise in einem Zustand konserviert, den es in seinem Körper nicht mehr hätte; und in diesem für sportliche Leistungserbringung förderlichen Zustand wird dem Sportler das eigene Blut zu gegebener Zeit wieder zugeführt.

Die naheliegende Frage, die ein advocatus diaboli an dieses Argumentationsmuster stellen muß, lautet: Was unterscheidet Doping in dieser Hinsicht z.B. von speziellen Ernährungen, die dem Körper ebenfalls hochdosiert leistungssteigernde Substanzen zuführen können?[20] Auch dabei wird durch die hohe Dosierung die an üblicher Ernährung gemessene Kontinuität der Körpergeschichte durchbrochen. Die konzentrierte Verabreichung von Vitaminen und Mineralien wird ebenfalls fraglos akzeptiert. Wie will man durch Doping erzeugte Diskontinuitäten der Körpergeschichte, die deshalb als illegitim eingestuft werden, von Diskontinuitäten unterscheiden, die durch als legitim angesehene Mittel hervorgebracht werden? Warum sind z.b. Anabolika »unnatürlich« und Mineralien in Mengen, die man normalerweise nicht zu sich nähme, »natürlich«?

Die Kontinuität der Körpergeschichte als Kriterium anzuführen, birgt noch eine weitere Uneindeutigkeit. Immer häufiger fordern Sportmediziner unter dem Stichwort »Substitution«, den Athleten dann bestimmte leistungssteigernde Substanzen zur Einnahme zu gestatten, wenn es der körperlichen Regeneration diene (vgl. z.b. Clasing u.a. 1992: 107). Der Körper von Spitzenathleten, so wird argumentiert, werde durch immer härteres kontinuierliches Training und immer häufigere Wettkämpfe über Jahre hinweg so überbeansprucht, daß er erschöpft und damit krankheitsanfällig werde, wenn man ihm nicht bestimmte Substanzen zuführe, die ihn wieder aufbauten. Ebenso müsse eintretenden Krankheiten wirksam entgegengewirkt werden, um den Sportler möglichst schnell wieder fit für Wettkämpfe zu machen. Daß die durch Trainings- und Wettkampffrequenz und -intensität hervorgebrachte körperliche Überbeanspruchung vielleicht »unnatürlich« sein könnte, kommt einer solchen Sichtweise – im Rahmen des sportlichen Siegescodes völlig konsequent – nicht in den Sinn. Die Anerkennung von »Substitution« öffnet aber, wie man als advocatus diaboli sieht, legalem Doping Tür und Tor. Denn da in vielen Fällen niemand beurteilen kann, ob ein Sportler wirklich krank ist oder sich nur so stellt bzw. fühlt, und Gesundheit ohnehin kein eindeutig bestimmter Zustand ist, kommt letztlich dem Betroffenen selbst oder seinem Arzt das Recht zu, unter Verweis auf einen legitimen »Substitutionsbedarf« auch für Doping taugliche Mittel zu verwenden.

Insgesamt zeigt sich somit: Eine Wesensdefinition des Dopings verstrickt sich bereits auf der Ebene abstrakter Begrifflichkeit in eine Reihe von Schwierigkeiten. Verschiedene offene Flanken bieten einem advocatus diaboli Gelegenheiten, die mangelnde Trennschärfe einer Wesensdefinition von Doping zu demonstrieren. Erst recht erweist sich dieser Tatbestand dann als ausgesprochen prekär, wenn es um die Beurteilung konkreter Phänomene geht. Je weniger trennscharf die Wesensdefinition das, was als illegitim gelten soll, begrifflich gegenüber den legitimen Formen sportlicher Leistungssteigerung abzugrenzen vermag, desto weniger taugt sie für die rechtliche Behandlung von konkreten Fällen. Genau darauf kommt es jedoch an, wenn Argumente und Gegenargumente aufeinanderprallen: wenn ein Sportler sich beispielsweise hinsichtlich des eigenen Handelns nicht einfach dem Urteil des zuständigen

Sportverbandes beugt, sondern einen rechtsstaatlich zulässigen Einspruch einlegt. Um in solchen Fällen Rechtssicherheit zu schaffen und keine Willkür herrschen zu lassen, bedarf es operational handhabbarer Kriterien, wie sie die Wesensdefinition mit den vagen Formeln von »Unfairneß«, »Unnatürlichkeit«, »Abnormalität«, »Körperfremdheit« und »Künstlichkeit« nicht zu liefern vermag.

In dem Maße, wie Doping im Leistungssport zum Problem wurde, geriet auch die Wesensdefinition unter Druck. Genau besehen kann eine derart diffus gefaßte Definition nur solange wirken, wie sie nicht ernsthaft als Beurteilungskriterium gegen einen behaupteten Verstoß in Anspruch genommen werden muß. So wie im Märchen von des Kaisers neuen Kleidern über dessen tatsächliche Nacktheit solange, aber auch nur solange hinweggesehen werden konnte, wie dieser Tatbestand unausgesprochen blieb, kann auch die Wesensdefinition nur solange als brauchbar gelten, wie sie im Sportalltag nicht benötigt wird. Die Wesensdefinition setzt also eine intakte Sportmoral voraus und spekuliert darauf, in den Niederungen sportlicher Abweichung nicht eingesetzt werden zu müssen. Wie der britische Sportmediziner Sir Arthur Porritt diese Haltung treffend auf den Punkt brachte: »The definition lies not in words, but in integrity of characters.« (Zitiert in Dubin 1990: 78) Solange keine nennenswerte Devianz vorliegt, stellt die tradierte Sportmoral eine in beträchtlichem Maße von allen Sportlern, Trainern und Funktionären unangefochten geteilte Vorstellung darüber bereit, was als »sportliches« und was demgegenüber als »unsportliches« Mittel der Leistungssteigerung zu gelten hat. Zudem unterwirft sie den einzelnen immer dann, wenn ihm nicht genau klar ist, ob etwas »sportlich« oder »unsportlich« ist, dem moralischen Skrupel, der ihn im Zweifelsfall von dem betreffenden Handeln abhält. Ein moralisch imprägnierter Sportler geht in der Weise großzügig über die Unschärfen der Wesensdefinition hinweg, daß er diese extensiv interpretiert. Im Zweifel faßt er etwas als »unsportlich« auf und verzichtet darauf, es zu tun.

Eine solche Verzichtshaltung gegenüber den Möglichkeiten der eigenen Leistungssteigerung wird um so unwahrscheinlicher, weil geradezu heroisch, je mehr für den Sportler auf dem Spiel steht. Moral kann man sich am besten in »Niedrigkostensituationen« leisten, während der Preis, der für moralisches Handeln zu zahlen wäre, in »Hochkostensituationen« sehr hoch sein kann (Zintl 1989). Schon wenn es nur um die Ehre – die eigene oder die des Vaterlandes – geht, kann Moral zum drückenden Ballast werden. Erst recht gilt dies, wenn der Leistungssportler unter einen nicht zuletzt durch eigene Einkommens- und Karriereinteressen geprägten hohen sportlichen Erfolgsdruck gerät. Spätestens mit dem Ende des Amateurismus ist im Leistungssport daher nicht mehr mit einer intakten Moral zu rechnen. Und damit wird die praktische Wirkungslosigkeit der Wesensdefinition des Dopings offenbar. Denn unter Erfolgsdruck stehende Sportler werden immer stärker dazu neigen, im Zweifelsfall stets erst einmal den eigenen Vorteil zu sehen und dementsprechend die Diffusität der Wesensdefinition zu eigenen Gunsten auszulegen.

Versucht man den Athleten dann aber in rechtlichen Auseinandersetzungen mit Hilfe der Wesensdefinition zu sanktionieren, wird schnell offenbar, daß deren mangelnde Trennschärfe Kriterien der Rechtssicherheit in keiner Weise genügt. Nach dem Grundsatz »in dubio pro reo« hätten die Verbände, die als Kläger auftreten, daher kaum Handhaben gegenüber sich dopenden Sportlern gehabt. Deshalb war schnell absehbar, daß die Sportverbände in dem Moment, wo Doping zu einem ernsthaften Dauerproblem vieler Sportarten wurde, von Versuchen einer Wesensdefinition abgehen und eine andere Art von Dopingdefinition finden mußten.

Bereits die oben zitierte Wesensdefinition des Dopings durch den Europarat aus dem Jahr 1963 hatte eine enumerative Komponente. Der Wesensdefinition folgte nämlich eine Liste mit verbotenen Substanzen und Maßnahmen. Ganz offensichtlich trauten die Verbände schon damals der rechtlichen Handhabbarkeit der Wesensdefinition nicht so recht über den Weg. Seitdem sind sie auf rein enumerative Dopingdefinitionen umgeschwenkt, listen also ganz konkret all diejenigen Substanzen und Verfahren auf, die als verboten angesehen werden. Repräsentativ dafür ist beispielsweise die 1986 vom Internationalen Olympischen Komitee für die Olympischen Spiele in Seoul 1988 aufgestellte Definition: »Doping is the use made of substances belonging to the group of prohibited agents, but also the taking of illicit measures such as blood doping.« (Zitiert bei Johansson 1987: 85) Hinsichtlich der verbotenen Substanzen folgt sodann eine nach Wirkstoffgruppen eingeteilte Liste. Ebenso werden die verbotenen Praktiken aufgeführt.

Offensichtlich ist zunächst der Vorteil einer solchen enumerativen Dopingdefinition. Sie hat die Funktion, das Rechtsgebäude des Sports zu spezifizieren und von semantischen Unbestimmtheiten zu befreien. Die Liste repräsentiert den Sprung vom undifferenzierten Wesensrecht zum differenzierten Verfahrensrecht. Sie fällt im Unterschied zu allen Versuchen einer Wesensdefinition in sachlicher Hinsicht hinreichend eindeutig aus, um in rechtlichen Auseinandersetzungen Entscheidungskriterien an die Hand zu geben. Mit solchen Verbotslisten weiß jeder Beteiligte, woran er ist. Die Sportler wissen, was sie nicht tun dürfen. Damit weiß jeder Sportler auch, was den Konkurrenten in gleicher Weise verboten ist. Und wenn ein Athlet dabei ertappt wird, wissen die anderen, daß sie einen Rechtsanspruch auf eine Bestrafung des Devianten haben. Schließlich wissen auch diejenigen, die in der Verbandsgerichtsbarkeit entsprechende Sanktionen verhängen, daß ihre Entscheidungen solange unanfechtbar sind, wie sie sich auf den nachgewiesenen Gebrauch von in der Verbotsliste aufgeführten Substanzen und Maßnahmen beziehen.

An die Stelle einer bloßen rechtlichen Markierung des als vorhanden unterstellten Moralgefühls, also eines letztlich traditionalistisch legitimierten Dopingverbots, tritt eine unabhängig von Moral handhabbare und zustande gekommene rechtliche Setzung. Deren Rechtfertigung liegt zunächst in der Verfahrensförmigkeit ihres Zustandekommens, in ihrer Legalität. Als Doping gilt fortan das, was die dazu berechtigten, nämlich nach geltenden Regeln gewählten Entscheidungsgremien entsprechend den dafür geltenden Regeln – z.B. hinsichtlich der benötigten Mehrheit der Entscheidungsbeteiligten – als solches erklären. Genauer besehen rechtfertigt sich das Verfahren freilich nicht selbst. Seine Legalität wird vielmehr als Garantie dafür genommen, daß der demokratische Wille der jeweiligen Kollektivität – z.B. der Mitglieder eines Sportverbandes – unverfälscht zum Ausdruck gelangt. Damit tritt in legitimatorischer Hinsicht letztlich Demokratie an die Stelle von Moral.

Eine solche Positivierung der Dopingdefinition macht diese sowohl in sozialer als auch in zeitlicher Hinsicht viel besser handhabbar als eine Wesensdefinition. In zeitlicher Hinsicht gewinnt man durch Positivierung Flexibilität. Eine Wesensdefinition versucht, das Unwandelbare eines Phänomens zum Ausdruck zu bringen. Wandel ist allenfalls als Wandel der Einsicht in das Wesen vorstellbar, und auch das nur als zunehmende Annäherung der Definition an das Wesen. Positivierung ermöglicht demgegenüber, das Phänomen selbst als veränderbar und kontingent anzuerkennen. Was gestern noch als legitime Form der sportlichen Leistungssteigerung galt, kann heute verboten werden. Und umgekehrt ließe sich prinzipiell das gestern Verbotene heute zulassen.

Die Dopingliste will also durch operationale Eingrenzung des Verbotenen Erwartungssicherheit schaffen, die Beliebigkeit der Wesensdefinitionen eliminieren. Weiterhin soll Flexibilität gegenüber dem Erfindungsreichtum der Devianten gewährleistet werden. Diesen operativen Vorzügen der enumerativen Dopingliste im Vergleich zur Wesensdefinition stehen allerdings gewichtige Nachteile gegenüber. Da die Letztbegründungen nicht haltbar waren und enumerative Definitionen zwingend notwendig machten, sind diese Nachteile als unvermeidbar einzustufen. Sie lenken den Blick darauf, daß der Weg von der Wesensdefinition zur enumerativen Liste genau besehen doch keinen Fortschritt bei der Lösung des Dopingproblems, sondern lediglich eine Problemverschiebung darstellt. Die Sportverbände sind vom Regen in die Traufe geraten. War die Wesensdefinition unbrauchbar, weil nicht trennscharf und daher ohne größeres rechtliches Drohpotential, sind die enumerativen Definitionen bei einer entsprechenden Kontrollkapazität zwar einerseits durchaus abschreckend. Andererseits beinhalten sie die implizite Aufforderung, die Dopingverbote ohne jegliche moralische Skrupel kreativ zu umgehen.

Niemand vermag auch nur mit einiger Sicherheit zu sagen, wie weit die Erosion der traditionellen Sportmoral unter den Protagonisten des Leistungssports – Sportlern ebenso wie Trainern, medizinischen Betreuern und Verbandsfunktionären – bereits fortgeschritten ist. Klar ist allerdings, daß das Aufgeben einer Wesensdefinition des Dopings und deren Substitution durch die enumerative Liste einen radikalen Verzicht auf jegliche moralische Beurteilung von Doping signalisiert. Die Positivierung der Dopingdefinition ist zwar zweifellos »realistisch«. Allerdings könnte diese »realistische« Hinnahme der Hinfälligkeit traditioneller moralischer Verhaltensregulierungen auch insofern zu einer sich selbst erfüllenden Prophezeiung werden, daß sie den vielleicht doch noch vorhandenen letzten Rest moralischer Haltungen im Leistungssport endgültig liquidiert. Der »heimliche Lehrplan« der enumerativen Dopingdefinitionen liegt jedenfalls auf der Hand. Auf der »hidden agenda« steht nun: Nutze diejenigen Mittel und Verfahren, die nicht auf der Dopingliste genannt werden! Wie der Schweizer Sportmediziner Hans Howald (NZZ vom 7.4. 1985) lapidar konstatierte: »Das Verbot von Amphetamin wurde durch die Verabreichung anderer Stimulanzien zu umgehen versucht, und anstelle der Anabolika wurde Testosteron eingesetzt.« Und der deutsche Biochemiker Manfred Donike (KSA vom 8./9.1.1994) kommentierte schon vor mehr als zehn Jahren: »Dieses Katz- und Maus-Spiel wird wohl weitergehen.« Jeder Sportler lernt unzweideutig, daß ihm niemand mehr eine moralische Gesinnung abverlangt. Eine äußere Verhaltenskonformität mit den rechtlich fixierten Verbotsregeln genügt bereits. Mehr noch: Jeder Sportler erfährt, daß von ihm geradezu erwartet wird, seinen persönlichen Vorteil auch dadurch zu suchen, daß er findig mit den Verbotsregeln umgeht. An die Stelle der früheren Maßstäbe moralischer Skrupelhaftigkeit tritt immer stärker, wenn auch bislang noch selten ganz deutlich ausgesprochen, so doch hinreichend unmißverständlich suggeriert, die ebenso unerbittliche Forderung nach regelumgehender professioneller Schläue. Wer nicht all das tut, was er ungestraft tun kann, wer also Regellücken sowie die noch anzusprechenden Kontrolldefizite nicht konsequent ausnutzt, hat seine Niederlage gegenüber den raffinierteren Gegnern im Grunde selbst verschuldet.

Ob die enumerativen Dopingdefinitionen nun diese Veränderung der Leitorientierungen leistungssportlichen Handelns lediglich ratifizierend nachvollziehen oder noch beschleunigen, muß dahingestellt bleiben. Zumindest leisten sie dieser Entwicklung nicht den geringsten Widerstand, sondern fügen sich ihr vorbehaltlos ein. Noch wichtiger ist allerdings, daß die enumerativen Dopingdefinitionen durch ihr zentrales Konstruktionsprinzip selbst darauf hinweisen, wo sie nicht mehr greifen: welche leistungssteigernden Maßnahmen und Substanzen ein Sportler ungestraft zum Einsatz bringen kann, auch wenn sie von einer großen Mehrheit der Akteure des Leistungssports und des Publikums für illegitim gehalten werden.

In motivationaler Hinsicht hat diesen Zusammenhang Gert Wagner (1994: 109ff) auch durch instruktive Vergleiche mit ähnlich gelagerten anderen Rechtsmaterien herausgestellt. Er charakterisiert jede enumerative Dopingdefinition als »Negativ-Liste«, weil sie »unerlaubte Mittel und Methoden auflistet«. Gegen diese Charakterisierung haben Helmut Digel und Rüdiger Nickel (1993: 52) vom Deutschen Leichtathletik-Verband den Einwand erhoben, daß gängige enumerative Dopingdefinitionen hinsichtlich der verbotenen Wirkstoffe nicht bloß spezifische Medikamente auflisten, sondern –»verständnisvoll formuliert« – z.B. hinsichtlich anaboler Steroide so zu lesen seien:»Verboten sind anabole Steroide und alles, was anabole Wirkung hat.« Man kann dahingestellt lassen, ob diese »verständnisvolle« Lesart, die den Wortlaut des betreffenden Verbots durch den Einbau semantischer Unbestimmtheit erheblich überschreitet, tatsächlich rechtlich haltbar ist oder ausgeschlossen werden muß, weil sie wiederum ähnlich wie die Wesensdefinition der Willkür Tür und Tor öffnet. Klar ist jedenfalls, wie Wagner (1994: 107) betont:»Auch der Versuch, eine ›Generalklausel‹ einzuführen, die ganze Wirkstoffgruppen für Sportler ausschließt, hilft nichts gegen neue Wirkstoffgruppen.« Damit gelangt er zu dem Schluß:»Die Negativ-Liste ist [...] nur eine vordergründige Scheinlösung, da sie die Einnahme von Medikamenten straffrei läßt, die noch nicht auf der Verbotsliste stehen. [...] Die Negativ-Liste läßt also eine ›Definitions-Lücke‹ offen. Wer sich etwas Neues einfallen läßt, kann ohne jedes Doping-Bestrafungsrisiko ›dopen‹.« Eine enumerative Dopingdefinition belohnt also diejenigen, die sie innovativ umgehen. Dieser Belohnungseffekt wohnt prinzipiell jeder Norm inne, vor allem jeder Rechtsnorm. Wagner verweist darauf:»Ehrenwerte Berufsstände wie Rechtsanwälte und Steuerberater leben von den Lücken des Gesetzes.« Gerade enumerativ spezifizierte Normen entblößen jedoch ihre Lücken gewissermaßen freiwillig und laden dadurch geradezu dazu ein, umgangen zu werden. Noch einmal Wagner (1994: 109):»Fast alle Ziele, die man mit dem Dopingverbot erreichen will, werden verfehlt, weil die bestehende ›Negativ-Liste‹ [...] enorme Anreize schafft, sich etwas Neues einfallen zu lassen, [...]«

Mehr noch: Über den von Wagner herausgestellten motivationalen Anreiz zum Doping fungieren enumerative Dopinglisten zugleich als äußerst instruktive kognitive Suchscheinwerfer nach neuen Methoden des legitimen Dopings. Gerade die im Vergleich zur Wesensdefinition zunächst positive Eigenschaft von enumerativen Dopingdefinitionen, präzise zu bestimmen, was verboten ist, hat diesen Hinweiseffekt für Dopingwillige als unvermeidliche Kehrseite. Bestimmte Negationen konturieren eben auch den Raum dessen, was nicht negiert wird. Je genauer das Verbotene spezifiziert ist, desto präziser wissen Dopingwillige, wo sie nach noch erlaubten Wirkstoffen und Methoden zu suchen haben. Die Sprinterin Katrin Krabbe hat diesen Sachverhalt vor einigen Jahren am eigenen Beispiel mit aller wünschenswerten Offenheit dargelegt (Zeitmagazin vom 26.3.1993):»Klar haben wir uns Gedanken gemacht. Wir haben die Listen der verbotenen Dopingmittel durchgeprüft. Und haben festgestellt: Unser Medikament steht nicht drauf [...] Wenn ein Medikament nicht draufsteht, kann ich nicht verurteilt werden.«

Dem impliziten Suchbefehl scheinen die Sportler und das assistierende Milieu gegenwärtig in unterschiedlicher Weise Folge zu leisten. Erstens erfolgt eine Suche nach leistungssteigernden Mitteln in den Praktiken und Essenzen der vormodernen Heilkunde. Tinkturen und Rezepte aus dem Arsenal der durch die moderne Medizin verdrängten Behandlungsprozeduren auch außereuropäischer Regionen erfahren eine Wiederauferstehung in modernisierter Form. Zweitens werden die Stimulanzien des Alltags daraufhin ausprobiert, in welchen Überdosen sie für Dopingzwecke genutzt werden können. Der Deviante versteckt sich in diesem Fall hinter der weiten Verbreitung von lebensweltlich akzeptierten Genußstoffen, beispielsweise Kaffee und Alkohol, um bei einer späteren Kontrolle auf die Legalität seines Handelns und die unabsichtliche Überschreitung vorab definierter Dosen hinweisen zu können. Der Suchauftrag weist drittens in den Bereich des auf der Dopingliste noch nicht aufgetauchten, meistens neuen medizinischen Wissens. Auch Medikamente, die sich als erfolgreich in der Behandlung zunächst sportunspezifischer Krankheiten bewährt haben und noch nicht unter den Bann der Dopingliste gestellt wurden, finden eine klammheimliche Verwendung.

Enumerative Dopingdefinitionen erzeugen somit eine perverse, der eigenen Zielsetzung zuwiderlaufende Dynamik. Das Bemühen, durch präzise Verbote den Handlungsspielraum dopingwilliger Sportler einzuengen, bringt eine innovative Suche nach immer neuen, noch nicht verbotenen Dopingmöglichkeiten in Gang. Dieser Wettlauf zwischen Dopingwilligen und Dopingbekämpfern wäre von letzteren nur dann zu gewinnen, wenn zu erwarten ist, daß sie erstere hinreichend in die Enge treiben können. Sieht man wiederum an dieser Stelle noch ganz von den Problemen ab, die sich bei der Kontrolle der Einhaltung von Dopingverboten ergeben, ist sehr fraglich, ob es gelingen kann, den Dopingwilligen jedes Schlupfloch zum Entrinnen zu versperren, so daß sie gezwungenermaßen auf Doping verzichten. Denn zum einen wird durch wissenschaftliche Innovationen, insbesondere in der Biochemie, der Pharmakologie und der Medizin, der Möglichkeitsraum für Doping immer wieder erweitert. Verbote, die solche neuen Möglichkeiten wieder unterbinden, kommen aufgrund ihres reaktiven Charakters prinzipiell immer erst mit einer zeitlichen Verzögerung. Und angesichts des Prinzips, Wirkstoffe und Methoden erst dann zu verbieten, wenn sie für die Dopinganalytik nachweisbar sind, müssen die Dopingbekämpfer stets erst einmal wissenschaftlich »nachrüsten«, was durchaus längere Zeit in Anspruch nehmen kann und entsprechende Gelder kosten wird. Pioniergewinne innovativer Dopingwilliger sind also unvermeidbar und lassen den Wettlauf zwischen ihnen und den Dopingbekämpfern immer wieder ausgehen wie den zwischen Hase und Igel im Grimmschen Märchen.

Zum anderen müssen sich die Dopingbekämpfer auch noch selbst in ihrer Verbotspraxis zügeln. Je extensiver die Verbotsliste einer enumerativen Dopingliste ausfällt, desto mehr stellt sich das Problem, daß die legitime und notwendige gesundheitliche Versorgung von Hochleistungssportlern immer schwieriger wird. Exzessive Dopingbekämpfung verhinderte dann im Extremfall, daß ein Sportler bei nicht nur sportbedingten Krankheiten und Verletzungen überhaupt noch wirksam medizinisch behandelt werden kann. Zumindest muß er Zeit investieren und bei seinem Verband rückfragen. Das bedeutet eine Aufwandssteigerung mit dem Risiko, falsch informiert zu werden – beispielsweise vom eigenen Hausarzt, der die bisweilen schnellen Veränderungen auf der Dopingliste nicht nachvollziehen kann. Schon heute klagen Athleten darüber, sie kämen sich als »Menschen zweiter Klasse« vor, wenn sie z.B. gegen Erkältungen viele wirksame Arzneien nicht nehmen dürfen, weil diese Substanzen enthalten, die nach der geltenden Dopingdefinition verboten sind (Wagner 1994: 110). Die Rücksichtnahme auf diese gesundheitlichen Belange der Athleten ist für die Dopingbekämpfer in ihrem Wettlauf mit den Dopingwilligen ein zusätzliches Handicap.

Die Sportler wissen über diese beiden Grenzen der Dopingbekämpfung durch enumerative Dopingdefinitionen. Jeder Sportler bemerkt darüber hinaus, daß auch alle anderen Sportler darüber Bescheid wissen. Dieses sachliche und soziale Wissen bringt – in Verbindung mit der durch enumerative Dopingdefinitionen geförderten moralischen Indifferenz, der motivationalen Anreizwirkung und dem kognitiven Hinweiseffekt dieser Definitionen – jeden Sportler dazu, die Verbotslisten als Gebotslisten zu interpretieren: Alles, was nicht verboten ist, ist geboten, um mit den mutmaßlich ebenso kalkulierenden Gegnern mithalten zu können.

8.2 Kontrollintensivierung

Dort, wo Abweichung in Gestalt von Dopingverstößen passiert, stellt die Intensivierung der sozialen Kontrolle eine Strategie dar, um Konformität wiederherzustellen oder potentiell Abweichungsbereite bereits im Vorfeld zu demotivieren. Soziale Kontrolle erschöpft sich also nicht schon in der Definition von Recht und Unrecht, sondern impliziert sowohl eine Überwachung des Handelns als auch eine negative Sanktionierung entdeckter Devianz. Der organisierte Sport ließ sich mit der Implementation geeigneter Kontrollen viel Zeit, einige Verbände haben bis heute noch keine entsprechenden Maßnahmen getroffen. Dopingkontrollen fanden lange Zeit fast gar nicht statt und blieben auch zunächst nur auf Kontrollen bei Wettkämpfen beschränkt. Da viele Dopingmittel – z.B. Anabolika – aber ihre Wirkung auch dann entfalten, wenn sie rechtzeitig vor sportlichen Wettkämpfen abgesetzt werden, konnten auf diese Weise nur wenige Athleten des Dopings überführt werden. Lediglich Wirkstoffe wie Stimulanzien oder Alkohol, die im Wettkampf selbst eingenommen werden müssen, um ihre Wirkungen zu entfalten, ließen sich durch Wettkampfkontrollen entlarven. Die im Vorfeld eingenommenen Medikamente blieben hingegen unentdeckt.

Erst im Jahr 1988 beschloß der Deutsche Sportbund die Einführung von Dopingkontrollen auch während des Trainings. Diese Maßnahme machte es wiederum erforderlich, diejenigen Sportler, die sich den Kontrollen verweigerten oder – etwa durch Nichtangabe ihres Trainingsortes – entzogen, auch dafür zu bestrafen. Als Sanktionen wurden die Nichtnominierung für Olympische Spiele und der Entzug der Förderung durch die Deutsche Sporthilfe beschlossen. Seit Ende der achtziger Jahre des letzten Jahrhunderts besteht auch in anderen Ländern und bei internationalen Wettkämpfen ein einigermaßen einheitliches Recht der nationalen und internationalen Sportverbände, Dopingkontrollen nahezu jederzeit und unangemeldet durchführen zu können. Die Höhe der Sanktionen für überführte Dopingsünder ist noch immer recht uneinheitlich festgelegt. Derjenige Sportler, dem Doping nachgewiesen wird, muß mit einer längeren Sperre bei allen nationalen und internationalen Wettkämpfen rechnen; ein Mehrfachtäter kann lebenslang gesperrt werden.

Auf dem Papier ist damit das Dopingproblem gelöst. Kontrollen und rechtlich fixierte Sanktionen sind ein probates Mittel gegen Devianz. Auch wenn der biographische Erfolgsdruck, der auf den Sportlern lastet, den Nutzen des Dopings sehr hoch erscheinen läßt, wiegen empfindliche Strafen als Kostenfaktor hinreichend schwer, um die Athleten als rational kalkulierende Akteure vom Doping abzuhalten. Angesichts der kurzen Karriere laufen Strafen auf ein langes und im Wiederholungsfall sogar endgültiges Berufsverbot heraus. Diese Verknüpfung zwischen Strafandrohung und Dopingverzicht gilt allerdings nur dann, wenn in der Einschätzung der Sportler eine hinreichend hohe Wahrscheinlichkeit besteht, beim Doping auch tatsächlich ertappt zu werden. In dem Maße hingegen, wie sie davon ausgehen, daß bei den Dopingkontrollen ein »Vollzugsdefizit« besteht, fällt der Nutzen des Dopings wieder mehr ins Gewicht und hintertreibt den Effekt einer Abschreckung durch Strafe.[21] Genau hier liegt das praktische Problem dieser Art der Dopingbekämpfung. Es besteht ein großes »Vollzugsdefizit«, und es dürfte kaum so weit reduzierbar sein, daß die abschreckende Wirkung der Kontrollen hinreichend gewährleistet wäre.

Ganz abgesehen davon, daß möglicherweise auch in Zukunft Dopingsubstanzen und -praktiken entdeckt werden, die für längere Zeit nicht nachweisbar sind,[22] also die Dopinginnovatoren im Wettlauf mit den Dopingkontrolleuren immer wieder die Nase vorn haben könnten,[23] ist das Kontrollproblem vor allem logistisch kaum lösbar. Die Dopingkontrollen müßten sich, um effektiv wirken zu können, gewissermaßen den jederzeit verfügbaren »gläsernen« Sportler schaffen. Mit der Internationalisierung des Leistungssports, die nicht mehr nur die Wettkämpfe, sondern eben auch das Training betrifft, ergeben sich aber genau umgekehrt viele kaum zuverlässig versperrbare Fluchtmöglichkeiten der Athleten vor Dopingkontrolleuren. Da die Kontrolldichte aus finanziellen, politischen oder rein verkehrstechnischen Gründen längst nicht überall gleich hoch ausfällt, können die Sportler innovativ auf eine Reihe von Maßnahmen im Rahmen einer »science of avoiding drug detection« (Voy 1991: 93) zurückgreifen, um Kontrollen zu vermeiden oder deren Effektivität zu unterlaufen. Athleten können sich beispielsweise in Gegenden zurückziehen, wo sie vor Kontrollen hinreichend sicher sind und ihnen, wenn welche stattfinden, genügend Zeit bleibt, um ihre Dopingpraktiken zu vertuschen. Regelrechte Katz-und-Maus-Spiele sind in vielen Anekdoten durch die Berichterstattung in den Massenmedien illustriert worden. Eine effektive Kontrolle – so der hieraus zu ziehende Schluß – setzte eine Kasernierung der Sportler an wenigen, gut erreichbaren Trainingsorten voraus, was undurchführbar ist, weil es gegen subjektive Freiheitsrechte verstieße. Aus diesem Grunde ist davon auszugehen, daß sich die Kontrollintensivierung – wie die Unabhängige Dopingkommission (1991: 217) bereits vor Jahren feststellte – »nur schwer und mit großem organisatorischen Aufwand lösen lassen« wird. Das Kontrollnetz »kann gar nicht so engmaschig sein, daß Verstöße vollständig ausgeschlossen werden«, ebenso wie die Existenz rechtlicher Überwachungsmaßnahmen in anderen Gesellschaftsbereichen nicht dazu geführt hat, Rechtsverstöße gänzlich aus der Welt zu schaffen.

Kontrollen werden ferner auch dadurch erheblich erschwert, daß die Sportler durch ihr Unterstützungsumfeld effektiv abgeschirmt werden. Sie stehen den Kontrolleuren eben nicht als vergleichsweise ungeschützte Individuen gegenüber, sondern können sich hinter ihren Trainern, Ärzten, Betreuern und teilweise auch Verbandsfunktionären verschanzen. Letzteres traf insbesondere, aber keineswegs nur auf das »Staatsdoping« der Ostblockstaaten zu. Wenn dort Speziallabors eigens damit beschäftigt waren, gedopte Athleten vor internationalen Wettkämpfen mit Kaschierungsmedikamenten zu behandeln und anschließend daraufhin zu testen, ob die Athleten durch die gängigen Tests überführt werden könnten, zeigt diese organisierte Kumpanei, wie das Unterstützungsumfeld die Dopingkontrollen sabotieren kann.[24] Weniger professionell organisierte, aber gleichwohl ebenfalls effektive Abschirmungspraktiken bestehen beispielsweise darin, den Sportlern während der Kontrollen Hilfeleistungen bei der Manipulation, etwa von Urinproben, zu geben, durch Aufhalten der Kontrolleure den Sportlern wertvolle Zeit zu verschaffen, um Verdächtiges, etwa Dopingutensilien, verschwinden lassen zu können, oder die Sportler rechtzeitig vor Kontrollen zu warnen. Zudem können Athleten dem abgegebenen Urin heimlich Substanzen beifügen, um ihre Proben unbrauchbar zu machen und späteren juristischen Anfechtungen Tür und Tor zu öffnen. Hinsichtlich all dieser und noch vieler anderer Praktiken liefern Zeitungsberichte ebenso wie Protokolle von Dopinganhörungen und Geständnissen reiches Anschauungsmaterial (z.B. Dubin 1990: 137ff). Das Unterstützungsumfeld wirkt gleichsam als Schutzpuffer, der für den sich dopenden Athleten viele Risiken der Kontrolle in die relative Sicherheit transformiert, nichts Ernsthaftes befürchten zu müssen.

Selbst wenn effektive Dopingkontrollen logistisch möglich wären und auch die Abschirmung durch das Unterstützungsumfeld überwunden werden könnte, ist davon auszugehen, daß dies sehr viel Geld kostete. Damit stößt eine Kontrollintensivierung auch an ökonomische Grenzen. Der amerikanische Sportmediziner Robert Voy (1991: 176) schätzt die Kosten eines »random, unannounced testing« so ein: »such a system wouldn't work; doping control agencies would exhaust their entire budgets going after only several dozen athletes«. Helmut Digel (1994: 151), damaliger Präsident des DLV, führte dazu aus der Sicht dieses Verbandes aus: »Unter finanziellen Gesichtspunkten wird es sich in den nächsten Jahren zeigen, daß nicht nur der DLV in der Frage des Umfangs des Kontrollsystems seine ökonomischen Grenzen des Kontrollkampfes erreicht hat. Eine weitere Ausweitung des Kontrollsystems wird sich schon allein aus diesem Grunde verbieten.« Jetzt schon müssen die Finanzmittel für die Dopingkontrollen von den staatlichen Fördergeldern abgezweigt werden und gehen dem Spitzensport als Ressourcen für die eigentliche Leistungsproduktion verloren.

Angesichts der Finanzprobleme wird zwar erwogen, einen gewissen Anteil der aus der Wirtschaft stammenden Sponsorengelder auf Verbandsebene für die Kontrollausweitung einzusetzen – sei es, daß diese Gelder direkt für diesen Zweck umgewidmet werden sollen, sei es, daß die Sportler einen Teil der Sponsorenunterstützungen, die sie individuell erhalten, an ihren Verband abgeben müssen, damit dieser sie für die Finanzierung von Kontrollen poolt. Manche Sponsoren haben schon früh ihre Bereitschaft zu derartigen Maßnahmen erklärt – etwa Daimler-Benz durch seinen damaligen Sprecher Matthias Kleinert: »Daimler-Benz hat dem Präsidenten des Deutschen Sportbundes angeboten, sich an einem Fonds zu beteiligen, mit dem der DSB und die Verbände eine klare Kontrollinie fahren können.« (Der Spiegel vom 3.12.1990) Ähnlich regte ein Vertreter der Sportartikelfirma Nike an, alle Sportartikel-Ausrüster von Leistungssportlern sollten gemeinsam eine Stiftung finanzieren, die die Dopingkontrollen durchführt: »Irgendetwas müssen wir tun. Es muß mehr Kontrollen geben, und die müssen auch finanziert werden.« (KSA vom 10.8.1992) Ob diese Bereitschaft freilich über längere Zeit aufrechterhalten werden würde, wenn sich die tatsächlichen Kosten von effektiven Dopingkontrollen herausstellen, ist durchaus in Zweifel zu ziehen. Schließlich würde dadurch entweder der Sport als Werbeträger erheblich verteuert, was womöglich alternative Werbeträger wie z.B. Unterhaltungskünstler wieder kostengünstiger erscheinen ließe. Oder aber die Unternehmen müßten ihre Beiträge zur Finanzierung der Dopingkontrollen von den an die Athleten selbst fließenden Geldern abziehen. Dies würde nicht nur deren Einnahmen massiv schmälern, sondern auch deren Leistungsbereitschaft und damit auch deren Attraktivität als Werbeträger reduzieren.

Die Intensivierung der Dopingkontrollen stößt mittlerweile zudem auf moralische Bedenken und rechtliche Grenzen. Ommo Grupe (1989: 12) begründete etwa die bisherige Zurückhaltung der Verbände hinsichtlich einer sachlich notwendigen Kontrollausweitung auch damit,»weil sie eine Art ›Doping-Polizei‹ als ihrem Verständnis von einem humanen Leistungs- und Spitzensport entgegengesetzt ansehen.« Die gleichen Bedenken gälten einer kontrollfreundlichen Kasernierung von Athleten. Schon der jetzige Ablauf der Kontrollprozeduren, das Urinabgeben unter den Augen des Kontrolleurs, hat zutiefst entwürdigende Züge, wenngleich es wegen der inzwischen gegebenen kriminellen Findigkeit zumindest einiger Sportler offenbar unumgänglich ist. Man denke nur an in Körperhöhlen versteckte Kondome mit »sauberem« Fremdurin. Die Sportler könnten aber insbesondere gegen eine – für unangemeldete Kontrollen unabdingbare – rund um die Uhr lückenlose Information des Verbands über ihren jeweiligen Aufenthaltsort ihr Grundrecht auf Privatheit ins Feld führen. So betonte die Unabhängige Dopingkommission (1991: 217) die »rechtlichen Schwierigkeiten, einen lückenlosen Aufenthaltsnachweis fordern zu können.«[25] Gleiches dürfte im übrigen für immer extensivere Verbotslisten als Grundlage der Kontrollen gelten. Sportler könnten – wie schon erwähnt – gegen Dopingverbote klagen, weil ihr Grundrecht auf Gesundheit und körperliche Unversehrtheit erheblich dadurch beeinträchtigt wird, daß sie viele Medikamente, die verbotene Substanzen enthalten, nicht einnehmen dürfen.

Eine weitere äußerst wichtige Einschränkung effektiver Dopingkontrollen geht auf die ambivalente Situation der korporativen Akteure zurück. Die nationalen Sportverbände wollen zwar einerseits das betrügerische Abweichen der Athleten eindämmen. Andererseits aber sind die Verbände erst einmal an einer möglichst guten Leistung ihrer Athleten interessiert. Und das bedeutet hier: an international konkurrenzfähigen, publikumsträchtigen sportlichen Spitzenleistungen. »These federations depend on international competitions as a major part of their fund-raising efforts. They don't like the notion of mandatory drug testing at every international competition held in this country because testing negatively affects the athlete attendance at a meet. And when the big guns don't show up for an event, the fans don't show up either.« (Voy 1991: 95) Wenn Erfolge nicht mehr gewährleistet sind, gerät der je nationale Leistungssport in einen anderen, aber für seine Ressourcenversorgung nicht minder gefährlichen »schlechten Ruf«: den der Erfolglosigkeit.

Der Diskuswerfer Rolf Danneberg (Sports 3/1989: 124) benannte das Problem sehr klar: »Wenn wir uns der freiwilligen Selbstbeschränkung unterwerfen, die anderen aber weitermachen wie bisher, dann hat das null Wirkung. Dann sind die, die nach der Qualifikation nach Hause gehen. Dann bleibe ich lieber gleich zu Hause.« Wer den eigenen Athleten schärfere Dopingkontrollen auferlegt, wird damit international nicht etwa – wie man nach den allerorts zu hörenden Absichtsbekundungen meinen könnte – eine Vorbildwirkung erzielen. Die anderen Verbände werden diesem Verband also nicht möglichst schnell nachzueifern bemüht sein, sondern sich klammheimlich ins Fäustchen lachen, weil sich auf diese Weise ein lästiger Konkurrent um internationale Siege selbst beseitigt hat. Diese Befürchtung kam z.b. in der Reaktion des damaligen Sportwarts des DLV, Manfred Steinbach (KSA vom 3.8.1992), auf das schlechte Abschneiden der deutschen Athleten bei den Olympischen Spielen in Barcelona 1992 zum Ausdruck:»Viele von uns kämpfen mit ungleichen Waffen. Unsere Trainer laufen schulterzuckend herum. Sie wissen auch keinen Weg, wenn die ausländische Konkurrenz unsere vielen Trainingskontrollen nur untätig belächelt. Jeder weiß besser als je zuvor, daß wir zu den Dummen zählen.« Der Sportmediziner Wildor Hollmann (KSA vom 6.8.1992) meinte zwar zum gleichen Anlaß:»Unsere Sportler sind sauber, wir sollten angesichts des fortgesetzten Dopings in der Welt fünfte und sechste Plätze unserer Athleten wie Goldmedaillen feiern.« Genau das wird aber eben nicht geschehen, weshalb der Druck, wieder dopen zu können und zu diesem Zweck die Kontrollen abzumildern, unter der Hand zunehmen wird.

Zwar gibt es in Gestalt der internationalen Verbände korporative Akteure, von denen man meinen könnte, sie wären prädestiniert dafür, den nationalen Verbänden gleichsam als übermächtiger Hobbesscher »Leviathan« allgemein geltende Regeln der Dopingkontrolle aufzuerlegen. Doch die internationalen Sportverbände sind gegenüber ihren Mitgliedern, den jeweiligen nationalen Verbänden, schwache, kaum verpflichtungsfähige korporative Instanzen. Sie müssen bei ihren Entscheidungen auf einen möglichst universellen Mitgliederkonsens achten, damit keine Sezessionstendenzen eintreten. Ein Exit von nationalen Verbänden, die mit der Politik des internationalen Verbandes unzufrieden sind, wäre für letzteren in zwei Hinsichten äußerst negativ. Erstens verlöre er damit Mitglieder und riskierte – was für ihn noch viel schlimmer wäre – einen Verlust seines verbandlichen Domänenmonopols, insbesondere wenn die abtrünnigen Verbände einen Gegenverband gründeten. Sehr schnell neutralisierten die konkurrierenden internationalen Verbände dann ihren Einfluß wechselseitig und könnten so auch leicht von politischen und wirtschaftlichen Bezugsakteuren gegeneinander ausgespielt werden. Die entsprechende Situation im Profiboxen ist dafür ein warnendes Beispiel. Zweitens erfüllen die internationalen Sportverbände nur dann ihre außenpolitische Funktion als ein alle Nationen in die »Weltgesellschaft« integrierender Mechanismus, wenn sie keinen nationalen Verband ausschließen.[26] Dieser Funktion verdanken die internationalen Verbände schließlich einen Großteil ihrer politischen Unterstützung. Auch für diese Leistungserbringung wäre eine Zersplitterung in konkurrierende internationale Verbände äußerst schädlich. Aus diesen beiden Gründen ist die Ankündigung eines unzufriedenen nationalen Verbandes, gegebenenfalls aus dem internationalen Verband auszutreten, eine gewichtige Drohung.

Deshalb wiederum besitzen in den internationalen Sportverbänden faktisch bereits kleine Gruppen von Mitgliedern eine Vetomacht.

Mindestens drei Gruppen von nationalen und internationalen Verbänden haben sich bislang schärferen Dopingkontrollen stets entgegengestellt. Dies sind erstens diejenigen nationalen Verbände, die sich schärfere Dopingkontrollen finanziell nicht leisten können – insbesondere die zahlenmäßig sehr vielen Verbände aus Ländern der Dritten Welt. Zweitens sind es die Verbände derjenigen Länder, denen internationale sportliche Erfolge außenpolitisch so wichtig erscheinen, daß sie auf ein heimliches »Staatsdoping« nicht verzichten wollen. Das waren lange Jahre die Verbände der osteuropäischen sozialistischen Länder. Mittlerweile dürfte insbesondere die Volksrepublik China ihren Sportverbänden eine solche Haltung auferlegen. Drittens sträuben sich all jene Verbände mehr oder weniger offen, Dopingkontrollen überraschend von unabhängigen Spezialisten durchführen zu lassen und Dopingvergehen entsprechend dem Code der Welt-Anti-Doping-Agentur (WADA) zu bestrafen, die professionell betriebene Sportarten vertreten (Beispiel: die amerikanischen Profisportarten[27], aber auch die FIFA als internationaler Fußballverband[28]).

Aus der Sicht dieser Verbände ist eine derartige Verweigerung verständlich: Ein millionenteurer Profisportler, der beispielsweise für ein erstes Dopingvergehen für zwei Jahre aus dem Verkehr gezogen würde, wäre ein finanzielles Desaster für einen Club und schädlich für das Image der betreffenden Sportart. Man ist deshalb in nicht wenigen Verbänden zögerlich, den Sanktionskatalog und die Richtlinien der WADA Punkt für Punkt anzuerkennen und entsprechend umzusetzen. Die Athleten werden vielmehr nur von verbandsnahen Kontrolleuren überprüft, was den Verdacht einer auftraggeberorientierten Gefälligkeitsmentalität unter den Kontrolleuren nicht aus der Welt schafft. Dopingvergehen werden häufig nicht direkt öffentlich gemacht oder nur lasch bestraft.

Gegen diese drei Arten von Widerstand gäbe es zwar prinzipiell Handhaben. Denjenigen Ländern, für die schärfere Dopingkontrollen finanziell unerschwinglich sind, könnte eine internationale Umlage zu Lasten der Verbände aus den reicheren Ländern unter die Arme greifen. Und die Heuchelei der rhetorisch in die Dopingverdammung einstimmenden, sich aber intensiveren Kontrollen verweigernden, weil das heimliche »Staatsdoping« oder die eigenen Finanz- und Imageinteressen deckenden Verbände könnte öffentlich bloßgestellt werden. Dies brächte diese in erhebliche Legitimationsprobleme, so daß sie ihren Widerstand vielleicht aufgeben müßten. Ein solches Vorgehen gegen kontrollabstinente Verbände setzt freilich voraus, daß zumindest die anderen Verbände eine Kontrollintensivierung auch wirklich wollen. Man kann sich aber des Eindrucks nicht erwehren, daß hier ebenfalls eine große Anzahl von Heuchlern existiert, die sich sogar gefahrlos als energische Kämpfer gegen das Doping profilieren können, weil sie sicher sein können, daß sie aufgrund des Widerstands der genannten drei Gruppen erfolglos bleiben werden. In Wirklichkeit wollen möglicherweise nur sehr wenige nationale Sportverbände eine echte Verschärfung der Dopingkontrollen, so daß die internationalen Verbände mit ihren wenig zielstrebigen Maßnahmen in dieser Richtung durchaus die Interessenlage des Gros ihrer Mitglieder repräsentieren. Aus Verbandssicht ist zu bedenken, daß Dopingkontrollen zunächst einmal zu einer Selbstdiffamierung führen. Je effektiver die Kontrollen durchgeführt werden, desto mehr Dopingsünder werden in der Anfangszeit ertappt werden. Damit wird also schlagartig das ganze Ausmaß der herrschenden Devianz sichtbar. Die Verbände müßten insbesondere befürchten, daß der sich so ergebende negative Eindruck dann Eltern und Sportlehrer auf lange Sicht davor zurückschrecken ließe, Kinder und Jugendliche in den Leistungssport zu schicken. Zudem sind die Arten der erforderlichen Dopingkontrollen nicht gerade etwas, was Eltern gerne mit ihren Kindern machen lassen. Gynäkologische Untersuchungen oder Bluttests bei Kindern, Jugendlichen und jungen Erwachsenen sind nicht dazu angetan, das unterstützende Familienmilieu bei der Stange zu halten. Daraus kann auf Verbandsseite durchaus das Interesse erwachsen, eine entlarvende Aufdeckung von Dopingvergehen zu vermeiden. Die Strategie einiger Fachverbände, Dopingkontrollen zwar durchzuführen, sie aber so sporadisch und einschätzbar vorzunehmen, daß jeder dopingwillige Sportler oder Verein sich darauf einstellen kann, wäre hier einzuordnen.

Die ambivalente Motivlage der nationalen Sportverbände, sich in ihrem Handeln nicht eindeutig gegen Doping wenden zu können, um die internationale Konkurrenzfähigkeit der eigenen Athleten nicht zu unterminieren, hat zu dem Appell geführt, den Verbänden die Verantwortung für die Dopingkontrollen zu entziehen. Denn bei der Selbstkontrolle der Verbände ist, wie viele Fälle zeigen, mit einer Gefälligkeitsjurisprudenz zu rechnen. So forderte beispielsweise Harald Schmid, Dopingkritiker und Mitglied der Dopingkommission des DLV:»Man kann nicht wie bisher Kontrolleure und diejenigen, die für Leistung zuständig sind, unter einem Dach haben. Wir brauchen eine staatliche Institution, die unabhängig und unbestechlich ist.« (Der Spiegel vom 1.7.1991) Ähnlich der amerikanische Sportmediziner Voy (1991: 101):»Allowing national governing bodies, international federations, and national Olympic Committees such as the United States Olympic Committee to govern the testing process to ensure fair play in sport is terribly ineffective. In a sense it is like having the fox guard the henhouse.«[29] Ein Entzug der Dopingkontrollen käme den Verbänden allerdings so oder so nicht gelegen. Sofern sie heimlich doch am Weiterdopen ihrer Athleten interessiert sein sollten, müssen sie bemüht sein, die Kontrollen weiterhin in der Hand zu behalten, um sie entsprechend lax durchführen zu können. Aber auch wenn die Verbände tatsächlich das Doping bekämpfen wollen, bedeutete die Abtretung der Kontrollbefugnisse beinahe ein öffentliches Eingeständnis, diese Befugnisse nicht selbst ausüben zu können oder gar zu wollen, verbunden mit einer erhöhten Abhängigkeit von staatlichen Akteuren.

Ob umgekehrt staatliche Instanzen auch gegen den Widerstand der Sportverbände die Dopingkontrollen an sich ziehen können, dürfte rechtlich durchaus problematisch sein. Viele Dopingpraktiken verstoßen nicht gegen geltendes Recht und sind daher von staatlicher Seite gar nicht sanktionierbar. Vielerorts müßte also erst einmal das Recht geändert werden. Zudem ist auch die Interessenlage des Staates in dieser Hinsicht mindestens ambivalent. Warum sollen sich staatliche Akteure mit einem Problem belasten, dessen Lösung sehr aufwendig ist, so daß man sich viel Ärger einhandeln kann, ohne womöglich auf längere Sicht größere Erfolge verbuchen zu können? Entsprechend einer »politics of blame avoidance« (Weaver 1986) müßten die staatlichen Akteure froh sein, daß dieser Kelch an ihnen vorübergeht – erst recht dann, wenn sie an nur durch Doping erreichbaren Erfolgen der Athleten des eigenen Landes interessiert sind. Aus all dem ergibt sich, daß eine staatliche Durchführung der Dopingkontrollen zwar vielleicht wünschenswert, aber eher unwahrscheinlich ist, zumal dadurch die Autonomie des organisierten Sports an einer zentralen Stelle angegriffen würde.

Bei einer Intensivierung von Dopingkontrollen ist schließlich noch in Rechnung zu stellen, daß sie sowohl in quantitativer als auch in qualitativer Hinsicht den perversen Nebeneffekt einer Stimulierung des Dopings haben könnten. Letzteres sprechen etwa Sehling u.a. (1989: 136) an: »Nicht unbegründet ist die Vermutung, daß die Kontrollen vor allem die Entwicklung nicht nachweisbarer Mittel, Methoden und Einnahmestrategien fördern.« Je engmaschiger das Kontrollnetz geknüpft wird, desto findiger müssen diejenigen werden, die dennoch am Doping festhalten wollen. Dieser für jede Art rechtlicher Regelung geltende Tatbestand ist als Kostenfaktor dem Nutzen einer Kontrollintensivierung gegenüberzustellen, wobei nicht automatisch der Nutzen überwiegen muß. Der ehemalige Hammerwerfer Edwin Klein (Der Spiegel vom 2.3.1992) behauptet z.B.: »Es gibt genug Mittel, die kein Labor der Welt entdecken kann. [...] Sind Dopingtests also eine Farce? Für die Großverdiener im Sport, die sich auch die teuren, nicht nachweisbaren Präparate leisten können, allemal.« Eine Kontrollintensivierung könnte also darauf hinauslaufen, daß die zuvor durch weitverbreitetes Doping noch halbwegs gewährleistete Chancengleichheit der Athleten massiv reduziert wird. Zudem sind die nicht nachweisbaren Mittel, auf die Athleten bei intensiveren Kontrollen zurückgreifen müssen, womöglich viel gesundheitsschädlicher als die bis dahin gebräuchlichen. Man könnte also das Übel, das man aus der Welt schaffen will, in bestimmten Hinsichten sogar noch verschlimmern.[30]

In quantitativer Hinsicht besteht die dopingstimulierende Wirkung von verschärften Dopingkontrollen eventuell darin, daß eine Kontrollausweitung den Sportlern immer auch signalisiert: Viele andere dopen sich weiterhin – sonst bedürfte es dieser zunehmenden Kontrollaktivitäten nicht, die einen großen Aufwand bedeuten. Wenn ein Sportler aber diesen Schluß aus der Kontrollausweitung zieht, muß er sich zugleich selbst sagen, daß auch er dann nach weiteren Dopingmöglichkeiten zu suchen hat. Der Abschreckungseffekt der Kontrollen geht untrennbar mit ihrem Aufforderungseffekt einher. Zwar gilt für die Intensivierung von Kontrollen bei jeder Art von rechtlichen Regelungen, daß der Abschrek-kungseffekt zugleich die »Präventivwirkung des Nichtwissens« (Popitz 1968) über die Häufigkeit der Regelverstöße der anderen aufhebt. Wenn etwa auf einer bestimmten Straße verstärkt Geschwindigkeitskontrollen stattfinden, weiß jeder Autofahrer, daß hier offensichtlich sehr viele dazu neigen, zu schnell zu fahren. Doch im Unterschied zur Situation des Leistungssportlers befindet sich der Autofahrer nicht in einer Konkur-renzsituation mit den anderen Verkehrsteilnehmern. Sie tragen kein Rennen aus. Deshalb wird für die Autofahrer der Abschreckungseffekt zwar von einem Aufklärungseffekt begleitet. Dieser trägt jedoch keine Aufforderung in sich, trotz und wegen der Abschreckung nach Möglich-keiten zu suchen, weiterhin schneller als erlaubt zu fahren. Eine derartige Aufforderung transportiert aber jeder Abschreckungseffekt immer dann mit, wenn seine Adressaten in starker Konkurrenz zueinander stehen – was für die Leistungssportler zweifellos gilt. Dabei wird der Aufforde-rungseffekt um so größer sein, je geringer der Abschreckungseffekt ist: je weniger also die Athleten davon überzeugt sind, daß die Kontrollausweitung das Doping eindämmen kann. Die geschilderten Faktoren – logisti-sche Kontrollschwierigkeiten, hoher Finanzaufwand, verbandliches Desin-teresse an Kontrollen – sind von den Sportlern genau so wahrzunehmen. Diese müssen sich vor Augen halten, daß sich der Abschreckungseffekt der Kontrollen in Grenzen hält, und sie werden als rationale Akteure ihr Handeln entsprechend ausrichten.

Eine Intensivierung der Dopingkontrollen ist demnach insgesamt als Strategie der Dopingbekämpfung eher skeptisch einzuschätzen. Auf der einen Seite ist stark zu bezweifeln, ob die Kontrollintensivierung auf-grund des logistischen und finanziellen Aufwands sowie des heimlichen Desinteresses vieler Verbände daran überhaupt in einem den Namen verdienenden Maße realisierbar ist. Wenn eine große Kontrolleffektivität aber doch möglich wäre, müßten auf der anderen Seite erhebliche do-pingstimulierende Nebeneffekte einkalkuliert werden, die die Erfolge bei der Dopingbekämpfung sogar übersteigen könnten.

Vereinzelt kam immer wieder der Vorschlag auf, mit der Kontrollin-tensivierung nicht bei den Athleten, sondern bei den betreuenden Ärzten und auch Apothekern anzusetzen. Wenn dopingwillige Mediziner und Apotheker durch wirksame Kontrollen und drastische Strafen davon abgehalten werden könnten, den Athleten bei ihrer Devianz zu helfen, würden die Sportler gleichsam von ihrer Beratungs- und Nachschubbasis abgeschnitten.[31] Schon jetzt ist eine ärztliche Beihilfe zum Doping rechtlich unzulässig (Linck 1993). Sie verstößt, je nachdem, gegen die ärztlichen Berufsordnungen, gegen das Betäubungsmittel- und Arzneimittelgesetz oder gegen das Krankenversicherungsgesetz und kann ein Tötungsdelikt oder eine vorsätzliche oder fahrlässige Körperverletzung bedeuten. All dies gilt auch dann, wenn der Sportler ausdrücklich seine Einwilligung zum Doping gegeben hat. Sanktionsmöglichkeiten sind also durchaus vorhanden. Das kaum lösbare Problem besteht jedoch darin, wie man dopingwillige Ärzte kontrollieren kann. Die beiden wichtigsten Kontrollmechanismen, die sonst im Arzt-Patient-Verhältnis wirken, fallen hier weitgehend aus.

Zum einen ist nicht davon auszugehen, daß die Athleten dem Arzt Dopingmaßnahmen untersagen, selbst wenn diese gesundheitsgefährdend wären. Patienten würden sich normalerweise zur Wehr setzen, wenn ein Arzt sie nicht heilt, sondern krank macht. Athleten wollen aber auch um den Preis von Gesundheitsrisiken gedopt werden, um sportliche Erfolge erringen zu können. Sie werden daher den Arzt dazu drängen, den medizinischen Code »gesund/krank« zugunsten des sportlichen Siegescodes hintanzustellen. Zum anderen kann man bei dopingwilligen Sportmedizinern nicht darauf vertrauen, daß sie von selbst den medizinischen Code gemäß ihrer professionellen Ethik beachten werden. Diese Ärztegruppe hat sich sowohl sozialstrukturell als auch in ihrem professionellen Selbstverständnis aus der übrigen Ärzteschaft abgesondert. Differenzierungstheoretisch formuliert: Sie hat sich aus dem Gesundheitssystem heraus- und ins Sportsystem hineinbewegt. Nicht wenige sehen ihr ärztliches Handeln dann primär und kompromißlos dem Siegescode verpflichtet – zumal dann, wenn sie in der Ärzteschaft eher als Underdogs gelten und im Sportsystem attraktive Möglichkeiten der Einkommenserzielung und des Prestigegewinns geboten bekommen.[32] Eine Kontrolle der dopingwilligen Sportmediziner durch andere Ärzte schließlich erscheint ebenfalls wenig realistisch. Warum sollten Ärzte die undankbare Aufgabe auf sich nehmen, andere Ärzte – die die nötige Findigkeit besitzen, um ihre Dopingmaßnahmen zu kaschieren – zu überprüfen? Und wie sollte dies konkret geschehen? Auf beide Fragen gibt es bislang keine schlüssigen Antworten.

All dies summiert sich zu der von Digel (1994: 151f) geäußerten Einschätzung:»Die Einsicht, daß über das Kontrollieren und Bestrafen das Dopingproblem nicht zu lösen ist, wird zunehmend die Verbandsarbeit kennzeichnen, wobei tragfähige Perspektiven zur grundsätzlichen Lösung des Problems noch immer nicht in Sicht sind.« In einem gemeinsam mit dem ehemaligen Dopingbeauftragten des DLV, Rüdiger Nickel, verfaßten Beitrag führte Digel (1993: 51/52) diese Einschätzung noch weiter dahingehend aus, es werde »von allen ernsthaften Vertretern eines Anti-Doping-Kampfes darauf verwiesen, daß bei einem komplexen Problem, wie es das Dopingproblem ohne Zweifel ist, komplexe Maßnahmen erforderlich sind und die Dopingkontrollen nur ein – vermutlich auch unwesentlicher – Schritt sein können.« Die Frage ist freilich, woraus sich die angedeuteten»komplexen Maßnahmen« in diesem Fall zusammensetzen sollen. Die Diskussionen auf Verbandsebene deuten mit ihrem ständigen Hin und Her zwischen Pädagogisierung und Kontrollintensivierung auf eine nicht geringe Perspektivlosigkeit hin. Erfolgversprechende neue Initiativen sind nicht in Sicht. Angesichts dessen mutet die Redeweise von den»komplexen Maßnahmen« eher wie eine Floskel an, mit der die eigene Hilflosigkeit kaschiert werden soll.

Die rechtliche Verfolgung von Doping ist, wie wir gezeigt haben, ein schwieriges Unterfangen, das seit Jahrzehnten die sportinterne und -externe Gerichtsbarkeit beschäftigt. Der Versuch, Recht und Unrecht mit Hilfe einer enumerativen Dopingliste zu trennen, hat eine Dynamik hervorgerufen und auf Dauer gestellt, die die Verbände zu überfordern droht. Das Nichtkönnen wird zudem durch ein Nichtwollen angereichert. Wir werden im nächsten Kapitel genau zeigen, daß die Verbände als die korporativen Akteure des Sports selbst viele Gründe haben, Kontrollbemühungen zu unterlaufen und nicht ernsthaft zu betreiben.

Alles in allem: Dopingbekämpfung durch Recht ist bislang und wahrscheinlich bis auf weiteres symbolische Politik. Angesichts der aufgezeigten Bedingungen dienen derartige Bemühungen oftmals nicht wirklich der Kontrolle abweichenden Verhaltens, sondern sind eher ein Feigenblatt, mit dem die nach wie vor stattfindende Devianz bemäntelt wird.

9 Sportverbände in der Dopingfalle

Die seit mehreren Jahren nahezu tagtäglich durch die Massenmedien verbreiteten Dopingenthüllungen haben dem Nimbus des internationalen Hochleistungssports massiv geschadet. Nicht nur Athleten, Trainer und Sportärzte, sondern auch die Sportverbände als korporative Akteure und die Sportfunktionäre als deren Repräsentanten werden zunehmend mißtrauisch gemustert und geraten immer öfter unter Beschuß. Verbände und Funktionäre sehen sich zweierlei Arten von Vorwürfen ausgesetzt. Dopingkritiker, Sponsoren, staatliche Förderer und Journalisten werfen ihnen zunächst einmal Unfähigkeit bei der Dopingbekämpfung vor: die Wahl ungeeigneter Mittel, zu lasches Durchgreifen, Kurieren an Symptomen u.ä. Einige Beobachter gehen über diese Vorwürfe hinaus und verdächtigen die Sportverbände, daß sie an einer effektiven Dopingbekämpfung gar nicht interessiert seien, sondern im Gegenteil Doping zuließen sowie klammheimlich förderten und sogar forderten.

Daß diese weiterreichenden Vermutungen nicht völlig aus der Luft gegriffen sind, ist vor allem durch investigativen Journalismus, die hartnäckigen Bemühungen einiger Dopingkritiker und die Ergebnisse parlamentarischer Untersuchungsausschüsse fallweise plausibilisiert worden. Allerdings befleißigt sich die öffentliche Debatte gegenüber den Verbänden noch immer eines ungebrochenen Moralismus, den man gegenüber sich dopenden Athleten allmählich zu relativieren gelernt hat. Ihnen wird zunehmend zugestanden, daß sie nicht so sehr Täter als vielmehr Opfer seien. Die Sportler werden, wie die Öffentlichkeit einzusehen beginnt, in starkem Maß durch strukturelle Zwänge ihrer Biographie sowie durch die Verlockungen ihres inner- und außersportlichen Umfeldes ins Doping hineingetrieben, weshalb man ihnen nicht mehr ohne weiteres die alleinige Schuld an ihren Verfehlungen zusprechen kann. Den im Anschluß an die Athleten ins Visier genommenen Verbänden werden demgegenüber bislang noch keine ähnlichen mildernden Umstände zugebilligt. Die Verbandsfunktionäre gelten normalerweise oftmals als die eigentlichen »Bösewichte« der Dopingszene. Aber wäre ihnen gegenüber eine ähnlich verständnisvolle Haltung wie gegenüber den Sportlern nicht mindestens ebenso angebracht?

In unserer Analyse werden wir die Lage der Sportverbände und ihrer Funktionäre in der Dopingproblematik aus soziologischer Perspektive zu erhellen versuchen. Eine solche wissenschaftliche Durchleuchtung sollte vor jeder moralischen Bewertung stehen, um realitätsferne Verdikte und Appelle zu vermeiden. Wer – wie auch wir – gegen Doping ist, muß sich zunächst einmal vergegenwärtigen, warum es offenbar immer mehr um sich greift und welche Akteure dabei auf welche Weise involviert sind. Wir gehen hier der Vermutung nach, daß Doping die Verbände in ein tiefes Handlungsdilemma stürzt, aus dem es keine einfachen Auswege gibt. Es ist eben nicht richtig, daß nur eine gehörige Portion moralischer Willensstärke nötig wäre, um einen »sauberen« Spitzensport wiederherzustellen. Weder eine Läuterung der im Amt befindlichen Funktionäre noch deren Austausch durch unbeugsame neue Amtsträger könnten Entscheidendes ändern. Doping ist zwar auf der Verbandsebene wie auf der Ebene der Athleten auch ein moralisches Problem; aber seine Wurzeln sind in sozialen Konstellationen zu suchen, die nicht so einfach durch »gute Menschen« aus der Welt geschafft werden können.

Ein erster Untersuchungsschritt soll aufzeigen, daß die Sportverbände als korporative Akteure durch ihre gesellschaftliche Position – wirtschaftliche und politische Bezugsgruppen, die Massenmedien und das Sportpublikum – in eine »Double bind«-Situation verstrickt, d.h. mit unauflösbar widersprüchlichen Erwartungen konfrontiert werden. Daran anschließend fragen wir im zweiten Schritt, welche situationsadäquaten Reaktionsmuster gegenüber Doping die Verbände angesichts dieser Beziehungsfalle, in der sie sitzen, überhaupt haben. Ein sehr geläufiges Muster läßt sich analytisch als organisatorische Entkopplung von Reden und Tun charakterisieren. Dem entsprechen viele für Moralisten empörende Praktiken der Verbände.

Man kann unsere Argumentation bis zu diesem Punkt durchaus als ein Bemühen begreifen, Verständnis für die äußerst schwierige Lage der Verbände zu wecken. Aber auch wenn sie durch eine soziologische Erklärung ihres Umgangs mit der Dopingproblematik ganz erheblich von moralischer Schuld entlastet werden, wird Doping dadurch natürlich noch nicht zu etwas, was man dann ohne weiteres gutheißen oder auch nur zähneknirschend akzeptieren müßte. Welche entlastenden oder verständnisvollen Argumente auch immer ins Feld geführt werden – Doping verstößt gegen die Sportmoral. Und es ist nur recht und billig, die Verbände in ihrer moralischen Selbstfestlegung beim Wort zu nehmen. Wir werden deshalb – allerdings erst im folgenden Kapitel – auch den Impetus der Dopingkritiker durchaus aufgreifen und in einem dritten Schritt fragen, wie die Suche nach erfolgversprechenden Lösungen des Dopingproblems angesichts der vorliegenden Analyse gestaltet werden sollte. Um es schon hier zu sagen: Wir haben ebensowenig wie irgend jemand sonst ein fertiges Rezept gegen Doping, das nur noch umgesetzt werden müßte, und sind uns sogar keineswegs sicher, ob überhaupt praktikable Problemlösungen existieren. Aber wir können aus unseren Überlegungen zumindest einige Lehren ziehen, wie solche Lösungen möglicherweise gefunden werden könnten.

Betont werden muß, daß die Ausführungen dieses Kapitels einen strikt modelltheoretischen Charakter haben. Es geht, auch wenn manchmal Illustrationen zur Plausibilisierung unserer Aussagen herangezogen werden, nicht um konkrete Phänomene in bestimmten Fachverbänden. Der Nutzen soziologischer Erkenntnisse besteht ja gerade darin, von Einzelfällen zu abstrahieren und generelle Muster herauszuarbeiten. Dies kann auf verschiedenen Abstraktionsniveaus geschehen. Wir haben ein sehr hohes gewählt und gehen z.B. über wichtige institutionelle Varianzen zwischen Sportverbänden oder Nationen hinweg. Uns erscheint es als zweckmäßig, zunächst ein abstraktes, übergreifendes Muster zu formulieren, bevor dann – theoretisch gestützt – auf vielfältige empirische Unterschiede eingegangen werden kann.

Weiterhin ist zu beachten, daß die Akteurkonzepte der Soziologie stets analytische Fiktionen darstellen, die in Reinkultur konkret nie vorkommen. Solche Konzepte dienen dazu, die sozialen Möglichkeitsräume für Handlungswahlen zu bestimmen. Wenn man, wie wir es tun, danach fragt, wie eine situationsadäquate Reaktion der Verbände auf ihr Dilemma aussieht, unterstellt man ihnen damit nicht umstandslos, daß sie jederzeit vollständig rational agieren. Aber da sich die Verbände in der Dopingproblematik in einer »Hochkostensituation« befinden, also wissen, daß sehr viel für sie auf dem Spiel steht, ist davon auszugehen, daß sie sich jedenfalls um Situationsadäquanz bemühen, sich insofern also unserer analytischen Fiktion zumindest annähern (Zintl 1989).

9.1 Zwickmühle der Verbände

Daß entdecktes Doping ihrer Athleten für die Sportverbände Organisationsstreß bedeutet, ist wohl unstrittig. Sie sehen die von ihnen vertretenen Sportarten und damit auch sich selbst als deren organisatorische Repräsentanten einer tiefgreifenden Delegitimierung ausgesetzt (siehe Kapitel 7). Immer neue Dopingskandale haben dem Leistungssport insgesamt einen schlechten Ruf verschafft, mit dem es sich weder für die Sportler noch für die Verbände dauerhaft leben läßt. Denn wenn sich dem Publikum erst einmal die Assoziation »Spitzensport = Spritzensport« eingeprägt hat, besteht die Gefahr, daß es sich von einem derartigen betrügerischen und menschenverachtenden Treiben angewidert abwendet. Und ohne Publikumsinteresse ist der Spitzensport weder für die Massenmedien noch für die wirtschaftlichen Sponsoren und politischen Förderer von Interesse. Für diese drei Arten relevanter Umweltakteure ist schließlich nicht der Hochleistungssport als solcher, sondern lediglich die beim Publikumsinteresse für sie abfallende Begleitaufmerksamkeit in Form von Einschaltquoten, Auflagenhöhen, Werbewirksamkeit, Publicity etc. von Belang. Von diesen Akteuren sowie vom zahlenden Publikum in den Stadien stammen aber die Ressourcen, die der Spitzensport für seine Bestandserhaltung und sein weiteres Wachstum benötigt. Damit trifft die Legitimationskrise, in die die Dopingproblematik führen kann, den Lebensnerv des Leistungssports und seiner Verbände.

Diese Position der Sportverbände gegenüber dem Publikum,[33] den wirtschaftlichen und politischen Förderern sowie den Massenmedien auf der einen, den eigenen Athleten, Trainern und Betreuern auf der anderen Seite läßt sich mit Hilfe eines theoretischen Konzepts aus der institutionellen Ökonomie als mehrstufige »Principal-agent«-Konstellation begreifen.[34]

Dieses Konzept bezieht sich auf soziale Beziehungen, in denen ein bestimmter Akteur – der Agent – für einen anderen – den Prinzipal – spezifische Leistungen erbringt. So besehen sind die Sportverbände hinsichtlich des Dopingproblems in der einen Richtung Agenten, die ihren genannten Bezugsgruppen in der gesellschaftlichen Umwelt einen »sauberen« Spitzensport sicherstellen sollen. In der anderen Richtung haben die Verbände als Prinzipale daher gegenüber den Sportlern als ihren Agenten dafür zu sorgen, daß diese ihre sportlichen Leistungen dopingfrei erbringen. Die Verbände befinden sich in einer ähnlichen Lage wie mittlere Vorgesetzte in einer organisatorischen Hierarchie: Sie müssen, um »nach oben« die Zuverlässigkeit der Leistungserbringung ihrer Untergebenen garantieren zu können, »nach unten« entsprechende Maßnahmen ergreifen.

Sollten sich die Verbände angesichts dessen nicht mit allen verfügbaren Kräften darum bemühen, wirksam gegen Doping vorzugehen? »Sauberkeit« ist schließlich zunächst, wie schon erwähnt, ein Anspruch des Sports an sich selbst, an dem er daraufhin von außen gemessen wird. Sie ist ein funktionales Erfordernis, wenn Wettkampfsituationen – unter dem Postulat der formalen Gleichheit und Ergebnisoffenheit laufend – überhaupt Sinn machen sollen.[35] »Sauberkeit« ist deshalb auch ein unentbehrlicher Bestandteil der Sportmoral, die selbst wiederum angesichts der prinzipiellen Amoralität des Siegescodes von eminenter Bedeutung ist.[36] »Sauberkeit« soll sicherstellen, daß die Differenz zwischen Siegen und Verlieren nach sportlichen Kriterien festgelegt wird und nicht beispielsweise von biochemischen Interventionen abhängt.

Abbildung 7: Principal-agent-Beziehungen

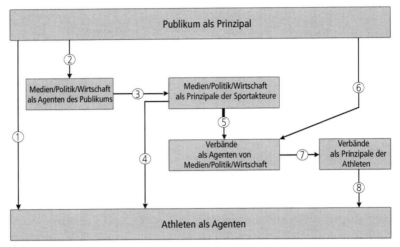

Erklärung des Schaubildes: Das Publikum als Prinzipal steht den Athleten als seinen Agenten gegenüber. Es bringt seine Leistungserwartungen teilweise direkt zum Ausdruck – z.B. durch Applaus oder Pfiffe im Stadion (Beziehung 1) – oder exekutiert seinen Einfluß auf die Sportler auf indirektem Wege. So richten Medien, Politik und Wirtschaft ihre Unterstützung des Spitzensports maßgeblich daran aus, wie dieser Publikumsaufmerksamkeit findet und dadurch für ihre Interessen nutzbar ist. Diese Umweltinstanzen sind demnach Agenten des Publikums (Beziehung 2). Sie werden dadurch gleichzeitig zu intermediären Prinzipalen der Sportakteure (Beziehung 3). Diese Position nehmen sie teilweise gegenüber den Athleten ein – beispielsweise durch direkte Sponsorenbeziehungen zwischen einem Unternehmen und einem Sportler (Beziehung 4). Oder die medialen, wirtschaftlichen und politischen Bezugsgruppen wirken als Prinzipale auf die Sportverbände ein (Beziehung 5), indem sie vor allem knappe Ressourcen, wie etwa bewilligte oder verweigerte Gelder von seiten des zuständigen Ministeriums, zuteilen oder entziehen. Zugleich unterliegen die Verbände auch noch einem direkten Einfluß des Publikums, der sich in Aufmerksamkeitszuwendung und öffentlichem Ansehen manifestiert (Beziehung 6). Beide Arten von Umwelteinflüssen machen die Verbände zu Agenten dieser übergeordneten Instanzen – mit der Konsequenz, daß sie gegenüber den Sportlern als intermediäre Prinzipale auftreten müssen (Beziehung 7). In dieser Doppelfunktion geben die Sportverbände neben sportinternen Leistungserwartungen weiterhin diejenigen Erfolgserwartungen weiter, die von Medien, Politik und Wirtschaft und letztlich dem Publikum an sie adressiert werden (Beziehung 8).

Müßte also nicht die Dopingbekämpfung im ureigenen Interesse der Verbände liegen – von sportethischen Beweggründen ganz zu schweigen? Diese Frage unterstellt, daß die Beseitigung von Doping das unzweideutig beherrschende Problem des Spitzensports darstellt und die Wiedergewinnung von »Sauberkeit« als absolut vorrangiges Verbandsziel gelten kann. Aber der Spitzensport hat natürlich immer noch ein weiteres potentielles Problem im Blick zu behalten, das ebenso legitimationskritisch und damit auch ressourcenrelevant ist wie Doping: die sportliche Erfolglosigkeit. Das Publikum, von dessen Interesse die Ressourcenzufuhr letztlich allein abhängt, will schließlich beides: »saubere« und zugleich erfolgreiche Sportler.

Im einzelnen manifestiert sich diese Erfolgsabhängigkeit der Sportverbände in drei Dimensionen. Erstens müssen die eigenen Athleten gegenüber anderen Athleten der gleichen Sportart international erfolgreich sein. Zweitens müssen diese Erfolge so groß ausfallen, daß man sich in der nationalen Konkurrenz um Aufmerksamkeit und Fördergelder gegenüber anderen Sportarten zu behaupten vermag. Drittens schließlich müssen die sportlichen Erfolge eines Verbandes immer auch dazu beitragen, daß der Sport insgesamt weiterhin sein Publikum bei der Stange hält und sich dieses nicht statt dessen anderen Arten der Unterhaltung und Freizeitgestaltung zuwendet.

Das Publikum als Prinzipal

Die geschilderte Doppelerwartung des Publikums impliziert zunächst einmal keinen logischen Widerspruch. »Sauberkeit« ist nicht schon per se erfolgsverhindernd, wie auch heute noch immer wieder einzelne Athleten – soweit man weiß! – demonstrieren. Obwohl also »Sauberkeit« den Erfolg nicht logisch ausschließt, ist sie doch mittlerweile ein gewichtiges bio-soziales Erfolgshemmnis. Denn der schrankenlose Siegescode des Sportsystems überfordert die begrenzte körperliche Leistungsfähigkeit der Athleten mehr und mehr, ohne daß es irgendeine Bremsvorrichtung gäbe. Zwar hat es der Spitzensport durch zunehmende Rationalisierung und Verwissenschaftlichung der Leistungserbringung vermocht, die Grenzen der körperlichen Leistungsfähigkeit immer weiter hinauszuschieben. Aber diese Maßnahmen haben die Kluft zwischen Siegescode und Körpervermögen gerade nicht kleiner werden lassen oder gar geschlossen, sondern nur dazu geführt, daß die Ansprüche mitgewachsen sind. In Verbindung mit den durch die Massenmedien entfesselten Erwartungen an die Sportler hat eine Anspruchsinflation stattgefunden, deren Ende nicht abzusehen ist. Immer häufigere Wettkämpfe, bei denen ein immer höheres Leistungsniveau herrscht und der eigene Erfolg immer wichtiger wird, werden den Athletenkörpern zugemutet; und das schafft ohne – um die verharmlosende interne Sprache des Spitzensports der ehemaligen DDR zu wählen – »unterstützende Maßnahmen« nur noch ein Ausnahmeathlet. Hinzu kommt, daß selbst Athleten, die von sich aus »sauber« bleiben wollen, durch das tatsächliche oder vermutete Doping anderer in eine Dopingfalle getrieben werden.

Die sportbegeisterten *Zuschauer* könnten angesichts dessen meinen, sie hätten mit all dem nichts zu tun und würden vielmehr systematisch betrogen. Weit gefehlt: Selbst die erklärten Dopinggegner unter ihnen sind allein durch ihr Interesse am Sport entscheidend mit im Spiel, auch wenn sie dies nur allzugern vor sich selbst verheimlichen. Es sind die Sportzuschauer, von denen die gerade erläuterten widersprüchlichen Erwartungen an die Athleten und Verbände ausgehen. Bei aller gelegentlichen Sympathie für unglückliche Verlierer wollen die Zuschauer auf Dauer Erfolge ihrer Athleten sehen. Souffliert wird dem Publikum dabei von entsprechend gehaltenen Kommentaren der Sportreporter und Sportpolitiker, daß knappe Fördergelder nicht in den Sand gesetzt werden dürfen und kein »Sporttourismus« subventioniert werden solle.

Warum aber beharrt das Publikum, dem die Dopingpraktiken im Laufe der Zeit nicht völlig verborgen bleiben, angesichts der »Totalisierung« (Heinilä 1982) auf einem »sauberen« Spitzensport? Warum verzichtet es nicht »realistisch« auf die eine Hälfte der Doppelerwartung und begnügt sich mit Erfolgen – wie auch immer diese erzielt werden? Die vereinzelten Verfechter einer rigorosen Dopingfreigabe wie etwa der ehemalige Präsident des Deutschen Schwimm-Verbandes, Harm Beyer, gehen davon aus, daß genau dies ohnehin die wahre Haltung des Sportpublikums treffe. Auf die Interviewfrage, ob das Publikum »solche geklonten Athleten sehen will«, antwortete er: »In dem Moment, wo die Veranstaltung abläuft, interessiert dies den Zuschauer überhaupt nicht. Ihn interessiert nur der Gewinner.« (KSA vom 30.5.1992) Wäre dem so, dann könnten sich die Sportverbände des Dopingproblems durch eine Freigabe leicht entledigen. Aber ist die Erwartungshaltung des Publikums so einfach strukturiert, wie Beyer unterstellt? Mindestens die folgenden fünf allesamt gewichtigen Beweggründe (vgl. Kapitel 7.2) lassen es daran festhalten, auch weiterhin einen sowohl »sauberen« als auch erfolgreichen Hochleistungssport zu verlangen:

(1) Sport ist für viele Zuschauer immer auch eine moralische Gegenwelt zur Restgesellschaft. Das Sportinteresse lebt davon, daß das Wettkampfgeschehen ein gesellschaftliches »Time-out«-Erlebnis ist: ein Refugium, wo ehrlich erbrachte Leistung ihren gerechten Lohn findet. Das Arbeitsethos der Moderne wird auf die Spitzensportler in einer idealisierten Weise projiziert, wie kein Zuschauer es sich selbst jemals abverlangen würde. Wenn Spitzensportler ihr Doping gelegentlich damit rechtfertigen, daß z.B. auch in der Arbeitswelt ein massiver Konsum von Aufputschmitteln u. ä. stattfinde, haben sie zwar von ihrer Warte aus ganz recht. Aber die Athleten verkennen damit, daß das Publikum von ihnen mehr erwartet als von sich selbst. Insoweit also das Publikum dieses spezifische Moralbedürfnis ausleben will, muß es gegen Doping sein.

(2) Dieser allgemeine Zusammenhang manifestiert sich noch in

besonderer Weise in der zeitgenössischen Verehrung von Sporthelden. Der sportliche Held – zu dem jeder Spitzensportler prinzipiell jederzeit werden kann – führt vor, daß individueller Einsatz den entscheidenden Unterschied zwischen Sieg und Niederlage ausmacht. Das widerlegt punktuell all die kafkaesken Erfahrungen, die die Zuschauer tagtäglich selbst mit den scheinbar unbeeinflußbaren, verdinglichten gesellschaftlichen Groß-Subjekten machen – ob das nun die industrielle Arbeitsorganisation, die bürokratische Verwaltung, die Massendemokratie oder die Technokratie mit all ihren Sachzwängen ist. Aber ein gedopter Held verliert seinen außeralltäglichen Nimbus, weil er wie eine Marionette an anderswo – nämlich in den Dopinglabors – geführten Fäden hängt.

(3) Das Publikumsinteresse nährt sich weiterhin oft auch aus einem Interesse an immer neuen Überbietungen bisher erbrachter sportlicher Höchstleistungen. In den ZGS-Sportarten ist dies in metrischen Größen faßbar. In anderen Disziplinen, z.B. den Mannschaftsspielen, läßt sich immerhin messen und übertreffen, wie oft eine Meisterschaft oder ein Pokal errungen worden ist. In diesen Überbietungsansprüchen, die das Publikum an die Sportler richtet, spiegelt sich noch eine ungebrochene gesellschaftliche Fortschrittsgläubigkeit und -sehnsucht wider. Auch diesbezüglich ist der Spitzensport ein Refugium typisch moderner Machbarkeitsphantasien. Wenn schon überall sonst die Grenzen und Kehrseiten des Fortschritts augenfällig werden, will man doch wenigstens bei sportlichen Leistungen erleben, daß es immer noch eine Verbesserung des Status quo geben kann – und zwar nicht durch »faule Tricks«, sondern durch »ehrliche Arbeit«.

(4) Zudem hat sich das Publikumsinteresse an sportlichen Wettkämpfen bislang als unersättlich erwiesen. Gerade mit der Angebotsüberflutung durch die Massenmedien hat das Bedürfnis, tagtäglich durch das Fernsehen spannende Wettkämpfe frei Haus geliefert zu bekommen, sprunghaft zugenommen. Deshalb mußte die Wettkampfhäufigkeit steigen, was wiederum die Überforderung der Athletenkörper verschärfte. Hiervon geht ebenso wie von dem Begehren des Publikums nach Leistungssteigerungen ein starker Dopingdruck auf die Athleten aus – dem diese aber eben nicht nachgeben sollen.

(5) Schließlich ist das Publikumsinteresse am Sport immer auch ein Interesse am Konkreten, unmittelbar Wahrnehmbaren – wiederum eine Gegenwelt zu der ansonsten fast überall gemachten Erfahrung der »abstract society« (Zijderveld 1970). Jedermann auf der Tribüne oder vor dem Bildschirm will direkt sehen können, wer in einem Wettkampf Sieger ist. Auch das wird durch Doping hintertrieben. Wenn beispielsweise Medikamente heimlich in den Tiefen des Körpers wirken können, sind entscheidende Erfolgsparameter nicht mehr unmittelbar durch einfaches Hinschauen zu erkennen. Vielmehr müssen erst zeitaufwendige nachträgliche Labortests ausschließen, daß »unsaubere« Mittel zum Sieg verholfen haben. Das unmittelbare Wettkampferleben wird entscheidend

entwertet, wenn die Zuschauer erst nach Tagen aus der Zeitung erfahren, daß derjenige, den sie als Sieger gesehen haben, es auch tatsächlich gewesen ist oder nachträglich ein vermeintlicher Verlierer zum wahren Sieger gekürt wurde. All dies sind konstitutive Momente des Sporterlebens in der modernen Gesellschaft. Das Publikum dürfte sich nur schwer von ihnen abbringen lassen und verlangt damit das kaum noch Mögliche. Es will trotz der zunehmenden Kluft zwischen grenzenlosem Siegescode und überfordertem Athletenkörper »saubere« sportliche Erfolge sehen. Zusätzlich bestärkt worden ist das Publikum in dieser Haltung durch die Athleten und Verbände, die es jahrzehntelang in dem Glauben gehalten haben, daß eine immer weiter getriebene sportliche Leistungssteigerung auch ohne Doping noch möglich sei. Ungedopt erfolgreich zu sein: Genau dies ist die immer widersprüchlicher werdende Doppelerwartung, an die sich die Sportler durch verborgenes Doping anzupassen haben. Das entspricht ganz dem, was die »Principal-agent«-Perspektive nahelegt. Blendet man für einen Moment die Verbände aus und sieht das Publikum als obersten Prinzipal der Athleten, dann ist theoretisch zu erwarten, daß diese versuchen werden, sich ihre Leistungsverpflichtungen als Agenten durch »shirking«, also durch einen Betrug bei der Leistungserbringung, möglichst einfach zu machen. Je unerfüllbarere Leistungen ein Prinzipal seinem Agenten abverlangt, desto mehr werden diese zu betrügerischen Mitteln greifen, um die Gratifikationen für ihre Leistungserbringung weiterhin zu erhalten.

Entscheidend ist nun, daß das Publikum, wenn es gewissermaßen einen Schritt hinter sich träte und sich aus dieser Distanz selbst beobachtete, zu folgendem Schluß kommen müßte: »Da wir einerseits Erfolge wollen, müssen wir auch Doping wollen. Aber da wir andererseits kein Doping wollen, dürfen wir vom tatsächlich stattfindenden Doping wenigstens nichts wissen wollen.« Anders ausgedrückt: Das Publikum will betrogen werden. Die explizite Aufforderung, betrogen zu werden, ist allerdings paradox und unerfüllbar. Denn wer anweist, daß man ihn betrüge, weiß eben, daß er betrogen werden soll, und kann genau deshalb nicht betrogen werden. Als implizite und so vor sich selbst zu verheimlichende Haltung ist ein derartiger Selbstbetrug jedoch sehr wohl realisierbar.[37] Erstens braucht jemand lediglich immer dann wegzuschauen, wenn die Möglichkeit besteht, daß er das sehen könnte, was er nicht sehen will. Er kann zweitens denen, die ihn auf das hinweisen, was er nicht sehen will, signalisieren, daß eine Aufklärung dieser Art unerwünscht sei. Und er kann drittens zugleich damit auch deutlich machen, daß er auf dieses Verhaltensmuster insgesamt nicht aufmerksam gemacht werden wolle. Wer so wegschaut, nicht zum Hinschauen und auch nicht zum Hinschauen auf sein Wegschauen bewegt wird, kann sich sehr wohl mit Unterstützung durch eine ihn betrügende Umwelt dauerhaft selbst betrügen. Selbst wenn er es nicht völlig vermeiden kann, mit vereinzelten »Indizien« konfrontiert zu werden, kann er es immer noch vermeiden, sie miteinander in Zusammenhang zu bringen und daraus seine Schlüsse zu ziehen.

Viele Bürger im nationalsozialistischen Deutschland, die vom Holocaust nichts wissen wollten, illustrieren diesen Verdrängungsmechanismus ebenso wie ein Todkranker, der nicht mit seinem bevorstehenden Schicksal konfrontiert werden will. Ein solcher Selbstbetrug wird immer dann gesucht, wenn das eigene Wollen im unauflösbaren Widerspruch zum eigenen Können, wie bei dem Todkranken, oder zum eigenen Sollen, wie bei den Deutschen im Nationalsozialismus, steht.

Das Verhältnis des Sportpublikums zum Doping läßt sich in vergleichbarer Weise sehen. Doping gilt im Sportpublikum einerseits nach wie vor als moralisch verwerflich. Dies ist der normative Ausdruck der oben angeführten Beweggründe des Publikums, sich durch Doping nicht verderben lassen zu wollen, was es aus dem Sporterleben zieht. Aber andererseits trägt Doping, solange es unbemerkt geschieht, massiv zur Befriedigung eben dieser Publikumsmotive bei, weshalb die Zuschauer nicht mehr auf das heimliche Doping der Athleten verzichten können. Diese Angewiesenheit des Publikums darauf, sich betrügen zu lassen, übersehen rigorose Aufklärer wie Beyer, wenn sie mit Forderungen nach Dopingfreigabe ein Ende der Heuchelei anstreben. Sie verkennen die »social functions of ignorance« (Moore/Tumin 1949; Schneider 1962). Bestimmte Arten von Bedürfnisbefriedigung sind offensichtlich nur so lange möglich, wie man sich desillusionierenden Detailkenntnissen über ihr Zustandekommen verschließt. Auch beispielsweise die Freude an den Kunststücken von Zirkustieren will man sich nicht durch das Wissen über möglicherweise tierquälerische Dressur- und Unterbringungspraktiken nehmen lassen.

Das Sportpublikum kann somit sein Interesse, »saubere« und erfolgreiche sportliche Leistungen geboten zu bekommen, durch Selbstbetrug befriedigen. Für die anderen relevanten Umweltakteure des Spitzensports ist es dann nur rational, sich dem anzupassen. Da der Nutzen des Spitzensports für die Massenmedien, die wirtschaftlichen Sponsoren und die politischen Förderer direkt vom Ausmaß des Publikumsinteresses abhängt, ist deren Haltung zum Doping eindeutig vorgezeichnet. Keiner von ihnen hat ein genuines eigenes Interesse an der Eindämmung des Dopings. Im Gegenteil: Solange Doping heimlich geschieht und dies dem Selbstbetrug des Publikums dienlich ist, entspricht das ganz den Interessen von Medien, Wirtschaft und Politik am Hochleistungssport. Nur in dem Maße, wie Doping öffentlichkeitswirksam aufgedeckt wird, das Publikum nicht mehr darüber hinwegsehen kann und der Spitzensport sich so einen »schlechten Ruf« erwirbt, müssen sich auch diese Umweltakteure distanzieren und Doping moralisch verurteilen. In Erving Goffmans (1956) Theater-Analogie formuliert, stellen sich die Erwartungshaltungen des Sportpublikums und der anderen Umweltakteure somit wie folgt dar: Das Publikum will nur die »Vorderbühne« des Spitzensports sehen und nichts davon wissen, daß es überhaupt eine »Hinterbühne« gibt.[38] Infolgedessen wollen die Medien, die politischen Förderer und wirtschaftlichen Sponsoren, die allesamt die »Hinterbühne« sehr wohl kennen und teilweise selbst dort agieren, daß diese dem Publikum auch weiterhin verborgen bleibt. Sobald allerdings das Publikum durch Skandale, Selbstbezichtigungen und ähnliches einige Ausschnitte der »Hinterbühne« zu sehen bekommt, müssen diese Akteure abstreiten, jemals mit den dortigen Vorgängen zu tun gehabt oder auch nur davon gewußt zu haben.

Wir haben bereits an anderer Stelle (Kapitel 7.1) gezeigt, wie es dann überhaupt zu Dopingenthüllungen kommt. Entscheidend dafür ist ein Zusammenwirken von Moralisten innerhalb des Sportsystems, die Doping brandmarken wollen, den Dopingkontrolleuren, zu deren Aufgabe die Fahndung nach Dopingsündern gehört, und den Massenmedien, die in ihrem kurzfristigen Interesse an »newsworthiness« immer auch an Skandalen interessiert sind, selbst wenn die Attraktivität des Spitzensports als Thema dadurch langfristig gefährdet wird. Klar ist jedenfalls: Sobald das Publikum nicht länger in der Lage ist, über die Dopingaktivitäten auf der »Hinterbühne« des Spitzensports hinwegzusehen, wird die latente Widersprüchlichkeit der Doppelerwartung, einen sowohl »sauberen« als auch erfolgreichen Spitzensport geboten zu bekommen, zu einem manifesten Dilemma. In den Zeiten des unentdeckten heimlichen Dopings verlangte das Publikum den Athleten ab: »Seid ›sauber‹ und erfolgreich!« Jetzt hingegen, nachdem der einstmals »gute Ruf« des Spitzensports massiv zu Schaden gekommen ist, lautet die an die Verbände als korporative Akteure adressierte Forderung: »Sorgt dafür, daß eure Athleten wieder ›sauber‹ werden – aber dennoch erfolgreich bleiben!« Und in diesen Chor müssen auch Medien, Politik und Wirtschaft einstimmen.

Die Verbände als Agenten und Prinzipale

Um den so beschaffenen Organisationsstreß, dem die Sportverbände mittlerweile durch das Dopingproblem ausgesetzt sind, genauer zu charakterisieren, läßt sich das aus der therapeutischen Praxis stammende »Double bind«-Konzept heranziehen (Bateson et al. 1956: 276f). Der Therapeut Fritz B. Simon (1988: 146) bringt die Beschaffenheit einer »Double bind«-Situation auf die folgende knappe Formel: »Eine Botschaft und eine Botschaft über die Botschaft kommentieren sich so, daß eine paradoxe Handlungsaufforderung entsteht, der nur gehorcht werden kann, wenn ihr nicht gehorcht wird.« Eine solche Beziehungsfalle konstituiert sich also immer, wenn ein Akteur in einer für ihn existentiell bedeutsamen und nicht aufkündbaren sozialen Beziehung mit zwei zueinander widersprüchlichen Erwartungen konfrontiert wird, die er beide gleichermaßen erfüllen soll, und er diesen Widerspruch auch nicht durch Thematisierung aufzulösen vermag. Dies kann nicht nur Personen z.b. in Familienzusammenhängen widerfahren, sondern auch Organisationen wie etwa den Sportverbänden in den Beziehungen zu ihrer relevanten gesellschaftlichen Umwelt.[39] Die explizite Botschaft, die die Sportverbände hinsichtlich des Dopingproblems vom Publikum und den anderen Umweltakteuren erhalten, ist die oben angeführte. Die Verbände sollen Doping beseitigen, ohne daß ihre Athleten weniger erfolgreich werden. Die implizite Kommentierung dieser Aufforderung lautet allerdings: »Tut nichts, was den Erfolg eurer Athleten gefährden könnte!« Denn den Verbänden stehen ständig zwei Sachverhalte vor Augen: erstens die eigene hochgradige Ressourcenabhängigkeit von den Umweltakteuren und zweitens die Erfolgsabhängigkeit der Ressourcengewährung. Ohne die finanziellen Einnahmen durch Eintrittsgelder, Sponsorenverträge, staatliche Zuweisungen und Fernsehrechte bräche der heutige Spitzensport in den meisten Disziplinen von einem Tag auf den anderen zusammen. Aber die Höhe dieser Einnahmen wird entscheidend dadurch bestimmt, welche nationalen und internationalen Erfolge die jeweiligen Athleten erringen.

Anders formuliert lautet die unausgesprochene Botschaft, die die Verbände dennoch immer im Ohr haben: »Sorgt nur insoweit für ›Sauberkeit‹, wie es den Erfolg eurer Athleten nicht gefährdet!« Und das heißt nichts anderes als: »Verzichtet auf ›Sauberkeit‹, soweit diese den Erfolg gefährdet, aber laßt euch dabei nicht erwischen!« Damit steht die implizite Botschaft aber im klaren Widerspruch zur expliziten, weil eben die erwähnte Kluft zwischen grenzenlosem Siegescode und überfordertem Körper immer größer geworden ist. Entscheidend dafür, daß ein solcher Widerspruch zwischen Erwartungen zur Zwickmühle wird, ist freilich, daß er nicht als solcher thematisiert werden kann. Die Sportverbände sind nicht in der Lage, dem Publikum die faktisch gegebene Unmöglichkeit vor Augen zu führen, seiner expliziten Erwartung zu gehorchen, solange die implizite gilt und Vorrang genießt. Das Publikum will eben – soweit hat beispielsweise Beyer mit seiner angeführten Einschätzung recht – auf Erfolge der Athleten auf keinen Fall verzichten. Die Sportverbände können es daher weder durch effektive Maßnahmen der Dopingbekämpfung vor den Kopf stoßen, die diese Erfolge gefährden; noch können die Verbände riskieren, sich den Unwillen des Publikums zuzuziehen, indem sie ihm die Widersprüchlichkeit seiner Erwartungshaltung vor Augen führen. Denn genau um diese Einsicht will sich das Publikum herumdrücken. Derjenige, der einen anderen Akteur in eine Beziehungsfalle preßt, will eben dies normalerweise nicht wahrhaben. Der andere soll ja gerade die Widersprüchlichkeit dessen ausbaden, was man ihm aufbürdet. Nur so vermag man selbst – um eine treffende amerikanische Redeweise zu gebrauchen – »to have one's cake and eat it, too«.

Die Sportverbände sind demnach in der Dopingproblematik nicht nur Täter, als die sie zunehmend hingestellt werden, sondern auch Opfer – und zwar Opfer derer, die nichts davon wissen wollen, daß sie selbst Täter im Sinne einer Anstiftung zur Devianz sind. Das Publikum lädt die nega-

tiven Folgen seines Selbstbetrugs auf die Verbände ab, und die anderen
Umweltakteure schweigen dazu oder bestärken es sogar noch darin.
»Double binds« weisen generell eine zirkuläre Kausalstruktur auf, so daß
die Opfer immer auch Täter und umgekehrt die Täter immer auch Opfer
sind. Selbst wenn im Einzelfall feststellbar ist, wer zuerst als Täter aufgetreten ist, bleibt dies insofern müßig, als sich die Eigendynamik der wechselseitigen Bestärkung zwischen den Beteiligten längst von diesem An-
fangsimpuls gelöst hat.[40] Paradox formuliert: Die Ursache bewirkt sich
sehr schnell selbst. Das Publikum wurde von den Athleten und Verbänden, wie bereits gesagt, unter stillschweigender Duldung durch die Medien sowie durch die politischen und wirtschaftlichen Förderer jahrzehntelang belogen und betrogen. Es war insofern Opfer. Seine soziale – u.a.
auch räumliche – Distanz zu den Athleten und Verbänden machte diese
Verschleierung um so leichter. Aber diese Aktivitäten der Sportakteure
führten doch nur dazu, daß sie sich selbst immer mehr in die Opferrolle
hineinmanövrierten. Zugleich konnte sich das Publikum selbst durch seine Distanz zu den Sportakteuren vorgaukeln, daß es mit all den Do-
pingmachenschaften gar nichts zu tun habe. Ein einzelner Sportzuschauer wird sich in der Regel nicht als Auslöser von Dopingdevianz begreifen,
eher als Beobachter, der auf das Geschehen keinen nennenswerten Einfluß hat. Er übersieht die kumulativen Wirkungen vieler gleichgerichteter
Einzelmotive. Selbst die erklärten Dopinggegner unter den Sportzuschauern sind allein durch ihr Interesse am Sport entscheidend mit im Spiel,
auch wenn sie dies nur allzugern vor sich selbst verheimlichen. Daß die
Sportverbände diese Verantwortungsverleugnung auf seiten des Publikums nicht thematisieren, macht sie freilich wiederum zu – wenn auch
teilweise unfreiwilligen – Mittätern bei der Konstituierung der Beziehungsfalle. Denn sie bestärken dadurch das Publikum in dessen Selbstbetrug, nicht beteiligt zu sein.

Damit sind wir bereits bei der Frage, wie die Sportverbände, die in
eine derartige »Double bind«-Falle hineingeraten sind, mit dieser Situation umgehen können: Was können sie als rationale Akteure, die zunächst
einmal die eigenen Bestands- und Wachstumsinteressen befriedigen
müssen, überhaupt noch tun? Wir sehen also auch in der Fortführung
unserer Überlegungen bewußt davon ab, die Frage zu stellen, was den
Verbänden ethisch zu tun geboten wäre. Denn die Antwort hierauf könnte
wieder nur in einen Moralismus ausarten, der über die harten Realitäten
der strukturellen Zwänge, in denen die Verbände stehen, großzügig
hinwegsieht. Statt dessen wollen wir eruieren, welches Verbandshandeln
einer solchen Lage, widersprüchlichen Erwartungen gleichzeitig ausgelie-
fert zu sein, »angemessen« wäre. Und wir werden sehen, daß bestimmte
vorherrschende Reaktionsweisen der Verbände gegenüber dem Dopingproblem in genau diesem Sinne situationsadäquat sind.

Eindeutig nicht situationsadäquat wäre alles, was die moralistischen
Dopingkritiker den Verbänden abverlangen: also jede Maßnahme zu einer

effektiven Dopingbekämpfung – insbesondere eine rigorose Intensivierung von Dopingkontrollen. Denn das liefe – wäre es logistisch und finanziell möglich – darauf hinaus, »Sauberkeit« um den Preis von Erfolg zu maximieren. So würden die Verbände aber nur der einen Hälfte der Doppelerwartung des Publikums gerecht. Es kommt jedoch darauf an, beiden Erwartungen zugleich zu entsprechen. Da sie durch die eskalierende Leistungsspirale immer weniger vereinbar werden, kann dies nur so gelingen, daß sie möglichst voneinander *entkoppelt* befriedigt werden.

Um dies zu verstehen, bietet es sich an, eine generelle Überlegung des Organisationssoziologen Nils Brunsson (1989) zu übernehmen. Er geht davon aus, daß die meisten Organisationen in allen Gesellschaftsbereichen – also nicht etwa nur Sportverbände, die er überhaupt nicht thematisiert – von widersprüchlichen Erwartungen ihrer Umwelt geplagt werden.[41] Eine häufige Reaktion von Organisationen darauf besteht in einer Entkopplung von »talk« und »action«: dem, was die Organisation zu tun *behauptet*, und dem, was sie *tatsächlich* – aber im Verborgenen - *tut* oder zuläßt.[42] Eine Kontrollintensivierung durch die Sportverbände, wie auch jede andere Maßnahme der effektiven Dopingbekämpfung, entspräche demgegenüber einer zu engen Kopplung zwischen Reden und Tun: Man tut, was man sagt, und verletzt damit durch die strikte Befolgung der einen die andere der beiden widersprüchlichen Erwartungen. Die Entkopplung läuft dagegen auf »hypocrisy«, also Scheinheiligkeit hinaus: »Organizational talk is adapted to some norms, and action to others.« (Brunsson 1989: 172) So läßt sich das Kunststück bewerkstelligen, beide Erwartungen zugleich zu befriedigen. Vom ethischen Standpunkt ist ein solches Vorgehen natürlich, wie bereits die Kennzeichnung als scheinheilig klarstellt, nicht bloß suspekt, sondern eindeutig nicht billigenswert. Aber vielleicht ist es ja – um nur einen Augenblick im moralischen Duktus zu bleiben – in einem höheren Sinne unmoralisch, an einen Akteur, der sich in einer solchen Zwangslage befindet, überhaupt derartige moralische Anforderungen zu stellen. Die Scheinheiligkeit der Verbände ist schließlich nichts anderes als Notwehr angesichts der Scheinheiligkeit des Sportpublikums und der eine solche Haltung mittragenden Akteure aus Massenmedien, Wirtschaft und Politik. Ins »Principal-agent«-Konzept übersetzt: Die Scheinheiligkeit ist jenes »shirking« der Sportverbände als Agenten, womit sich diese bemühen, der immer schwieriger zu erfüllenden Leistungserwartung ihrer gesellschaftlichen Prinzipale zu entsprechen, nämlich einen zugleich erfolgreichen und »sauberen« Spitzensport sicherzustellen.

Eine Entkopplung von Reden und Tun ist auf mehrere Weisen möglich (Brunsson 1989: 32-38). Für die Sportverbände böte sich vor allem eine Entkopplung nach Organisationsebenen an. Auf der Ebene der Athleten müßte primär ein den Erfolgserwartungen des Publikums entsprechendes Handeln stattfinden: also heimliches Doping, das sich als regeltreu ausgibt. Auf der Ebene der Verbandsspitze dagegen wäre dann pri-

mär ein Reden anzusiedeln, das die Erwartungen des Publikums an die
»Sauberkeit« des Spitzensports befriedigt, nämlich die offizielle Sportmoral hochhält und so die stattfindenden Dopingaktivitäten überspielt.[43]
In der Tat entsprechen die nun zu schildernden Verbandspraktiken
diesem Muster eines situationsadäquaten Umgangs der Sportverbände
mit der Zwickmühle widersprüchlicher Umwelterwartungen.

9.2 Entkopplung von Reden und Tun

Auf den ersten Blick entdeckt ein soziologischer Beobachter der Sportverbände, daß diese auf das Doping ihrer Athleten in einer Weise reagieren,
wie auch in anderen Gesellschaftsbereichen mit abweichendem Verhalten
umgegangen wird, um Regeltreue wiederherzustellen. Es gibt einerseits
den Versuch, Verhaltenskonformität durch gutes Zureden und Pädagogisierung direkt in die verinnerlichten Handlungsantriebe des individuellen
Akteurs hineinzuverlegen. Der einzelne soll sozialisatorisch gegenüber
etwaigen Anfechtungen immunisiert und in die Lage versetzt werden, zur
Devianz nein zu sagen. Andererseits setzt der organisierte Sport dort auf
eine Kontrollintensivierung, wo Appelle und erzieherische Bemühungen
an den Verlockungen und Pressionen der Realität scheitern – mit Sanktionen als Konsequenz. Hinsichtlich der ersten Maßnahme sei nur an die
zahlreichen Fair-play-Kampagnen und Ethik-Appelle erinnert, mit denen
der Deutsche Sportbund und die Fachverbände nach dem Fall Ben Johnson an die Öffentlichkeit traten; die andere Strategie schlägt sich in der
quantitativen und qualitativen Verstärkung der Dopingkontrollen nieder,
die in einigen Verbänden seit Ende der 8oer Jahre des letzten Jahrhunderts zu beobachten ist.[44] Bei näherem Hinsehen kommen indessen
darüber hinaus bestimmte Praktiken der Sportverbände in den Blick, die
sich nicht in der einen oder anderen Weise auf die Eindämmung des
faktisch praktizierten Dopings, sondern auf die Beeinflussung des Redens
über Doping richten. Damit bewegen wir uns in der bereits angesprochenen Dimension des »talk«. In diese Kategorie fallen all jene Bemühungen,
die darauf ausgerichtet sind, das rufschädigende Reden über Doping
gleichsam durch Unterdrückung und Ausmerzung von Gesprächsstoff
möglichst gar nicht erst aufkommen zu lassen oder zumindest zu einem
baldigen Ende zu führen, ohne das Doping selbst als fortdauerndes funktionales Erfordernis zu beseitigen oder auch nur ernsthaft zu behindern.
Als präventive Maßnahme in diesem Sinne ist eine Kombination von
Unterlassen der Dopingbekämpfung mit *Verbergen des Dopings* anzusehen.
Solange und soweit diese Maßnahmenkombination wirkt, gibt es kein
Reden über Doping. Ist es dann – aus welchen Gründen auch immer – zu
nicht länger bagatellisierbaren Dopingenthüllungen gekommen, so helfen
die korrektiven *Praktiken der symbolischen Beschwichtigung* weiter. Wenn
also die Routinestrategien des Unterlassens und Verbergens nicht mehr

ausreichen, läuft die Krisenbewältigung über symbolische Beschwichtigungen.

Unterlassen und Verbergen

Die soziologische Handlungstheorie richtet ihr Augenmerk hauptsächlich auf das Aktivhandeln. Nichthandeln ist allerdings unter bestimmten Umständen ebenfalls als Handeln zu werten: dann nämlich, wenn Handeln erwartet wird und möglich gewesen wäre, aber ausbleibt (Geser 1986a, 1986b). Diese Erwartungsenttäuschung wird, insbesondere wenn es sich um eine normative Erwartung handelt, dem betreffenden Akteur als bewußte Wahl, als Unterlassung dessen zugerechnet, was zu tun gewesen wäre. Unterlassungen erscheinen besonders dann als Sonderformen des Handelns, wenn sie als Mittel zur Erreichung spezifischer Ziele eine strategische Verwendung finden, sich aber einem Beobachterblick durch Verbergen zu entziehen versuchen. Ein solches unterlassendes Handeln hat deshalb eine panische Angst vor Öffentlichkeit und Entlarvung. Eine wichtige Form des Verbergens ist Schweigen. Schweigen ist gleichsam der Mantel, der Unterlassen dadurch vor Kritik schützen soll, daß es den Bezugsakteuren, die ansonsten Anstoß nähmen, nicht mitgeteilt wird.

Solche Praktiken finden sich in allen sozialen Systemen. Dies weiß man nicht erst seit den Bemühungen im Bereich des politischen Entscheidens, Probleme »auszusitzen«. Eben ein solches Handeln durch Nichthandeln haben auch die Sportverbände bezüglich der Dopingproblematik in großem Maßstab praktiziert. Mittlerweile gibt es durch journalistische Enthüllungen, Recherchen auspackender Insider und Berichte diverser Untersuchungskommissionen genügend empirische Beweise dafür, daß Unterlassen und Verbergen tatsächlich die von den Sportverbänden und einem kollaborierenden Umgebungsmilieu hauptsächlich beschrittenen Wege waren und weiterhin sind. Wer als Sportfunktionär augenzwinkernd auf die Durchführung von Dopingkontrollen verzichtet und dem Drogenmißbrauch trotz deutlicher Indizien nicht energisch entgegentritt, wer die Augen wider besseres Wissen vor solchen Phänomenen verschließt, wer solche Themen strategisch aus sportpolitischen Entscheidungsprozessen ausblendet, Vorwürfe und Selbstbezichtigungen nicht weiterverfolgt und Nachfragen bewußt unterläßt, wer schließlich Probleme öffentlich leugnet: Der tut mit all diesen und weiteren Praktiken nicht einfach nichts, sondern agiert durch Nichtagieren. Aufschlußreich für die Erhellung des Dopingphänomens ist demnach nicht nur, was in den Fachverbänden faktisch passiert. Mindestens ebenso bedeutsam sind diejenigen Entscheidungen und Maßnahmen, die nicht getroffen wurden.

Das Unterlassen einer von den Verbänden erwarteten normativen Dopingbekämpfung hat vor allem drei Formen angenommen: Dopingduldung, Dopingdruck und Dopingunterstützung. Verbandliche Dopingunterstützung ist, wo sie stattfindet, in der Regel das Werk kleiner Gruppen, die um einzelne Athleten oder Trainer zentriert sind. Die übrigen Verbandsinstanzen und -repräsentanten praktizieren demgegenüber die anderen beiden Formen des Unterlassens von Dopingbekämpfung. Sie kultivieren zum einen das Pilatus-Syndrom, waschen also die Hände in der Unschuld ihres Nicht-so-genau-Hinschauens. Zum anderen üben sie eine allgegenwärtige Dopingnötigung über leistungsabhängige Ressourcengewährung oder -verweigerung gegenüber den Athleten und Trainern aus.

Für die deutschen Verbände hat der Bericht der Unabhängigen Dopingkommission (1991: 199) zwar äußerst zurückhaltend, aber doch unmißverständlich konstatiert, daß »die Verantwortlichen im deutschen Sport spätestens seit 1976 Vermutungen und auch Kenntnisse vom Anabolika-Mißbrauch im deutschen Leistungssport hatten.« Schon lange vorher, und nicht nur bezüglich Anabolika, gab es auf seiten der Verbände sicheres Wissen über Doping – natürlich nicht bloß in der Bundesrepublik. Wie sich nach und nach herausgestellt hat, haben ja keineswegs nur die Sportverbände der ehemals sozialistischen Länder, in denen »Staatsdoping« betrieben wurde, das Doping der eigenen Athleten aktiv selbst organisiert. Auch die Sportverbände der westlichen Länder haben sich nicht auf ein – dem Nicht-wissen-Wollen des Publikums über Doping vergleichbares – großzügiges Hinwegschauen über das Doping der eigenen Athleten beschränkt. Immer wieder haben Funktionäre westlicher Verbände mehr oder weniger augenzwinkernd das Doping der eigenen Athleten durch unterlassendes Handeln unterstützt, weil schließlich deren sportlicher Erfolg auch für das Standing und die Ressourcenversorgung der Verbände eminent wichtig ist. Beispielsweise erhalten die deutschen Fachverbände ihre Unterstützungszahlungen vom Bundesinnenministerium gemäß den Medaillenerfolgen ihrer Athleten bei internationalen Meisterschaften.[45]

Ziemlich flächendeckend war und ist infolgedessen die implizite Dopingnötigung, die die Verbände gegenüber den eigenen Athleten durch die Setzung von Leistungsnormen für die Teilnahme an Olympischen Spielen oder Weltmeisterschaften ausüben. Diese Normen waren und sind in vielen Fällen so hoch angesetzt, daß sie – was die verantwortlichen Verbandsakteure sehr wohl wissen – ohne Doping kaum erreichbar sind. Diesen Sachverhalt bezeichnete z.b. 1982 der damalige Aktivensprecher im Deutschen Sportbund, Michael Beckereit, als auf dem Rücken der Athleten ausgetragene Doppelmoral des Verbands. In einem Zeitungsbericht (KSA vom 28.12.1982) hieß es dazu:»Der Deutsche Sportbund halte – so Beckereit [...] – einerseits die Grundsatzerklärung für den Spitzensport aufrecht, in der Dopingmittel verboten werden. Andererseits verlange man als Qualifikation für die Teilnahme an Olympischen Spielen eine Endkampfchance. Hierin liegt ein Widerspruch.«

Zwar gab und gibt es im Westen zumindest nach allem, was bis jetzt bekannt ist, keine flächendeckende aktive verbandliche Mitwirkung beim Doping. Sehr wohl war und ist noch immer eine passive Duldung durch verzögerte und laxe Kontrollmaßnahmen weit verbreitet. Ende der siebziger Jahre, ein Jahr nach Verabschiedung der Anti-Doping-Charta des Deutschen Sportbundes, bekundeten nur ein Viertel der angeschlossenen und nur die Hälfte der an Olympischen Spielen beteiligten Verbände Interesse an Dopingtests ihrer Athleten; und unangemeldete Kontrollen während des Trainings wurden weithin abgelehnt (RM vom 17.11.1978). Mittlerweile dürfen die Verbände das zwar nicht mehr so offen erklären. Doch in ihrem tatsächlichen Handeln bleibt ihnen viel Spielraum dafür, die Kreise ihrer sich dopenden Athleten nicht allzusehr zu stören. Nicht zuletzt der zutreffende Verweis auf die enormen Kosten effektiver Kontrollmaßnahmen kann den Verbänden als probate Entschuldigung für ihre Untätigkeit dienen. Es ist müßig, hier im einzelnen weiter darauf einzugehen, wie verborgenes Unterlassen bewerkstelligt wird. Auch dazu liefern Zeitungsberichte und Berichte von Untersuchungskommissionen genügend Anschauungsmaterial. Im Ergebnis konstatierte jedenfalls z.b. Helmut Digel (1994: 142) für den Deutschen Leichtathletik-Verband, daß »es sich ja über mehr als zwei Jahrzehnte mit einer Strategie der passiven Verdrängung ganz gut leben ließ.« Die darin anklingende Hoffnung des Erneuerers, jetzt endlich andere Verhältnisse herstellen zu können, beurteilen wir freilich skeptisch. Denn – wie es der Biochemiker Manfred Donike lapidar (KSA vom 8./9.1.1994) formulierte:»Der Vorsitzende eines Verbandes hat die Aufgabe, seinen Verband in bestmöglichem Licht darzustellen. Da stören Dopingdiskussionen.«

Eine organisationssoziologische Reflexion faßt derartige Verhaltensweisen als »brauchbare Illegalität« (Luhmann 1964: 304-314). Darunter sind solche Handlungsweisen zu verstehen, die den offiziellen organisatorischen Regeln zuwiderlaufen, aber für Zielerreichung und Bestandssicherung der betreffenden Organisation nützlich sind – z.b. die Mißachtung von Vorschriften der Arbeitssicherheit, damit schneller und kostengünstiger produziert werden kann und ein Unternehmen konkurrenzfähig zu bleiben vermag. Nicht lösbare Widersprüche zwischen formalisierten Erwartungen und »brauchbaren Illegalitäten« wären an der Tagesordnung, wenn es nicht die Möglichkeit von Abschottung und Verschleierung gäbe.[46] Unterlassen, Verbergen und Schweigen, wie es in vielen Sportverbänden gepflegt wird, hat genau die Funktion, die »brauchbare Illegalität« des Dopings zu verheimlichen, um es entgegen offiziellen Statements weiter nutzen zu können. Denn wer das vorhandene Sanktionsinstrumentarium rigoros einsetzte und das subversive Handeln der Devianten öffentlich machte, ginge das Risiko ein, die Nützlichkeit der »brauchbaren Illegalität« einseitig den Konkurrenten zu überlassen. Konkret hat Nichthandeln in Sachen Doping vor allem die Aufgabe, einer Schwächung des nationalen Spitzensports auf der internationalen Bühne

vorzubeugen. Denn wer eine energische Vorreiterfunktion bei der Dopingabwehr übernähme, reduzierte die eigene Wettbewerbsfähigkeit damit geradezu mutwillig.

Die Verbände haben die an sie adressierte normative Erwartung,
gegen Doping vorzugehen, bis heute deklamatorisch akzeptiert und nicht
offen ignoriert. Das Unterlassen der Verbände soll nicht nur nicht bemerkt, sondern sogar für sein Gegenteil, nämlich energisches Handeln,
gehalten werden. Dabei mußten auch die reflexiven Aufschichtungen des
Verschweigens zum Einsatz gebracht werden. Zu verheimlichen ist nicht
nur, daß Doping passiert. Es ist auch zu verschweigen, daß Doping als
»brauchbare Illegalität« höchst funktional ist, solange es nicht entdeckt
wird. Weiterhin muß der Tatbestand versteckt werden, daß es diesbezüglich überhaupt etwas zu verbergen gibt. Die Tatsache des Geheimnisses
selbst ist zu verheimlichen. Dopingskandale erweisen sich genau deshalb
als so brisant: Sie machen auf eine eruptive und exemplarische Weise
darauf aufmerksam, daß Devianz passiert, weil sie funktional erforderlich
ist, und daß sie deshalb üblicherweise unter der Decke gehalten wird. Die
in diesen Skandalen aufgedeckten Schweigekartelle lassen erahnen, daß
sie nur die Spitze des Eisbergs sind.

Unterlassen, Verbergen und Verschweigen lassen sich zusammenge-
nommen als »defensive Strukturierung« (Siegel 1970-71: 11-32) charakterisieren. Diese vermeidet ein Düpieren wichtiger Bezugsgruppen, ermöglicht das Geschäft der Ressourcenakquisition und entlastet vom Risiko der
unmittelbaren Folgen- oder gar Fehlerzuschreibung. Unterlassen und
Verbergen verhindern die Kollision potentiell konfligierender Werte, und
Verschweigen unterdrückt die Diskussion dieses brisanten Themas. Solange diese Strategien funktionieren, Doping also nicht massenhaft entlarvt wird, können sich die Verbände gut mit ihrem »double bind« arrangieren.

Symbolische Beschwichtigungen
Sobald allerdings – wie es zunehmend eingetreten ist – Unterlassen,
Verbergen und Schweigen als strategische Maßnahmen entlarvt und den
Verbänden als Handeln zugeschrieben worden sind, wird es in der Beziehungsfalle ungemütlich. Dies ist der Moment, in dem es auf seiten der
Verbände nicht mehr ausreicht, das eigene Unterlassen durch bloße
Rhetorik zu überspielen. Lediglich zu erklären, daß man mit der öffentlichen Erwartung konform gehe, etwas gegen das Doping zu tun, verfängt
dann nicht mehr. Reden muß durch Tun ergänzt oder ersetzt werden,
wenn ein Verlust an Glaubwürdigkeit vermieden werden soll. Allerdings
darf das Tun, im Sinne eines gegen Doping gerichteten Verbandshan-
delns, nicht so weit gehen, daß es dieses auf Kosten sportlicher Erfolge
tatsächlich eindämmt.

Damit ist der Korridor abgesteckt, in dem sich das Verbandshandeln
fortan bewegen muß. Doping darf einerseits nicht ernsthaft bekümmern,

muß aber andererseits den Anschein erwecken, als ob es genau dies täte. Dies ist die auf Krisenbewältigung ausgerichtete Komponente der vorherrschenden Verbandsreaktionen auf das Dopingproblem: die Simulation von Dopingbekämpfung durch symbolische Beschwichtigungen. »Symbolische Politik ist das, was man tatsächlich und in berechneter Weise tut, wenn man nur so tut, als ob man etwas täte.« (Offe 1994: 127) Solches Scheinhandeln ist wiederum ein Unterlassen: aber eines, das sich gerade nicht wie die vorher geschilderten Praktiken als solches verbirgt, sondern sich als energisches Handeln ausgibt. Man täuscht Betriebsamkeit im Sinne der normativen Standards vor und camoufliert dabei sowohl die Ziele, die man tatsächlich verfolgt, als auch die Tatsache, daß man etwas anderes anstrebt, als man behauptet.

Scheinhandeln umhüllt sich also mit einer fiktiven Intentionalität. Personen in den Sportverbänden meinen demnach oft nicht, was sie sagen, und das mit gutem Grund, wie der Athlet Matthias Mellinghaus (Sports 3/1989: 120) erläutert:»Diese Doppelmoral besteht ohne Zweifel. Off the records wissen die Funktionäre ganz genau, was mit dem Doping läuft. Aber nach außen hin wird immer der schöne Schein gewahrt. Aber die Funktionäre, das mußt du auch sehen, stehen in ihren Verbänden unter dem gleichen Druck wie du: Wenn es um die Verteilung von Geldern geht, müssen sie eine bestimmte Anzahl von Medaillen vorweisen können, und wer das nicht kann, der ist der Arsch.« Ein Verband, der beispielsweise ein Kontrollsystem installiert, gleichzeitig die Kontrollen aber so einrichtet, daß die Wahrscheinlichkeit, Doping zu entdecken, gering ausfällt, gibt lediglich einen Veränderungswillen vor. Dies ist etwas, was auch Politiker oft bewerkstelligen müssen, weshalb sie über eine ganze Bandbreite von Praktiken für »politics as symbolic action« verfügen.[47] Derartige symbolische Beschwichtigungen zielen allesamt darauf ab, den Eindruck zu erwecken, energisch gegen Mißstände anzugehen, während unter diesem Deckmantel mehr oder weniger alles beim alten bleibt – in der durch Erfahrungen begründeten Hoffnung, die Probleme so »aussitzen« zu können.

Die folgenden Praktiken symbolischer Beschwichtigung wurden und werden von den Sportverbänden häufig eingesetzt:

– Man bedient sich einer zunehmend drastischen Sprache, um den eigenen Willen und die eigene Tatkraft zu suggerieren, gegen Doping vorzugehen. Die moralische Verdammung wird schriller, die Entschlossenheit martialischer ausgedrückt. Dadurch demonstrieren die Verbände nicht zuletzt auch Einigkeit mit denjenigen, die öffentlich Taten einfordern. Die Verbände setzen auf den psychologischen Automatismus, daß mit markigen Worten entsprechende Taten assoziiert werden.

– Man intensiviert Pädagogisierungsmaßnahmen, wohlwissend, daß diese keinen nennenswerten Eindruck auf die Athleten und ihr Unterstützungsumfeld hinterlassen. Fair-play-Initiativen und andere Werbefeldzüge für ethisches Handeln werden öffentlichkeitswirksam inszeniert, um nicht bloß Worte, sondern auch Taten vorweisen zu können. Genauer besehen bestehen jedoch auch diese »Taten« wieder nur aus Worten, nämlich aus als wirkungslos bekannten Appellen an die Athleten.

– Man setzt Untersuchungskommissionen ein, um das Dopingproblem zu studieren, bevor Maßnahmen getroffen werden. Dadurch können die Verbände vor allem Zeitgewinne erzielen und die scheinbare Entschlossenheit demonstrieren, der Sache auf den Grund gehen zu wollen. Die Kommissionsberichte werden irgendwann der Öffentlichkeit als Aktivitätsnachweis vorgeführt, falls diese bis dahin überhaupt noch Interesse an diesem Thema zeigt. Kommt die Kommission zu dem Schluß, daß das Problem völlig übertrieben dargestellt worden sei, hat man im nachhinein eine Reinwaschung der eigenen Untätigkeit erhalten. Eine entsprechende personelle Besetzung der Kommission kann ein solch »harmloses« Ergebnis zumindest wahrscheinlicher machen. Aber auch ein kritischer Bericht ist noch kein Beinbruch, weil sich dann erst einmal bekunden läßt, auf dieser Grundlage umgehend Konsequenzen ziehen zu wollen.

– Und das geht u.a. so: Man ernennt einen Anti-Doping-Beauftragten und installiert Dopingkontrollen, sorgt aber unter der Hand durch unverfänglich wirkende Maßnahmen der Verzögerung, Kompetenzeinengung oder Ressourcenverweigerung dafür, daß den Kontrolleuren die Arbeit möglichst schwer gemacht wird. Auch hier besteht eventuell die Möglichkeit, relativ ungefährliche – kollaborationsbereite oder unerfahrene – Personen auszuwählen.

– Man etabliert mit großen medialen Unterstützungsgeräuschen eine Anti-Doping-Agentur und verspricht eine dauerhaft üppige finanzielle Fundierung von seiten der Politik, ohne dieses Versprechen anschließend einzuhalten. Außerdem rekrutiert man in die Gremien dieser Einrichtung vornehmlich diejenigen Akteure, die naturwissenschaftliche, d.h. personen- und körperorientierte Perspektiven implementieren, und vermeidet eine wirksame Einbeziehung sowohl der Dopingkritiker als auch eine Repräsentanz strukturellen Denkens. Jeder Fachverband kann sich so mit Verweis auf diese Einrichtung von eigenen Anti-Doping-Bemühungen entlasten. Auch in einer solchen Einrichtung kann schließlich durch eine entsprechende »ungefährliche« Besetzung des Personals der Weg für eine nur begrenzte Effektivität geebnet werden.

– Man beutet Fälle ertappter Athleten als öffentliche Bestrafungsexempel aus. Ein Verband kann Unnachgiebigkeit und moralische Integrität vor allem dann zum Ausdruck bringen, wenn er durch die langjährige Sperre einzelner Athleten sogar auf Medaillenchancen verzichtet. Eine andere Strategie besteht darin, die betreffenden Athleten durch in

Aussicht gestellte Strafminderungen oder durch Überreden dazu zu bewegen, ihre Dopingentscheidung öffentlich zu personalisieren, also als individuelles Fehlverhalten zu erklären. Dies trägt noch mehr dazu bei, den Verband reinzuwaschen.

– Man kooptiert Personen, die öffentlich als Dopinggegner aufgetreten sind, in repräsentative Verbandspositionen – womöglich sogar ins Präsidium. Diese Personen werden in dem Glauben gelassen, man meine es mit einer Erneuerung ernst. Man inthronisiert sie offiziell als Galionsfiguren eines neuen Kurses. In ihren Versuchen, innerhalb des Verbands wirksame Maßnahmen zur Dopingbekämpfung zu installieren, werden diese Akteure jedoch durch den Verbandsapparat ausgebremst – möglichst so, daß sie es nicht einmal selbst bemerken.

– Tatsächliche Maßnahmen zur Dopingbekämpfung tragen gerade, wenn sie nur halbherzig und augenzwinkernd durchgeführt werden, ebenfalls zur symbolischen Beschwichtigung bei. Auch sie signalisieren den Willen zur Problembekämpfung und durch gelegentliche »Erfolge« auch die Fähigkeit, etwas zu erreichen.

Die Generallinie all dieser und weiterer konkreter Praktiken symbolischer Beschwichtigung läßt sich auf den folgenden Nenner bringen: Man verspricht permanent Reformen und installiert damit gleichsam ein Reformkarussell: den »futures approach« (Brunsson 1989: 172f). Die Enttäuschung, die anvisierten Ziele nicht erreicht zu haben, wird nicht negativ als Vergeblichkeit des Bemühens rubriziert, sondern positiv als Energieanstoß für immer wieder neue zukünftige Bemühungen. Für die als Interimsphase deklarierte Zeit bis zum tatsächlichen Reformerfolg gesteht man sich selbst Unzulänglichkeiten zu und erwartet von der Umwelt Toleranz dafür. Faktisch wird das Interim aber zum nicht erklärten Dauerzustand. Mit einer geschickten Kombination dieser Praktiken können Verbände schon ein ganzes Stück weit bei der Bewältigung ihrer »Double bind«-Situation kommen. Klar ist, daß symbolische Beschwichtigungen ebenso wie Unterlassen, Verbergen und Verschweigen darauf hinauslaufen, die Beziehungsfalle zu stabilisieren. Indem die Verbände die Dopingprobleme sich selbst und nicht auch ihrer Beziehung zur gesellschaftlichen Umwelt, insbesondere dem Publikum, zuschreiben, fügen sie sich in die Beziehungsfalle. Durch die Entkopplung von Reden und Tun auf seiten der Verbände werden dem Publikum der »double bind« und die eigene Verwicklung darin verheimlicht. Eben das macht die Verbände, wie schon erwähnt, zu Mittätern.

Die Strategie der symbolischen Beschwichtigungen setzt natürlich gewisse tatsächlich getätigte Maßnahmen der Dopingbekämpfung voraus. Der öffentliche Eindruck, die Verbände unternähmen ernsthafte Anstrengungen, um dem Doping Einhalt zu gebieten, kommt nicht ganz von ungefähr. Er braucht eine empirische Evidenz. Nur auf deren Basis können die Verbände so tun, als ob sie etwas gegen das Doping unternähmen. Die Unabhängige Dopingkommission (1991: 199) hat dieses Minimum, das die deutschen Sportverbände leisten mußten und weiterhin müssen, treffend so beschrieben:»Forderungen nach einem energischen Vorgehen wurden nur halbherzig erfüllt; insbesondere das Problem der Kontrollen in der Trainingsphase wurde zunächst nicht angegangen. Man beschränkte sich auf den Erlaß einer Vielzahl von Resolutionen und Erklärungen sowie auf andere Maßnahmen, die im nachhinein als Alibi-Vorgehen zu bezeichnen sind.« Wenn es gut läuft, ernten die Sportverbände mit diesen Maßnahmen eine öffentliche Einschätzung, wie sie als Kommentar nach der Aufdeckung des Dopings von Ben Johnson bei den Olympischen Spielen in Seoul 1988 ausgedrückt wurde:»Den Offiziellen in Seoul ist es zu danken, daß sie diesen Fall unerbittlich geahndet haben.« Denn damit»wird gezeigt, daß nicht die Spiele zu verdammen sind, auf denen Tausende ehrlicher Sportler fair um Siege kämpfen, sondern der einzelne Betrugsfall.« (FAZ vom 28.9.1988) Wäre dieser Kommentator vom Internationalen Olympischen Komitee engagiert worden, hätte er nicht besser in dessen Sinn schreiben können! Denn bald sprachen Eingeweihte, wie etwa der damalige Präsident des Deutschen Leichtathletik-Verbandes, Helmut Meyer (Sports vom 1.4.1993), offen davon, daß fast alle Teilnehmer am 100m-Finale in Seoul gedopt gewesen seien.

Ein weniger spektakuläres Beispiel für den Erfolg symbolischer Politik kam in einem Bericht über den Bundesverband Deutscher Gewichtheber nach der Dopingaffäre bei den Deutschen Meisterschaften 1981 zum Ausdruck:»In einem Gespräch mit Vertretern des Deutschen Sportbundes und des Bundesinnenministeriums konnte er (der Verband; die Autoren) überzeugend nachweisen, daß insbesondere der Bundestrainer und der Verbandsarzt bei zentralen Lehrgängen für Trainer und Sportler wiederholt und eingehend über das Dopingverbot unterrichtet haben. Die ertappten Dopingsünder haben sich die verbotenen Substanzen aus eigener Initiative beschafft; Funktionsträger des Verbandes einschließlich seiner Vereine waren daran nicht beteiligt.« (DSB-Info vom 12.1.1982) Auch hier konnte sich der Verband durch Attribuierung des Dopings auf individuelle Verfehlungen erfolgreich reinwaschen – so als ob diejenigen, die den Erfolgsdruck schaffen und einer Dopingneigung Vorschub leisten, keinerlei Mitschuld trügen. Der Hinweis auf erfolgte Pädagogisierungsmaßnahmen diente vielmehr dazu, darauf hinzuweisen, ganz im Gegenteil alles getan zu haben, um Doping zu verhindern.

Mit Blick auf derartige Aktivitäten konstatierte der Sportjournalist Andreas Singler (1993: 1),»daß zahlreiche Maßnahmen gegen Doping in der Vergangenheit mehr der Beruhigung der Öffentlichkeit dienen sollten als der eigentlichen Problemlösung.« Aber das dürfte eben nicht bloß für die Vergangenheit, sondern ebenso für die Gegenwart und auch für die Zukunft gelten. Entscheidend für die dominante Nutzung dieser Bewältigungsstrategie durch die Sportverbände ist der Umstand, daß der Nachweis, was sie tatsächlich gegen Doping unternehmen, kaum geführt werden muß. Die Effektivität ihrer Maßnahmen zur Dopingbekämpfung wird nicht systematisch überprüft. Symbolische Beschwichtigungen leben davon, daß sie nicht beim Wort genommen werden, sondern denjenigen, die beschwichtigt werden sollen, der vage Eindruck genügt, daß etwas geschieht. Genau dieses Vortäuschen eines energischen und effektiven Handelns reicht gegenüber den Sportzuschauern aus. Sie wollen eben betrogen werden; und wenn sie schon, durch voyeuristische Neugier getrieben, mit Hilfe der Medien ab und zu einen Blick auf die »Hinterbühne« des Leistungssports werfen und sich am Gaumenkitzel eines handfesten Dopingskandals delektieren, sind sie dann doch schnell wieder durch symbolische Beschwichtigungen zu beruhigen. Diese gaukeln ihnen vor, daß die heile Sportwelt von den Verbänden rasch wieder in Ordnung gebracht wird und der Skandal sowieso nur auf einen individuellen Fehltritt zurückgeht. In dieser Hinsicht haben es die Sportverbände erheblich einfacher als viele Politiker, die mit ihren symbolischen Beschwichtigungen ein mißtrauisches Wählerpublikum ruhigstellen müssen. Wenn diese Art der Beruhigung sogar in existentiell wichtigen Fragen funktioniert, sollte sich wohl auch das gutgläubige Sportpublikum besänftigen lassen.

Insbesondere können die Verbände damit rechnen, daß Doping als Thema der Berichterstattung in den Medien und daran anschließender öffentlicher Diskussionen den üblichen »Issue-attention-Cycle« (Downs 1972) durchläuft. Wenn die Öffentlichkeit erst einmal gemerkt hat, daß Doping kein Problem ist, das mit einer energischen Kraftanstrengung ein für alle Mal aus der Welt geschafft werden kann, sondern ein chronisches Problem neben vielen, letztlich dann doch wichtigeren anderen wie Umweltverschmutzung, Arbeitslosigkeit oder wachsender Kriminalität bleiben wird, setzen Gewöhnungs- und Abstumpfungseffekte ein. Abgesehen von einigen »unbelehrbaren« Moralisten eignen sich alle anderen hinsichtlich Doping ebenso wie hinsichtlich so vieler anderer Probleme einen fatalistischen Zynismus an. Der Befund einer Meinungsumfrage (Der Spiegel vom 24.2.1992), wonach im Jahr 1992 nur noch 5% der Deutschen glaubten, daß Siege ohne Doping erzielt würden, läßt sich denn auch auf zweierlei Weisen deuten: als Indikator für das Ausmaß an Entrüstung – oder aber für das Ausmaß an Bereitschaft zur Hinnahme dessen, was als unvermeidlich angesehen wird. Wahrscheinlich ist erstere bei einem Großteil des Publikums mittlerweile in letztere übergegangen.

10 Konstellationsmanagement: ein möglicher Weg aus der Dopingfalle

Die vorausgegangenen Kapitel waren aus soziologischer Sicht in vielerlei Hinsicht aufschlußreich. Sie haben erstens gezeigt, daß Doping ein gravierendes Problem für den Spitzensport darstellt – und zwar keineswegs primär unter ethischen Gesichtspunkten. Doping tangiert vielmehr in besonderem Maße die Eigeninteressen der korporativen Sportakteure. Die Zufuhr essentieller Ressourcen aus anderen gesellschaftlichen Teilsystemen – insbesondere aus Wirtschaft, Politik und Massenmedien – könnte zurückgefahren oder gänzlich eingestellt werden, wenn die Selbstdiffamierung des Spitzensports durch Doping auf die Ressourcengeber auszustrahlen droht. Zweitens wurde deutlich, daß die wichtigsten Strategien der Dopingbekämpfung – pädagogische Appelle und Kontrollintensivierungen – je für sich genommen und auch in Kombination miteinander an enge Grenzen stoßen und kaum durchschlagende Wirkungen erzeugen können. Drittens schließlich ist klar geworden, daß die weitgehende Unwirksamkeit der bisherigen Dopingbekämpfung weniger auf inhärente Begrenzungen der eingesetzten Instrumente oder der dafür verfügbaren finanziellen und personellen Ressourcen zurückgeht, sondern letztlich in der Zwickmühle verankert ist, in der die Sportverbände stecken. Diese könnten ernsthaft nur um den Preis des eigenen Bedeutungsverlusts energisch gegen Doping vorgehen. Und das ist von ihnen ebenso wenig wie von Gewerkschaften, politischen Parteien oder anderen korporativen Akteuren zu erwarten.

Falls diese Überlegungen zutreffen, stellt sich die Frage um so dringlicher, was unter diesen schwierigen Bedingungen überhaupt noch gegen Doping unternommen werden könnte. Wenn die Sportverbände als zentrale Größen in der Akteurkonstellation des Spitzensports nicht nur als ernsthafte Dopingbekämpfer ausfallen, sondern sogar noch umgekehrt subtil, aber unnachgiebig zum Doping auffordern: Welche Wege aus der Dopingfalle, in die eben nicht nur die je einzelnen Athleten hineingeraten sind, sondern in der sich der Spitzensport insgesamt befindet, gibt es überhaupt noch? Die folgenden Überlegungen präsentieren keinen Königsweg aus der Dopingfalle, weisen aber in die Richtung, in der man einen Weg suchen könnte und sollte.[48] Gerade weil Doping zutiefst mit den biographischen Risiken der Athletenkarriere und den Dilemma-Situationen der Sportverbände verknüpft ist, ist zunächst festzuhalten, daß man Doping auch unter günstigsten Umständen nicht gänzlich wird eliminieren können. Kritiker, die eine radikale Lösung im Sinn haben, könnten vermutlich mit Recht behaupten: »Wer Doping insgesamt aus der Welt schaffen möchte, muß den Leistungssport abschaffen!« Will man das nicht tun, wird man sich mit einem Doping-Restbestand abfinden müssen – so wie man auch in anderen gesellschaftlichen Teilsystemen nicht auf Null-Devianz hoffen kann. Kartellabsprachen zwischen Unternehmen oder Betrug bei Wahlen werden auch nicht zum Anlaß genommen, die konkurrenzkapitalistische Wirtschaft beziehungsweise die demokratisch verfaßte Politik insgesamt aus der Welt zu schaffen. Und durch das Aufstellen von Verbots- und Gebotsschildern sowie Verkehrskontrollen wird man die Raserei auf den Straßen nicht gänzlich auf Null reduzieren können. Auch Ampeln werden nicht deswegen abgeschaltet, weil ein paar Autofahrer ihre Signale bisweilen ignorieren. Es kann demnach weder darum gehen, den Spitzensport zu verbieten, noch darum, die biographischen Risiken in Sportlerkarrieren insgesamt zu eliminieren. Und nur eine Eindämmung, keine totale Ausschaltung von Doping steht zur Debatte.

Dies vorausgeschickt, ist es wichtig, zunächst die beiden gängigen Praktiken der Dopingbekämpfung, nämlich Pädagogisierung und Kontrollintensivierung, dahingehend zu resümieren, daß ihr personalisierender Zugriff viel zu kurz greift. Gemäß dem soziologischen Grundgedanken, der alle Kapitel dieses Bandes durchzieht, setzen wir nicht nur bei der Analyse der Dopingursachen, sondern auch bei der Suche nach Möglichkeiten der Dopingbekämpfung gegen Personalisierung die Idee, Akteurkonstellationen in den Blick zu nehmen. Könnte es, so die uns dann beschäftigende Frage, eine Konstellation von Akteuren aus den verschiedenen involvierten gesellschaftlichen Teilsystemen geben, die ein polykontexturales Governance-Regime der Dopingbekämpfung etablieren könnte? Diese Frage ist allerdings ausdrücklich nicht so zu verstehen, daß wir die soziologische Konstellationsbetrachtung gegen personalisierende Interventionen auszuspielen versuchen. Vielmehr sehen wir in der Praxis der Dopingbekämpfung die Möglichkeit einer Doppelstrategie: Wichtig wäre die Institutionalisierung eines funktionalen Antagonismus von Personalisierung und Konstellationsmanagement – letzteres sowohl auf der Ebene der Dopingbekämpfer als auch auf der Ebene der dopinggefährdeten Athleten.

10.1 Personenfixierung: zwischen Hilflosigkeit und Alibifunktion

Eine Linie der Dopingbekämpfung ist darauf ausgerichtet, die Sportler durch eine normative Einbettung ihrer Handlungswahl zu domestizieren. So fällt auf, wie sehr die Thematisierung der Dopingproblematik innerhalb von Sport und Sportwissenschaft auf Moral und Erziehung hindrängt. Fair-play-Initiativen und andere Ethisierungsmaßnahmen sind Antwortversuche des organisierten Sports auf die offensichtliche Entmoralisierung seiner Handlungslogik. Strategien dieser Art laufen auf der Appell-Ebene ab. Sie signalisieren einen Aktivismus nach innen und außen und finden hier wohl auch ihre eigentliche Funktion. Das Anmahnen von Tugend und Moral soll den Verbänden angesichts des enormen Öffentlichkeitsdrucks eine Sicherheits- und Orientierungsgrundlage verschaffen und Steuerungskompetenz demonstrieren. Vor diesem Hintergrund erscheinen die Fair-play-Kampagnen von DSB und NOK als ein auf Entlastung ausgerichteter Bestandteil der »symbolischen Politik« (Edelman 1976) des Sports.

Angesichts der Pfadabhängigkeit von Sportlerkarrieren wird deutlich, warum die vielen auf Verantwortung, Charakterbildung und Mündigkeit abzielenden Versuche einer pädagogischen Resistenzverstärkung zumindest bei den unmittelbar Betroffenen ins Leere zu laufen drohen, obwohl sie mit rhetorischer Verve formuliert und in bunten Aufklärungsbroschüren verschriftlicht wurden. Derartige Formen der kommunikativen Selbstintervention, mit denen der organisierte Sport auf die Dopingskandale der letzten Jahre reagierte, sind bis heute praktisch konsequenzenlos geblieben. Allenfalls nicht zur Leistungsspitze gehörende Sportler sowie Kinder und Jugendliche, also diejenigen, die es nicht oder noch nicht angeht, fühlen sich angesprochen. Diejenigen hingegen, die es betrifft, gehen darüber geflissentlich hinweg oder kommentieren es ironisch.

Faktisch hat sich im Leistungssport ein Mentalitätstypus durchgesetzt, der das tradierte Verhältnis von Normalität und Abweichung auf den Kopf stellt. Die verschärften biographischen Verengungen der Sportlerkarriere bewirken, daß überlieferte Sinnbestände des Sports sich verflüchtigen und durch eine subversive Leistungsmoral ersetzt werden, in der alles erlaubt ist, was Siege produzieren hilft, ohne explizit verboten zu sein oder entdeckt zu werden. Dem entspricht das weitgehende Fehlen eines Unrechtsbewußtseins bei denjenigen, die das Verbotene als das Notwendige, Unerläßliche und Gleichmachende definieren und legitimieren. Es scheint sogar, daß diese selbstbewußt auf Abweichung ausgerichtete Dopingmentalität nicht nur eine Vielzahl von erwachsenen Sportlern, Trainern und Sportfunktionären infiziert hat, sondern inzwischen auch in Alterskohorten diffundiert ist, in denen die Sportpädagogik noch den spielerischen Umgang mit Leistung fordert.

Die heile Sportwelt – die es so idealisiert natürlich nie gab – gleitet demnach über die Pfadabhängigkeit spitzensportlichen Handelns und die Dilemma-Situation der Sportverbände in eine Situation ab, in der die faktischen Erfolgszwänge und die hiermit verbundenen Verlockungen und Ängste gleichsam den Erlebnishaushalt von Athleten und Trainern überfluten. Der überkommene normative Überbau wird zwar nach außen akzeptiert, aber nach innen stillschweigend ignoriert, weil er nicht auf die faktischen Nöte der im Sport tätigen Hauptakteure eingeht. Falls es überhaupt zutrifft, daß Kinder und Jugendliche am Startpunkt ihrer Sportkarrieren noch maßgeblich von den in der offiziellen Selbstbeschreibung des Sports eingespeicherten Normen wie Fairneß und Regelgehorsam beeinflußt und beeindruckt werden, wird dieses Wertesyndrom unter dem Druck des modernen Leistungssports jedenfalls sehr schnell zerbröselt. Was nutzt z.B. die Einbeziehung von Fair-play-Kampagnen in die Lizenzausbildung von Übungsleitern und Trainern, wenn gleichzeitig deren Verträge zeitlich eng begrenzt geschlossen und von rigiden Erfolgserwartungen begleitet werden? Was bringen Appelle und Drohungen gegenüber den Sportlern, wenn die Verbände selbst in unbarmherzigen Zwickmühlen stecken und die Gestaltung von Sportlerkarrieren einer Dopingneigung massiv Vorschub leistet?

Je stärker die Situation von Athleten und Trainern den Charakter einer »Hochkostensituation« bekommt, desto wahrscheinlicher wird eine Mißachtung erzieherischer Appelle.[49] Unter dem Eindruck der biographischen Verengung erfolgt eine Motivtransformation, in der die hehren Werte zu Leerformeln verkommen und sich die unbarmherzige Logik des Leistungssports durchsetzt. Ein Sozialbereich, der ausschließliche Hingabe fordert, diese aber bewußt unter hohen Kontingenzdruck setzt und die sozialen, zeitlichen und sachlichen Investitionen der Sportler nicht wie andere Berufe angemessen kompensiert, stellt widersprüchliche Erwartungen an seine Akteure und sorgt auf eine subtil nachhaltige Weise dafür, daß die eigenen Moralvorstellungen klammheimlich als Überforderung gewertet werden. Aus diesem Untergraben der eigenen normativen Postulate resultieren Orientierungsprobleme und Handlungsdilemmata sowohl bei Sportlern als auch bei den Sportverbänden. Die Angst vor Reputationsverlust und generellem Mißerfolg ist nicht nur bei den Sozialfiguren des unmittelbaren Trainings- und Wettkampfsystems zu beobachten. Sie erfaßt auch jene, die in den Hierarchien der Fachverbände als Haupt- und Ehrenamtliche für Sporterfolge zuständig sind.

Insgesamt deuten die pädagogisch orientierten Reaktionen auf Dopingdevianz in eine personalisierende Richtung: Diejenigen Sportler, die bereits abweichend geworden sind, sollen von der Falschheit ihres Tuns überzeugt und durch gutes Zureden auf den Pfad der Normtreue zurückgeführt werden. »Richtige« Argumente zielen darauf ab, daß die Sportakteure ihr deviantes Handeln einsehen und – pädagogisch aufgeklärt – anschließend aufgeben. Dabei wird erstens unterstellt, daß es solche Argumente gibt und die Athleten dafür zugänglich sind. Zweitens wird davon ausgegangen, daß der Wille zur Änderung selbst dann zur Entfaltung gebracht werden könnte, wenn die devianten Akteure sich in Hochkostensituationen befinden.

Der Präventionsgedanke zielt freilich generell weniger auf bereits Deviante. Mit der Idee der Vorbeugung versucht man vielmehr jene Sportler zu erfassen und zu beeindrucken, die sich im Vorfeld der Abweichung befinden. Sie sollen durch Aufklärung und erzieherische Appelle davon überzeugt werden, Devianz als nicht akzeptablen Weg zur Lösung von Problemen anzusehen. Beide Varianten – Beeinflussung bereits Abgewichener und Überzeugung Noch-nicht-Devianter – sind im Vergleich zur Bestrafung, die entsprechende Kontrollen voraussetzt, weniger aufwendig. Wenn pädagogische Interventionen gelängen, wäre das konforme Handeln gleichsam im Innern des Sportlers verankert. Fremdkontrolle könnte durch Selbstkontrolle substituiert werden. Die so geformte Sportleridentität machte eine Kontrolle überflüssig. Der einzelne Sportler würde sich mit Hilfe von internalisierten Moralvorstellungen souverän durch das Dickicht der Anfechtungen bewegen können, ohne in Gefahr zu geraten, den Weg der Regeltreue zu verlassen und auf einen devianten Weg überzuwechseln. Diejenigen, die bereits abgewichen wären, würden – angeleitet durch ein pädagogisch aufgerüstetes Über-Ich – ins Reich der Normtreue zurückkehren. Die Anti-Doping- und Fair-play-Bemühungen der Sportverbände zielen in beide Richtungen.

Beobachter bemerken allerdings, daß Sportverbände, die ihre Do-
pingbekämpfungsstrategien hauptsächlich auf der Appell-Ebene ansiedeln, damit gleichzeitig eine völlig andere Botschaft signalisieren: daß
man ohne größere Sanktionen davonkommen könne. Hier zeigt sich eine
implizite Pädagogik, die für Prävention völlig ungeeignet ist, weil sie die
expliziten Fair-play-Botschaften des Sports unterläuft und konterkariert.
Der heimliche Lehrplan einer solchen Verbandspolitik lautet: »Laßt euch
durch unsere Moralappelle nicht in eurer Devianz stören!« Die Verbände
müßten die Kluft zwischen expliziten Initiativen und impliziter Dopingduldung überwinden, ansonsten macht Prävention wenig Sinn. Die
Nachwuchsathleten registrieren nämlich sehr wohl dieses Auseinander-
klaffen zwischen Anspruch und Wirklichkeit und richten sich in ihren
biographischen Entscheidungen auf diese Inkongruenz ein.

Da die Identität von Spitzensportlern offensichtlich in zunehmender
Weise gegenüber moralischen Anforderungen gleichgültig geworden ist,
sind allen Bemühungen, dem Dopingproblem durch pädagogische Maßnahmen zu Leibe zu rücken, äußerst enge Wirkungsgrenzen gesetzt.
Insbesondere nach der Entlarvung Ben Johnsons bei den Olympischen
Spielen in Seoul im Jahre 1988 setzten in vielen Sportverbänden umfangreiche Fair-play-Initiativen ein. Aber diese Appelle mußten weitgehend
wirkungslos verpuffen, weil die Karrierebedingungen der Spitzensportler
parallel dazu nicht nur nicht entschärft, sondern ganz im Gegenteil nur
noch weiter verschärft worden sind. Den strukturell unter Dopingzwang
gesetzten Athleten durch moralische Appelle »saubere« Leistungen abzuverlangen, heißt angesichts dessen nichts anderes, als die Opfer des
Erfolgsdrucks noch zusätzlich zu verhöhnen. Eine solche Ethisierung des
Problems ist also, genau besehen, hochgradig unethisch und muß wohl
eher als symbolische Strategie gewertet werden, mit der Sportverbände
publikumswirksam und ohne größeren Aufwand energisches Handeln
demonstrieren wollen.

Man könnte vielleicht annehmen, daß zumindest künftige Generationen von Spitzensportlern durch eine pädagogische Vermittlung des Fair-
play-Gedankens noch moralisch imprägniert werden könnten. Aber selbst
diese Hoffnung erscheint trügerisch. Empirische Untersuchungen über
die Einstellung zu Regelverstößen zeigen: Bereits vierzehnjährige Breitensportler haben das Siegenwollen so stark verinnerlicht, daß Fairneß für
sie ein hohles Wort ist (Lenk/Pilz 1989: 68f, 103-110). So die durchaus
repräsentative Aussage eines Jugendfußballers: »Ich finde alles fair, was
für mich von Vorteil ist. Unfairneß gehört zum Geschäft. Ich werde lieber
unfair Meister als fair Letzter.« (Zitiert bei Pilz 1994: 49) Bemerkenswer-
terweise verfestigt sich diese Haltung, je länger die Kinder und Jugendlichen bereits Mitglieder eines Sportvereins sind. Was auch immer der
Vereinssport pädagogisch beabsichtigen mag: Da offenbar vielerorts der
Leistungsgedanke unkontrolliert die Oberhand gewonnen hat, scheint

untergründig Unfairneß gefördert zu werden. Und damit entfällt eine moralische Hemmschwelle, die auch gegen Doping wirksam sein könnte. Der andere der beiden hauptsächlich beschrittenen Wege der Dopingbekämpfung besteht in der Verschärfung der Kontrollen. Auch hierzu können die vorausgegangenen Kapitel eher skeptisch stimmen. Denn ganz abgesehen von zahlreichen – hier nicht nochmals anzusprechenden – anderen Schwierigkeiten benötigen Dopingkontrollen, um erfolgreich wirken und dadurch abschrecken zu können, einen möglichst überraschenden und weitreichenden Zugriff auf die Sportler. Die Kontrollen müssen sich sozusagen den jederzeit verfügbaren »gläsernen« Sportler schaffen. Hier taucht nicht nur die Frage nach der Mündigkeit der Athleten und ihren Individualrechten auf. Angesichts der Internationalisierung des Leistungssports hätte eine kompromißlose Durchsetzung von Kontrollen auch die weltweite gleichmäßige Installation einer qualifizierten, verläßlichen und entsprechend teuren Logistik zur Folge.

Zweifel am Abschreckungs- und Entlarvungswert von Dopingkontrollen sind vor allem deshalb anzumelden, weil die Athleten durch ihr näheres und teilweise auch ferneres Unterstützungsumfeld mehr oder weniger stark gegenüber Kontrollen abgeschirmt werden. Die deviante Gruppe von Trainern, Betreuern und auch Funktionären schottet den Sportler, wie anhand von Zeitungsberichten, Prozeßunterlagen und Geständnissen nachzuvollziehen ist, auf mannigfaltige Weise gegenüber Kontrollen ab. Sie reduziert dadurch deren Effektivität oftmals bis zu einem Punkt, an dem als Ergebnis der bekannten Katz-und-Maus-Spiele zwischen Dopingkontrolleuren und sich dopenden Sportlern nur noch vom Anschein einer Kontrolle die Rede sein kann. Das Unterstützungsumfeld dient als Puffer, der die Unwägbarkeiten von Kontrollen – wer wird wann und wie kontrolliert? – für den Sportler in die relative Erwartungssicherheit transformiert, nichts befürchten zu müssen.[50] Vor allem: Was nützen Kontrollen, wenn beispielsweise – wie im Jahre 2004 in Kalifornien geschehen – in einem Speziallabor Designerdrogen bewußt so hergestellt werden, daß man sie in den üblichen Kontrollverfahren nicht entdecken kann?

Gemeinsame Devianz schmiedet eine verschworene Gemeinschaft.[51] Denn wenn einer entlarvt wird, fliegen die Spießgesellen mit auf. Geheimnistuerei und wechselseitiges Mißtrauen werden damit zu allfälligen Erscheinungen im Milieu des Hochleistungssports.[52] Das muß als ein für alle Beteiligten negativer Nebeneffekt verstärkter Kontrollbemühungen verbucht werden. Dopingkontrollen treiben die Parzellierung des Sportsystems in jeweils um einzelne oder wenige Sportler zentrierte Kleingruppen von Trainern, Betreuern und Ärzten nach dem Muster des von Edward Banfield (1958) in Süditalien vorgefundenen »amoral familialism« voran. Jede dieser Gruppen ist nach außen, gegenüber konkurrierenden Gruppen ebenso wie gegenüber übergeordneten Instanzen wie nationalen und internationalen Verbänden extrem mißtrauisch und dementsprechend kooperationsunfähig, was durch die hohe innere Kohäsion der Gruppen mehr schlecht als recht ausgeglichen wird.

Wären Kontrollen sehr effektiv und könnten Doping weitgehend ausschalten, wirkten sie damit auch als vertrauensbildende Maßnahmen zwischen den Sportlern – vergleichbar den vereinbarten wechselseitigen Überwachungen auf dem Gebiet der militärischen Abrüstung. Sportler würden dann zwar nicht auf die Fairneß der Konkurrenten vertrauen, wohl aber auf deren rationales Eigeninteresse, die eigene Karriere nicht aufs Spiel zu setzen. Je weniger effektiv Dopingkontrollen aber sind, desto mehr stimulieren sie Ausweichmanöver und ein weiteres Anziehen der Dopingspirale. Denn Kontrollen machen dem Sportler auch bewußt: Andere dopen sich – sonst brauchte man die aufwendigen Kontrollen ja nicht. Wenn er zugleich in Anbetracht der geringen Kontrollerfolge realisiert, daß auch er im Schutze seines Unterstützungsumfelds über die Möglichkeit verfügt, sich relativ risikolos zu dopen, treiben ihn die Kontrollen geradezu in eine tatsächlich oder zumindest scheinbar wieder Chancengleichheit herstellende Abweichung hinein.

Die in Kapitel 9 ausführlich betrachtete Situation der Sportverbände braucht hier sowohl in Bezug auf Pädagogisierung als auch in Bezug auf Kontrollintensivierung nur noch einmal festgehalten zu werden: Da die Verbände international innerhalb derselben Sportart sowie national mit anderen Sportarten konkurrieren, können sie sich eine wirksame Dopingbekämpfung nicht leisten und müssen es beim Vortäuschen eines energischen Anti-Doping-Kampfes belassen.

Angesichts einer Konstellation, in der Athleten, Trainer, Sportfunktionäre, aber auch Vereine, Verbände und Zuschauer in Beziehungsfallen und widersprüchliche Erwartungen gefangen sind oder sich Selbsttäuschungen hingeben, könnte man nun noch die Hoffnung auf eine Profession richten, die sich innerhalb der modernen Gesellschaft als Sachwalter eines Wertes ausdifferenzieren konnte, dem gerade in der Dopingproblematik eine eminente Bedeutung zukommt. Gemeint ist die Ärzteschaft, insbesondere die *Sportmedizin*, mit ihrer Ausrichtung auf den Gesundheitsaspekt. Sind Vertreter dieser Disziplin als Akteure anzusehen, die unbelastet jenseits der genannten Zwänge stehen? Da der Spitzensport in besonderer Weise auf die Körperlichkeit der Sportler zurückgreift, diese für eigene Zielsetzungen und Steigerungsbestrebungen nutzt, könnte gerade der Sportmedizin eine wichtige Stoppfunktion zufallen. Denn schließlich hat auch sie sich wie alle anderen medizinischen Fächer einem »nihil nocere« verpflichtet.

Leider trügt diese Hoffnung ebenfalls. Eine nicht auf Personen schauende soziologische Analyse zeigt nämlich, daß der Handlungsfähigkeit von Sportmedizinern enge Grenzen gesetzt sind, wenn sie im Rahmen ihres beruflichen Handelns mit der dominanten Logik des Spitzensports, der Differenz von Sieg und Niederlage, konfrontiert werden. Dann geht es eben primär nicht darum, Gesundheit wiederherzustellen und

Krankheiten zu eliminieren, sondern auch und sogar vorrangig darum, sportliche Leistungen mit Hilfe geeigneter medizinischer Interventionen zu ermöglichen oder gar zu steigern. Den Sportvereinen und Verbänden steht es dabei frei, diejenigen Sportmediziner zu engagieren, die den sportinternen Definitionen von einer »optimalen« Betreuung möglichst nahe kommen. Ein Arzt, der sich hartnäckig weigert, beispielsweise einen für die Mannschaft wichtigen Fußballspieler vor einem alles entscheidenden Spiel »gesund zu spritzen«, wird in der Regel schnell durch einen anpassungsbereiten Kollegen ersetzt. Aber es ist nicht nur der Sport, der seine Interessen bei der Rekrutierung geeigneter Ärzte im Rahmen eines Demand-pull durchsetzt. Auch die Sportmedizin und deren Mitglieder nutzen den Sport häufig, um eigene Möglichkeiten zu verbessern, so daß sich eine Konstellation der wechselseitigen Nutzenverschränkung ergibt.

Drei Aspekte scheinen für das starke Interesse der Sportmedizin an einer Zusammenarbeit mit dem Spitzensport von einer besonderen Bedeutung zu sein. Eine medizinische Forschung über Spitzensportkörper setzt erstens voraus, daß die Sportorganisationen ihre »legitime Indifferenz« gegenüber der Wissenschaft aufgeben und Forschern den Zutritt zu Leistungskadern und Förderinstitutionen gestatten. Anwendungsorientierte Disziplinen wie die Sportmedizin können sich deshalb keine konfrontativen Positionen erlauben, weil sie von der Gatekeeper-Funktion der Sportorganisationen abhängen. Da es Medizinern zweitens durch ihre Standesordnung verboten ist, Werbung für eigene Leistungen und Fähigkeiten zu schalten, bietet die Zusammenarbeit mit Spitzensportlern gerade den niedergelassenen Ärzten die profitable Möglichkeit, über das Kurieren von Sportlerverletzungen und Krankheiten ohne größeren Aufwand und völlig legal auch auf sich selbst aufmerksam zu machen. Das große Zuschauerinteresse am Sport und die Reputation einzelner Athleten lassen sich dann parasitär nutzen, um den Bekanntheitsgrad sowohl der eigenen Person als auch der eigenen Praxis zu steigern. Ein Zeitungsbericht über die gelungene medizinische Intervention in die Körperlichkeit eines in der Öffentlichkeit hochgeschätzten Sportlers kann goldwert für das zukünftige Patientenaufkommen sein. Angesichts der härter gewordenen Konkurrenz zwischen den Ärzten sind Wettbewerbs- und Aufmerksamkeitsvorteile dieser Art nicht zu unterschätzen. Mit sportlichen Athletenerfolgen sind so manche Sportärzte erst sozial sichtbar geworden.

Durch das Hineingehen in den Spitzensport trachtet die Sportmedizin schließlich drittens danach, vorhandene wissenschaftliche Reputationsdefizite in der Herkunftsdisziplin durch außerwissenschaftliches Ansehen zu kompensieren. Die Sportmedizin hat seit langer Zeit Probleme, von den medizinischen Fakultäten anerkannt bzw. diesen überhaupt zugeordnet zu werden. An einigen Universitäten ist der Lehrstuhl für Sportmedizin jeweils am Institut für Sportwissenschaft angesiedelt. Die Schwierigkeit der Sportmedizin, trotz ihrer Leistungen in der Prävention und Rehabilitation strukturell und vollwertig in die Medizin integriert zu werden, wird durch eine weitere Tatsache plausibilisiert. Während Fächer wie die Sozial-, Umwelt- oder Arbeitsmedizin fest in der Approbationsordnung verankert sind, wurden die Anträge der Sportmedizin, in diese als gleichwertige Disziplin aufgenommen zu werden, über Jahrzehnte in aller Regelmäßigkeit abgeschmettert. Und selbst, wenn sie es irgendwann einmal schaffte, in der Approbationsordnung berücksichtigt zu werden, bliebe ihr Hauptmanko bestehen, daß sie in der fachlichen Rangordnung der Körperteile und Organe kein Monopol aufbauen konnte. Es kann angesichts dieser Situation nicht überraschen, daß diese Disziplin in der Reputationsordnung der Medizin nicht an oberster Stelle angesiedelt ist und sich deshalb ihre Erfolgserlebnisse anderswo sucht.

Soziologische Beobachter können hieraus ableiten, daß die Sportmedizin sich in einer ambivalenten Situation befindet. Sie ist einerseits keinem Demand-pull von seiten der Mutterdisziplin ausgesetzt, andererseits steht sie im Erwartungssog des Sports und kann sich bei entsprechender Fügsamkeit in dessen Schatten öffentlich mitsonnen. Die Konsequenzen dieses Ungleichgewichts liegen auf der Hand. Die Sportmedizin steht durch die starke sportliche Nachfrage in Gefahr, sich strukturell aus ihrem Herkunftsmilieu, der Medizin, abzusetzen und in den Spitzensport überzuwechseln. Das durchaus legitime Bestreben, in diesem körperorientierten Sozialbereich tätig zu werden, bringt die Sportmedizin in eine soziale Konstellation hinein, die bereits ohne die Teilhabe der Sportmedizin nicht unproblematisch ist. Nicht wenige Professionsmitglieder sind diesen Weg in den Spitzensport gegangen und haben die ethischen Standards der Medizin langsam, meist klammheimlich, aufgegeben und durch eine subversive Unterstützungsmoral ersetzt, in der sich auch Platz für die Verwendung von Dopingpraktiken fand. Wer hingegen die eigene Standesethik hochhält und vornehmlich an der Gesundheit der Athleten interessiert ist, steht in Gefahr, aus der Betreuung von Spitzenathleten subtil verdrängt und durch anpassungsbereite Sportmediziner ersetzt zu werden – wenn er sich nicht ohnehin früher oder später oder von vornherein auf den Breitensport fixiert, um devianzorientierte Erwartungen nicht erfüllen zu müssen. Die starke hierarchische Strukturierung, Abhängigkeit und Standesloyalität der Mediziner untereinander verhindern zudem eine offene und kontroverse Diskussion der eigenen Verstrickungen in die Dopingproblematik.

Der Bericht der Unabhängigen Dopingkommission vom Juli 1991 bestätigt die Einschätzung von dem engen Schulterschluß zwischen einigen Sportmedizinern und dopingbereiten Sportlern und Sportorganisationen: »Auch auf dem Sektor der medizinischen Betreuung bestehen noch Mängel: – Der sportliche Erfolg eines Athleten wurde gelegentlich als Indiz der sportärztlichen Qualifikation interpretiert. – Obwohl es unwahrscheinlich ist, daß Sportmediziner Dopingprobleme nicht gesehen haben, mangelt es auch bei dieser Gruppe im Umfeld des Athleten an weiterreichenden Impulsen gegen das Doping. Vielfach herrschte die Meinung vor: ›hier ist nichts zu machen‹, ›ich will davon nichts wissen‹. – Es ist wahrscheinlich, daß in einigen Fällen entgegen jeder gültigen medizinischen Indikation Anabolika und andere Dopingmittel verschrieben bzw. eingesetzt worden sind. Hieran waren nicht nur Sportärzte mit niedrigem Spezialwissen beteiligt. In einigen Fällen wurden Schein-Indikationen für den Einsatz von Anabolika herangezogen, wie ›Substitution in der Regenerationsphase‹ oder ›Förderung der Heilung bei Sportverletzungen‹. – Die Aufklärung der Sportler durch Sportärzte über die gesundheitlichen und medizinischen Aspekte des Dopings war unzureichend. [...]«[53]

Die Prozesse gegen Sportmediziner aus Frankreich, Italien oder der ehemaligen DDR zeigen, daß die Verstrickungen des medizinisch-industriellen Komplexes nicht vor nationalen Grenzen haltmachen, sondern global anzutreffen sind. Sportler, die sich auf eigene Faust dopen, werden schnell aus dem Verkehr gezogen. Die bei Athleten, Trainern, Sportfunktionären, Vereinen und Verbänden vorgefundenen Beziehungsfallen lassen sich so auch in einer durchaus erwartbaren Weise bei nicht wenigen im Spitzensport engagierten Sportmedizinern vorfinden. Auf der Vorderbühne erzählen diese von ihrer aufopferungsvollen Athletenbetreuung und ihrer strikten Anti-Doping-Haltung. Auf der Hinterbühne rüsten sie ihre Schützlinge auch mit verbotenen Mitteln auf.

Damit schließt sich der Kreis der Verwicklungen und Beziehungsfallen und erhält die Qualität einer ultrastabilen sozialen Konstellation. Das Handeln aller Beteiligten wird von diesem Gefüge – also den je anderen – in einer Art geprägt, die sich aus den Intentionen einzelner Personen nicht mehr herleiten läßt. Athleten, Trainer, Funktionäre, Sportärzte, Sponsoren, Journalisten und Zuschauer handeln zwar – doch durch sie handelt letztlich in starkem Maße die Konstellation als überpersonelle Struktur. Sicherlich könnten alle genannten Akteure radikal aussteigen, nein sagen und sich anderen Betätigungen zuwenden. Manche tun dies auch. Was ist aber mit denen, die im Spitzensport bleiben wollen oder auf ihn in der einen oder anderen Art angewiesen sind? Ihnen bleibt nichts anderes übrig, als sich mit dem real existierenden Interdependenzgeflecht auseinanderzusetzen. Es sollte zu denken geben, daß Sportler, Trainer, Ärzte, Sponsoren und Medienleute als Personen aus der Konstellation ausscheiden können, Doping aber bislang nicht eliminiert werden konnte.

10.2 Dopingbekämpfung: ein struktureller Ansatz

Die gängige Dopingattribution ist auf den einzelnen Sportler als Person gerichtet. Dies betrifft sowohl die pädagogische als auch die juristische Behandlung der Problematik. Selbst die moralisierenden Kritiker machen Doping vornehmlich an Personen fest und denken hierbei außer an die Sportler auch an Sportfunktionäre, Sportmediziner und Wissenschaftler, die durch ihr Handeln oder Unterlassen Devianz ermöglichen und unterstützen. Auch die Massenmedien haben sich diesem Trend der Personalisierung des Dopings angeschlossen, weil sie ansonsten ihre eigene Logik schlecht bedienen könnten. Komplexe Sachverhalte widersetzen sich einer Transformation in die Bildsprache, was die Medienakteure dazu bringt, eine Reduktion von Komplexität auf Individuen zu forcieren. Diese stabile Deutungsgemeinschaft macht sowohl die Athleten als auch einzelne Figuren des assistierenden Sportumfeldes zu Sündenböcken, die man bestrafen und aus dem Verkehr ziehen sollte. Überindividuelle Stellgrößen bleiben unberücksichtigt. Die Verbände als korporative Akteure oder erfolgsinteressierte Bezugsgruppen bleiben ausgeblendet (vgl. Kapitel 1). Und eine Analyse, in der beispielsweise die elektronischen Medien in sich selbst über sich selbst berichteten und sich als Mittäter bezichtigten, ist bislang noch nicht über die Kanäle gegangen.

In einer soziologischen Perspektive wird Doping völlig anders rekonstruiert. Es erscheint nicht als ein Phänomen, das sich primär aus dem schlechten Charakter oder der Willensschwäche einzelner Menschen ableiten läßt oder das wie ein plötzlicher Fluch über den Leistungssport gekommen ist. Das Festmachen der Abweichung an den Persönlichkeitsstrukturen von Sportlern, Trainern, Sportfunktionären oder Medizinern weist aus der Sicht der Soziologie in eine falsche Richtung und verstellt sogar den Blick auf jene Bedingungen, die Doping auslösen. Eine Personalisierung der Abweichung dient nicht der Aufklärung, sondern befriedigt eher den Latenzbedarf der korporativen Sportakteure. Warum sollte gerade im Spitzensport, so würde man als Soziologe fragen, sowohl national als auch international und über alle Disziplinen hinweg ein Sortiment von Akteuren versammelt sein, das sich kollektiv durch Charakterdefizite auszeichnete? Die Massenhaftigkeit der Verstöße und der eskalatorische Charakter der Devianz sollten vielmehr zu denken geben.

Auf dem Bildschirm der Soziologie taucht Doping als ein sozialstrukturell bedingtes Phänomen auf. Auf der Makro-Ebene gesellschaftlichen Geschehens deutet es auf die Systemlogik des Spitzensports und dessen Entfesselung durch ein sportinteressiertes Umfeld hin. Auf der Mikro-Ebene der einzelnen Sportler erscheint Doping, wie wir gezeigt haben, als eine Antwort auf die Riskanz von Sportlerbiographien. Die Athleten stehen im Schnittpunkt unterschiedlichster Bezugsgruppen, die sie zeitlich, sachlich und sozial mit eskalierenden Leistungserwartungen konfrontieren. Das auf Normtreue ausgerichtete Verhaltensrepertoire des traditionellen Sports reicht angesichts der hieraus resultierenden Möglichkeiten und Begrenzungen offensichtlich nicht mehr aus, diesem Erwartungsdruck entsprechen zu können. Auch wenn die Risiken einzelne Athleten sehr unterschiedlich treffen mögen und eine Reihe von intervenierenden Bedingungen eine strikte Kopplung von Kontext und Handeln verhindert, ist die Riskanz dennoch eine potentielle Gefahrenquelle für all jene, die qua Hyperinklusion im Spitzensport integriert sind. Die hohe Skandalfrequenz ist ein schlagender Beweis dafür, daß sich immer mehr Athleten den hieraus resultierenden Anforderungen immer weniger entziehen können und in eine Pfadabhängigkeit der Abweichung hineingeraten. Im Gegensatz zur pädagogischen Perspektive nimmt die Soziologie damit eine dezidiert modernitätskritische Position ein.[54] Sie relativiert rigoros die Autonomie-Idee des Subjekts und betont statt dessen die Verstrickung des einzelnen in strukturelle und prozessuale Zwänge. In der soziologischen Perspektive hat der Spitzensport ein eigentümliches Faktorenbündel erzeugt: eine starke Identitätsfokussierung, schleichende biographische Fixierungen, konfrontative Konfliktstrukturen als basale Grundsituationen sportlicher Wettkämpfe und die Unbestimmtheit des Konfliktausgangs. Hieraus resultieren jene zugespitzten strukturellen und prozessualen Zwänge, die nahezu x-beliebige Individuen schnell immer tiefer in das Dopingmilieu hineinreißen können und einer individuellen Autonomie der Handlungswahl, also auch des Neinsagens und Aussteigens, wenig Raum lassen.

Der Sportler erscheint in der soziologischen Sicht nicht, wie man nun meinen könnte, als eine Marionette, die an den Fäden eines Unterstützungsmilieus hängt und bedingungslos zu folgen hätte. Dies wäre zu einseitig, weil damit eine »oversocialized conception of man« (Wrong 1961) zum Ausdruck gebracht würde. Offensichtlich müssen sich nicht alle Spitzensportler dopen, wie wir in unserer Analyse intervenierender Bedingungen (Kapitel 4.3) gezeigt haben. So können etwa Ausnahmetalente ohne Doping siegen; und es gibt nach wie vor Athleten, die den eigenen Erfolg nicht ganz so ernst nehmen müssen, weil sie beispielsweise über berufliche Karrierealternativen verfügen. Bei allen Freiheitsrechten und Verweigerungsmöglichkeiten, die man Athleten zusprechen kann, gilt allerdings auch: Zwar kann ein Sportler nein sagen und den traditionellen Werten von Fairneß folgen. Wahrscheinlicher ist aber eine Anpassung durch Abweichung, wenn damit einige oder viele Risikofaktoren von Sportlerkarrieren kompensiert werden können. Wir gehen insofern von einer »Constrained choice«-Perspektive (Franz 1986) aus. Wahlmöglichkeiten werden nicht geleugnet, ebensowenig werden aber auch die – meist stärkeren – Restriktionen unterschlagen.

Aus der Sicht der Soziologie kann eine Dopingbekämpfung dementsprechend nicht ausschließlich daran ansetzen, Sportlercharaktere im Vorfeld der Devianz zu formen und zu imprägnieren. Und es reicht auch nicht aus, Charakterstärke nach vollzogener Devianz anzumahnen. Die Dopingbekämpfung muß vielmehr ergänzt werden durch sozialstrukturelle Maßnahmen der Risikominimierung. Hierzu gehört es, um nur einige Vorschläge zu unterbreiten, daß Repräsentanten von Gegenprinzipien mit Richtlinienkompetenz im Sport institutionalisiert werden, um eine Gegenrationalität fest zu etablieren. Institutionen, die ihre Hauptakteure qua Hyperinklusion in Beschlag nehmen, müssen dazu gebracht werden, die eigene Ausrichtung auf den Leistungssport durch Implemen-

tierung der »Anderen« zu unterlaufen, um die Dominanz ihrer totalisierenden Eigenlogik zu verhindern.

Wenn unsere Einschätzung zutrifft, daß Sportler in ihren Karrieren
vornehmlich mit zwei Risikokonstellationen konfrontiert werden, nämlich
mit Erfolglosigkeit während der Karriere und mit Zukunftsungewißheit
nach der Karriere, und daß sie hierauf mit devianzorientierten Copingstrategien antworten, müßten Maßnahmen zur Risikominimierung an
genau diesen beiden Stellen ansetzen. Und all diejenigen Strategien, die
von den Fachverbänden installiert worden sind, wären daran zu messen,
ob sie die Risikofaktoren angemessen berücksichtigen und kontern können. Die beste Dopingprävention besteht, kurz gesagt, in einer *Reduktion
biographischer Risiken*. Die korporativen Sportakteure und relevanten
Bezugsgruppen hätten den Athleten plausible Alternativen zum Doping
anzubieten, also Maßnahmen zu entwickeln und zu implementieren, die
die genannten Risikofaktoren mildern. Die Athleten müssen sich erstens
mehr Erfolglosigkeit leisten können. Die negativen Konsequenzen aus
Niederlagen und Verletzungen müssen für sie tragbar sein. Und die
korporativen Akteure des Sports müssen zweitens Maßnahmen gegen die
Zukunftsungewißheit von spitzensportlichen Karrieren entwickeln, und
zwar parallel oder zeitlich versetzt zu ihrem sportlichen Engagement.
Verbindliche Zukunftschancen sind zu eröffnen, und integrative Maßnahmen wären vermehrt zu installieren. Eine Sozialfigur wie der Laufbahnberater könnte institutionell gestärkt werden, um in beiden Hinsichten wirken zu können.

Wenn es weiterhin zutrifft, daß Doping ein kollektiv hergestelltes
Phänomen ist, das sich aus der Eigendynamik des Zusammentreffens
und der Verstärkung teilsystemischer Logiken ergeben hat, kann eine
nächste soziologische Empfehlung nur lauten: Maßnahmen der Dopingbekämpfung müssen intersystemisch abgestimmt erfolgen und in der
Sprache der beteiligten Systeme artikuliert und durchgeführt werden. In
der steuerungstheoretischen Debatte wird dies seit längerem u.a. unter
dem Stichwort »Kontextsteuerung« diskutiert (Teubner/Willke 1984;
Bette 1996: 25ff). Andere Teilsysteme haben demzufolge ihre jeweiligen
Steuerungssprachen (Macht, Geld, Wissen, Neuigkeiten) einzusetzen, um
den organisierten Sport zu einer Selbständerung in Sachen Dopingbekämpfung zu veranlassen. Es geht also um eine externe Anregung für
eine interne Selbständerung.

Hierfür wollen wir einige Beispiele formulieren: Die Politik hätte
ihren Geltungskontext selbstbewußt zu nutzen und die Vergabe der Fördermittel an faktisch geleistete Maßnahmen der verbandlichen Dopingbekämpfung zu koppeln. Der mögliche Weg einer derart von außen stimu-
lierten Kontextsteuerung liefe über politische Verteilungsentscheidungen
und dosierte Junktim-Formulierungen, die das Ziel haben müßten, den
organisierten Sport zu einer Selbständerung zu bringen. Eine ähnliche
Strategie gilt für alle anderen beteiligten Teilsysteme. Wirtschaftsunter-

nehmen müßten ihre Sponsorengelder nur an diejenigen Verbände vergeben, die über ein An- und Abmeldesystem verfügen und ihre Athleten unangemeldeten Dopingkontrollen unterwerfen. Veranstalter dürften nur diejenigen Sportler zu Wettkämpfen einladen, die sich den Kontrollverpflichtungen nachweislich unterworfen haben. Die Wissenschaft hätte ihre Möglichkeiten zu nutzen, die Anti-Doping-Bemühungen der Verbände durch die Entwicklung geeigneter Testverfahren und die Formulierung eines sozialwissenschaftlichen Orientierungswissens zu unterstützen. Die Medien hätten einzukalkulieren, daß ein dopingverseuchter Sport langfristig das Publikumsinteresse am Sport, und damit auch die Nachfrage an den übertragenden Medien, reduzieren wird. Eine kritische Sportberichterstattung, die sich quotenunabhängig von der typischen Hofberichterstattung deutlich abzusetzen hätte, könnte in diesem Zusammenhang sehr hilfreich sein. Und das Sportpublikum hätte, obwohl es keine organisierte Kollektivität darstellt, solche Maßnahmen durch Interesse beziehungsweise gezieltes Desinteresse flankierend abzustützen. Ein »Runder Tisch« könnte all diese teilsystemspezifischen Maßnahmen koordinieren.

Weil Doping, wie dargestellt, ein intersystemisches Konstellationsprodukt ist, muß auch die dopingerzeugende Konstellation geändert werden. Dopingbekämpfung ist daher zuallererst als *Konstellationsmanagement* zu konzipieren und zu realisieren: als gezielte und in einer »konzertierten Aktion« durchgesetzte Umgestaltung der Konstellation – von den Zuschauern bis zu den Athleten – in Richtung einer Eröffnung neuer Handlungskorridore, die nicht zum Doping führen. Eine soziale Konstellation zielgerichtet zu verändern heißt freilich, sich einem Interventionsgegenstand zuzuwenden, der sehr viel komplexer und intransparenter ist als eine einzelne Person. Diese Beschaffenheit macht sich in mannigfaltigen Ungewißheiten und Risiken des Gestaltungshandelns bemerkbar. Es liegt bei der Handlungswahl nicht einfach auf der Hand, was am besten zu tun wäre, und ob sich die Ziele auch realisieren lassen. Hat man dann gehandelt, ist mit unvorhergesehenen und unerwünschten Neben- und Fernwirkungen zu rechnen. Die Gestaltung komplexer sozialer Konstellationen sieht sich stets einer wirkmächtigen, bisweilen übermächtigen »Logik des Mißlingens« (Dörner 1989) ausgesetzt. Man kann zwar durch Beschränkung auf personalisierende Maßnahmen vermeiden, sich diesen Schwierigkeiten des Konstellationsmanagements stellen zu müssen. Will man aber ernsthaft Erfolge im Kampf gegen das Doping erzielen, kommt man nicht darum herum, der Komplexität und Intransparenz dieser Konstellation Herr zu werden.

Ein Management komplexer Konstellationen ist besonders dann schwierig, wenn sich das Akteurgefüge nicht einfach von außen umgestalten läßt, sondern die Veränderung aus sich selbst heraus zu bewerkstelligen ist. Für die Dopingkonstellation im Spitzensport gilt zweifellos, daß hier *Selbständerung* angesagt ist. Denn welcher externe Akteur wäre denn fähig und bereit, sich der Dopingproblematik anzunehmen? Alle, die irgendwie mit dem Spitzensport zu tun haben, sind, wie wir gezeigt haben, in das Doping in der einen oder anderen Weise involviert. Die Konstellation muß sich also ohne wesentliche fremde Hilfe selbst aus dem Dopingsumpf herausziehen. Es ist davon auszugehen, daß diese Anstrengung von allen Beteiligten geleistet werden muß. Es dürfte nicht genügen, wenn nur die Politiker oder allein die Athleten oder ausschließlich die Sportverbände etwas gegen Doping unternähmen – wie immer ehrenwert die Bemühungen sein mögen.

Die Bereitschaft zur Selbständerung der Konstellation ist dabei als ambivalent einzustufen. Auf der einen Seite ist die gegebene Situation für alle suboptimal, wie die aufgezeigten Täuschungen, Selbsttäuschungen, Zwickmühlen und sonstigen Zwangslagen nachdrücklich dokumentieren. Wenn sich niemand mehr dopte, wäre das ein Gewinn für alle Beteiligten. Auf der anderen Seite entspricht es freilich gerade der spezifischen Qualität der Dopingkonstellation, daß sie auf jeden Akteur einen strukturellen Druck ausübt, so weiter zu machen wie bisher. Genau darin liegt das Problem.

Es sind allerdings Beispiele für ähnlich zugespitzte Konstellationen bekannt, die ein erfolgreiches Management der Selbständerung betrieben haben. Man denke nur an das »Wettrüsten« der Supermächte seit den fünfziger Jahren, das diese dann in den achtziger Jahren durch Rüstungskontrollabkommen allmählich in den Griff bekamen – noch bevor das Problem sich dadurch erledigte, daß die Sowjetunion zerfiel. Erfolgversprechend ist offenbar eine »Politik der kleinen Schritte«, die zu allmählicher Vertrauensbildung und Kooperation führt. Essentiell dabei ist, trotz möglicher Rückschläge möglichst das Gespräch miteinander nicht abreißen zu lassen und in Verhandlungen zu bleiben.

Auch wenn man aus einem solchen Beispiel gewisse Hoffnungen zu schöpfen vermag, darf nicht übersehen werden, daß das »Wettrüsten« bei all seiner Gefährlichkeit in zwei entscheidenden Hinsichten weniger komplex als die Dopingkonstellation ausgefallen ist. Der Rüstungswettlauf war eine bipolare Konstellation, die auf beiden Seiten von denselben Handlungslogiken – der militärischen und der politischen – beherrscht wurde. Die Dopingkonstellation umfaßt demgegenüber deutlich mehr Arten von Akteuren und wird durch eine Vielfalt von Handlungslogiken bestimmt: die sportliche und die politische, die wirtschaftliche und die journalistische, die medizinische und die wissenschaftliche, die juristische und die pädagogische Sicht der Dinge – sowie nicht zuletzt die Perspektive der Zuschauer. Klar muß von vornherein sein, daß jeder Akteur nur in seiner je eigenen Handlungslogik ansprechbar ist. In dieser Hinsicht ist die Komplexität der Konstellation zu respektieren, will man einander überhaupt wechselseitig verstehen und erfolgversprechend beeinflussen. Eine Beschränkung auf z.B. die juristische oder die wirtschaftliche – oder auch die sportliche – Dimension wäre eine Verkürzung, die den Mißerfolg schon vorprogrammiert hätte. Denn einen Richter interessieren keine Siege, sondern Gesichtspunkte der Rechtmäßigkeit; ein Unternehmen ist ebensowenig sportbegeistert, sondern muß an den eigenen Bilanzen interessiert sein, wenn es nicht vom Markt verschwinden will; und die Akteure des Sports wiederum kümmern sich um Gesetze oder Sponsorengelder nur als Randbedingungen dessen, worum es ihnen eigentlich geht, nämlich das sportlich Mögliche zu steigern. Die verschiedenen Handlungslogiken müßten also miteinander ins Gespräch gebracht werden; und dieser Diskurs hätte letztlich darauf ausgerichtet zu sein, dem Sport in dessen Sprache zu verdeutlichen, daß Doping sich nicht länger lohnt. Auch wenn die gesamte Konstellation das Doping erzeugt: Nur die Sportakteure selbst können dann in letzter Instanz eine Dopingbekämpfung umsetzen. Allerdings müßten sie hierbei eine entsprechende Unterstützung von außen erfahren.

Ein »Runder Tisch« wäre die geeignete Institution, um eine »konzertierte Aktion« aller Beteiligten zu beratschlagen und zu beschließen. Mit einem derartigen integrativen Mechanismus sind in anderen Gesellschaftsbereichen bei ähnlich schwierigen Problemkonstellationen durchaus Erfolge erzielt worden. Neben all den genannten Akteuren – einschließlich der Repräsentanten des Publikums – dürfte der soziologische Beobachter nicht fehlen. Auch er sollte seine spezifische Sichtweise einbringen – aber nicht als eine in irgendeinem Sinne überlegene Deutung, sondern wiederum als eine neben anderen. Es geht also nicht um Patentrezepte, sondern um eine weitere Stimme im Gespräch. Was den Soziologen – abgesehen von seiner spezifischen Perspektive – von den anderen Beteiligten unterscheidet, ist die Tatsache, daß er nicht praktisch in die Dopingkonstellation verwickelt ist, sondern diese als außenstehender Beobachter analysieren und kommentieren kann. Von einem unmittelbaren Handeln entlastet zu sein, hat den Vorteil, ohne manifeste Eigeninteressen urteilen zu können. Dadurch vermag der Soziologe Dinge beim Namen zu nennen, die vielleicht für die anderen Akteure Tabu sind, und kann so Denkverbote der Konstellation ignorieren und dadurch außer Kraft setzen. Wenn es freilich um die praktische Realisierbarkeit und Umsetzung bestimmter Maßnahmenbündel geht, hat er sich mangels eigener Konstellationserfahrungen zurückzuhalten. Der Soziologe entwirft Deutungsszenarien, und die Konstellationsbeteiligten müßten diese auf ihre Handlungsbedingungen und -möglichkeiten beziehen und entsprechend umarbeiten. Wir halten uns daher hier – wie eingangs angekündigt – ganz bewußt damit zurück, eigene Vorschläge für konkrete Maßnahmen zur Dopingbekämpfung zu präsentieren. Wichtiger – und unserer Rolle als Soziologen angemessener – erscheint es, den dargelegten *prozeduralen* Vorschlag ins Gespräch zu bringen. Dabei gilt: Daß ein »Runder Tisch« eine erfolgreiche »konzertierte Aktion« auf den Weg zu bringen vermag, können wir nicht garantieren; aber ziemlich sicher erscheint uns, daß man mit den bisherigen Vorgehensweisen das Dopingproblem nicht lösen wird.

Es ist allerdings zu erwarten, daß eine Kontextsteuerung dieser Art generell schwierig zu installieren sein wird, weil diverse Teilgruppen von Akteuren untereinander in schärfsten Konkurrenzbeziehungen stehen. Dadurch, daß beispielsweise Sponsoren, Medienanstalten und auch Wissenschaftsakteure jeweils in ihren eigenen Sozialbereichen um Geld, Einschaltquoten, Drittmittel etc. konkurrieren, wird es dem Sport relativ leicht fallen, die eine Seite gegenüber der anderen Seite auszuspielen. Wenn ein geldstarker Sponsor keine Junktim-Vereinbarung eingeht, könnte dies die anderen Sponsoren dazu verleiten, ähnlich aufzutreten. Und ein Medienunternehmen wird es angesichts der Konkurrenz der öffentlich-rechtlichen Anstalten gegenüber den privaten Anbietern schwer haben, einen Alleingang zu unternehmen. Ein »Runder Tisch« hätte all dies einzukalkulieren und entsprechende Vereinbarungen auszuhandeln.

Insgesamt wäre schließlich mitzudenken, daß die Internationalisierung des Spitzensports eine Internationalisierung der Dopingabwehr erforderlich macht. Ähnlich wie auf dem Gebiet der Militarisierung oder der supranationalen Umweltprobleme können nur noch internationale Absprachen und wechselseitige Kontrollen greifen. Nationale Alleingänge sind langfristig nicht dazu angetan, die Probleme zu lösen, weil sie Ungleichgewichte herstellen, auf die Sportler und Verbände mit Doping beziehungsweise impliziter Dopingduldung reagieren werden. Damit wird überdeutlich: Die Bedingungen für eine Steuerung des Spitzensports haben sich durch die intersystemischen Nutzenverschränkungen und die Globalisierung dieses Systems massiv verändert. Konnten die Fachverbände in der Phase der relativen Selbstgenügsamkeit, nämlich mit wenig Ressourcen von außen, interne Fehlsteuerungen noch relativ einfach »aussitzen«, vertuschen oder verheimlichen, fallen diese Strategien in der Phase der massiven Fremdunterstützung immer schwerer. Sportskandale tangieren eben nicht mehr nur den Sport, sondern strahlen auf andere Teilsysteme aus. Leistungserwartungen von Politik, Wirtschaft, den Massenmedien, aber auch von den mit Erziehung und Bildung befaßten Institutionen werden hintertrieben, wenn Ereignisse eintreten, die der offiziellen auf »Sauberkeit« und Fairneß ausgerichteten Selbstbeschreibung des Sports widersprechen. Angedrohter oder tatsächlicher Ressourcenentzug ist die Antwort relevanter Umweltakteure auf die Skandalierung des Sports durch Dopingdevianz.

Daß der Spitzensport inzwischen für seine Unterstützersysteme zu einem Problem geworden ist, zeigte sich vor einigen Jahren angesichts der Bestechungsskandale im IOC nach den Olympischen Spielen in Salt Lake City. Die Selbstdiffamierung dieses Sportakteurs durch bekannt gewordene Skandale führte zu einem Rückzug einiger Großsponsoren. So beschloß eine große US-amerikanische Versicherungsgesellschaft, bis auf weiteres nicht mehr mit den Olympischen Ringen zu werben. »[...] ›Der Dummheit im IOC sind offenbar keine Grenzen gesetzt‹, sagte d'Allessandro (der Präsident der Versicherungsgesellschaft, die Autoren) auf einer Pressekonferenz in New York: ›Pausenlos wird im IOC von höheren Werten geschwafelt, aber die Diskussionsebene kann gar nicht tiefer sein. Damit wollen wir nicht in einem Atemzug genannt werden.‹ Zudem hat d'Allessandro die Verhandlungen mit dem Olympiasender NBC über den Kauf von Werbeblöcken während der Spiele 2000 in Sydney vorläufig eingestellt.« (FAZ vom 7.5.1999)

Reaktionen dieser Art bieten für den Spitzensport, bei aller momentanen Kalamität, eine wichtige längerfristige Chance der Selbständerung. Die Etablierung der WADA, der Welt-Anti-Doping-Agentur, war eine solche Reaktion des Sports auf die externe Kritik gegenüber den bisherigen Umgangsformen des organisierten Sports in Sachen Doping. Teilsysteme, die Schwierigkeiten haben, aufgrund eigener Beobachtungs- und Reflexionsdefizite bisherige Verhaltensweisen aufzugeben und sich von einer »brauchbaren Illegalität« zu trennen, können sich durch Interventionen von außen veranlaßt sehen, genau dies zu tun oder zumindest entsprechende Schritte auf den Weg zu bringen.

10.3 Etablierung von Doppelstrategien

Wir haben in den vorgelegten Analysen des Dopings im Spitzensport vorgeführt, wie die soziologische Perspektive Konstellationszwänge hervorhebt. Ganz im Sinne von Simmels »Wechselwirkungen« und Elias' »Figurationen« sind es die Kontextbedingungen sowie die transintentionalen Handlungsverstrickungen, auf die sich das soziologische Augenmerk richtet. Diese Sichtweise zwingt konzeptionell dazu, die individuelle Autonomie der Handlungswahl analytisch zu vernachlässigen. Jeder der Athleten kann, soziologisch betrachtet, nicht anders handeln, als er handelt, weil erstens die jeweils mit ihm konkurrierenden Athleten sowie die Akteure im inner- und außersportlichen Umfeld so handeln, wie sie handeln. Zweitens ist der sozialstrukturelle Kontext im Spitzensport so, wie er ist. Die Wechselseitigkeit der Handlungsfestlegung bedeutet nichts anderes als: Die Konstellation handelt, und zwar so, daß kein einzelner Athlet seine jeweiligen Absichten im Rahmen seiner Karriere auch nur annähernd realisiert. Das schließt keineswegs aus, daß die Beteiligten dieses Ergebnis ihres handelnden Zusammenwirkens so voraussehen. Aber sie können nichts daran ändern und begeben sich sozusagen sehenden Auges in die Misere.

Das Prisoner's Dilemma der Athleten macht es ganz deutlich (siehe Kapitel 5.2): Weder vermögen einzelne Sportler das für sie Beste zu realisieren, also sich offensiv zu dopen, weil eben viele andere sich immer mitdopen. Noch schaffen es alle Athleten gemeinsam, auf Doping zu verzichten und damit den kollektiv besten Zustand zu erreichen, weil sie aufgrund unzureichender Informationen darüber, was der jeweils andere tut, notorisch mißtrauisch miteinander umgehen müssen. Alle bleiben deshalb im defensiven, für alle unvorteilhaften Doping hängen. Es handelt sich eben dabei, spieltheoretisch formuliert, um ein pareto-inferiores Nash-Gleichgewicht: um einen für alle unbefriedigenden Zustand, aus dem sich keiner auf eigene Faust herauszubewegen vermag. Mehr noch: Dieser Zustand ist nicht statisch, sondern hochgradig dynamisch. Die Ergebnisse des handelnden Zusammenwirkens der Athleten entfernen sich unaufhaltsam immer weiter von den Präferenzen aller Beteiligter.

Diese soziologische Perspektive auf Doping oder noch weitere Arten abweichenden Verhaltens ist für Pädagogen wie Juristen ganz inakzeptabel. Wenn die individuelle Autonomie analytisch negiert wird, ist Charakterbildung ebensowenig wie individuelle Schuldzuweisung angebracht. Moralische Appelle wären überflüssig, und die Verbände dürften keine Dopingsünder bestrafen. Anders gesagt: Wenn Soziologen konsequent denken, ist ihre Sicht der Dinge strikt unvereinbar mit derjenigen der Pädagogen und Juristen. Solange diese Weltsichten rein wissenschaftliche Diskurse bleiben und nicht in die praktische Bewältigung abweichenden Verhaltens eingreifen, wäre ein derartiger Tatbestand nicht sonderlich störend. Sogar innerhalb ein und derselben Wissenschaftsdisziplin kommen manchmal inkompatible, aber gleichermaßen als gültig anerkannte analytische Perspektiven vor. Problematisch wird es erst, wenn praktisch Handelnde mit solch einer kognitiven Inkompatibilität umzugehen haben, also den Worten Taten folgen müssen. Der Handlungsdruck duldet kein unverbundenes Nebeneinander von Sichtweisen, sondern zwingt die Akteure dazu, die Sichtweisen miteinander ins Gespräch zu bringen.

Dabei schälen sich zunächst drei häufig vorzufindende Formen des Umgangs mit derartigen kognitiven Inkompatibilitäten handlungsrelevanten Wissens heraus:

- Die erste besteht darin, über kurz oder lang eine harte, ganz eindeutige Entscheidung zu treffen. Eine der Perspektiven wird als Handlungsgrundlage gewählt, die andere völlig vergessen und ausgeblendet. Da in der modernen Gesellschaft Pädagogen und Juristen, aber nicht Soziologen zu denjenigen Professionen zählen, denen die primäre Zuständigkeit für Maßnahmen der Devianzkontrolle zugesprochen wird, kann dieser Weg nur darauf hinauslaufen, das soziologische Wissen als gänzlich irrelevant für die Praxis zu erklären.
- Konzilianter ist die zweite Form des Umgangs mit unvereinbaren Perspektiven. Sie läßt auch die soziologische Sichtweise zu, aber lediglich als eine eindeutig untergeordnete Ergänzung der pädagogischen bzw. juristischen Perspektive. Im Ergebnis läuft dieser Weg darauf hinaus, daß die soziologisch herausgearbeiteten strukturellen und prozessualen Zwänge als Wirkungsbeschränkungen erzieherischer Maßnahmen sowie als mildernde Umstände bei juristischen Schuldzuschreibungen gewertet werden, ohne doch die grundsätzliche Angemessenheit der pädagogischen bzw. juristischen Praxis in Zweifel zu ziehen.

- Drittens schließlich ist noch eine gleichberechtigte Integration der Sichtweisen denkbar – was sicherlich nur selten versucht werden wird.

Auch wenn diese Synthese strenggenommen nicht möglich ist, kann man sich bemühen, beide Perspektiven soweit aufzuweichen, daß die Inkompatibilität gleichsam abgeschliffen wird. Falls dies gelänge, besäße man eine einheitliche Wissensgrundlage für die jeweilige Praxis. Es wäre überdies ein Beispiel für die auch innerwissenschaftlich seit geraumer Zeit als wünschenswert erachteten inter- und transdisziplinären Wissenssynthesen.

Wäre die dritte Alternative nicht der Königsweg? Eine solche Vereinheitlichung mag versucht werden; und das Resultat der Bemühungen wäre kritisch zu prüfen. Wir wollen dennoch eine *vierte* Alternative vorschlagen, die vermutlich leichter umsetzbar ist und im Ergebnis wohl durchaus brauchbar wäre: Man könnte die kognitive Inkompatibilität von soziologischer Perspektive auf der einen und pädagogischer sowie juristischer Sichtweise auf der anderen Seite praktisch auch als *funktionalen Antagonismus* bestehen und wirken lassen. Abweichendes Verhalten wäre dann gewissermaßen bewußt zweigleisig zu behandeln. Pädagogen und Juristen könnten weiterhin das tun, was sie immer schon tun. Aber daneben müßten andere Akteure – u.a. bestimmte politische Instanzen – sich konsequent die soziologische Perspektive zu eigen machen und sich entsprechend bemühen, die Konstellationszwänge, die das abweichende Verhalten produzieren, so zu transformieren, daß daraus ein gesellschaftlich erwünschteres Handeln resultierte.

Wir wollen hier also darauf aufmerksam machen, daß man durchaus auch den Weg wählen kann, miteinander unvereinbare analytische Perspektiven gleichzeitig, aber institutionell separiert, für die Bearbeitung von Problemen nutzbar zu machen. Es geht gewissermaßen um die *Institutionalisierung von Doppelstrategien*. Die kognitive Inkompatibilität liefe dann nicht zwangsläufig auf ein praktisches Gegeneinander hinaus, sondern könnte auch zu einer Komplementarität der Problembearbeitung führen. Denn je mehr es einer praktisch umgesetzten soziologischen Problemsicht gelänge, die strukturellen und prozessualen Zwänge der Devianz zu transformieren und so zu deren Reduzierung beizutragen, desto erfolgversprechender wäre eine pädagogische und juristische Intervention.

Die Pädagogen und Juristen könnten dementsprechend ihre Fixierung auf individuelle Autonomie kultivieren, ebenso wie Soziologen ihren Blick nach wie vor auf Konstellationszwänge zu richten hätten. Solange in der praktischen Problembewältigung beide Seiten wechselseitig die blinden Flecken der jeweils anderen korrigierten, wirkten sie bei allem unlösbaren Streit über das »richtige« Verständnis menschlichen Handelns auf funktionale Weise zusammen. Hat man sich dieses mögliche Zusammenwirken einmal klargemacht, fällt die soziologische Kränkung des individuellen Autonomieanspruchs nicht nur weniger anstößig aus, sondern erscheint vielmehr als ein Muß, das für eine humane Gestaltung spitzensportlicher Lebenswelten unverzichtbar ist.

Beide Maßnahmengruppen, Reduktion biographischer Risiken während der Karriere und Minimierung von Zukunftsunsicherheit nach der Karriere, sollten von der Pädagogik und der Soziologie aus ihren jeweiligen Sonderperspektiven beobachtet und angegangen werden. Mit diesem Hinweis auf die Vorteile von Kooperation trotz Dissens und Differenz ist aber nicht nur das Miteinander und Gegeneinander der mit Doping befaßten Wissenschaftsdisziplinen gemeint, sondern auch das Verhältnis der diversen verbandlichen Anti-Doping-Maßnahmen untereinander. Wie diese Relation aussehen könnte, wollen wir an einem Beispiel kurz skizzieren.

Als Einstieg soll uns eine bewährte wissenssoziologische Erklärungsfolie dienen. Athleten werden nicht allein durch »objektive« Kosten- und Nutzenfaktoren auf dem Karrierepfad gehalten und in ihrer Wahl zwischen Devianz und Nichtdevianz bestimmt. Die subjektive Definition der Situation läuft immer mit und kann die Wirkung der »objektiven Realität« bisweilen konterkarieren. Das berühmte Thomas-Theorem lautet: »If men define situations as real, they are real in their consequences.« Ein Athlet kann zum Beispiel Positionsalternativen aufgrund eines Hochschulstudiums zur Verfügung haben; er wird aber dennoch auf Dopingpraktiken zurückgreifen, wenn seine Identität monothematisch auf den Spitzensport fixiert ist. Sportliche Erfolge sorgen schließlich dafür, daß er seine Selbstachtung nicht verliert; er kann an der Spitze mithalten, und dies möglichst lange. Nur so ist zu erklären, daß selbst in Sportarten, in denen eine paternalistische Verbandspolitik eine umfassende »Fürsorge« betreibt, dennoch viel gedopt wird. Es ist in diesem Zusammenhang in der Tat nicht von der Hand zu weisen, daß Doping wohl auch deshalb passiert, um in den Genuß dieser Fürsorge zu gelangen. Dementsprechend ist eine Politik der Schaffung von Positionsalternativen mindestens zu relativieren. Werden diese Alternativen von den Sportlern tatsächlich als erstrebenswert wahrgenommen, oder tragen sie nicht selbst wiederum zum Anheizen der Dopingspirale bei? Hier zeigt sich offensichtlich ein »vicious circle« der Anti-Doping-Bemühungen.

Die Identitätsfixierung des Spitzensportlers hat eine starke kognitive Komponente: Alternativen werden nicht gesehen, selbst wenn sie da sind und jedem unvoreingenommenen Beobachter auffallen. Die jahrelange Fokussierung der Identität auf spitzensportliche Erfolge und die Bestätigung dieser Ausrichtung durch ein ebenfalls auf Erfolge angewiesenes Unterstützungsmilieu rufen offensichtlich eine kognitive Schließung des Aufmerksamkeitshorizontes hervor. Was auf den ersten Blick wie eine generelle Blockade für externe Interventionen erscheint, bekommt auf den zweiten Blick unter dem Begriff der »Identitätsformung« eine interessante Note. Ansatzpunkte für pädagogische Maßnahmen werden sichtbar. Gerade weil Identität jenseits von »objektiven« Gegebenheiten eine so starke Handlungsprägung besitzt, kann eine pädagogische Intervention hier einen Ansatzpunkt für eine erfolgreiche Anti-Doping-Politik finden.

Angesichts dieser Analyse muß klar werden, daß es eben nicht allein um Aufklären, Überreden und Erziehen von Personen geht – beispielsweise in Gestalt einer Integration des Fairneß-Gedankens in die Ausbildungsinhalte der Fachverbände oder Schulen. Interventionen, die auf dieser Ebene ansetzen, sind löblich, aber werden für die dauerhafte Umsetzung von Ethikpostulaten nur eine geringe Problemlösungskapazität erreichen können. Kampagnen, die unter diesen Bedingungen auf Ethik und Moral setzen, sind nicht dazu angetan, die Unter-der-Hand-Strategien von Trainern und Athleten aus der Welt zu schaffen und die biographischen Verengungen der Athletenkarriere aufzuheben. Vorsichtig formuliert: Die Interventionen der Verbände müßten an den steuerungsrelevanten Stellen ansetzen, nämlich dort, wo Ängste entstehen und gemildert werden müssen, wo Lebensentwürfe auf dem Spiel stehen, wo nachsportliche Karrieren nicht nur für die Erfolgreichen zu planen und abzusichern sind. Es geht nicht bloß um die Anregung, daß Athleten untereinander fair sein sollten. Es geht in gleicher Weise darum, daß der organisierte Sport lernt, fair mit seinen Athleten umzugehen, und entsprechende strukturelle Mechanismen implementiert. Die gegenwärtig laufenden Image- und Erziehungsaktionen wären insofern zu ergänzen. Sie sind einseitig ausgerichtet, lenken ab und machen die selbst Betroffenen zu den Sündenböcken. Vielleicht könnte man hinzufügen: Wenn die Fachverbände lernten, die Sportler in ihren Problemen und Nöten ernster zu nehmen, könnten diese lernen, auf spezifische unfaire Maßnahmen zu verzichten.

Verbandsmaßnahmen in Richtung Positionsalternativen dürfen diese nicht bloß bereitstellen, sondern hätten dafür zu sorgen, daß sie erstens von den Athleten wahrgenommen und zweitens auch angenommen werden, also in den Identitätsentwurf hineinpassen. Die Verbände müßten den Athleten aufzeigen: Sport ist nicht alles! Auch an dieser Stelle zeigt sich wiederum eine Dilemmasituation – Leistungsorientierung versus Lebensorientierung – der Verbandspolitik. Laufbahnberater, aber auch Trainer und Sportfunktionäre tragen dieses Dilemma in sich herum und lösen es zumeist einseitig auf, weil sie im sportlichen Umfeld stehen und von ihm abhängig sind. Es müßte institutionalisierte Positionen geben, die einseitig die außersportlichen Gesichtspunkte hochhalten und im Sinne von Balancierungen »dagegenhalten«.

Das Dilemma der Verbandspolitik wird hier offenkundig. Unterlassen die Verbände es, integrative Mechanismen zur Abstimmung mit bestimmten sozialen Umwelten einzurichten, erhöht dies den Totalisierungsgrad des Spitzensports, was Sportlerkarrieren immer riskanter werden läßt. Man überließe der rigorosen Selbstbezüglichkeit des Spitzensports das Feld. Richten die Verbände Institutionen ein, in denen Sportler auch alternative Gegenprinzipien kennenlernen, gehen sie die Gefahr ein, Sportler zu verlieren und, bei knappen Plätzen in diesen Institutionen, Devianz zu stimulieren. In der verbandlichen Mitgestaltung von Sportlerkarrieren ist demzufolge mit einem »Zirkel von Verminderung und Erhöhung des Risikos« (Luhmann 1991: 38) zu rechnen. Außerdem könnte es sein, daß ein Zuviel an Reduzierung biographischer Risiken einen Athletentypus schüfe, der den harten Konkurrenzbedingungen des modernen Leistungssports nicht mehr gewachsen wäre. Wer nie gelernt hat, sich selbst durch die Widrigkeiten des Alltags zu steuern, steht in Gefahr, in den hochkontingenten Situationen des Spitzensports zu scheitern.

Dennoch macht es Sinn, den Gesichtspunkt der Dopingprävention insgesamt sehr ernst zu nehmen. Hierbei sollte es weniger darum gehen, eine »nützliche Ermutigungsfiktion« (Luhmann 1991: 39) zu formulieren, sondern eine Problemverschärfung durch Unterlassen einer präventiven Intervention zu verhindern. Wir haben selbst zwei Richtungen angegeben, nach denen man in der Zukunft mögliche Maßnahmen diskutieren sollte. Wer mehr will, muß sich detailliert die institutionellen und organisatorischen Strukturen der einzelnen Sportarten ansehen, um dann jeweils maßgeschneiderte Maßnahmen zu konzipieren und zu implementieren. Dies wäre ein anderes Thema, vor allem eins, bei dem die soziologischen Beobachter mit den Praktikern zusammenarbeiten müßten.

Anmerkungen

EINLEITUNG

1   Siehe Bette/Schimank (1995a). Die zweite, überarbeitete und er-
    gänzte Auflage erscheint 2006.

I DOPING ALS KONSTELLATIONSEFFEKT

1   Im Sport der 1950er und 1960er Jahre waren es vornehmlich Ver-
    stöße gegen den Amateurparagraphen, die von Sportjournalisten mit
    kritischem Unterton berichtet wurden.
2   Man denke nur an das Verhalten des IOC bei der Konstitution der
    Welt-Anti-Doping-Agentur (WADA) in Lausanne im Januar 2000.
3   Dies gilt selbst dort, wo Mannschaftsleistungen im Vordergrund
    stehen. Im American Football wird jeder Touchdown penibel fest-
    gehalten und entsprechend memoriert und personalisiert.
4   Diese sympathetische Beziehung zwischen Spitzensport und den
    Medien mußte allerdings erst im Laufe der Zeit entdeckt werden.
5   In Umkehrung der Luhmannschen (1996: 47) Formulierung, daß
    die Massenmedien die Gesellschaft »wachhalten«.
6   Inzwischen ist es zu einer Hierarchisierung der Journalisten unter-
    einander gekommen. Fernsehjournalisten als Sachwalter bewegter
    Bilder und als Spezialisten für die Übertragung von Sportsendungen
    in Echtzeit haben Hörfunk- und Pressejournalisten auf die hinteren
    Ränge verdrängt. Dies hat wenig mit Kompetenz, aber viel mit der
    Logik und der Schnelligkeit der einzelnen Medientypen zu tun. Der
    thematische Ausschluß aus der Bildsprache des Fernsehens eröffnet
    allerdings auch Chancen für Zeitung und Radio, noch einmal an-
    ders über Sportereignisse zu berichten. Je mehr die Zeitungsleser
    allerdings durch das Fernsehen auf Personalisierung eingestellt
    werden, was mit der Visualisierung der Informationen einhergeht,
    desto mehr müssen sich auch die Zeitungen an die veränderten

Rezeptionsgewohnheiten des Publikums anpassen und selbst personalisieren. Abstraktion wird unter diesen Bedingungen zu einer Sache gesonderter Kommentare.

7   Da sich Informationen und Neuigkeiten immer dann als plausibel und authentisch darstellen lassen, wenn sie an Personen festgemacht werden können, ist Personalisierung nicht nur in der Sportberichterstattung ein Erfolgsrezept, sondern auch im Politik-, Wissenschafts- und Wirtschaftsjournalismus. Auch hier kommt es dann zu entsprechenden Heldeninszenierungen, um ablaufende Komplexität sichtbar zu machen.

8   Wo sind, so könnte man als außenstehender Beobachter fragen, jene Reportagen, in denen beispielsweise das Fernsehen in Sachen Doping reflexiv und rekursiv wird, d.h.: in sich selbst über sich selbst berichtet und die im Sport durch die Medien hervorgerufenen Wirkungen thematisiert? Ohne die Medien gäbe es schließlich kein Publikumsinteresse, und ohne ein Publikumsinteresse wären Wirtschaft und Politik nicht am Sport interessiert. Die Medien sind, auch wenn sie dies vor sich selbst verheimlichen, tief in die Dopingproblematik verstrickt.

9   Gerade den Medien müßte klar sein, daß sie Realität schaffen und stabilisieren, wenn sie durch Personalisierung bestimmte Deutungsofferten und Interpretationsangebote transportieren, die andere Sinnproduzenten anschließend verwenden.

10 Zum Konkurrenzspiel der Sportler, zum Unterstützungsspiel der Umfeldakteure und zum Kontrollspiel zwischen Athleten und Kontrolleuren siehe Bette/Schimank (1995a: 236ff).

11 Generell zum Konzept der Pfadabhängigkeit siehe David (1985), Arthur (1989).

12 Dies muß bei allen Arten von Interventionen in die Athletenbiographien, u.a. auch für die Dopingprävention, bedacht werden.

13 Spitzensportler sind nicht die einzigen, denen so etwas widerfährt. Auch Spitzenpolitikern oder Spitzenmanagern kann es ähnlich gehen, manchmal auch Spitzenwissenschaftlern. Und natürlich sind alle Arten von Sekten Beispiele für »greedy institutions«.

14 Ein anderes Beispiel für eine Hyperinklusion stellt der chronisch Kranke dar, dessen Patientenrolle alle übrigen Rollenbezüge in anderen gesellschaftlichen Teilsystemen überschattet.

15 Zu letzterem siehe generell Turner (1975), Ziehe (1975), Bell (1976).

16 Um eine Formulierung zu übernehmen, die Louis Althusser (1963: 146-163) in anderem Zusammenhang geprägt hat.

17 Unerfahren deshalb, weil es sich um Menschen handelt, die noch keine große Lebenserfahrung besitzen können.

18 Man weiß freilich nicht, wieviele Kinder oder Jugendliche diese Legitimationshürde nicht nehmen und schon vor dem Übergang zur Take-off-Phase aus dem Leistungssport aussteigen, obwohl sie

nicht weniger talentiert waren als diejenigen, die weitergemacht haben.

19 Im Gegenteil: Wenn vom Athleten gezielt gesteuert wird, dann in den Leistungssport hinein – etwa durch beharrliche Trainingsanstrengungen.

20 Zu diesem Konzept aus der Wahlsoziologie siehe Lipset (1959).

21 Dies bedeutet keineswegs, wie aus dem Vorausgegangenen deutlich geworden ist, daß die Unterstützungsakteure nichts für den Erfolg des Athleten tun. Parasiten sind nicht notwendigerweise Schmarotzer.

22 Vereine und Verbände suchen die Unterstützungsfiguren häufig sogar danach aus, ob sie sich als anschlußfähig an die sportlichen Imperative der Leistungssteigerung erweisen. Sportärzte beispielsweise haben dann einen schweren Stand im Leistungssport, wenn sie sich dem Finalisierungsdruck der Sportpraxis widersetzen und die Standards der Medizin (»nihil nocere«) hochhalten. In der englischen Fußball-Profiliga werden, so der englische Medizin- und Sportsoziologe Ivan Waddington (2004), häufig nur diejenigen Sportärzte rekrutiert, die keine hohe Reputation in ihrer Profession besitzen und deshalb von den Clubs in besonderer Weise steuerbar sind. Die schwachen Ärzte sind besser durch die Vereine manipulierbar, weil ein Neinsagen von ihrer Seite gegenüber fragwürdigen medizinischen Praktiken aufgrund fehlender Positionsalternativen das berufliche Aus bedeutete.

23 Auch Spitzensportler erleben solche »in-process benefits« jedoch nur noch als Sekundärphänomen.

24 Im Alltagssprachgebrauch weist das Wort »Regime« oft negative Konnotationen auf, die hier aber nicht gemeint sind. In Anlehnung an den politikwissenschaftlichen Regimebegriff geht es hier um ein bestimmtes, teilweise historisch gegebenes, teilweise auch gezielt gestaltetes Muster des strukturellen Kontextes, in dem ein Akteur steht.

25 Die hier dargestellten Befunde gehen auf eine eigene empirische Untersuchung zurück. Siehe hierzu Bette et al. (2002).

26 Siehe allgemein hierzu das Konzept der »power-dependence relation« von Emerson (1962).

27 Dies geht mit einer starken räumlichen Konzentration der Förderstrukturen einher, was teilweise auch bedingt, daß die Athletinnen zu räumlicher Mobilität gezwungen sind und dadurch aus anderen sozialen Bezügen herausgerissen werden, die die Stellung der Trainerinnen relativieren könnten.

28 Auf den Punkt gebracht: Wäre die Trainerin körperlich noch selbst in der Lage, das auszuführen, was sie der Athletin beibringt, wäre letztere überflüssig. Die Paradoxie der Rhythmischen Sportgymnastik besteht offensichtlich darin, daß man erst in einem Alter, in dem

man nicht mehr zur Durchführung der Übungen in der Lage ist, über das Wissen verfügt, wie die Übungen erlernt und vorgeführt werden müssen, weshalb man notgedrungen eine Stellvertreterin in die Arena schicken muß.

29 Das bedeutet nicht, daß alle Athleten aus der Arbeiterschicht stammten oder heute noch stammen. Aber diejenigen mit anderer sozialer Herkunft müssen sich im Gewichtheben dann diesem Milieu anpassen.

30 Damit sind auch die Wettkampfergebnisse, die in hohem Maße nur die bisherige Leistungskurve verlängern, relativ gut im voraus erwartbar. Wettkämpfe stellen, anders als in vielen anderen Sportarten, keine strategischen Auseinandersetzungen dar; und auch die Anfeuerung durch das Publikum macht keinen großen Unterschied.

31 Gleiche körperliche Anlagen und psychische Verfassung der Athleten unterstellt, was natürlich nie ganz stimmt.

32 Siehe den Reflexionsbegriff bei Luhmann (1984: 640, 642), wo allerdings nur die negativen Folgen teilsystemischen Operierens für andere Teilsysteme, nicht für die in Leistungsrollen inkludierten Akteure, angesprochen werden.

33 Auch in Familien relativieren die beiden Eltern einander wechselseitig als Autoritätspersonen ihrer Kinder, was eine wichtige Voraussetzung für deren allmählich entstehende Fähigkeit zur persönlichen Selbstbestimmung ist. Daß ein Athlet in vielen Sportarten meist nur von einem einzigen Trainer betreut wird, ist so gesehen eine sehr exzeptionelle und nicht unproblematische Autoritätsbeziehung.

34 Nur dann, wenn ein Verein oder ein Verband nur einen einzigen Athleten besitzt, auf dem alle Hoffnungen ruhen, tritt diese Situation ein.

35 Sofern nicht ausdrücklich vermerkt, sind weibliche Athleten stets mitgemeint.

36 Dies schließt natürlich nicht aus, daß sie sich von Eltern und anderen Umfeldakteuren beraten lassen.

37 Die berühmte »Becker-Rolle« bringt die Kompromißlosigkeit zum Ausdruck, mit der inzwischen im Profitennis einzelnen Punkten hinterhergehechtet wird.

38 Man beachte den Unterschied zur kontinuierlichen Leistungsmessung im Gewichtheben, wo der Verlauf der Leistungskurve gerade unbestreitbar klarmacht, ob ein Leistungsanstieg noch möglich ist oder der Athlet seinen Zenit bereits überschritten hat.

39 Und selbst wenn jemand für sich einen Ranglistenplatz ganz oben endgültig abgeschrieben hat, kann er unter Umständen weiterhin mit ungebremstem Einsatz Sport treiben, um sich für einen späteren Trainerposten zu empfehlen.

40 Zu den komplexen Motivkonstellationen der Sportzuschauer siehe Bette/Schimank (1995b).

41 Allerdings werden Verletzungen, Krankheiten oder altersbedingte Ausfälle von den Sportlern nicht nur als Fluch wahrgenommen, der überfallmäßig oder langsam eskalierend über sie gekommen ist. Der Körper liefert mit seiner physischen Begrenztheit und prinzipiellen Verletzbarkeit auch denjenigen legitime Gründe für eine begrenzte Auszeit oder ein generelles Aufhören, die sich zeitweise oder für immer den totalisierenden Erfolgserwartungen von Eltern, Trainern, Sportfunktionären oder Sponsoren entziehen möchten. Der kranke oder verletzte Körper schützt insofern sowohl vor sozialen Ansprüchen und Sinnzumutungen als auch vor dem eigenen Leistungsindividualismus.

42 Die Zeit, die Sportler haben, muß möglichst effektiv ausgenutzt werden. Lange Zeit war es üblich, Sportler von den wirtschaftlichen Effekten ihres Handelns auszuschließen. Der vorgeschriebene Amateurstatus definierte eine Trenngrenze zwischen Spitzensport und Ökonomie – mit der Konsequenz, daß diejenigen, die die Leistungen erbrachten und die Zuschauer in die Stadien holten, von den wirtschaftlich interessanten Wirkungen nicht mitprofitieren durften. Erst 1981, beim IOC-Kongreß in Baden-Baden, fiel diese Regel für die olympischen Sportarten.

43 Zu den weiteren Gründen siehe unsere folgenden Ausführungen.

44 Zu den zeitlichen, sachlichen, sozialen und auch räumlichen Anpassungsleistungen der Familie an den Leistungssport siehe Bette/Schimank (1995a: 292ff) sowie Weber (2003).

45 Das Verpassen vereinsspezifischer oder fachverbandlicher Förderungen ist allerdings nicht immer ein Grund, die Motivation zu verlieren. Ganz im Gegenteil ergibt sich aus der Einschätzung, falsch behandelt worden zu sein, oftmals eine Trotzreaktion, die für eine gesteigerte Motivation nach dem Motto:»Jetzt will ich's den Trainern oder Funktionären einmal zeigen« gut ist. Dieses Motiv hilft allerdings nur punktuell. Vor allem reicht es nicht aus, sportliche Höchstleistungen langfristig zu erbringen.

46 Deshalb nutzen die Befürworter die multifaktorielle Bedingtheit des Dopings und die sich hieraus ergebende Schwierigkeit der Dopingbekämpfung, um eine Dopingfreigabe zu legitimieren – nach dem Motto:»Wenn wir Doping schon nicht effektiv bekämpfen können, sollten wir es freigeben.«

47 Doping ist freilich nicht die einzige Ausprägung dieses Devianztyps im Leistungssport. Versteckte Fouls und Manipulationen an Sportgeräten gehören ebenfalls in diese Rubrik.

48 Beispiel: die Wachstumsverhinderung im Frauenturnen, das faktisch ein Mädchenturnen ist.

49 Um Nebenwirkungen beim Einsatz trivialer Artefakte auszuschalten
bzw. »in den Griff zu bekommen«, existiert in den totalitären Staaten Osteuropas eine verdeckt arbeitende wissenschaftliche Begleitforschung, die selbst vor heimlichen Experimenten am lebenden
Subjekt/Objekt nicht zurückschreckt.

50 In der Regel wissen Sportler, was sie zu erwarten haben, wenn sie
bestimmte Dopingmedikamente bewußt zu sich nehmen. Welche
Nebeneffekte auftreten können, davon berichten die Beipackzettel.

51 Sie haben aber selbst an der Dopingaufdeckung ihren Nutzen. Thrill
kommt auf, wenn Sportskandale öffentlich gemacht werden und die
Empörungslust die betrogenen Zuschauer an die Bildschirme holt.

52 Doping erscheint vor diesem Hintergrund als eine paradoxe Strategie. Sich dopende Athleten versuchen ihren prinzipiell riskanten
Anstrengungen eine Investitionssicherheit zu geben. Sie greifen auf
Verfahren zurück, von denen sie meinen, daß sie Erfolge erwartbarer machen, die aber auch, wenn sie bekannt werden, schädigende
Wirkungen entfalten – bis hin zum Ausschluß vom Wettbewerbsmarkt.

53 Wer durch die biographische Fixierung seiner Sportlerlaufbahn bereits große Investitionen vorgenommen hat, will seine Anstrengungen auch weiterhin mit Hilfe der verführerischen Innovationskraft
des Dopings in Erfolgswährung aufgehen sehen. Lächerlichkeit droht
ansonsten der Preis für diejenigen zu sein, die sich mit Hilfe von Dopingmitteln in die Spitze hineingebracht haben und einen Verzicht
mit minderen Leistungen zu bezahlen hätten.

54 Siehe dazu generell Holler/Illing (1991) sowie zum Doping Keck
(1987: 139-163) und Keck/Wagner (1989, 1990: 108-116).

55 Vgl. hierzu mit vielen Beispielen Berendonk (1991).

56 Mit Werturteilen darüber, ob die Autonomie des Individuums wünschenswert ist oder nicht, hält sich die Soziologie ohnehin zurück.

57 Als einer Wissenschaft, die soziale Gesetzmäßigkeiten aufdecken
will, bleibt der Soziologie gar nichts anderes übrig als die analytische
Negation individueller Autonomie. Denn Willensfreiheit bedeutet
Kontingenz; und mehr könnte dann als theoretische Aussage nicht
mehr gesagt werden. Als Gesetzeswissenschaft ist die Soziologie
also zwangsläufig strukturalistisch und nicht existentialistisch.

58 Daß diese »Gußformen« ihrerseits Menschenwerk sind, war Durkheim natürlich vollauf bewußt.

59 Daß die Pädagogik seit geraumer Zeit soziologisch aufgeklärt ist,
verwischt diese ursprüngliche Programmatik mittlerweile.

60 Bekanntlich ist nicht jeder protestierende Student zum Terroristen
geworden; und um auf unser gleich anzusprechendes Thema vorzugreifen: Nicht jeder Spitzensportler greift zu Dopingmitteln. Die
komplexen Bedingungskonstellationen, die Terrorismus bzw. Do-

ping eintreten oder nicht eintreten lassen, können nicht auf Ein-Faktor-Erklärungen reduziert werden. Vgl. hierzu Kapitel 4.3.

61 Siehe bei Simmel (1908: 82-94) etwa seine Analysen zum »lachenden Dritten«, bei Elias (1939: 123-311) den »Monopolmechanismus«, bei Merton (1949) die »self-fulfilling prophecies« und bei Boudon (1978) seine generellen Überlegungen zu »Interdependenzsystemen«.

62 Hierin unterscheidet sich der Leistungsindividualismus der Spitzensportler ganz markant von den »Bastelbiographien« in der heutigen »Multioptionsgesellschaft« – siehe etwa Gross (1994).

63 Neidhardt (1981: 250/251) skizziert die Entstehung der Baader-Meinhof-Gruppe in diesem Sinne. Siehe ferner viele Schilderungen bei Aust (1989).

64 Dies variiert allerdings disziplinspezifisch. Bestimmte Arten des sportlichen Körperhandelns bieten zielgenauere Einsatzmöglichkeiten für Doping als andere; und nicht überall ist der durch Publikums· und Sponsorenerwartungen ausgeübte sportliche Erfolgsdruck gleichermaßen hoch. Dennoch gilt: Sowohl der Siegescode als auch die Körperabhängigkeit sind in allen Sportarten gleichermaßen gegeben.

65 Siehe allgemein zu diesem bekanntesten Spiel nur Colman (1982: 101-104), Holler/Illing (1991: 1-9). Spieltheoretische Modellierungen des Dopings finden sich auch bereits bei Breivik (1987; 1992) und bei Keck/Wagner (1990).

66 Zur spieltheoretischen Notation: Die Zahlen geben die ordinale Rangordnung der Outcomes an, wobei »4« der höchstpräferierte, »1« der am wenigsten präferierte Outcome ist. Für jedes Ergebnis stellt die Zahl links unten die Einstufung durch den Zeilenspieler, die Zahl rechts oben die Einstufung durch den Spaltenspieler dar.

67 Um eine treffende Formulierung zu übernehmen, die Niklas Luhmann (1969: 75) in anderem Zusammenhang für denselben Sachverhalt geprägt hat.

68 Jetzt erschließt sich auch, warum die Anzahl der noch zu spielenden Runden unbekannt sein muß. Dies läuft für die Spieler auf dasselbe hinaus, als müßten sie noch unendlich oft gegeneinander spielen. Sie wissen bei keiner Runde, ob es definitiv die letzte sein wird. Wüßten sie davon, gäbe es den »Endspiel-Effekt«: In der letzten Runde dürfte jeder von beiden rationalerweise nicht vertrauen, weil er ja wüßte, daß er einen Mißbrauch dessen durch sein Gegenüber nicht mehr bestrafen könnte, und weil er wüßte, daß sein Gegenüber dies weiß. Also werden in der letzten Runde beide für Mißtrauen optieren. Damit wird die vorletzte zur letzten Runde, in der beide ihre Entscheidung wählen können. Aber unter diesen Umständen gilt für die vorletzte Runde dasselbe wie für die letzte. Diese »back-

ward induction« zieht sich durch alle Runden bis zur ersten, so daß bei einer von vornherein bekannten festgelegten Anzahl von Runden ebensowenig Vertrauen entstehen kann wie bei einem einmaligen Prisoner's Dilemma.

69 Siehe allgemein zu Reputationsspielen den Überblick bei Holler/Illing (1991: 172-182).

70 Generell zu diesem Problem der »imperfekten Information« vgl. Holler/Illing (1991: 46/47).

71 Keck/Wagner (1990: 110) sehen diese Schwierigkeit ebenfalls. Auch Breivik (1991: 188) bemerkt: »The central problem seems to be the secrecy of the strategies.«

72 Daß in vielen Disziplinen auch die Zweit- und Drittplazierten noch hervorgehoben werden, bedeutet keine Abstufung des Siegens, sondern eine Gradualisierung des Verlierens.

73 Der Schiedsrichter ist kein Vermittler, sondern überwacht lediglich die Einhaltung der Regeln, die die polare Konkurrenz konstituieren.

74 In der Tat kamen Signale von Gesprächsbereitschaft von seiten der RAF-Terroristen bzw. der Nachfolgegruppen erst, als die Aussichtslosigkeit des eigenen Kampfes klar vor Augen stand.

75 Zum schwierigen Versuch demonstrativer Offenheit in Selbstbeschränkungsabkommen von Athleten siehe Bette/Schimank (1995a: 337-346).

76 Neidhardt (1981: 254) spricht, allerdings nur bezüglich der Terroristen, nicht auch bezüglich der Staatsgewalt, von »unkorrigierbaren Aussagen«.

77 Interessant wären etwa noch die gruppensoziologische Dimension wechselseitiger Identitätsbestätigung in der kleinen Gemeinschaft der Terroristen bzw. dem unmittelbaren Unterstützungsumfeld der Athleten sowie die ähnlichen Rechtfertigungsrhetoriken von Terroristen und Dopingsündern. Zu letzterem zählt vor allem eine teilweise unbelehrbare sprachliche Verharmlosung, wie sie sich etwa in der Titulierung von Entführungen als »Befreiungsaktionen« oder Dopingsubstanzen als »unterstützenden Mitteln« ausdrückt.

78 Um nur zwei zu nennen: Beim Terrorismus stehen sich mit der Staatsgewalt auf der einen, den Terroristen auf der anderen Seite zwei in vielen Hinsichten ganz andersartig strukturierte korporative bzw. kollektive Akteure gegenüber, während die Athleten einschließlich ihres Umfeldes einander ziemlich ähnlich sind; und beim Terrorismus spielt zuviel Moral auf beiden Seiten des Konflikts eine entscheidende Rolle, während Doping gerade durch ein moralisches Vakuum gekennzeichnet ist.

II DOPING: TEILSYSTEMISCHES RISIKO UND RISIKOMANAGEMENT

1 Siehe hierzu allgemein die Überlegungen bei Schimank/Volkmann (1999: 31-43).

2 Klaus Cachay (1988: 276) schreibt dem Sport die Funktion der »Produktion gesellschaftsadäquater personaler Umwelt« zu, was viel zu unspezifisch ist, weil es sich genauso auf das Bildungs-, das Gesundheits- und das Familiensystem beziehen ließe. Karl-Heinrich Bette (1989: 168-171, 216) spricht vom Sport als einem »Sonderfall« in dem Sinne, daß es sich dabei um ein Teilsystem handelt, »das kein gesamtgesellschaftliches Primat für die Abarbeitung einer Funktion ausprägen konnte,« gleichwohl aber Leistungen für andere Teilsysteme erbringt. Er bezieht sich hierbei explizit auf den Spitzensport, der aufgrund seiner Körpernähe kein eigenständiges, unverwechselbares symbolisch generalisiertes Kommunikationsmedium ausdifferenziert habe und die Ordnungsfunktion des Mediums durch die Aufwertung seiner Interaktionstypen, Sondersituationen und des Erlebniskorrelats seiner Leitdifferenz zu kompensieren hätte.

3 Allenfalls könnten dem einige wenige hochgradig auf den Spitzensport spezialisierte Rollenträger oder Organisationen der anderen Teilsysteme zum Opfer fallen – etwa Sportjournalisten oder die auf die Förderung des Spitzensports ausgerichtete Arbeitseinheit des zuständigen Ministeriums.

4 Bezeichnenderweise werden die Dopingskandale seltener von Sportjournalisten als von Journalisten anderer Sparten aufgedeckt.

5 Wobei das Zuschauen vor dem Fernseher praktisch keine zusätzlichen Kosten verursacht – unterstellt, man besitzt ohnehin aus anderen Gründen ein Fernsehgerät. Kostenträchtiger wird es, wenn interessante Sportereignisse zunehmend im Pay-TV übertragen werden – was ein nicht unrealistisches Szenario ist.

6 Siehe zu solchen Tendenzen die Beobachtungen von Jürgen Gerhards (2001) zum »Aufstand des Publikums«.

7 Dies sollte nicht als zynische Empfehlung wissenschaftlicher Beobachter mißverstanden werden. Es handelt sich lediglich – wenn man schon moralisch werten will – um die nüchterne Beschreibung einer zynischen Praxis.

8 Es sei allerdings betont, daß niemand heute sicher zu sagen vermag, ob der Kampf gegen Doping aussichtslos ist. Und solange das nicht feststeht, muß man sich nicht geschlagen geben.

9 So der in Dopingangelegenheiten selbst nicht unumstrittene damalige Sportwart des Deutschen Leichtathletik-Verbandes, Manfred Steinbach, in einem Interview in: Der Spiegel vom 10.12.1990.

10 Dieser Tatbestand relativiert auch die Bedeutung solcher soziologi-

scher Untersuchungen, die empirisch möglichst verläßliche Daten über Dopinghäufigkeit und -raten zu ermitteln versuchen.

11 Wir behaupten also nicht, daß im Leistungssport beispielsweise der 50er oder 60er Jahre des letzten Jahrhunderts – ganz zu schweigen vom antiken »Sport« – nicht auch gedopt wurde. Doch erst in den letzten Jahren wird das Sportpublikum mit einem massiven Reden über Doping konfrontiert. Erst diese kommunikative Dauerpräsenz zerstört das öffentliche Bild einer »heilen Sportwelt«.

12 Generell zu Skandalen aus soziologischer Perspektive vgl. Ebbighausen/Neckel (1989).

13 Zwar gab es immer schon legitime Maßnahmen der Verheimlichung, mit denen im organisierten Leistungssport die eine Partei versucht, sich einen Wettbewerbsvorsprung gegenüber den Mitkonkurrenten zu verschaffen. Durch Doping kommt eine andere Qualität in den Spitzensport hinein: Sich dopende Athleten simulieren nach außen Normkonformität und Regeltreue und verheimlichen ihre Devianz.

14 Damit sind Disziplinen gemeint, die sportliche Leistungen nach Zentimeter, Gramm und Sekunde messen.

15 Siehe dazu Dubin (1990), Australisches Senatskomitee (1990), Hearings (1990).

16 Siehe in detaillierter Auflistung und Beschreibung die Arbeit von Berendonk (1991).

17 Zum Zusammenhang von Ethik und Ästhetik vgl. Guggenberger (1993: 74f).

18 Ähnlich gelagert ist ein weiteres Risiko, das sich der Hochleistungssport durch Doping einhandelt: die Verweigerung von Familien und schulischen Instanzen, ihre gewohnten vielfältigen Unterstützungsleistungen weiterhin zu erbringen. Daraus erwüchse den Vereinen und Verbänden ein gravierendes Problem bei der durch demographische Entwicklungen ohnehin schwieriger gewordenen Nachwuchsrekrutierung.

19 Manche Kritiker der verbreiteten Bemühungen eines Dopingverbots bezweifeln allerdings schon diese Wirkungszuschreibung – so der damalige Biochemiker und Dopingbeauftragte der Bundesregierung, Manfred Donike (KSA vom 8./9.1.1994):»Wenn wir die Leistungssteigerung zum Maßstab nehmen würden, dann müßten wir wirklich Doping freigeben. Denn die meisten Dopingmittel führen nicht zur Leistungssteigerung.«

20 Vgl. Fost (1986: 6) und Australisches Senatskomitee (1989: 59).

21 Siehe zu ähnlichen Kalkülen angesichts des »Vollzugsdefizits« bei der staatlichen Überwachung der Einhaltung von Umweltschutzauflagen durch Firmen Mayntz et al. (1978).

22 So gibt es bis heute keine von der Welt-Anti-Doping-Agentur

(WADA) und der Nationalen Anti-Doping-Agentur (NADA) akzeptierte Methode, Wachstumshormone nachzuweisen.

23 Vgl. Australisches Senatskomitee (1989: 21). Die Forderung aus den Reihen der Sportmedizin, auf die äußeren Körpermerkmale zu achten und diese als Kriterien für die Entlarvung gedopter Athleten zu nutzen, zeigt ebenfalls die Hilflosigkeit der Dopingkontrolleure. Ob ein Pickel anabolikabedingt auftritt oder aufgrund von Pubertätsprozessen oder Hormonschwankungen, ist für einen nur die Körperfassade betrachtenden Kontrolleur, wie gerade Ärzte wissen müßten, nicht treffsicher zu entscheiden.

24 Ein Athlet, bei dem sich herausstellte, daß er seine Dopingmittel nicht rechtzeitig abgesetzt hatte, wurde unter Verweis auf angebliche Krankheiten oder Verletzungen nach Hause geschickt.

25 So auch für die Vereinigten Staaten Voy (1991: 176).

26 Daß Südafrika als einziges Land lange Jahre aus den internationalen Sportverbänden ausgeschlossen war, ist lediglich die extreme Ausnahme, die diese Regel bestätigt. Nur weil eine universelle Mitgliedschaft als Normalfall angenommen wird, kann der Ausschluß eines Landes – der im übrigen auch nur als zeitweiliges »Ruhen« der Mitgliedschaft bezeichnet wurde – als empfindliche diplomatische Sanktion eingesetzt werden.

27 So berichtete die Frankfurter Allgemeine Zeitung am 21.11.2005 in einem längeren Artikel, daß die Major League Baseball sich hartnäckig gegen Nachuntersuchungen von 103 anonymen Urin- und Blutproblen wehre, die im Rahmen des Skandals um ein kalifornisches Dopinglabor gefunden worden waren. Anders formuliert: Ein korporativer Sportakteur zeigt nicht nur ein demonstratives Desinteresse in Sachen Aufklärung, sondern will sogar eine Zuordnung von Probe und Namen mit juristischen Mitteln verhindern, um gedopte, aber bislang nicht bestrafte Athleten zu schützen. Eindeutiger kann die Beziehungsfalle, in der die Sportverbände stecken, nicht beschrieben werden. Derartige Vermeidungsstrategien werden mit Hilfe der Massenmedien beobachtet und kritisiert – mit der Konsequenz, daß sich, wie die Frankfurter Allgemeine Zeitung berichtete, »inzwischen in den Vereinigten Staaten die Einsicht durch(setze), daß in den genannten Ligen (Basketball, Eishockey, Baseball und Football, die Autoren) Manipulationen mit verbotenen Wirkstoffen an der Tagesordnung« seien.

28 Die FIFA hat offiziell den Welt-Antidoping-Code der WADA anerkannt. »Allerdings will die FIFA nicht alle Vorschriften des Codes in ihre Satzung übernehmen. Wenn es um die Bestrafung von Dopingsündern geht, will sie weiterhin so selbständig wie möglich bleiben.« (FAZ vom 18.9.2005) Autonomiewünsche dieser Art wären in anderen gesellschaftlichen Bereichen undenkbar: Man stelle sich nur vor, die chemische Industrie hätte das Monopol, über

die Sauberkeit oder Verschmutzung der Umwelt durch chemische Produkte ausschließlich mit eigenen Kontrolleuren zu befinden.

29 Siehe weiterhin auch Australisches Senatskomitee (1989: 140f).

30 Dopingkontrollen könnten diesbezüglich ähnlich wirken wie der wirtschaftspolitische Versuch, Inflation durch staatlich festgesetzte Preisstops zu bekämpfen (Wagner 1994). Preisstops stimulieren – neben Schwarzmärkten – eine »künstliche« Diversifizierung von Produkten, weil man durch oberflächlich »neue« Produkte die Preisvorgaben für bereits existierende Waren umgehen kann.

31 Damit ist gleichzeitig auch gesagt, daß es eine große Anzahl von Sportmedizinern gibt, die sich den Dopinganforderungen von seiten einiger Trainer und Athleten erfolgreich widersetzt. Diese Akteure laufen allerdings Gefahr, von den Verbänden umgangen, aussortiert und durch abweichungsbereite Kollegen/innen ersetzt zu werden.

32 Neben den üblichen Neutralisierungstechniken (Bette/Schimank 1995a: 214ff) bedienen sich einige Sportärzte oftmals der Rechtfertigungsfigur, sie hätten sich nur deshalb zur Unterstützung des Dopings bereitgefunden, um Schlimmeres, etwa ungehemmte Selbstmedikation oder die Machenschaften noch hemmungsloserer Kollegen, vom Athleten abzuwenden – so z.b. Jamie Astaphan, der ärztliche Betreuer von Ben Johnson (Dubin 1990: 251f).

33 Das Publikum ist natürlich kein kollektiver Akteur, sondern eine unorganisierte Kollektivität. Trotzdem macht es Sinn, es analytisch als Einheit zu betrachten. Denn nur als eine derartige summarische Aggregation individuellen Handelns ist das Publikum für die Sportakteure, die politischen und wirtschaftlichen Förderer des Spitzensports und die Medien relevant.

34 Siehe hierzu Moe (1984), Coleman (1990: 145-174), Ebers/Gotch (1993: 203-261).

35 Diesbezüglich siehe zur Eigenweltlichkeit des Wettkampfes und seinen konstitutiven Sinnregeln Franke (1994).

36 Siehe generell zur Bedeutung von Moral für die amoralischen Teilsystemcodes Luhmann (1994).

37 Allgemein zur Psycho-Logik von Selbsttäuschungen siehe Fingarette (1969).

38 In Anlehnung an eine in einem anderen Zusammenhang gebrauchte Wendung von Popitz (1968) könnte man von einer Präventivwirkung des Nicht-wissen-Wollens sprechen.

39 Die Organisationsforschung hat »double binds« bislang lediglich für die intra-organisatorischen Beziehungen zwischen Mitgliedern oder Abteilungen einer Organisation thematisiert (Hennestad 1990), nicht aber für die Beziehungen einer Organisation zu den relevanten Akteuren in ihrer Umwelt.

40 Allgemein zu solchen Eigendynamiken siehe Mayntz/Nedelmann (1987).

41 Dabei spricht Brunsson lediglich den für individuelle Akteure aus der soziologischen Rollen- und Bezugsgruppentheorie bestens bekannten Fall an, daß verschiedene Bezugsakteure widersprüchliche Erwartungen an einen Rollenträger richten. »Double binds« – wie die hier vorgestellten – entstehen demgegenüber daraus, daß ein und derselbe Bezugsakteur widersprüchliche Erwartungen hegt.

42 Siehe auch schon Gouldner (1954: 182-187, 216) zur »mock bureaucracy«: formale Regeln, die lediglich der Außendarstellung dienen.

43 Auch schon auf der Ebene der Athleten kommt es zu einer Differenzierung von »action« und »talk«. Man weicht ab, aber behauptet das Gegenteil.

44 Auch das oftmals durchaus zu Recht als innovative Strategie der Dopingbekämpfung »von unten« apostrophierte Zehnkampf-Team bedient sich auf der operativen Ebene dieser beiden traditionellen Maßnahmen (Bette/Schimank 1994).

45 Siehe hierzu Absatz 3 des in dieser Hinsicht immer noch gültigen Leistungssportprogramms der Bundesregierung aus dem Jahr 1978 in: DSB (1982: 249-253).

46 Vgl. dazu auch allgemein Sievers (1974: 50-79).

47 Der Politikwissenschaftler Murray Edelmann (1964, 1971, 1988) hat die Palette solcher Praktiken breit beschrieben.

48 Zur detaillierten Diskussion der bisherigen Problemlösungsstrategien der Sportverbände in der Dopingbekämpfung siehe Bette/Schimank (1995a: 299ff).

49 Dies gilt es auch zu berücksichtigen, wenn junge Sportler und Sportlerinnen am Anfang ihrer Sportkarriere mit Hilfe von Broschüren auf Entscheidungssituationen eingestellt werden, in denen sie selbst noch nicht stecken – siehe etwa Deutsche Sportjugend (2004).

50 Analog unterscheidet James Thompson (1967: 19-23) bei formalen Organisationen einen »technological core«, der, wie in Watte eingepackt, von Organisationssegmenten umgeben ist, die ein »buffering« leisten.

51 Dem »richtigen« Absetzen von Medikamenten vor wichtigen Wettkämpfen kommt in diesem Zusammenhang eine zentrale Bedeutung zu. Um die eigene Dopingpraxis auf ihre »Dichtigkeit« zu überprüfen und nach außen zu kaschieren, werden – nicht nur in totalitären, geschlossenen Gesellschaften – die eigenen Athleten durch medizinische Spezialuntersuchungen geschleust, in denen die späteren offiziellen Meßverfahren bereits vorab Anwendung finden. Entdeckte Sportler werden aussortiert und unter einem harmlos klingenden Vorwand nach Hause geschickt. Fachverbände

oder kleinere Sportlergruppen versuchen auf diese Weise, der Blamage einer späteren Entdeckung zu entgehen.

52 Eine Konspiration des Schweigens wird nötig, um die Disparität zwischen Sein und Schein zu verstecken.

53 Bericht der Unabhängigen Dopingkommission vom Juni 1991, abgedruckt in Bette (1993: 221).

54 Vgl. die Kapitel 1.2 und 5.1.

Siglen

AJPS	American Journal of Political Science
AJS	American Journal of Sociology
ASR	American Sociological Review
DLV	Deutscher Leichtathletik-Verband
DSB	Deutscher Sportbund
FAZ	Frankfurter Allgemeine Zeitung
FIFA	Fédération Internationale de Football Association
IOC	International Olympic Commitee
IRSS	International Review for the Sociology of Sport
JCR	Journal of Conflict Resolution
JMS	Journal of Management Studies
JPP	Journal of Public Policy
JPSP	Journal of Personality and Social Psychology
KSA	Kölner Stadt-Anzeiger
KZfSS	Kölner Zeitschrift für Soziologie und Sozialpsychologie
MM	Mannheimer Morgen
NADA	Nationale Anti-Doping-Agentur
NOK	Nationales Olympisches Komitee
NZZ	Neue Zürcher Zeitung
OF	Olympisches Feuer
OJ	Olympische Jugend
RAF	Rote Armee Fraktion
RM	Rheinischer Merkur
RNZ	Rhein Neckar Zeitschrift
SSJ	Sociology of Sport Journal
SZ	Süddeutsche Zeitung
SZS	Schweizerische Zeitschrift für Soziologie
WADA	World Anti-Doping Agency
ZDF	Zweites Deutsches Fernsehen
ZfS	Zeitschrift für Soziologie

Abbildungen

Literatur

Althusser, Louis, 1963: »Über die materialistische Dialektik«. In: ders., Für Marx. Frankfurt am Main: Suhrkamp 1968, 100-167.

Arthur, Brian, 1989: »Competing Technologies, Increasing Returns, and Lock-in by Historical Events«. In: The Economic Journal 99, 116-131.

Aust, Stefan, 1989: Der Baader-Meinhof-Komplex. München: Droemer-Knaur.

Australisches Senatskomitee, 1989: Drugs in Sport. An Interim Report of the Senate Standing Committee on Environment, Recreation and the Arts. Canberra: Australian Government Publishing Service.

Axelrod, Robert M., 1984: The Evolution of Cooperation. New York: Basic Books.

Banfield, Edward, 1958: The Moral Basis of a Backward Society. New York: Free Press 1967.

Bateson, Gregory, 1956: »Double bind«. In: ders. (Hg.), Ökologie des Geistes. Frankfurt am Main: Suhrkamp 1985, 353-361.

Beck, Ulrich und Elisabeth Beck-Gernsheim, 1994: »Individualisierung in modernen Gesellschaften«. In: dies. (Hg.), Riskante Freiheiten. Frankfurt am Main: Suhrkamp, 10-39.

Bell, Daniel, 1976: Die Zukunft der westlichen Welt. Kultur und Technologie im Widerstreit. Frankfurt am Main: Fischer.

Berendonk, Brigitte, 1991: Doping-Dokumente. Von der Forschung zum Betrug. Heidelberg und New York: Springer (2. Auflage Reinbek bei Hamburg: Rowohlt 1992).

Bette, Karl-Heinrich, 1984: Die Trainerrolle im Hochleistungssport. System- und rollentheoretische Überlegungen zur Sozialfigur des Trainers. Sankt Augustin: Richarz.

ders., 1992: Theorie als Herausforderung. Beiträge zur systemtheoretischen Reflexion der Sportwissenschaft. Aachen: Meyer & Meyer.

ders., 1996: »Wissenschaftliche Beratung des Sports: Möglichkeiten, Grenzen und Voraussetzungen«. In: Sportwissenschaft 26, 1, 9-28.

Bette, Karl-Heinrich und Friedhelm Neidhardt, 1985: Förderungseinrichtungen im Hochleistungssport. Strukturen und Probleme. Schorndorf. Hofmann.

Bette, Karl-Heinrich und Uwe Schimank, 1994: »Das Zehnkampfteam. Ein gangbarer Weg der Dopingbekämpfung?«. In: OJ 12, 12-14.

dies., 1995a.: Doping im Hochleistungssport. Anpassung durch Abweichung. Frankfurt am Main: Suhrkamp (die zweite, überarbeitete und ergänzte Auflage erscheint 2006).

dies., 1995b: »Zuschauerinteressen am Spitzensport: Teilsystemische Modernisierung des gesamtgesellschaftlich Verdrängten«. In: Jochen Hinsching/Frederik Borkenhagen (Hg.), Modernisierung und Sport. Sankt Augustin: Academia Verlag, 181-191.

dies., 2000a: »Doping als Konstellationsprodukt – eine soziologische Analyse«. In: Michael Gamper/Jan Mühlethaler/Felix Reidhaar (Hg.), Doping. Spitzensport als gesellschaftliches Problem. Zürich: Verlag Neue Zürcher Zeitung, 91-112.

dies., 2000b: »Sportevents: Eine Verschränkung von ›erster‹ und ›zweiter Moderne‹«. In: Winfried Gebhardt/Ronald Hitzler/Michaela Pfadenhauer (Hg.), Events. Soziologie des Außergewöhnlichen. Opladen: Leske + Budrich, 307-323.

Bette, Karl-Heinrich, Uwe Schimank, Dominik Wahlig, Ulrike Weber, 2002: Biographische Dynamiken im Leistungssport. Möglichkeiten der Dopingprävention im Jugendalter. Köln: Sport und Buch.

Blöbaum, Bernd, 1994: Journalismus als soziales System. Geschichte, Ausdifferenzierung und Verselbständigung. Opladen: Westdeutscher Verlag.

Boudon, Raymond, 1978: Die Logik des gesellschaftlichen Handelns. Darmstadt und Neuwied 1980: Luchterhand.

Bourdieu, Pierre, 1998: Über das Fernsehen. Frankfurt am Main: Suhrkamp.

Breivik, Gunnar, 1987: »The Doping Dilemma – Some game theoretical and philosophical considerations«. In: Sportwissenschaft 17, Heft 1, 83-94.

ders., 1991: »Cooperation Against Doping?«. In: Judith Andre/David N. James (Hg.), Rethinking College Athletics. Philadelphia: Temple University Press, 183-193.

Brunsson, Nils, 1989: The Organization of Hypocrisy. Talk, decisions, and actions in organizations. Chichester u.a.: John Wiley & Sons.

Bühler, Karl, 1918: Die geistige Entwicklung des Kindes. Jena: Fischer Verlag 1929, 5. Auflage.

Cachay, Klaus, 1988: Sport und Gesellschaft. Zur Ausdifferenzierung einer Funktion und ihrer Folgen. Hofmann: Schorndorf.

Clasing, Dirk (Hg.), 1992: Doping – verbotene Arzneimittel im Sport. Stuttgart: Fischer.

Cloward, Richard A. und Lloyd Ohlin, 1960: Delinquency and Opportunity: A Theory of Delinquent Gangs. Glencoe/IL: The Free Press.

Coleman, James S., 1990: Foundations of Social Theory. Cambridge/MA: Belknap Press.

Colman, Andrew M., 1982: Game Theory and Experimental Games. Oxford: Pergamon Press.

Coser, Lewis A., 1974: Greedy Institutions. New York: The Free Press.

David, Paul A., 1985: »Clio and the Economics of QWERTY«. In: American Economic Review 75, 332-337.

Deutscher Sportbund (Hg.), 1982: Deutscher Sportbund 1978-1982. Bericht des Präsidiums. Frankfurt am Main.

Deutsche Sportjugend, 2004: Sport ohne Doping. Argumente und Entscheidungshilfen für junge Sportlerinnen und Sportler und Verantwortliche in deren Umfeld. Frankfurt am Main

Digel, Helmut, 1994: »Doping als Verbandsproblem«. In: Karl-Heinrich Bette (Hg.), Doping im Leistungssport – sozialwissenschaftlich beobachtet. Stuttgart: Naglschmid, 133-152.

Digel, Helmut und Rüdiger Nickel, 1993: »Konstruktive Hilfen zur Lösung des Dopingproblems sind erwünscht!«. In: Leistungssport 3, 51-53.

Downs, A., 1972: »Up and Down with Ecology – The ›Issue attention-Cycle‹«. In: Public Interest 28, 38-50.

Dörner, Dietrich, 1989: Die Logik des Mißlingens. Strategisches Denken in komplexen Situationen. Reinbek bei Hamburg: Rowohlt.

Dubin, Charles L., 1990: Commission of Inquiry into the Use of Drugs and Banned Practices Intended to Increase Athletic Performance. Ottawa: Canadian Government Publishing Centre.

Durkheim, Emile, 1885: Die Regeln der soziologischen Methode. Darmstadt und Neuwied: Luchterhand 1976.

Ebbighausen, Rolf und Sighard Neckel (Hg.), 1989: Anatomie des politischen Skandals. Frankfurt am Main: Suhrkamp.

Ebers, M. und W. Gotsch, 1993: »Institutionenökonomische Theorien der Organisation«. In: Alfred Kieser (Hg.): Organisationstheorien. Stuttgart: Kohlhammer, 193-242.

Edelman, Murray, 1964: The Symbolic Uses of Politics. Urbana/IL: The University of Illinois Press.

ders., 1971: Politics as Symbolic Action. Mass Arousal and Quiescence. Chicago/IL: Markham Publishing Corporation.

ders., 1976: Politik als Ritual. Die symbolische Funktion staatlicher Institutionen und politischen Handelns. Frankfurt am Main und New York: Campus 1990.

ders., 1988: Constructing the Political Spectacle. Chicago/IL: University of Chicago Press.

Elias, Norbert, 1939: Über den Prozeß der Zivilisation. 2 Bände. Frankfurt am Main: Suhrkamp 1976.

Emerson, Richard, 1962: »Power-Dependence Relations«. In: ASR 27, 31-41.

Festinger, Leon, 1957, A Theory of Cognitive Dissonance. Stanford/CA: Stanford University Press.

Fingarette, Herbert, 1972: Self-Deception. London 1972: Routledge.

Fost, Norman, 1986: »Banning Drugs in Sports: A Sceptical View«. In: Hastings Center Report 16, 4, 5-10.

Franck, Georg, 1998: Ökonomie der Aufmerksamkeit. München und Wien: Carl Hanser.

Franke, Elk, 1994: »Dopingdiskurse. Eine Herausforderung für die Sportwissenschaft«. In: Karl-Heinrich Bette (Hg.), Doping im Leistungssport – sozialwissenschaftlich beobachtet. Stuttgart: Naglschmid, 67-99.

Franz, Peter, 1986: »Der »constrained-choice«-Ansatz als gemeinsamer Nenner individualistischer Ansätze in der Soziologie«. In: KZfSS 38, 32-54.

Galbraith, John Kenneth, 1958: The Affluent Society. Harmondsworth 1979: Penguin.

Gerhards, Jürgen, 2001: »Der Aufstand des Publikums. Eine systemtheoretische Interpretation des Kulturwandels in Deutschland zwischen 1960 und 1998«. In: ZfS 30, 163-184.

Geser, Heinz, 1986a: »Über die wachsende Bedeutung des Unterlassens in der ›aktiven Gesellschaft‹«. In: SZS 1, 71-90.

ders., 1986b: »Elemente zu einer soziologischen Theorie des Unterlassens«. In: KZfSS 38, 643-669.

Giegel, Hans-Joachim, 1975: System und Krise. Beitrag zur Habermas-Luhmann-Diskussion. Frankfurt am Main: Suhrkamp.

Goebel, Markus und Johannes F. K. Schmidt, 1998: »Inklusion/Exklusion: Karriere, Probleme und Differenzierungen eines systemtheoretischen Begriffspaares«. In: Soziale Systeme 1, 87-118.

Goffman, Erving, 1956: Wir alle spielen Theater. Die Selbstdarstellung im Alltag. München: Pieper 1969.

ders., 1962: »On Cooling the Mark Out: Some Aspects of Adaptation to Failure«. In: Arnold M. Rose (Hg.), Human Nature and Social Process. London: Routledge 1971, 482-505.

Gouldner, Alvin M., 1954: Patterns of Industrial Bureaucracy. Glencoe: The Free Press.

Gross, Peter, 1994: Die Multioptionsgesellschaft. Frankfurt am Main: Suhrkamp.

Grupe, Ommo, 1989: »Doping und Leistungsmanipulation«. In: OF 39, 10-13.

Guggenberger, Bernd, 1993: »Der ästhetische Augenblick und die Schatten der Vergangenheit. Das Schöne im prä- und postmodernen Lebenszusammenhang«. In: Neue Rundschau 104, 1, 66-78.

Hartfiel, Günter, 1977: »Einleitung«. In: ders. (Hg.), Das Leistungsprinzip. Merkmale – Bedingungen – Probleme. Opladen: Westdeutscher Verlag, 7-48.

Hayek, Friedrich A. von, 1964: Die Theorie komplexer Phänomene. Tübingen: Mohr.

Hearings before the Committee on the Judiciary United States Senate on »The steroid abuse problem in America, focusing on the use of steroids in College and Professional football today«. Washington 1990.

Heinilä, Kalevi, 1982: »The Totalization Process in International Sports«. In: Sportwissenschaft 12, 235-254.

Hennestad, B. W., 1990: »The Symbolic Impact of Double Bind Leadership: Double Bind and the Dynamics of Organizational Culture«. In: JMS 27, 265-280.

Heringer, Hans Jürgen, 1990: »Regeln und Fairneß«. In: Sportwissenschaft 20, 27-42.

Hirschman, Albert O., 1970: Exit, Voice, and Loyalty. Responses to Decline in Firms, Organizations, and States. Cambridge/MA: Harvard University Press.

Holler, Manfred J. und Gerhard Illing, 1991: Einführung in die Spieltheorie. Berlin: Springer.

Hutter, Michael und Gunther Teubner, 1994: »Der Gesellschaft fette Beute. Homo juridicus und Homo oeconomicus als kommunikationserhaltende Fiktionen«. In: Peter Fuchs/Andreas Göbel (Hg.), Der Mensch – das Medium der Gesellschaft? Frankfurt am Main: Suhrkamp, 110-145.

Johansson, Martin, 1987: »Doping as a Threat against Sport and Society: The Case of Sweden«. In: IRSS 22, 83-96.

Keck, Otto, 1987: »The Information Dilemma: Private Information as a Cause of Transaction, Failure in Markets, Regulations, Hierarchy, and Politics«. In: JCR 31, 1, 139-163.

Keck, Otto und Gert Wagner, 1989: Das Doping-Dilemma im Hochleistungssport – Praktische Vorschläge auf Basis der Spieltheorie. Arbeiten aus dem Institut für Sportwissenschaft. Sozialwissenschaftliche Reihe Bd. 13, Berlin, 24 Seiten.

dies., 1990: »Asymmetrische Information als Ursache von Doping im Hochleistungssport. Eine Analyse auf Basis der Spieltheorie«. In: Zeitschrift für Soziologie 19, 108-116.

Kelley, Harold H. und Anthony J. Stahelski, 1970: »Social Interaction Basis of Cooperators´ and Competitors´ Beliefs about Others«. In: Journal of Personality and Social Psychology 16, 108-116.

Kepplinger, Hans Mathias, 1992: Ereignismanagement. Wirklichkeit und Massenmedien. Zürich: Edition Interfrom.

Klein, Michael, 1984: »Social Body, persönlicher Leib und der Körper im Sport«. In: ders. (Hg.), Sport und Körper. Reinbek bei Hamburg: Rowohlt, 7-20.

ders., 1987: »O ewiges Geheimnis, was wir sind und suchen, können wir nicht finden; was wir finden, sind wir nicht. Zur Motivation und Identität des Hochleistungssportlers«. In: Peter Becker (Hg.), Sport und Höchstleistung. Reinbek bei Hamburg: Rowohlt, 83-103.

König, Eugen, 1993: Kritik des Dopings: Die Antiquiertheit der Sportethik und der Nihilismus des technologischen Sports. Vortrag auf dem Workshop »Grenzen im Sport. Risikoentwicklung im modernen Sport«. Universität Osnabrück, 7.-9. Oktober 1993, Manuskript.

Kuhn, Thomas S., 1962: The Structure of Scientific Revolutions. Chicago: Aldine.

Lenk, Hans, 1972: Werte, Ziele, Wirklichkeit der modernen Olympischen Spiele. Schorndorf: Hofmann (erstmals 1964).

Lenk, Hans und Gunter A. Pilz, 1989: Das Prinzip Fairneß. Zürich: Edition Interfrom; Osnabrück: Fromm.

Linck, Joachim, 1993: »Doping aus juristischer Sicht«. In: Medizin Recht, 2, 55-62.

Lipset, Seymour Martin, 1959: Political Man. The social Bases of Politicals. New York: Doubleday.

Luhmann, Niklas: 1964: Funktion und Folgen formaler Organisationen. Berlin: Duncker & Humblot.

ders., 1969: Legitimation durch Verfahren. Darmstadt und Neuwied: Luchterhand 1975.

ders., 1973: Vertrauen. Ein Mechanismus der Reduktion sozialer Komplexität. Stuttgart: Enke.

ders., 1984: Soziale Systeme. Grundriß einer allgemeinen Theorie. Frankfurt am Main: Suhrkamp.

ders., 1991: Soziologie des Risikos. Berlin und New York: de Gruyter.

ders., 1994: »Die Ehrlichkeit der Politiker und die höhere Amoralität der Politik«. In: Peter Kemper (Hg.), Opfer der Macht. Müssen Politiker ehrlich sein? Frankfurt am Main: Suhrkamp, 27-41.

ders., 1996: Die Realität der Massenmedien. Opladen: Westdeutscher Verlag.

ders., 1997: Die Gesellschaft der Gesellschaft. 2 Bände. Frankfurt am Main: Suhrkamp.

Lukes, Steven, 1973: Individualism. Oxford: Blackwell.

Mader, Alois, 1992: »Der Mensch im Hochleistungssport und in der Leistungsphysiologie – Objekt oder Subjekt? Eine wenig philosophische Betrachtung«. In: Brennpunkte der Sportwissenschaft 6, 157-169.

Mayntz, Renate et al., 1978: Vollzugsprobleme der Umweltpolitik. Empirische Untersuchung der Implementation von Gesetzen im Bereich der Luftreinhaltung und des Gewässerschutzes. Stuttgart: Kohlhammer.

Mayntz, Renate und Birgitta Nedelmann, 1987: »Eigendynamische soziale Prozesse«. In: KZfSS 39, 648-668.

McClelland, David, 1961: The Achieving Society. New York 1976: Halsted Press.

Melchinger, Heiner (unter Mitarbeit von Ute Schwetje und Christiane Wiegmann), 1997: Einstellungen junger Menschen zum Doping im

Sport. IES-Bericht 200.97: Institut für Entwicklungsplanung und Strukturforschung. Hannover.

Merton, Robert K., 1949: »Sozialstruktur und Anomie«. In: ders., Soziologische Theorie und soziale Struktur. Berlin und New York 1995: de Gruyter, 127-154.

ders., 1949: »Die sich selbst erfüllende Prophezeiung«. In: ders., Soziologische Theorie und soziale Struktur. Berlin und New York: de Gruyter 1995, 399-413.

ders., 1968: »Continuities in the Theory of Social Structure and Anomie«. In: ders., Social Structure and Anomie. New York: Free Press, 215-248.

Moe, Terry M., 1984: »The New Economics of Organization«. In: AJPS 28, 739-777.

Moore, Wilbert E. und Melvin M. Tumin, 1949: »Some Social Functions of Ignorance«. In: ASR 14, 787-795.

Mulkay, Michael, 1972: The Social Process of Innovation. London: Macmillan.

Neidhardt, Friedhelm, 1981: »Über Zufall, Eigendynamik und Institutionalisierbarkeit absurder Prozesse. Notizen am Beispiel einer terroristischen Gruppe«. In: Heine von Alemann/Hans Peter Thurn (Hg.), Soziologie in weltbürgerlicher Absicht. Festschrift für René König zum 75. Geburtstag. Opladen: Westdeutscher Verlag, 243-257.

Offe, Claus: 1994: »Falsche Antworten, verlogene Fragen«. In: Peter Kemper (Hg.), Opfer der Macht. Müssen Politiker ehrlich sein? Frankfurt am Main: Suhrkamp, 125-138.

Perrow, Charles, 1984: Normal Accidents. New York: Basic Books.

Pilz, Gunter, 1994: »Dopingsünder – die Avantgarde eines neuen Identitätstyps?«. In: Karl-Heinrich Bette (Hg.), Doping im Leistungssport – sozialwissenschaftlich beobachtet. Stuttgart: Naglschmid, 49-66.

Popitz, Heinrich, 1968: Über die Präventivwirkung des Nichtwissens. Dunkelziffer, Norm und Strafe. Tübingen: Mohr.

Rosenberg, Edwin, 1984: »Athletic Retirement as Social Death«. In: Nancy Theberge/Peter Donnelly (Hg.), Sport and the Sociological Imagination. Fort Worth: TCU Press, 245-258.

Sehling, Michael, Reinhold Pollert, Dieter Hackfort, 1989: Doping im Sport: medizinische, sozialwissenschaftliche und juristische Aspekte. München: BLV.

Schimank, Uwe, 1988: »Die Entwicklung des Sports zum gesellschaftlichen Teilsystem«. In: Renate Mayntz et al., Differenzierung und Verselbständigung. Zur Entwicklung gesellschaftlicher Teilsysteme. Frankfurt am Main: Campus, 181-231.

ders., 1994: »Autonomie und Steuerung wissenschaftlicher Forschung: Ein gesellschaftlich funktionaler Antagonismus«. In: Hans-Ulrich Derlien/Uta Gerhardt/Fritz W. Scharpf (Hg.), Systemrationalität und Partialinteresse. Festschrift für Renate Mayntz. Baden-Baden: Nomos, 409-432.

ders., 1998:»Code – Leistungen – Funktion: Zur Konstitution gesellschaftlicher Teilsysteme«. In: Soziale Systeme 4, 175-183.

ders., Uwe, 2000: Handeln und Strukturen – Einführung in eine akteur-
theoretische Soziologie. München: Juventa.

Schimank, Uwe und Nadine Schöneck, 2006:»Sport im Inklusionsprofil
der Bevölkerung Deutschlands – Ergebnisse einer differenzierungstheoretisch angelegten empirischen Untersuchung«. In: Sport und Gesellschaft 3, Heft 1, 5-32.

Schimank, Uwe und Ute Volkmann, 1999: Gesellschaftliche Differenzierung. Bielefeld: transcript.

Schneider, Louis, 1962:»The Role of the Category of Ignorance in Sociological Theory: an Exploratory Statement«. In: ASR 27, 492-508.

Schulze, Gerhard, 1992: Die Erlebnisgesellschaft. Frankfurt am Main:
Campus.

Siegel, Bernard J., 1970-71:»Defensive Structuring and Environmental
Stress«. In: AJS 76, 11-32.

Sievers, Burkard, 1974: Geheimnis und Geheimhaltung in sozialen Systemen. Opladen: Westdeutscher Verlag.

Simmel, Georg, 1908: Soziologie. Untersuchungen über die Formen der
Vergesellschaftung. Berlin: Duncker & Humblot 1983.

Simon, Fritz B., 1988: Unterschiede, die Unterschiede machen. Klinische
Epistemologie: Grundlage einer systemischen Psychiatrie und Psycho-
somatik. Berlin: Springer.

Singler, Andreas, 1993: Doping – der besondere Regelverstoß: Eine Pro-
blemanalyse aus soziologischer Sicht. Beitrag zum»Runden Tisch
Problembekämpfung« des Deutschen Leichtathletik-Verbandes am
23.1.1993 in Erfurt. Manuskript.

Stevenson, Christopher L., 1990:»The Early Careers of International
Athletes«. In: SSJ 7, 238-253.

Stichweh, Rudolf, 1991:»Universitätsmitglieder als Fremde in spätmittel-
alterlichen und frühmodernen europäischen Gesellschaften«. In:
Marie Theres Fögen (Hg.), Fremde der Gesellschaft. Historische und
sozialwissenschaftliche Untersuchungen zur Differenzierung von
Normalität und Fremdheit. Frankfurt am Main: Vittorio Klostermann,
169-191.

Sykes, Gresham M. und David Matza, 1957:»Techniques of Neutraliza-
tion: A Theory of Delinquency«. In: ASR 22, 664-670.

Teubner, Gunther und Helmut Willke, 1984: Kontext und Autonomie.
Gesellschaftliche Selbststeuerung durch reflexives Recht. EUI Working
Paper 93. Florenz: European University Institute.

Thomson, James D., 1967: Organizations in Action. New York: McGraw
Hill.

Turner, Ralph, 1962:»Role Taking: Process versus Conformity«. In: Arnold M. Rose (Hg.), Human Behavior and Social Process. London:
Routledge, 20-40.

ders., 1975: »The Real Self: From Institution to Impulse«. In: AJS 81, 989-1015.

Tyrell, Hartmann, 1978: »Anfragen an die Theorie der gesellschaftlichen Differenzierung«. In: ZfS 7, 175-193.

Ulrich, Hans-Eberhard, 1977: Leistungssport – zwischen Idealisierung und Professionalisierung. Eine Analyse der sozialen Situation des Hochleistungssportlers aus der Sicht der verhaltenstheoretischen Soziologie. Köln: Dissertation an der Deutschen Sporthochschule Köln.

Unabhängige Doping-Kommission, 1991: »Bericht«. Abgedruckt in: Karl-Heinrich Bette (Hg.), Doping im Leistungssport – sozialwissenschaftlich beobachtet. Stuttgart: Naglschmid 1994, 191-231.

Voy, Robert O., 1991: Drugs, Sport and Politics. Champaign/IL: Human Kinetics Publishers.

Waddington, Ivan, 2000: Sport, health and drugs. London und New York: Spon.

ders., 2004: »Doping in Sport: Some Issues for Medical Practitioners«. In: John Hoberman/Verner Møller (Hg.), Doping and Public Policy. Odense: University of Southern Denmark Press, 31-44.

Wagner, Gert, 1994: »Wie können die Doping-Zwickmühlen überwunden werden?«. In: Karl-Heinrich Bette (Hg.), Doping im Leistungssport – sozialwissenschaftlich beobachtet. Stuttgart: Naglschmid, 101-129.

Wagner, Gert und Otto Keck, 1990: »Ein Weg aus der Doping-Zwickmühle – Stellungnahme zum Beitrag ›The Doping Dilemma‹ von Gunnar Breivik«. In: Sportwissenschaft 20, 439-446.

dies., 1990: »Asymmetrische Information als Ursache von Doping im Hochleistungssport«. In: ZfS 19, 2, 108-116.

Weaver, R. Kent, 1986: »The Politics of Blame Avoidance«. In: JPP 6, 371-398.

Weber, Ulrike, 2003: Familie und Leistungssport. Schorndorf: Hofmann.

Wrong, Dennis H., 1961: »The Oversocialized Conception of Man in Modern Sociology«. In: ASR 26, 183-193.

Ziehe, Thomas, 1975: Pubertät und Narzißmus. Sind Jugendliche entpolitisiert? Frankfurt am Main: Europäische Verlagsanstalt.

Zijderveld, Anton C., 1970: The Abstract Society. A Cultural Analysis of Our Time. Harmondsworth, 1974: Penguin.

Zintl, Reinhard, 1989: »Der Homo Oeconomicus. Ausnahmeerscheinung in jeder Situation oder Jedermann in Ausnahmesituationen«. In: Analyse und Kritik 11, 52-69.

Textnachweise

Die einzelnen Kapitel dieses Buches gehen auf Beiträge zurück, die wir in den letzten Jahren an unterschiedlichen Stellen und zu verschiedenen Anlässen zum Dopingthema geschrieben haben. Alle Texte wurden für die vorliegende Publikation stark überarbeitet, inhaltlich aufeinander abgestimmt, von Dopplungen und Überschneidungen befreit und durch Präzisierungen ergänzt. Vor allem wurden alle Einzelkapitel auf den Leitgedanken des Buches ausgerichtet: die Idee der »Dopingfalle«.

Kapitel 1: Karl-Heinrich Bette, 2001: »Kollektive Personalisierung. Strukturelle Defizite im Dopingdiskurs«. In: Helmut Digel (Hg.), Spitzensport: Chancen und Probleme. Schorndorf: Hofmann, 26-42.

Kapitel 2: Karl-Heinrich Bette, Uwe Schimank, Dominik Wahlig, Ulrike Weber, 2002: Biographische Dynamiken im Leistungssport. Möglichkeiten der Dopingprävention im Jugendalter. Köln: Sport und Buch, 307-338.

Kapitel 3: Karl-Heinrich Bette, Uwe Schimank, Dominik Wahlig, Ulrike Weber, 2002: Biographische Dynamiken im Leistungssport. Möglichkeiten der Dopingprävention im Jugendalter. Köln: Sport und Buch, 340-361.

Kapitel 4: Karl-Heinrich Bette, Uwe Schimank, Dominik Wahlig, Ulrike Weber, 2002: Biographische Dynamiken im Leistungssport. Möglichkeiten der Dopingprävention im Jugendalter. Köln: Sport und Buch, 362-369; Karl-Heinrich Bette und Uwe Schimank, 1994: »Sportlerkarriere und Doping«. In: Karl-Heinrich Bette (Hg.), Doping im Leistungssport – sozialwissenschaftlich beobachtet. Stuttgart: Naglschmid, 37-42.

Kapitel 5: Karl-Heinrich Bette und Uwe Schimank, 1999: »Eigendynamiken der Abweichung. Doping und Terrorismus im Vergleich«. In: Jürgen Gerhards, Ronald Hitzler (Hg.), Eigenwilligkeit und Rationalität sozialer Prozesse. Festschrift zum 65. Geburtstag von Friedhelm Neidhardt. Opladen: Westdeutscher Verlag, 316-335.

Kapitel 6: Uwe Schimank, 2001: »Die gesellschaftliche Entbehrlichkeit des Spitzensports und das Dopingproblem«. In: Helmut Digel (Hg.), Spitzensport: Chancen und Probleme. Schorndorf: Hofmann, 12-25.

Kapitel 7: Karl-Heinrich Bette und Uwe Schimank, 1994: »Selbstdiffamierung durch Doping: ein systemisches Risiko des Hochleistungssports«. In: Spectrum der Sportwissenschaft 6, 2, 24-37.

Kapitel 8: Karl-Heinrich Bette und Uwe Schimank, 1998: »Doping und Recht – soziologisch betrachtet«. In: Klaus Vieweg (Hg.), Doping. Realität und Recht. Berlin: Duncker & Humblot, 357-390.

Kapitel 9: Karl-Heinrich Bette und Uwe Schimank, 1996: »Coping mit Doping: die Sportverbände im Organisationsstreß«. In: Sportwissenschaft 26, 4, 357-382.

Kapitel 10: Karl-Heinrich Bette, Uwe Schimank, Dominik Wahlig, Ulrike Weber, 2002: Biographische Dynamiken im Leistungssport. Möglichkeiten der Dopingprävention im Jugendalter. Köln: Sport und Buch, 370-383.

Weitere Titel zum Thema »Körper«/»Sport«

Thomas Alkemeyer,
Franz Bockrath,
Bernhard Boschert,
Elk Franke (Hg.)
Körperliche Erkenntnis
Empirie und Theorie
Juni 2006, ca. 250 Seiten,
kart., ca. 25,80 €,
ISBN: 3-89942-227-9

Karl-Heinrich Bette,
Uwe Schimank
Die Dopingfalle
Soziologische Betrachtungen
Mai 2006, 273 Seiten,
kart., 26,80 €,
ISBN: 3-89942-537-5

Gerald Siegmund
Abwesenheit
Eine performative Ästhetik des
Tanzes. William Forsythe,
Jérôme Bel, Xavier Le Roy,
Meg Stuart
April 2006, 504 Seiten,
kart., 32,80 €,
ISBN: 3-89942-478-6

Antje Stache (Hg.)
Das Harte und das Weiche
Körper – Erfahrung –
Konstruktion
März 2006, 208 Seiten,
kart., 23,80 €,
ISBN: 3-89942-428-X

Johann S. Ach,
Arnd Pollmann (Hg.)
no body is perfect
Baumaßnahmen am
menschlichen Körper.
Bioethische und ästhetische
Aufrisse
Februar 2006, 358 Seiten,
kart., 27,80 €,
ISBN: 3-89942-427-1

Corinna Bath, Yvonne Bauer,
Bettina Bock von Wülfingen,
Angelika Saupe, Jutta Weber
(Hg.)
Materialität denken
Studien zur technologischen
Verkörperung – Hybride Arte-
fakte, posthumane Körper
2005, 222 Seiten,
kart., 23,80 €,
ISBN: 3-89942-336-4

Mirjam Schaub,
Stefanie Wenner (Hg.)
Körper-Kräfte
Diskurse der Macht über den
Körper
2004, 190 Seiten,
kart., 23,80 €,
ISBN: 3-89942-212-0

Monika Fikus,
Volker Schürmann (Hg.)
Die Sprache der Bewegung
Sportwissenschaft als
Kulturwissenschaft
2004, 142 Seiten,
kart., 14,80 €,
ISBN: 3-89942-261-9

Leseproben und weitere Informationen finden Sie unter:
www.transcript-verlag.de

Weitere Titel zum Thema »Körper«/»Sport«

Robert Gugutzer
Soziologie des Körpers
2004, 218 Seiten,
kart., 14,80 €,
ISBN: 3-89942-244-9

Gabriele Klein (Hg.)
Bewegung
Sozial- und kulturwissen-
schaftliche Konzepte
2004, 306 Seiten,
kart., 26,80 €,
ISBN: 3-89942-199-X

Gunter Gebauer,
Thomas Alkemeyer,
Bernhard Boschert,
Uwe Flick, Robert Schmidt
Treue zum Stil
Die aufgeführte Gesellschaft
2004, 148 Seiten,
kart., 12,80 €,
ISBN: 3-89942-205-8

Karl-Heinrich Bette
X-treme
Zur Soziologie des Abenteuer-
und Risikosports
2004, 158 Seiten,
kart., 14,80 €,
ISBN: 3-89942-204-X

Leseproben und weitere Informationen finden Sie unter:
www.transcript-verlag.de